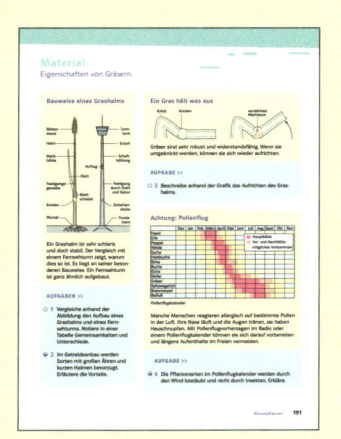

Material
Diese Seiten bieten dir Materialien und Aufgaben, mit deren Hilfe du das Gelernte anwenden und vertiefen kannst.

👥 Manche Aufgaben kannst du auch zu zweit oder in einer Gruppe bearbeiten.

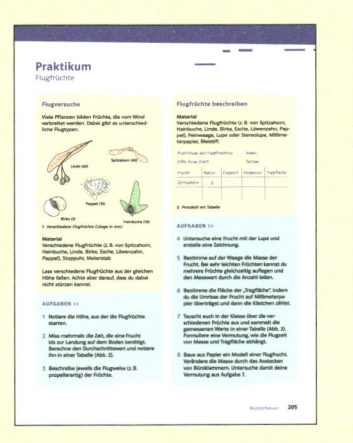

Praktikum
Hier arbeitest du praktisch, indem du Experimente planen, durchführen und auswerten kannst.

👥 Manche Versuche kannst du auch zu zweit oder in einer Gruppe bearbeiten.

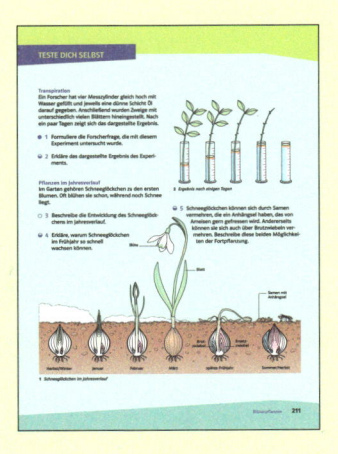

Teste dich selbst
Am Ende jedes Kapitels befinden sich eine Zusammenfassung und Aufgaben zum Üben.

Die Lösungen zu diesen Aufgaben findest du am Ende des Buches.

Auf einigen Seiten im Buch gibt es Natura-Codes. Diese führen dich zu weiteren Informationen, Materialien oder Übungen im Internet. Gib den Code einfach in das Suchfeld auf www.klett.de ein.

Methoden
Diese Seiten zeigen dir die grundlegenden Methoden im Überblick. Hier kannst du bei der Arbeit mit dem Buch immer wieder nachschlagen.

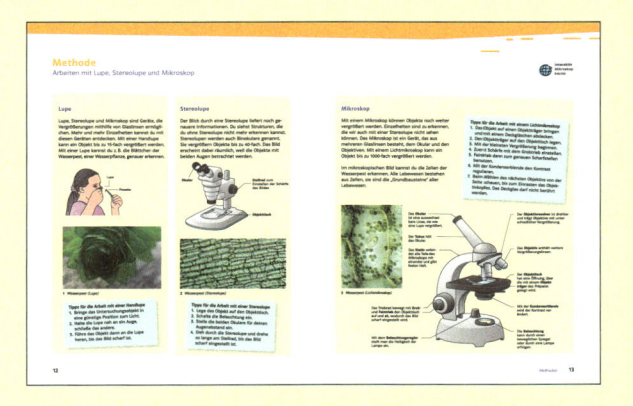

Biologische Prinzipien
Auf vielen Seiten kommen Prinzipien der Biologie vor. Hier findest du eine Übersicht, auf die aus den Themen heraus verwiesen wird.

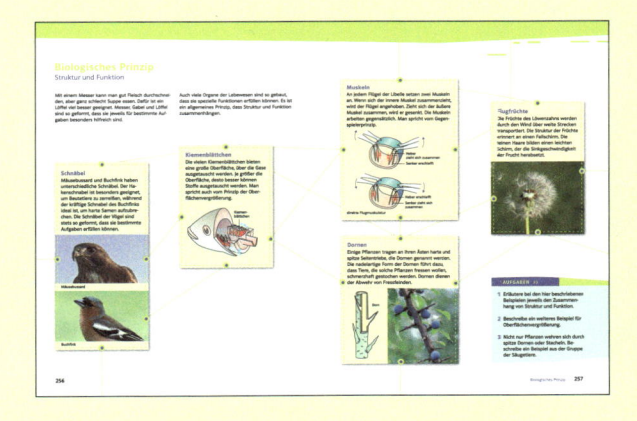

Glossar
Die wichtigsten Fachbegriffe zu den Themen werden kurz erklärt.

Aufgaben mit Anforderungsbereichen
Die Schwierigkeit der Aufgaben ist abgestuft in einfach, mittel und schwierig.

○ Anforderungsbereich I (einfach)
◐ Anforderungsbereich II (mittel)
● Anforderungsbereich III (schwierig)

NATURA 1
Biologie für Gymnasien

Katharina Baack
Claudia Dreher
Alexander Maier
Hans-Jürgen Seitz

Ernst Klett Verlag
Stuttgart Leipzig

Inhalt

Biologie — die Erforschung von Lebewesen 6
Die Kennzeichen aller Lebewesen 8

Methode: Beobachten und beschreiben 10
Methode: Arbeiten mit Lupe, Stereolupe und Mikroskop 12
Methode: Experimente planen, durchführen und protokollieren 14
Methode: Biologische Modelle und Modellbau 16
Methode: Informationen suchen und ordnen 18
Methode: Daten darstellen und auswerten 20
Methode: Texte lesen und verstehen — Inhalte präsentieren 22
Methode: Aufgabenstellungen richtig lesen 24

1 Säugetiere

1.1 Haustiere
Ein Hund kommt in die Familie 28
Der Hund — ein Säugetier 30
Der Wolf — Vorfahr des Haushundes 32
Der Wolf — ein leistungsfähiges Wirbeltier 34
Hundezüchtung 36
Material: Hundeberufe 37
Die Katze — ein Schleichjäger 38
Fortpflanzung und Entwicklung der Hauskatze 40
EXTRA >> Die Katze und ihre Krallen 41
Hund und Katze im Vergleich 42
Biologisches Prinzip Information und Kommunikation 43
Welches Haustier passt zu mir? 44
Material: Haustiere — jedes ist anders 45

1.2 Nutztiere
Das Hausrind — unser wichtigstes Nutztier 46
Rinder sind Pflanzenfresser 48
EXTRA >> Auerochsen — Vorfahren unserer Hausrinder 49
Das Hausschwein — rasche Fleischproduktion 50
EXTRA >> Biobetriebe 51
Wildschweine leben im Wald 52
Schweinezucht und Ernährungsgewohnheiten 53
Das Pferd — ein Fluchttier 54

1.3 Säugetiere in ihren Lebensräumen
Das Eichhörnchen — springend durch die Baumkronen 56
Biologisches Prinzip Wechselwirkungen 57
Der Maulwurf — ein Leben unter Tage 58
Der Igel — Winterschläfer in der Stadt 60
Feldhase und Wildkaninchen — Tiere unserer Kulturlandschaft 62
Fledermäuse — Jäger der Nacht 64
EXTRA >> Wohnungswechsel des Großen Abendseglers 65
Säugetiergebisse im Vergleich 66
Biologisches Prinzip Struktur und Funktion 67
Überleben in der kalten Jahreszeit 68
EXTRA >> Überwinterung bei wechselwarmen Tieren 69

1.4 Säugetiere im Zoo
Der Orang-Utan — ein Menschenaffe im Zoo 70
Der Steppenelefant — das größte Landsäugetier ... 72
METHODE >> Exkursion 73
Der Eisbär — ein Leben in arktischer Kälte 74
Dromedare leben in der Wüste 75
Robben — schnelle Unterwasserjäger 76
Delfine — wasserlebende Säugetiere 78
EXTRA >> Delfine im Zoo 78
Das kannst du jetzt 80
TESTE DICH SELBST 81

2 Vögel

2.1 Kennzeichen der Vögel
Leicht und stabil — wie Vögel fliegen 86
Praktikum: Vogelflug 88
Flugformen des Mäusebussards 90

2.2 Vögel in ihren Lebensräumen
Der Waldkauz — lautloser Jäger in der Dämmerung 92
Praktikum: Gewölleuntersuchung 93
Der Buntspecht — Trommler und Höhlenbauer 94
Die Stockente — ein Leben am See 96
Biologisches Prinzip Variabilität und Angepasstheit 97
Die Amsel — ein Singvogel städtischer Gärten 98
EXTRA >> Papageien in der Stadt 99

2.3 Zum Verhalten der Vögel
Der Mauersegler — ein Zugvogel 100
Vogelschnäbel im Vergleich 102
Weißstorch und Haussperling — Zugvogel und Standvogel 104
Praktikum: Überleben in der Kälte 105

2.4 Fortpflanzung und Entwicklung
Entwicklung des Kükens im Hühnerei 106
Praktikum: Wir untersuchen ein Ei 107
Das Haushuhn — Legehenne oder Masthähnchen 108
Hühnerhaltung — Haltungsformen im Vergleich . 110
Material: Wir bewerten Haltungsformen 111
Das kannst du jetzt 112
TESTE DICH SELBST 113

3 Vom Wasser ans Land

3.1 Fische — ein Leben im Wasser
Der Karpfen — Was macht den Fisch zum Fisch? 116
Atmung unter Wasser 118
Praktikum: Schwimmen, Schweben, Sinken 119
Fortpflanzung und Entwicklung der Fische 120
Biologisches Prinzip Fortpflanzung und Entwicklung 120
EXTRA >> Von der seltenen Wildform zum beliebten Zierfisch — der Goldfisch 121
Lachse sind Wanderfische 122
Schutzmaßnahmen für Fische in Flüssen 123
Speisefische aus dem Meer 124
Praktikum: Untersuchung einer Forelle 125

3.2 Amphibien sind Feuchtlufttiere
Der Wasserfrosch — ein Leben im Wasser und an Land 126
Der Teichmolch — Atmung bei Amphibien 128
Material: Amphibien — Atmung 129
Material: Bestimmungsschlüssel für einheimische Amphibien 130
Gefährdung und Schutz von Amphibien 132

3.3 Reptilien
Die Mauereidechse — ein Reptil 134
Reptilien — die ersten Landwirbeltiere 136
EXTRA >> Kreuzotter — Töten mit Gift 137
Saurier sind Reptilien 138

3.4 Wir vergleichen Wirbeltiere
Fortpflanzung und Körperoberflächen 140
Atmung der Wirbeltiere 142
EXTRA >> Besonderheit Vogellunge 143
Wirbeltiere — eine Übersicht 144
Das kannst du jetzt 146
TESTE DICH SELBST 147

4 Wirbellose Tiere
4.1 Insekten
Die Honigbiene — ein typisches Insekt 150
Innere Organe der Insekten 152
Leben im Bienenstaat 154
Kommunikation im Bienenstaat 156
EXTRA >> Experiment: Bienen teilen die
Entfernung mit 157
Material: Wildbienen 158
Angepasstheiten bei Insekten 160
Entwicklung von Insekten 162
Insektenflug 164
Vielfalt von Insekten 166
Insekten und Wirbeltiere im Vergleich 168
Praktikum: Mehlkäferzucht 169

4.2 Spinnentiere
Die Kreuzspinne 170
Spinnentiere 172
Material: Zecken 173

4.3 Schnecken
Die Weinbergschnecke — ein Weichtier 174
Praktikum: Schnecken 176
Material: Schnecken bestimmen 177

4.4 Weitere Wirbellose
Lebensweise der Regenwürmer 178
Praktikum: Regenwurm 180
Material: Ringelwürmer 181
Das kannst du jetzt 182
TESTE DICH SELBST 183

5 Blütenpflanzen
5.1 Bau und Funktion einer Blütenpflanze
Der Ackersenf — eine typische Blütenpflanze 186
Methode >> Legebild einer Blüte herstellen 187
Das Blatt 188
Material: Versuche mit Blättern 189
Der Stängel 190
Praktikum: Der Stängel — Wassertransport
und Stabilität 191
Die Wurzel 192
Praktikum: Untersuchung der Wurzel 193
Quellung und Keimung bei der Gartenbohne 194
Praktikum: Keimung und Wachstum 196
Von der Kirschblüte zur Kirsche 198
Blüten und Früchte 200

5.2 Lebensraum Wald
Laubbaum und Nadelbaum 202
Praktikum: Eine Blättersammlung anlegen 204
Laubblätter erkennen 205
Frühblüher haben Nährstoffspeicher 206

5.3 Lebensraum Wiese
Vielfalt auf einer Wiese 208
Die Rote Lichtnelke — eine Falterblume 210
Der Wiesensalbei — eine Hummelblume 211
Der Wiesen-Bärenklau — beliebt bei Fliegen 212
Der Löwenzahn — eine Bienenblume 213
Die Gräser werden vom Wind bestäubt 214
Material: Eigenschaften von Gräsern 215

5.4 Nutzpflanzen
Gräser ernähren die Welt 216
EXTRA >> Unsere Getreidesorten 217
Obstsorten sind oft Rosengewächse 218
EXTRA >> Streuobstwiese 219
Viele Gewürzpflanzen sind Doldengewächse 220
Lippenblütengewächse auf der Pizza 221
EXTRA >> Lavendelöl 221
Die Kartoffel 222
EXTRA >> Züchtung verschiedener
Kartoffelsorten 223
Material: Geschichte und Eigenschaften
der Kartoffel 224
Praktikum: Untersuchung der Kartoffel 225
Kohlsorten 226
EXTRA >> Geschichte des Kohls 226

5.5 Wir vergleichen Pflanzen
Verbreitung von Früchten und Samen 228
Praktikum: Flugfrüchte 229
Wie Pflanzen überwintern 230
Material: Überwinterung bei Pflanzen 231
Vergleich von Pflanzenfamilien 232
Biologisches Prinzip Stammesgeschichte und
Verwandtschaft 233
Das kannst du jetzt 234
TESTE DICH SELBST 235

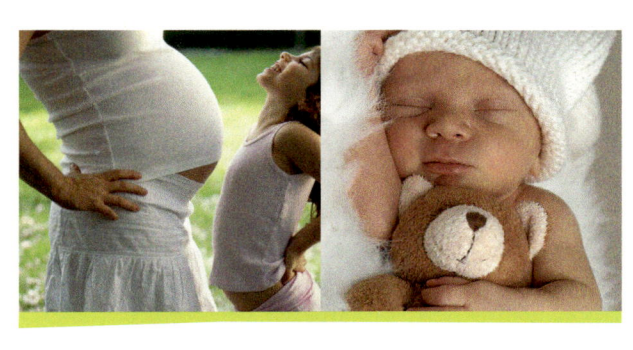

6 Sexualität des Menschen

6.1 Eine Zeit der Veränderung
Gefühle fahren Achterbahn 240
Aus Jungen werden Männer 242
Aus Mädchen werden Frauen 244
Der Menstruationszyklus 246
Ein Kind entsteht 248
Die Geburt 250
Die Entwicklung des Kindes 251
Verhütung 252
Dein Körper gehört dir! 253
Das kannst du jetzt 254
TESTE DICH SELBST 255

Biologisches Prinzip
Struktur und Funktion 256
Wechselwirkungen 258
Variabilität und Angepasstheit 260
Fortpflanzung und Entwicklung 262
Stammesgeschichte und Verwandtschaft 264
Information und Kommunikation 266

Lösungen 268
Glossar 274
Register 278
Bildnachweis 282

Biologie — die Erforschung von Lebewesen

Die Erde ist zurzeit der einzige bekannte Planet mit Lebewesen. Fast alle Räume der Erde werden von Lebewesen besiedelt. *Biologen* sind Naturwissenschaftler, die die *Lebewesen* auf der ganzen Erde erforschen. Sie untersuchen zum Beispiel den Aufbau und die Entwicklung sowie die Lebensweise von Pflanzen, Tieren und Menschen.

Das Wort *Biologie* stammt aus der griechischen Sprache und heißt übersetzt: die Lehre vom Leben. Biologen beobachten, untersuchen und beschreiben Lebewesen.

Häufig werfen Beobachtungen Fragen auf. Zu diesen Fragen werden zunächst mögliche Antworten formuliert. Um ihre Vermutungen zu überprüfen, planen Biologen dann Experimente und führen sie auch durch. Durch Experimente erhalten Biologen Antworten auf ihre Fragen und gelangen so zu neuen Erkenntnissen.

Eine Aufgabe von Biologen ist es, die große Vielfalt der Lebewesen auf der Erde zu ordnen. Sie suchen dazu nach gemeinsamen Merkmalen und erforschen auch, wie es zu diesen Gemeinsamkeiten gekommen ist.

So werden Tiere, die eine Wirbelsäule haben, zur Gruppe der Wirbeltiere zusammengefasst. Pferd und Frosch sehen sehr unterschiedlich aus, haben aber als gemeinsames Merkmal eine Wirbelsäule und gehören demnach zur Gruppe der Wirbeltiere. Alle Wirbeltiere haben einen gemeinsamen Vorfahren, der eine Wirbelsäule hatte.

Beim Vergleich von Pflanzen, Tieren und Menschen ergeben sich wichtige Zusammenhänge und Eigenschaften, die bei allen Lebewesen in ähnlicher Form auftreten. Man bezeichnet diese als *biologische Prinzipien*. Immer wieder wird in diesem Buch auf die biologischen Prinzipien hingewiesen. Sie geben dir einen Überblick darüber, was die vielen Tiere und Pflanzen, die du kennengelernt hast, gemeinsam haben und helfen dir so, dein Wissen zu strukturieren. Die biologischen Prinzipien zeigen dir, was in der Biologie besonders wichtig ist.

Die Kennzeichen aller Lebewesen

Die Biologie ist die Wissenschaft von Lebewesen. Ob etwas lebendig ist, erkennt man an bestimmten Merkmalen. Sie sind die Kennzeichen aller Lebewesen, wie z. B. von Menschen, Tieren und Pflanzen.

Fortpflanzung und Entwicklung
Lebewesen pflanzen sich fort. Die Nachkommen entwickeln sich und pflanzen sich wieder fort. Bei Säugetieren zum Beispiel entwickeln sich Jungtiere im Körper des weiblichen Tieres.

Pflanzen wie die Sonnenblumen produzieren Tausende von Samen, aus denen sich neue Sonnenblumen entwickeln.

Wachstum
Lebewesen wachsen. Dabei werden sie größer und ihr Aussehen verändert sich. Das Gewicht eines Hundewelpen verdoppelt sich z. B. innerhalb von 8 Tagen.

Aus den Samen einer Eiche wächst ein mächtiger Baum heran.

Reizbarkeit
Lebewesen reagieren auf Reize ihrer Umwelt. Tiere und Menschen haben Sinnesorgane, mit denen sie Reize empfangen. Durch Augen und Ohren erkennen sie ihre Beute.

Auch Pflanzen sind reizbar. So reagieren zum Beispiel Mimosen sehr empfindlich auf Berührungen.

Bewegung

Lebewesen bewegen sich aus eigener Kraft. Tiere laufen, kriechen, schwimmen oder fliegen. Die Bewegungen bei Pflanzen sind oft so langsam, dass man sie kaum beobachten kann. Die Venusfliegenfalle aber bewegt ihre Blätter so schnell, dass sie Insekten fangen kann.

Stoffwechsel

Lebewesen nehmen bestimmte Stoffe auf, verarbeiten sie und scheiden andere Stoffe aus. Tiere fressen, trinken, atmen und geben Abfallstoffe ab. Diese Vorgänge nennt man Stoffwechsel.

Auch Pflanzen nehmen über ihre Wurzeln und Blätter Stoffe auf und geben andere Stoffe wieder ab. Beispielsweise produzieren viele Pflanzen Nektar und Duftstoffe und locken so bestäubende Insekten an.

AUFGABEN >>

1 Zeige am Beispiel der Sonnenblume, dass Pflanzen alle Kennzeichen der Lebewesen aufweisen.

2 Erläutere am Beispiel eines Autos, dass etwas nur dann lebendig ist, wenn es alle Kennzeichen der Lebewesen gleichzeitig zeigt.

Methode
Beobachten und beschreiben

Wie beobachten Biologen?

Zoobesucher betrachten Schimpansen in einem Zoo. Sie sehen die Nahrungssuche dieser Menschenaffen, wie die Tiere fressen und sich verständigen oder z. B. das Verhalten der Jungtiere.

1 Im Zoo

2 Jane Goodall beobachtet im Freiland

Forscher beobachten und beschreiben Lebewesen. Die dabei gesammelten Informationen helfen den Wissenschaftlern, die Lebensweise von Tieren und Pflanzen besser zu verstehen.

JANE GOODALL (*1934) ist eine Forscherin, die über fünfzig Jahre Schimpansen in einem Naturschutzgebiet in Ostafrika beobachtet hat. Sie folgte den Tieren über lange Zeiträume, Tag für Tag, viele Jahre. So gewöhnte sie die frei lebenden Tiere an ihre Anwesenheit. Die Forscherin hat also Langzeitbeobachtungen durchgeführt. Viele Verhaltensweisen der Schimpansen konnte sie dabei erkennen und beschreiben, z. B. das „Grinsen" von Schimpansen. JANE GOODALL hat jede Beobachtung dazu genau in einem Protokoll notiert:
— Wann und wie oft zeigen die Schimpansen das Verhalten?
— Zu welcher Tageszeit zeigen sie das Verhalten?
— Wie verhalten sich die anderen Schimpansen?

Mithilfe der Ergebnisse dieser Beobachtungen konnte sie dann die Bedeutung des „Grinsens" bei Schimpansen erklären. Es ist nicht mit dem freudigen Lachen von Menschen zu vergleichen. Das Verhalten ist ein Ausdruck der Unterwerfung, deshalb wird es „Angstgrinsen" genannt.

Dieses Beispiel zeigt, wie wichtig es ist, Verhalten zunächst nur zu beobachten, ohne es zu deuten. Erst die Beobachtungsergebnisse ermöglichen eine korrekte Deutung des Verhaltens.

3 „Angstgrinsen" eines Schimpansen

Beobachtungsprotokoll zum Verhalten meines Haustiers

Das Beobachten ist die älteste Arbeitsmethode in der Biologie. Vor dem Beginn einer Beobachtung wird in der Regel eine Frage formuliert, zum Beispiel: Wie verhält sich mein Haustier bei der Nahrungssuche? Solche Fragestellungen sind Beobachtungsaufträge.

Die Beobachtungen werden in einem Beobachtungsprotokoll notiert. Neben Beschreibungen enthält ein solches Protokoll oft auch Zeichnungen. Manches lässt sich leichter zeichnen als in Worten beschreiben.

Im Beobachtungsprotokoll werden zudem Angaben zu folgenden Punkten gemacht:
- Name des Protokollführers
- beobachtete Tier- oder Pflanzenart
- Datum und Beobachtungszeitraum
- Ort der Beobachtung
- wesentliche Bedingungen, unter denen die Beobachtung durchgeführt wurde (wie z. B. Wetter oder Ähnliches)

Beim Protokollieren ist es wichtig, darauf zu achten, dass Beobachtungsergebnisse nicht mit Deutungen oder Erklärungsversuchen vermischt werden. Deutungen und Erklärungen können erst auf der Grundlage der Beobachtungsergebnisse gegeben werden.

Häufig werfen Beobachtungen auch neue Fragen auf, die erst durch erneute Beobachtungen ergründet werden können.

Datum: 20. März
Beobachtungszeitraum: 16.00 bis 16.15 Uhr
Beobachter: Felix
Tier: Zwergkaninchen Moffel
Frage: Wie verhält sich Moffel, wenn er Hunger hat?

Der Futternapf ist leer.

Moffel kommt aus seinem Versteck unter dem Bett hervor.

Er hoppelt zum Fressnapf und beschnuppert ihn.

Er steckt den Kopf hinein und leckt mit seiner Zunge den Boden ab. Er hoppelt zu mir und stupst mich mit der Schnauze an. Dann hoppelt er vor dem Fressnapf hin und her. Er putzt sich. Danach kommt er wieder zum Fressnapf zurück und schiebt ihn ein Stück vor sich her. Jetzt schaut er mich an.

16.15 Uhr
Ich gebe Moffel das Futter und er frisst.

4 Beobachtungsprotokoll

AUFGABE >>

1 Beobachte Verhaltensweisen von Haustieren (Wie verhält sich mein Hamster beim Fressen? Wie reagiert er auf Veränderungen in seinem Käfig?). Erstelle ein Beobachtungsprotokoll.

Methode
Arbeiten mit Lupe, Stereolupe und Mikroskop

Lupe

Lupe, Stereolupe und Mikroskop sind Geräte, die Vergrößerungen mithilfe von Glaslinsen ermöglichen. Mehr und mehr Einzelheiten kannst du mit diesen Geräten entdecken. Mit einer Handlupe kann ein Objekt bis zu 15-fach vergrößert betrachtet werden. So kannst du z. B. die Blättchen der Wasserpest, einer Wasserpflanze, genauer erkennen.

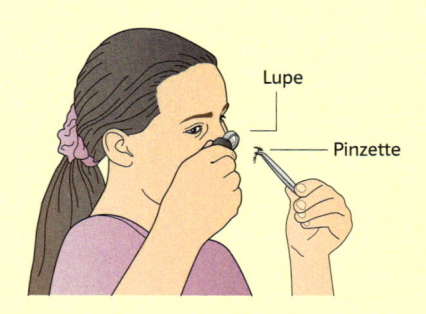

1 *Wasserpest (Lupe)*

Tipps für die Arbeit mit einer Handlupe
1. Bringe das Untersuchungsobjekt in eine günstige Position zum Licht.
2. Halte die Lupe nah an ein Auge, schließe das andere.
3. Führe das Objekt dann an die Lupe heran, bis das Bild scharf ist.

Stereolupe

Der Blick durch eine Stereolupe liefert noch genauere Informationen. Du siehst Strukturen, die du ohne Stereolupe nicht mehr erkennen kannst. Stereolupen werden auch Binokulare genannt. Sie ermöglichen bis zu 40-fache Vergrößerungen. Das Bild erscheint dabei räumlich, weil die Objekte mit beiden Augen betrachtet werden.

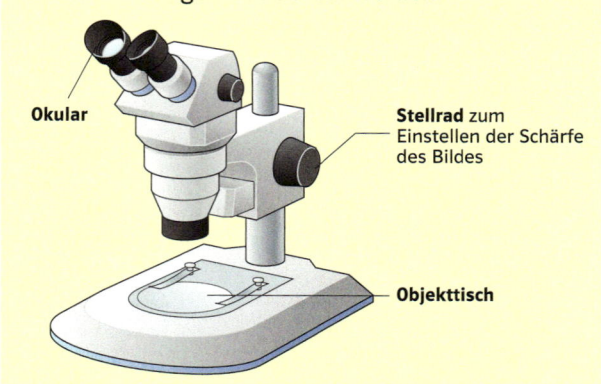

2 *Wasserpest (Stereolupe)*

Tipps für die Arbeit mit einer Stereolupe
1. Lege das Objekt auf den Objekttisch.
2. Schalte die Beleuchtung ein.
3. Stelle die beiden Okulare für deinen Augenabstand ein.
4. Sieh durch die Stereolupe und drehe so lange am Stellrad, bis das Bild scharf eingestellt ist.

Mikroskop iu84bh

Mikroskop

Mit einem Mikroskop können Objekte noch stärker vergrößert betrachtet werden. Dadurch sind noch mehr Einzelheiten zu erkennen als mit einer Stereolupe. Das Mikroskop ist ein Gerät, das aus mehreren Glaslinsen besteht, dem Okular und den Objektiven. Mit einem Lichtmikroskop kann ein Objekt bei bis zu 1000-facher Vergrößerung untersucht werden.

Im mikroskopischen Bild kannst du die Zellen der Wasserpest erkennen. Alle Lebewesen bestehen aus Zellen, sie sind die „Grundbausteine" aller Lebewesen.

Tipps für die Arbeit mit einem Lichtmikroskop
1. Das Objekt auf einen Objektträger bringen und mit einem Deckgläschen abdecken.
2. Den Objektträger auf den Objekttisch legen.
3. Mit der kleinsten Vergrößerung beginnen.
4. Zuerst Schärfe mit dem Grobtrieb einstellen.
5. Feintrieb dann zum genauen Scharfstellen benutzen.
6. Mit der Kondensorblende den Kontrast regulieren.
7. Beim Wählen des nächsten Objektivs von der Seite schauen, bis zum Einrasten des Objektivkopfes. Das Deckglas darf nicht berührt werden.

3 Wasserpest (Lichtmikroskop)

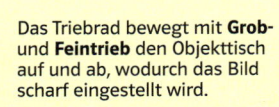

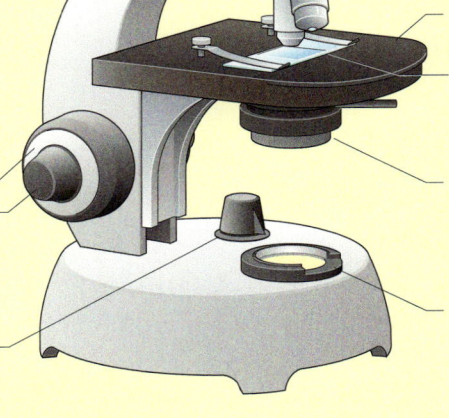

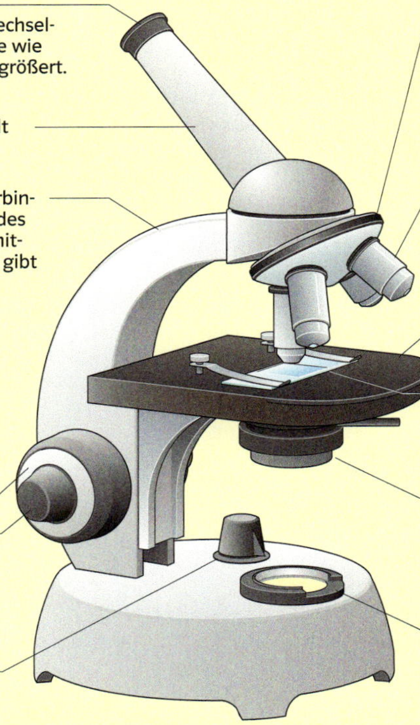

Das **Okular** ist eine auswechselbare Linse, die wie eine Lupe vergrößert.

Der **Tubus** hält das Okular.

Das **Stativ** verbindet alle Teile des Mikroskops miteinander und gibt festen Halt.

Das Triebrad bewegt mit **Grob-** und **Feintrieb** den Objekttisch auf und ab, wodurch das Bild scharf eingestellt wird.

Mit dem **Beleuchtungsregler** stellt man die Helligkeit der Lampe ein.

Der **Objektivrevolver** ist drehbar und trägt Objektive mit unterschiedlicher Vergrößerung.

Das **Objektiv** enthält weitere Vergrößerungslinsen.

Der **Objekttisch** hat eine Öffnung, über die mit einem **Objektträger** das Präparat gelegt wird.

Mit der **Kondensorblende** wird der Kontrast verändert.

Die **Beleuchtung** kann durch einen beweglichen Spiegel oder durch eine Lampe erfolgen.

Methoden

Methode
Experimente planen, durchführen und protokollieren

Experimente — Forscherfragen

Biologen suchen nach Erklärungen für Vorgänge in der Natur. Dazu stellen sie Forscherfragen. Sie planen und führen Experimente durch. Die Ergebnisse von Experimenten liefern Antworten auf ihre Fragen. Der Ablauf eines Experiments erfolgt meistens nach genau festgelegten Schritten. Im Experiment wird **eine** Versuchsbedingung untersucht und gezielt verändert, alle anderen bleiben gleich. Planung und Durchführung eines Experiments werden im Protokoll aufgeschrieben.

Kellerasseln als Untersuchungsobjekte

Kellerasseln findest du an feuchten, dunklen Orten im Garten unter Steinen und Laub, auch in Kellerräumen. In einem Glas mit feuchter Erde und Laubstreu können sie gehalten werden. Mit Kellerasseln können einfach Experimente durchgeführt werden. Setze die Tiere nach den Experimenten wieder am Fundort aus.

Ablauf eines Experiments

1. **Beobachtung eines Naturvorgangs:**
   Kellerasseln leben in feuchten Lebensräumen.

2. **Fragestellung / Forscherfrage:**
   Suchen Kellerasseln aktiv eine feuchte oder eine trockene Umgebung auf?

3. **Aufstellen von Vermutungen (= Hypothesen) zur Beantwortung der Forscherfrage:**
   a) Kellerasseln bevorzugen die feuchte Umgebung.
   b) Kellerasseln bevorzugen die trockene Umgebung.
   c) Kellerasseln bevorzugen weder die feuchte noch die trockene Umgebung.

4. **Planung des Experiments:**
   Ablaufplan aufstellen und aufschreiben. Liste der Materialien erstellen und protokollieren. Untersuchung von 4 — 6 Kellerasseln. Glasschalen werden zur Hälfte mit feuchtem, zur Hälfte mit trockenem Papiertuch bedeckt. Kellerasseln werden in die Glasschalen gesetzt. Alle 30 Sekunden zählen: wie viele Kellerasseln befinden sich in der feuchten Hälfte, wie viele in der trockenen Hälfte?

5. **Vorhersage zu den Versuchsergebnissen (Prognose):**
   – Kellerasseln suchen die feuchte Hälfte auf.

6. **Durchführung:**
   Alle Beobachtungen und Messwerte werden protokolliert.

7. **Auswertung der Ergebnisse:**
   Deine Ergebnisse können in Sätzen, in einer Tabelle oder zum Beispiel als Zeichnung dargestellt werden.

8. **Erklärung der Ergebnisse; Schlussfolgerungen bezogen auf die Hypothese:**
   Die Vermutung, Kellerasseln suchen eine feuchte Umgebung auf, wird bestätigt. Die anderen Hypothesen werden widerlegt.

Sicherheit
n3w2zu

Gestaltung eines Protokolls

Wissenschaftler dokumentieren ihre Experimente. Sie schreiben ein Protokoll. Damit können sie selbst, aber auch andere Forscher die Experimente nachvollziehen oder wiederholen. Notiere auch dein Vorgehen und alle Einzelheiten der Beobachtungen deines Experiments. Zeichnungen oder Fotos können ebenfalls in ein Protokoll aufgenommen werden.

So könnte dein Protokoll aussehen:

Forscherfrage
Forscherfrage angeben

Prognose

Material
Notiere in einer Materialliste alle benötigten Geräte, sonstige Hilfsmittel und gegebenenfalls die Chemikalien.

Durchführung
Beschreibe in kurzer, verständlicher Form, wie das Experiment Schritt für Schritt durchgeführt wird.

Beobachtungen
Notiere alle Einzelheiten, die du während des Versuchsablaufs beobachtest, insbesondere die Messergebnisse. Achte darauf, dass du hier nur deine Beobachtungen aufschreibst, sie aber noch nicht erklärst oder deutest.

Auswertung und Erklärung der Ergebnisse
Aus den Beobachtungen werden allgemeine Aussagen oder Gesetzmäßigkeiten abgeleitet. Fasse deine Schlussfolgerungen in einem knappen Merksatz zusammen.

Name und Datum
Auf jedes Protokoll gehören dein Name und das Datum.

Versuchsprotokoll

Datum: Name(n) des/der Protokollanten:

Forscherfrage: Suchen Kellerasseln aktiv eine feuchte oder eine trockene Umgebung auf?

Prognose: Kellerasseln suchen aktiv die feuchte Umgebung auf.

Material: 4 bis 6 Asseln, Glasschälchen, Papiertücher, Wasser

Durchführung des Experiments:
Papiertücher für die Glasschälchen zuschneiden, eine Hälfte anfeuchten, beide Hälften in das Glasschälchen legen, Kellerasseln in die Mitte der Glasschälchen setzen, alle 30 Sekunden wird notiert, in welcher Hälfte sich wie viele Asseln befinden.

Beobachtung:

Zeit (s)	feuchte Hälfte	trockene Hälfte
0	2	4
30	3	4
60	3	3
90	3	3
120	4	2
360	5	1
...	...	...

Auswertung und Erklärung der Ergebnisse:
Kellerasseln suchen aktiv eine feuchte Umgebung auf. Die feuchte Umgebung entspricht den Lebensbedingungen.

Methode
Biologische Modelle und Modellbau

Was ist ein „Modell"?

Modelle gibt es in den Naturwissenschaften und in der Technik. Sicher kennst du auch Modelle aus dem Alltag, z. B. Auto- oder Flugzeugmodelle oder Modelleisenbahnen. Diese Modelle sind vereinfachte, oft verkleinerte oder vergrößerte Nachbildungen eines Originals (Abb. 1). Sie geben nur einen Teil der Wirklichkeit wieder.

Modelle dienen dazu, Kompliziertes zu vereinfachen und anschaulicher zu gestalten. Häufig haben Modelle nicht mehr viel Ähnlichkeit mit dem Original, weil nur einzelne Teile oder Eigenschaften des Originals gezeigt werden.

1 *Modell: Autokran*

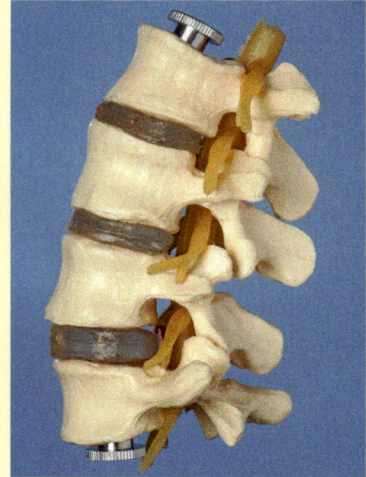

2 *Strukturmodell: Wirbelsäule*

Funktionsmodelle
Diese Modelle verdeutlichen den Zusammenhang von Bau (Struktur) und Arbeitsweise (Funktion). Modelle der Gelenktypen des Menschen sind Beispiele für Funktionsmodelle. Sie sind dem Original nicht ähnlich, zeigen aber gut die Funktionsweise (Abb. 3).

Strukturmodelle
Diese Modelle geben den Bau, zum Beispiel des menschlichen Knochengerüstes, möglichst naturgetreu wieder (Abb. 2). Auch von Pflanzen und Tieren gibt es viele Strukturmodelle.

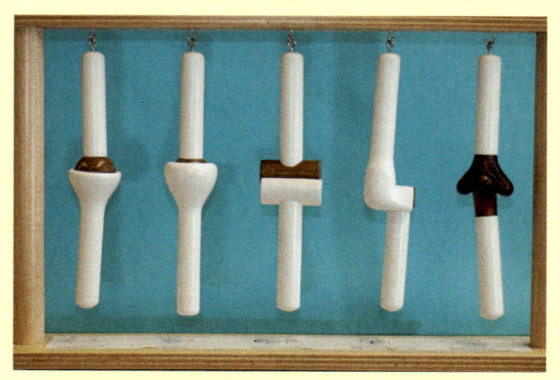

3 *Funktionsmodell: Gelenktypen des Menschen*

AUFGABEN >>

1 Im Biologieunterricht werden häufig Modelle eingesetzt. In der Biologiesammlung kannst du viele Modelle entdecken. Nenne unterschiedliche Struktur- und Funktionsmodelle zum Beispiel von Pflanzen, Tieren und dem Menschen.

2 Beschreibe Aufgaben und Unterschiede von Struktur- und Funktionsmodellen.

Modell der menschlichen Wirbelsäule

4 *Materialien zum Bau eines Modells*

5 *Funktionsmodell der menschlichen Wirbelsäule*

Die Arbeit mit Modellen
Um zu prüfen, was mit einem Modell dargestellt wird, beantworte die folgenden Fragen:
1. Welchen Teilen des Originals entsprechen die Teile im Modell?
2. Findest du eine Entsprechung von Teilen des Modells im Original?
3. Welche Teile des Originals fehlen im Modell?

Modelle selbst bauen
Die menschliche Wirbelsäule ist biegsam, stützt aber auch den Körper.
Wie könnte ein Funktionsmodell aussehen, in dem die Beweglichkeit und die Stabilität veranschaulicht werden?

Abb. 4 zeigt Materialien zum Bau eines Wirbelsäulenmodells:
- Holzbrett, Stäbe aus Polyamid,
- Schaumstoffscheiben (flexibles Material),
- Holzscheiben (stabiles Material).

Das Strukturmodell (Abb. 2) zeigt, dass die Wirbelsäule aus einer Abfolge von weichen Bandscheiben und harten Wirbelknochen aufgebaut ist.

Das Funktionsmodell der Wirbelsäule mit einer Kombination von Schaumstoff- und Holzscheiben in abwechselnder Reihenfolge verdeutlicht die Hauptaufgaben der Wirbelsäule.

AUFGABEN >>

3. Baue selbst ein Funktionsmodell der menschlichen Wirbelsäule aus geeigneten Materialien.

4. Versuche, das Funktionsmodell zu verbiegen. Beschreibe deine Beobachtungen.

5. Erkläre nun anhand des Funktionsmodells, wie die Wirbelsäule stabil und gleichzeitig biegsam sein kann.

6. Erkläre mithilfe der drei Fragen zur Arbeit mit Modellen, was mit diesem Modell dargestellt wird.

Methode
Informationen suchen und ordnen

Informationen suchen

Für den Biologie-Unterricht sollst du Informationen für ein Referat oder für einen Steckbrief sammeln, zum Beispiel zu dem Thema: „Wölfe in Deutschland".

Dazu musst du dir zuverlässige Informationen beschaffen. Dieses Suchen nach Informationen wird auch als *Recherchieren* bezeichnet.

1 *Internetrecherche*

Welche Informationsquellen kannst du nutzen? Suche zunächst im eigenen Bücherschrank und in deinen Schulbüchern. Weiteres Material, insbesondere biologische Sachbücher oder Lexika findest du in der Schulbücherei oder in einer städtischen Bibliothek. Ein Blick ins *Inhaltsverzeichnis* eines Buchs zeigt dir, ob etwas zu deinem Thema enthalten ist. Meist auf den letzten Seiten eines Buchs findest du ein *Register*. Hier kannst du gezielt nach einzelnen Begriffen oder Stichworten suchen und gelangst schnell zu den richtigen Seiten.

AUFGABE >>

1 Starte eine Internetrecherche zum Thema „Der Feuersalamander — eine bedrohte Tierart". Erkläre deine Vorgehensweise.

Recherchieren im Internet

Das World Wide Web, das weltweite Netzwerk, ist eine „Megabibliothek", in der du jederzeit nach Informationen suchen kannst. Wie kannst du dich aber in diesem riesigen Informationsangebot zurechtfinden?

Internetsuche

„Suchmaschinen" führen dich zu einer Liste mit Seiten, die alle deinen Suchbegriff (z. B. Wölfe) enthalten. Häufig jedoch werden mit nur einem Suchbegriff sehr viele Seiten angezeigt, die du kaum alle auswerten kannst und die oft auch nicht zu deinem biologischen Thema passen. Indem du deinen Suchbegriff mit weiteren verbindest, z. B. Wölfe + Deutschland, kannst du deine Suche immer weiter eingrenzen.

2 *Gebrauch einer Suchmaschine*

Da im Internet jeder veröffentlichen darf, ist es wichtig, mehrere Quellen zu benutzen und die Inhalte mit verlässlichen Sachbüchern und Lexika zu vergleichen.

Mind-Map: eine „Gedankenkarte"

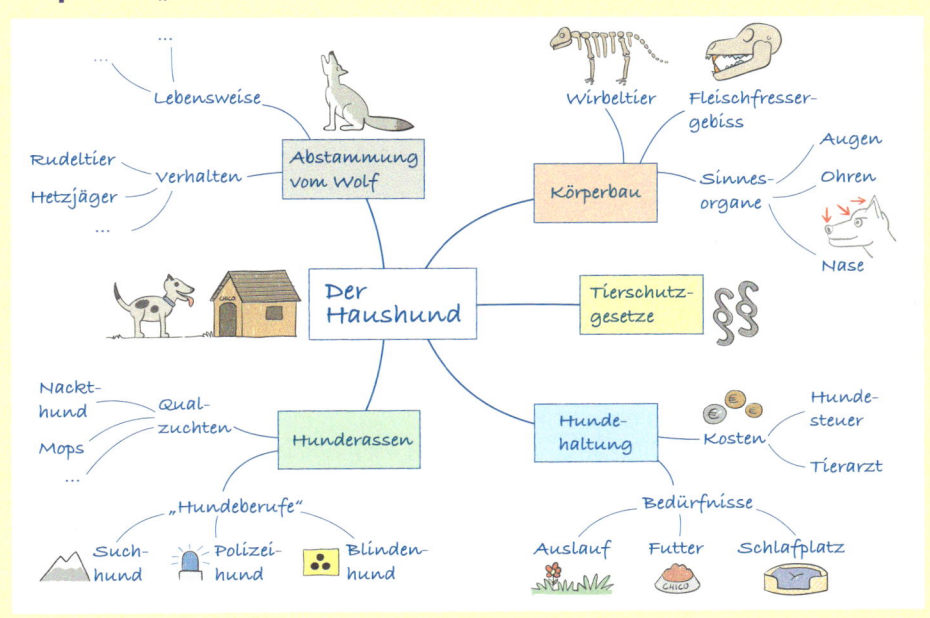

3 Mind-Map: Der Haushund

Eine Mind-Map ist eine Karte (Map) aus Ideen und Gedanken (Mind). In einer Mind-Map werden viele Gedanken, Ideen und Informationen und Vorkenntnisse zu einem Thema gesammelt, geordnet und strukturiert.

Beispiele zur Anwendung von Mind-Maps
— Diese Methode kann dir zum Beispiel bei der Erarbeitung eines Referats helfen. Mit einer Mind-Map bekommst du eine Übersicht über verschiedene Teilbereiche eines Themas, die für die Gliederung des Referats wichtig sind.
— Eine Mind-Map dient auch der Zusammenfassung von Texten, wenn du zum Beispiel die Ergebnisse einer Literaturrecherche übersichtlicher darstellen willst.
— Arbeitsergebnisse kannst du mit einer Mind-Map ebenfalls besonders anschaulich präsentieren. Das gilt auch für Partner- oder Gruppenarbeitsergebnisse.
— Auch vor einer Klassenarbeit kann eine Mind-Map mit einer Übersicht zu einem Thema hilfreich sein.

Tipps zur Gestaltung einer Mind-Map
— Schreibe das Thema in die Mitte eines DIN-A-4-Blatts und rahme es ein. Du kannst auch ein Bild malen, das zum Thema passt.
— Zeichne nun Hauptäste ein, an die du die Oberbegriffe zum Thema schreibst.
— Die Hauptäste bekommen nun Nebenäste mit allen Begriffen, die dir zu dem jeweiligen Oberbegriff einfallen.
— Setze verschiedene Farben ein und verwende Zeichnungen, Bilder und Symbole.

Methode
Daten darstellen und auswerten

Informationen können unterschiedlich veranschaulicht werden

Die Frage „Wie schnell wächst eine Bohnenpflanze?" soll durch ein Experiment beantwortet werden. Dazu wird alle drei Tage die Länge der Sprossachse gemessen und die Messwerte werden in einem Versuchsprotokoll festgehalten. Anschließend sollen die Messergebnisse ausgewertet werden. Es gibt verschiedene Möglichkeiten, Zahlen und Daten übersichtlich darzustellen.

Tabelle
Sollen mehrere Messwerte erfasst werden, ist es sinnvoll, sie in einer Tabelle zu notieren. In der ersten Zeile wird das Alter der Bohnenpflanze in Tagen notiert, in der unteren Zeile werden die an den jeweiligen Tagen gemessenen Sprosslängen in cm eingetragen. Aus der Tabelle lässt sich dann leicht die Länge der Sprossachse an einem bestimmten Tag ablesen. Die in einer Tabelle erfassten Messwerte können auch in Diagramme umgesetzt werden.

1 Keimung und Wachstum einer Bohnenpflanze

Alter in Tagen	3	6	9	18
Sprosslänge in cm	0,2	0,8	2,0	5,5

2 Tabelle: Messergebnisse

Kurvendiagramm
Der Wachstumsverlauf der Bohnenpflanze ist besser zu erkennen, wenn man die Messwerte grafisch darstellt, zum Beispiel als Kurvendiagramm. Ein solches Kurvendiagramm hat zwei Achsen. Nach rechts (auf der x-Achse) wird das Alter der Pflanze in Tagen aufgetragen und nach oben (auf der y-Achse) die gemessenen Werte, also die Sprosslänge der Bohnenpflanze in cm. Zu jedem Messzeitpunkt wird auf Höhe der jeweiligen Sprosslänge ein Punkt eingezeichnet. Diese Punkte werden dann durch eine Linie verbunden.

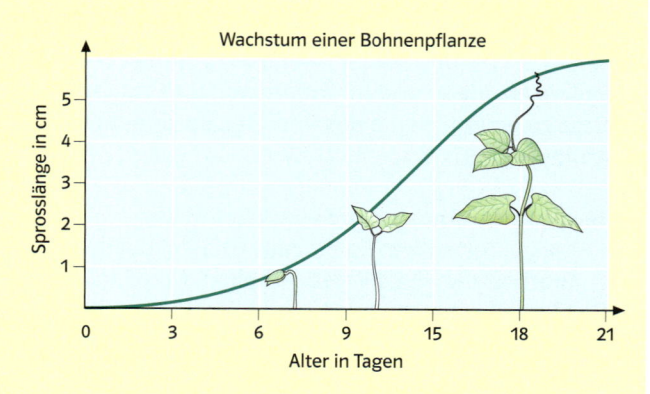

3 Kurvendiagramm: Messergebnisse

Säulendiagramm

„Wie hoch wachsen vier verschiedene Bohnenpflanzen in einem Zeitraum von acht Tagen?" Für die grafische Darstellung der Messwerte zu dieser Forscherfrage eignet sich ein Säulendiagramm. Die Höhe der Pflanzen wird auf der y-Achse aufgetragen. Dabei wird für jede Pflanze eine Säule der entsprechenden Höhe gezeichnet. Bei einem Säulendiagramm kann man auf einen Blick der Größe nach vergleichen.

4 *Säulendiagramm: Messergebnisse*

Kreisdiagramm

Zusammensetzungen oder Anteile lassen sich gut durch Kreisdiagramme veranschaulichen. Abb. 5 zeigt die Nährstoffzusammensetzung eines Bohnensamens. Dazu wurde der Winkel von 360° je nach Anteil der Nährstoffe aufgeteilt. Auf Fett entfallen dabei z. B. 5% von 360° gleich 18°, auf Eiweiß 25% von 360° gleich 90°.

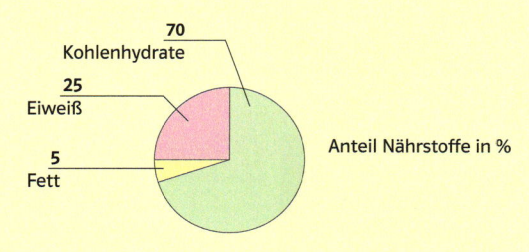

5 *Kreisdiagramm: Inhaltsstoffe von Bohnensamen*

Verlaufsschema

Zur Veranschaulichung von Prozessen eignet sich ein Verlaufsschema (auch Fluss- oder Pfeildiagramm genannt). Abbildung 6 verdeutlicht die zeitliche Abfolge der Entwicklung einer Bohnenpflanze aus einem Bohnensamen. Auf die Quellung des Samens folgt (Pfeil) die Keimung und darauf folgt (Pfeil) das weitere Wachstum der Bohnenpflanze.

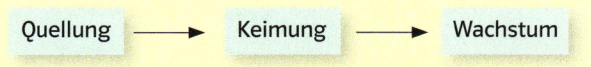

6 *Verlaufsschema: Entwicklung einer Bohnenpflanze*

Diagrammauswertung

Diagramme geben einen schnellen Überblick über die Messdaten und helfen Zusammenhänge zu erkennen. Bei der Auswertung von Diagrammen kannst du dich an folgenden Fragen orientieren:

- Um welchen Diagrammtyp handelt es sich?
- Was ist Thema des Diagramms (Überschrift)?
- Welche Größe wurde an der x-Achse, welche an der y-Achse aufgetragen (Achsenbeschriftung)?
- Wie oft und in welchen Zeitabständen wurde gemessen?
- In welchem Bereich liegen die Messwerte (größter und kleinster Wert)?
- Wie verändern sich die Messwerte (Kurve steigend, fallend oder gleich bleibend, Maximum oder Minimum, besondere Punkte)?

Methoden

Methode
Texte lesen und verstehen — Inhalte präsentieren

Die 5-Schritt-Lesemethode

Texte lesen, verstehen und den Inhalt behalten, das kannst du mit einer einfachen Lesemethode verbessern.

Die 5-Schritt-Lesemethode hilft dir bei Textbearbeitungen in allen Fächern und erleichtert dir das selbstständige Bearbeiten von neuen Texten. So oft wie möglich solltest du diese Methode anwenden. Dann wirst du zu einem Leseprofi.

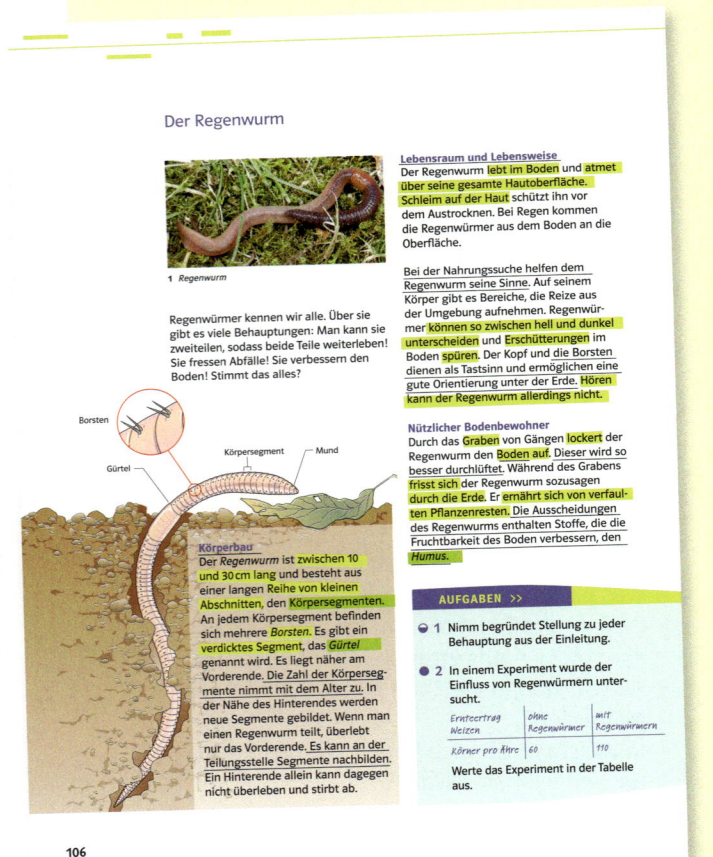

1. Schritt: Einen Überblick gewinnen
- Lies den zunächst Text gründlich durch. Achte dabei besonders auf Überschriften und *schräg* gedruckte Begriffe. Sie helfen dir zu erkennen, worum es in dem Text geht.

2. Schritt: Unbekannte Begriffe klären
- Markiere unbekannte Begriffe und schlage sie in deinem Schulbuch oder einem Lexikon nach.

3. Gründliches Lesen
- Lies Absatz für Absatz genau durch.
- Markiere die wichtigsten Begriffe im Text (Fotokopie).
- Gib den Inhalt nach jedem Abschnitt mit eigenen Worten wieder.

4. Schritt: Zusammenfassen
- Formuliere kurze Zwischenüberschriften zu den einzelnen Abschnitten.
- Notiere wichtige Stichworte und Erläuterungen.
- Fasse mithilfe der Zwischenüberschriften, der markierten Schlüsselbegriffe und deiner Notizen den Text kurz zusammen.

5. Schritt: Wiederholen
- Gehe deine Notizen und deine Zusammenfassung mindestens noch einmal durch.
- Du kannst auch einem Partner einen kleinen Vortrag über das Gelernte halten.

Das Thema: „Fledermäuse in meiner Heimat" interessiert dich sehr, deshalb möchtest du dazu ein Referat vorbereiten und deiner Klasse vortragen. Wie gehst du vor?

Ein Referat planen

Plane für die Vorbereitung deines Referats ausreichend Zeit ein, um sorgfältig arbeiten zu können.

Informationen sammeln und auswerten
- Erstelle zur Sammlung von Stichworten und für erste Strukturierungen eine Mind-Map zum Thema. Suche dann gezielt nach weiteren Informationen und ergänze.
- Finde Überschriften für die verschiedenen Teilthemen und entscheide dich für eine inhaltliche Reihenfolge.
- Nutze deine Mind-Map dann zur weiteren Einsortierung der Stichworte. Markiere zentrale Begriffe.

Ein Referat schreiben
Formuliere nun den Text deines Referats. Überlege dir einen Einstieg zum Thema, der deine Zuhörer besonders interessieren oder ihre Neugier wecken könnte. Wähle Bilder, Fotos oder andere Medien, mit denen du dein Referat verständlich und anschaulich gestalten kannst. Zeichnungen oder Tabellen kannst du auch auf einer Folie aufzeichnen und während des Vortrags auf den Tageslichtprojektor legen oder mit dem Computer erstellen und präsentieren. Wichtige Informationen solltest du auch an die Tafel schreiben. Verständige dich über den Umfang des Referats und über die notwendigen Medien mit deinem Lehrer / deiner Lehrerin.

Gliederung eines Referats
Damit du bei deinem Vortrag möglichst frei reden kannst, hilft dir ein Notizzettel oder eine Karteikarte mit Stichworten.

Gliederung eines Referats

Einleitung
Nennen des Themas und Einstieg, der neugierig macht (z. B. Foto)

Hauptteil
Überblick über die Teilthemen und erstellte Texte

Schlussteil
Kurze Zusammenfassung

Ein Referat üben
Bevor du deinen Vortrag hältst, musst du natürlich üben, vielleicht vor einem Familienmitglied oder einem Freund. Vergiss nicht, auf Bilder und andere Materialien hinzuweisen. Halte dein Referat laut, mithilfe deines Notizzettels. Dabei solltest du langsam und deutlich sprechen.

Ein Referat vortragen
- Vorbereitung der Präsentation (z. B. Thema an die Tafel schreiben)
- Bilder und andere Materialien bereitlegen
- Notizzettel in die Hand nehmen
- Thema nennen
- Stichworte benutzen, möglichst frei sprechen
- Zuhörer anschauen
- langsam und deutlich reden
- am Ende des Referats den Zuhörern Zeit für Fragen geben

Methode
Aufgabenstellungen richtig lesen

Aufgaben haben verschiedene Anforderungen

Die Bearbeitung von Aufgaben ist in allen Fächern wichtig. Es gibt ganz unterschiedliche Aufgaben, die du allein, mit einem Partner, bei einer Gruppenarbeit, in einer Klassenarbeit oder in einem Test beantworten sollst. Verschiedene „Aufgabentypen" enthalten bestimmte Verben, die dir sagen, was in der Lösung von dir erwartet wird.

1. Nenne — Beschrifte …
Dein gelerntes Wissen ist hier gefragt.

> **Nenne … Beschrifte …**
>
> Nenne die Kennzeichen der Lebewesen.
> Du sollst Begriffe ohne Erklärung aufzählen.
> Beschrifte die Zeichnung eines Katzengebisses.
> Du sollst in einer Zeichnung Begriffe zuordnen.

2. Beschreibe — Erkläre — Erläutere …
Genauere, ausführlichere Antworten sind erforderlich.

> **Beschreibe …**
>
> Beschreibe, wie Katzen sich an Beutetiere anschleichen.
> Du sollst mit eigenen Worten den Vorgang beschreiben. Die Fachsprache muss dabei korrekt angewendet werden.

> **Erkläre …**
>
> Erkläre, wodurch Katzen in der Dämmerung gut sehen können.
> Du sollst die Ursachen oder Gründe für eine Beobachtung oder einen Sachverhalt darstellen.

> **Erläutere …**
>
> Erläutere, weshalb ein Maulwurf für den Boden nützlich ist. Nutze dazu die Abbildung.
> Du sollst den Sachverhalt begründen und anschaulich darstellen. Du sollst zusätzliche Informationen nutzen, um den Sachverhalt noch verständlicher zu machen.

3. Beurteile — Bewerte …
Nicht nur dein Wissen, sondern deine eigene Meinung zu einem Sachverhalt wird erfragt. Berücksichtige dabei die Meinung anderer. Dein eigenes Urteil, deine Bewertungen müssen sachlich begründet werden.

> **Beurteile …**
>
> Beurteile, ob Spechte für den Wald nützlich sind.
> Du sollst prüfen, ob diese Aussage zutrifft, und dein Urteil begründen.
> Verschiedene Ansichten kannst du dabei einbeziehen.

> **Bewerte …**
>
> Bewerte die Haltung eines Jagdhunds in einer Wohnung ohne Garten.
> Du sollst mithilfe deiner Sachkenntnisse unterschiedliche Ansichten mit bestimmten Kriterien bewerten und dann dein eigenes Urteil begründen.
> Bewerten ist nicht ganz einfach. Deswegen geht man dabei schrittweise vor (s. Seite 25).

In sieben Schritten zur Bewertung

Anne wünscht sich zu ihrem 11. Geburtstag ein Kaninchen. Ihr Bruder ist von der Idee, ein Haustier anzuschaffen, begeistert. Ihre Eltern äußern dagegen Bedenken. Anne sammelt zunächst Informationen über Kaninchen und stellt sie in einem „Steckbrief" zusammen.

Um eine Entscheidung für oder gegen ein Haustier treffen zu können, hilft die Beantwortung von sieben Fragen. Dadurch kann Anne zu einer begründeten Bewertung gelangen.

Steckbrief: Kaninchen

Haltung
Kaninchen sollten in einem ausreichend großen Käfig gehalten werden, damit sie ihren Bewegungsdrang ausleben können. Im Sommer ist zusätzlich ein Auslauf auf dem Rasen ideal. Dabei muss ein Schattenbereich vorhanden sein. Da die Tiere graben, müssen die Seitenwände genügend tief in die Erde reichen.

Monatliche Kosten
Futter 10 €; Tierarzt ca. 5 €; einmalige Ausstattung 50 – 100 €

Pflege
Da Kaninchen gesellige Tiere sind, sollten sie nicht einzeln gehalten werden und man sollte sich regelmäßig mit ihnen beschäftigen.

1. Frage
Welche Entscheidungsfrage liegt vor?
Anschaffung eines Kaninchens als Haustier

2. Frage
Welche Handlungsmöglichkeiten gibt es?
- Anschaffen eines Kaninchens: Prüfung der häuslichen Voraussetzungen zur artgerechten Haltung
- Kein Anschaffen eines Kaninchens
- Anschaffen eines anderen Haustiers

3. Frage
Welche unterschiedlichen Argumente und Ansichten gibt es zur Entscheidungsfrage?
- Anne liebt Tiere, will Zeit mit dem Tier verbringen. Anne will Verantwortung für ein Haustier übernehmen, Zeit für Pflege, Reinigung einplanen etc.
- Bruder: will bei der Pflege ab und zu helfen.
- Eltern: Hält die Freude über ein Tier über mehrere Jahre an? Werden die Verpflichtungen viele Jahre eingehalten?

4. Frage
Welche Rangfolge von Argumenten und Ansichten gibt es bei den Beteiligten zur Entscheidungsfrage?
Jedes Familienmitglied erstellt eine Liste mit einer Rangfolge der Wichtigkeit von Argumenten und Ansichten.

5. Frage
Welche Ziele und Handlungsmöglichkeiten haben die Beteiligten?
Welche Ziele verfolgt Anne bei der Anschaffung eines Kaninchens als Haustier?

6. Frage
Welche Folgen haben die verschiedenen Handlungsmöglichkeiten für Anne, für andere, für die Familie?
Auflisten von persönlichen Konsequenzen, z. B. weniger Freizeit, auch weniger Zeit für andere Freizeitaktivitäten

7. Frage
Wie entscheidet sich Anne?
- Berücksichtigen aller Argumente und Positionen
- Alternativen prüfen

Auch bei anderen biologischen Themen müssen Entscheidungen getroffen werden. Zum Beispiel: Fragen des Naturschutzes oder Fragen zur richtigen Ernährung oder zur Tierhaltung. Mithilfe von biologischem Wissen und den sieben Fragen zur Entscheidungsfindung gelangst du zu hilfreichen Antworten.

1 Säugetiere

Hunde und Katzen zählen zu den beliebtesten Haustieren. Rinder und Schweine sind hingegen wichtige landwirtschaftliche Nutztiere. Die Züchtung der Haus- und Nutztiere ging von wild lebenden Vorfahren aus. Diese Tiere haben alle ein gemeinsames Merkmal: Sie säugen ihre Jungen. Man nennt sie deshalb auch Säugetiere. Wälder, Seen, Wiesen, aber auch Städte sind natürliche Lebensräume für Säugetiere.

Das lernst du in diesem Kapitel

>> Viele Haus- und Nutztiere sind Säugetiere.

>> Haustiere zeigen Merkmale und Verhaltensweisen, die es auch bei ihren wild lebenden Vorfahren gibt.

>> Landwirtschaftliche Nutztiere dienen vor allem der Ernährung des Menschen. Die Tiere werden heute oft in großen Betrieben gehalten.

>> Säugetiere zeigen Angepasstheiten an ihren jeweiligen Lebensraum.

>> Die Gebisse der Säugetiere sind an ihre Nahrung angepasst.

>> In Zoos kann man Säugetiere, die in ganz unterschiedlichen Lebensräumen der Welt beheimatet sind, beobachten.

1.1 Haustiere
Ein Hund kommt in die Familie

1 Lilly hat einen Hund bekommen

Letztes Wochenende habt ihr euren Hund bekommen. Von nun an wirst du einen Begleiter haben, mit dem du viel unternehmen und auch viel Spaß haben kannst. Zur Freude über das neue Familienmitglied kommt auch die Verantwortung für dieses Tier. Du musst dafür sorgen, dass es hundegerecht behandelt wird. Dann wird der Hund eine Freude für dich und deine Mitmenschen sein und bleiben.

Der Hund wird stubenrein
Wenn du den Hund als *Welpen* bekommst, ist er meist noch nicht stubenrein. Du musst ihm beibringen, dass sein Kot und sein Urin nicht in die Wohnung gehören. Das geht am schnellsten, wenn der Hund immer rechtzeitig nach draußen gebracht wird und das mehrmals am Tag.

Junge Hunde schlafen viel, sie wachen meistens von ihrem Bedürfnis auf, Wasser zu lassen. Das kannst du ausnutzen und den Hund nach seinem Schlaf sofort nach draußen bringen. Bei einem jungen Hund muss sich die Familie am Anfang darauf einstellen, mit ihm auch nachts mehrmals vor die Tür zu gehen.

Hier erkennst du bereits die wichtigste Anforderung für die *Hundehaltung*: Dein Hund lernt am besten, wenn du immer wieder dafür sorgst, dass er deine Anweisungen befolgt.

Hunde brauchen Anleitung
Der Hund sucht immer die Nähe seiner Menschen. Du erkennst daran eine Eigenschaft, die er von seinem wilden Vorfahren, dem Wolf, beibehalten hat. Wölfe leben in Gruppen, die man *Rudel* nennt. Für deinen Hund ist deine Familie das Rudel. Wie sich die Mitglieder eines Wolfsrudels vom Rudelführer leiten lassen, so lässt sich dein Hund von dir anleiten.

Je nach Eigenart des Hundes musst du hin und wieder aber deutlich machen, dass nicht er bestimmt, was geschehen soll, sondern du. Für ein Zusammenleben zwischen Mensch und Hund ist es wichtig, dass der Hund sich unterordnet.

2 Hund geht „Bei Fuß"

3 Manche Hunde bekommen ein besonderes Training

Dazu dienen die Befehle „Sitz", „Platz" und „Bei Fuß". Wenn das Befolgen dieser Befehle belohnt wird, sind fast alle Hunde gerne bereit, sich unterzuordnen. Einige Hunde benötigen jedoch eine besonders konsequente Anleitung, damit sie andere Menschen nicht anspringen oder Läufern und Fahrradfahrern nachlaufen. Sie bekommen besondere Lernaufgaben (Abb. 3). Durch diese zusätzlichen Herausforderungen wird Langeweile vermieden, die zu Ungehorsam führen könnte.

Auslauf und Pflege des Hundes

Viele Hunde bewegen sich außerordentlich gerne, da reichen kurze Gänge um den Häuserblock nicht aus. Auch hierin erkennst du wieder die Verwandtschaft mit dem Vorfahren Wolf, der täglich viele Kilometer zurücklegt. Schon vor der Anschaffung des Hundes sollte dir also klar sein, dass die gemeinsamen Spaziergänge mit dem Hund viel Zeit beanspruchen.

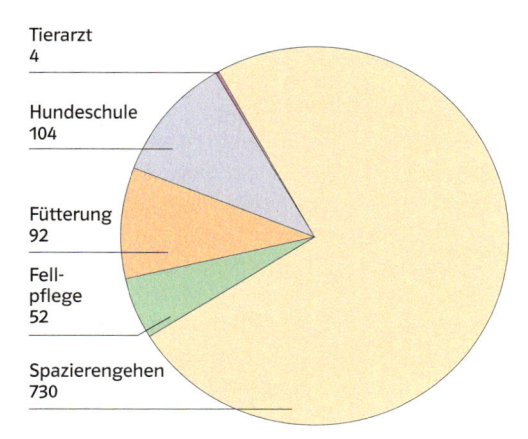

Tierarzt 4
Hundeschule 104
Fütterung 92
Fellpflege 52
Spazierengehen 730

4 Stunden für Hundepflege im Jahr

AUFGABEN >>

○ **1** Beschreibe, welche Bedeutung die in Abb. 2 dargestellte Übung in der Hundeerziehung hat.

◐ **2** Manche Hunde fallen dadurch negativ auf, dass sie Fahrradfahrern hinterherjagen. Erläutere, welche Absicht ein Hundehalter haben könnte, der seinem Hund verschiedene Trainingsaufgaben stellt (Abb. 3).

● **3** Dein Freund will sich einen Hund anschaffen. Erkläre ihm mithilfe von Abb. 4, welche zeitliche Belastung damit auf ihn zukommt.

Säugetiere **29**

Der Hund — ein Säugetier

1 Hündin mit Welpen

Hilflos, mit verschlossenen Augen und wenig Fell werden Hunde geboren. Die Hundemutter kümmert sich rund um die Uhr um die Neugeborenen. Sie spendet ihnen Wärme und versorgt sie mit Muttermilch. Beim kleinsten Wimmern holt sie ihre Jungen zu sich. Sie leckt ihr Fell und befreit sie damit von Schmutz, z. B. Kot und Urin.

Hunde haben Säugetiermerkmale

Die Ernährung der Neugeborenen durch *Muttermilch* ist ein typisches Merkmal von *Säugetieren*, zu denen auch der Hund gehört. Anfangs saugen die Welpen alle halbe Stunde an den Zitzen der Mutter (Abb. 1). Sie nehmen in den ersten zwei Wochen nichts anderes als die nahrhafte Muttermilch zu sich. Diese enthält alle Bestandteile, die der Welpe für das Wachstum und die Entwicklung braucht.

Später wird die Milch durch festes Futter ersetzt. Wie fast alle Säugetiere haben auch Haushunde ein *Fell*. Es schützt die darunterliegende Haut und verringert den Wärmeverlust des Hundes bei kalten Außentemperaturen. Hunde können jedoch in ihrem Körper Wärme erzeugen. Dadurch bleibt ihre Körpertemperatur immer gleich. Tiere, die unabhängig von der Außentemperatur immer die gleiche Körpertemperatur aufweisen, nennt man *gleichwarm*. Sie können auch bei kaltem Wetter aktiv sein. Voraussetzung dafür ist aber eine ausreichende Nahrungsaufnahme, da die Wärmeerzeugung Energie benötigt. Die gleichmäßig hohe Körpertemperatur ist ein Merkmal von Säugetieren.

Fortpflanzung der Hunde

Drei Monate vor der Geburt der *Welpen* wurde die *Hündin* von einem *Rüden*, einem männlichen Hund, begattet. Dabei hat er sein Sperma, das viele Spermienzellen enthält, in den Körper der Hündin eingebracht. Eine *Spermienzelle* befruchtet schließlich die *Eizelle* der Hündin. Da die Befruchtung im Körper des Weibchens geschieht, nennt man sie *innere Befruchtung*. Sie ist ein weiteres Kennzeichen der Säugetiere. In der Schwangerschaft wird

2 Skelett eines Hundes

3 Schädel eines Hundes

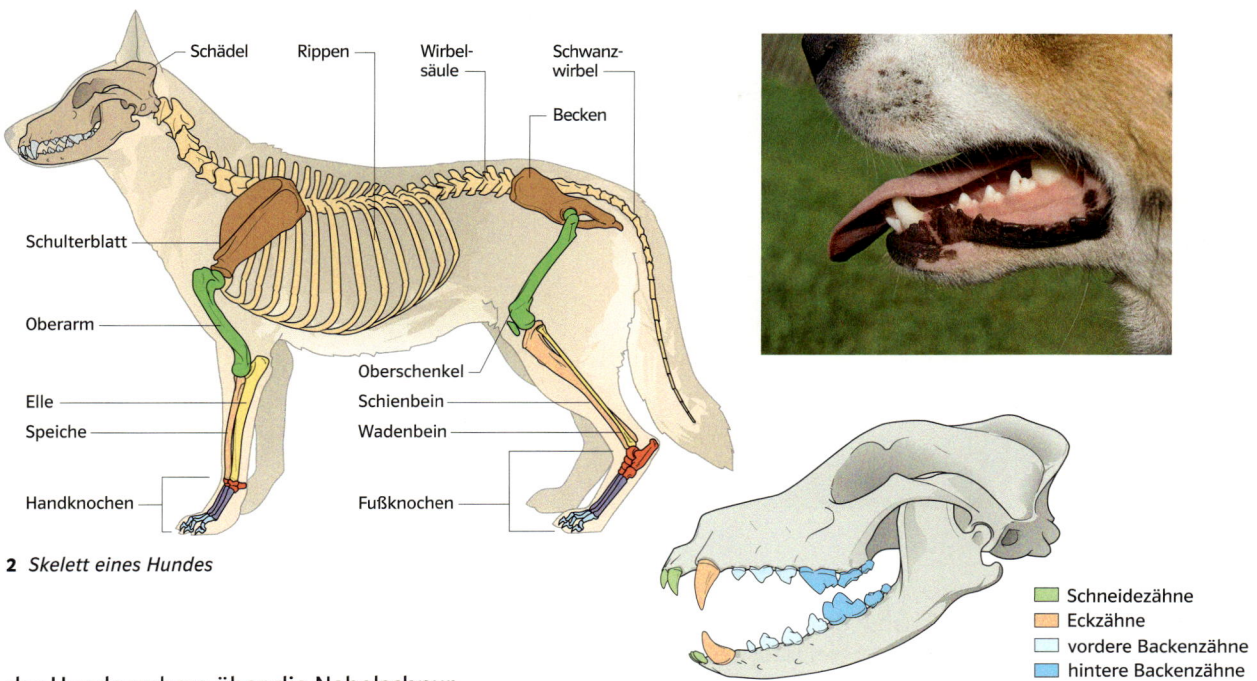

Schneidezähne
Eckzähne
vordere Backenzähne
hintere Backenzähne

der Hundeembryo über die Nabelschnur versorgt. Erst nachdem die Embryonalzeit beendet ist, werden die Welpen geboren. Tiere, die wie Hunde ihre Jungen erst nach Abschluss der Embryonalentwicklung zur Welt bringen, bezeichnet man als *lebendgebärend*.

[► Fortpflanzung und Entwicklung]

Fleischfressergebiss

Das Hundegebiss zeigt deutlich vier verschiedene Zahntypen (Abb. 3). Obwohl der Hund als Haustier keine Beute jagen muss, hat sein Gebiss die Kennzeichen eines *Fleischfressergebisses*. Mithilfe der *Schneidezähne* kann der Hund Fleisch von Knochen abschaben. Seine spitzen *Eckzähne* dienen zum Festhalten der Beute. Die scharfkantigen *Backenzähne* zertrennen die Nahrungsstücke. Vier Backenzähne sind besonders auffällig. Ihr kräftiger Bau und die scharfen Kanten ermöglichen es dem Hund, Knochen und Sehnen wie mit einer Schere zu zerschneiden. Sie werden *Reißzähne* genannt. Das Gebiss des Hundes ist an die Nahrung Fleisch angepasst. Auch andere Fleischfresser, wie z. B. Löwen, haben ein Fleischfressergebiss. Gebisse mit verschiedenen Zahntypen sind ein weiteres typisches Säugetiermerkmal.

[► Struktur und Funktion]

AUFGABEN >>

○ **1** Fasse die Merkmale von Säugetieren zusammen.

◐ **2** Auch Vögel sind wie Säugetiere gleichwarm. Nenne zwei Unterschiede zwischen Säugetieren und Vögeln.

● **3** Die Eckzähne im Fleischfressergebiss werden auch Fangzähne genannt. Begründe diesen Namen und finde ein Beispiel aus der Technik, das die Aufgabe dieser Zähne veranschaulicht.

Säugetiere

Der Wolf — Vorfahr des Haushundes

1 *Wölfe leben im Rudel*

Der Haushund stammt vom Wolf ab. Unsere heutigen Haushunde zeigen zwar deutliche Unterschiede zu ihrem wilden Verwandten, dennoch werden uns einige Eigenarten des Haushundes erst dann verständlich, wenn wir uns mit dem Verhalten seines Vorfahren beschäftigen.

1. entspannte Haltung
2. Angriff
3. Unterordnung
4. Imponieren
5. Angst, Rückzug

2 *Körpersprache bei Wölfen*

Wölfe leben in Gemeinschaft

Wölfe leben in Gruppen von bis zu 12 Tieren, die man *Rudel* nennt. Die Mitglieder eines Rudels kennen sich untereinander. Sie besetzen ein *Revier* und verteidigen es gegen Eindringlinge. Innerhalb des Wolfsrudels herrscht eine *Rangordnung*. Diese Rangordnung wird durch Kämpfe bestimmt, deren Sieger den höchsten Rang im Rudel einnimmt. Im Wolfsrudel pflanzen sich jeweils nur das ranghöchste Männchen und das ranghöchste Weibchen fort. Sie werden als Leittiere oder *Alphatiere* bezeichnet. Die ranghöchsten Tiere im Wolfsrudel erkennst du am aufgerichteten Schwanz, rangniedere Tiere zeigen ihre Unterlegenheit durch einen zwischen die Hinterbeine geklemmten Schwanz (Abb. 2).

[▶ Information und Kommunikation]

Wölfe sind Hetzjäger

Wölfe können stundenlang laufen und dabei ihre Beute verfolgen. Sie hetzen ihr Beutetier so lange, bis es ermüdet. Diese Jagdweise wird *Hetzjagd* genannt. Bei ihr setzen Wölfe den gut ausgeprägten

Geruchssinn, ihr Gehör und den Sehsinn ein. Die Jagd wird im Rudel ausgeführt, die Jagdaktionen der einzelnen Mitglieder sind dabei aufeinander abgestimmt (Abb. 4). Wölfe können wie Hunde ihre Krallen nicht einziehen. Sie verwenden diese zum Abstoßen, aber nicht zum Beutegreifen wie Katzen. Auch unsere Haushunde sind gute Läufer. Die Ausdauer und das vorausschauende Jagdverhalten kannst du in abgewandelter Form bei Hütehunden beobachten. Diese Hunde arbeiten unermüdlich und erkennen, wenn ein Tier sich aus der Herde herausbewegt. Dann treiben sie es in die Herde zurück (Abb. 3).

Stammesgeschichte

Die ältesten Skelettfunde, die eindeutig Hunden und nicht Wölfen zugeordnet werden können, sind etwa 13 000 Jahre alt. Wir können also sicher annehmen, dass es seit dieser Zeit Hunde gibt. Davor hielten sich immer wieder Wölfe in der Umgebung menschlicher Behausungen auf. Sie ernährten sich von den Essensresten der Menschen. Diese Menschen duldeten die Wölfe in ihrer Nähe. Darunter waren auch einige Tiere, die weniger scheu waren und sogar zum Bewachen der Behausungen

4 *Rudeljagd von Wölfen*

eingesetzt werden konnten. Diese Wölfe waren die Vorfahren unserer heutigen Haushunde. Die Menschen wählten diejenigen Tiere zur Fortpflanzung aus, deren Eigenschaften für das Zusammenleben besonders geeignet waren. So entstand durch Züchtung aus dem Wildtier Wolf das Haustier Hund.

[▶ Stammesgeschichte und Verwandtschaft]

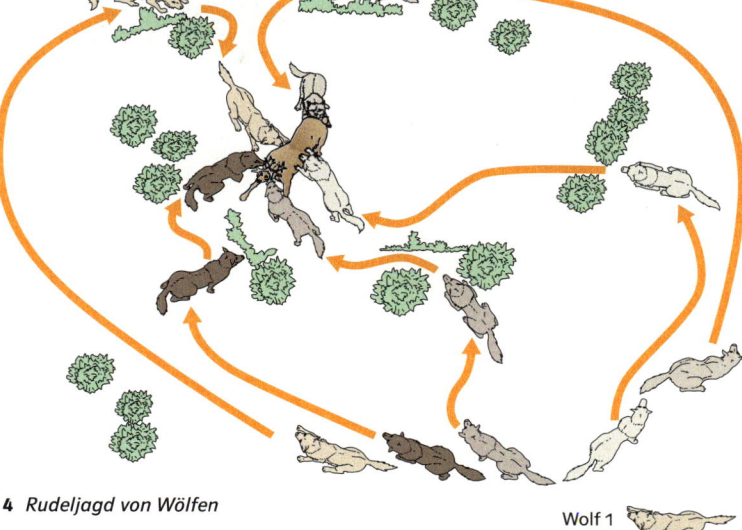

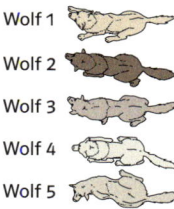

3 *Arbeit eines Hütehundes*

AUFGABEN >>

○ 1 Beschreibe zwei Beispiele für wölfisches Verhalten bei Haushunden.

◐ 2 Die Verständigung der Rudelmitglieder erfolgt u. a. durch die Schwanzstellung (Abb. 2). Beschreibe die Bedeutung dieser Verständigung.

◐ 3 Vergleiche das Verhalten des Hütehundes in Abb. 3 mit dem der Wölfe bei der Rudeljagd (Abb. 4).

◐ 4 Erkläre, warum die frühen Hundezüchter nicht die ranghöchsten Wölfe, sondern rangniedere Tiere zur Zucht genommen haben.

Säugetiere

Der Wolf — ein leistungsfähiges Wirbeltier

1 Wolf hetzt seine Beute

Der mittlere Bereich der Knochen ist mit einer weichen Masse, dem Knochenmark, gefüllt. Die einzelnen Knochen sind nicht fest miteinander verwachsen. Zwischen ihnen besteht eine bewegliche Verbindung, die man als Gelenk bezeichnet.

Wölfe haben eine *Wirbelsäule*. Sie ist das gemeinsame Merkmal aller Wirbeltiere. Die Wirbelsäule stützt den Wolfskörper und verleiht ihm seine Beweglichkeit. Die Wirbelsäule besteht aus einzelnen Wirbeln, zwischen denen elastische Bandscheiben liegen. Ähnlich wie weiche Kissen können die Bandscheiben zusammengedrückt werden. Sie federn Stöße und Erschütterungen beim Laufen und bei Sprüngen ab.

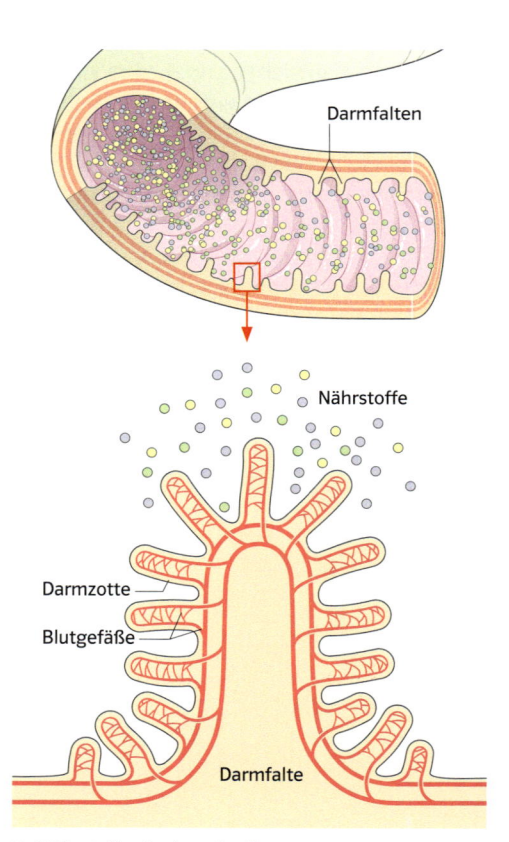

Wölfe können ein Beutetier lange Zeit verfolgen, ohne müde zu werden. Schnelle Bewegungen, Wendigkeit und eine gute Ausdauer sind hierfür Voraussetzung.

Beweglichkeit

Die Bewegungen eines Wolfs ergeben sich aus dem Zusammenspiel seiner Knochen, Gelenke und Muskeln. Über 300 Knochen bilden das *Skelett*. Im Inneren der verdickten Knochenenden erkennt man ein dichtes Netz aus kleinen Balken. Sie geben den Knochen Stabilität.

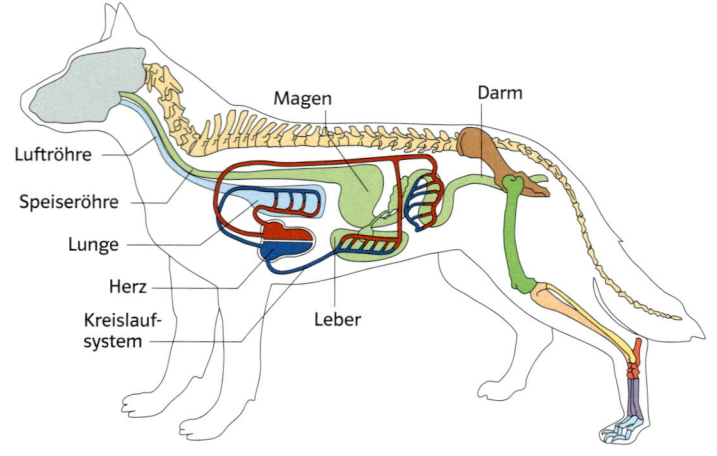

2 Innere Organe des Wolfs

3 Nährstoffaufnahme im Darm

Die Knochen sind über Sehnen mit Muskeln verbunden. Muskeln enthalten Muskelfasern, die sich zusammenziehen können. Durch diese Muskelbewegungen werden auch die Knochen bewegt.

Bewegung benötigt Energie

Für die Muskelbewegungen benötigt der Wolf Energie. Diese gewinnt er aus den *Nährstoffen* in seiner Nahrung. Neben den Kohlenhydraten zählen Eiweiße und Fette zu den Nährstoffen. Damit der Körper die Nährstoffe nutzen kann, müssen sie verdaut werden. Hierunter versteht man die Zerlegung der Nährstoffe in ihre Bausteine. Im Darm werden die Nährstoffbausteine über die Darmwand ins Blut aufgenommen und anschließend zu den Muskeln transportiert. In den Muskeln wird die Energie, die in den Bausteinen enthalten ist, in Bewegungsenergie umgewandelt. Für diesen Vorgang ist Sauerstoff nötig, den der Wolf beim Atmen aufnimmt. Bei der *Energieumwandlung* entstehen auch Wasser und Kohlenstoffdioxid. Beide Stoffe werden vom Körper an die Umwelt abgegeben. Die Stoffe werden mit dem Blut transportiert. Das *Herz* pumpt mit jedem Schlag Blut in Gefäße, die den ganzen Körper durchziehen. In den Organen und Muskeln sind die Gefäße sehr klein und stark verästelt. Diese kleinsten Blutgefäße nennt man Kapillaren. Aus den Organen und Muskeln fließt das Blut in größeren Gefäßen zum Herzen zurück. Die Blutgefäße bilden also einen geschlossenen Kreislauf. Er hat zwei Abschnitte, die Lungenschleife und die Körperschleife.

Oberflächenvergrößerung

Bei der schnellen Jagd verbraucht der Wolf viel Energie und somit auch viel Sauerstoff. Es ist deshalb wichtig, dass er in kurzer Zeit viel Sauerstoff aufnehmen kann. Sauerstoff gelangt über die Wände der *Lungenbläschen* und die Kapillarwände ins Blut (Abb. 4). Durch die zahlreichen Verzweigungen und die Anordnung der Lungenbläschen wird die Oberfläche in der Lunge stark vergrößert. So kann sehr viel Sauerstoff aufgenommen werden. Der Bau der Lunge ist ein Beispiel für das *Prinzip der Oberflächenvergrößerung*. Dieses Prinzip findet man auch im Dünndarm wieder. Seine Innenwand weist Falten und Zotten auf, wodurch die Oberfläche vergrößert wird. So können hier in kurzer Zeit viele Nährstoffbausteine ins Blut aufgenommen werden (Abb. 3).

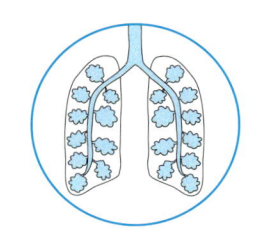

[▶ Struktur und Funktion]

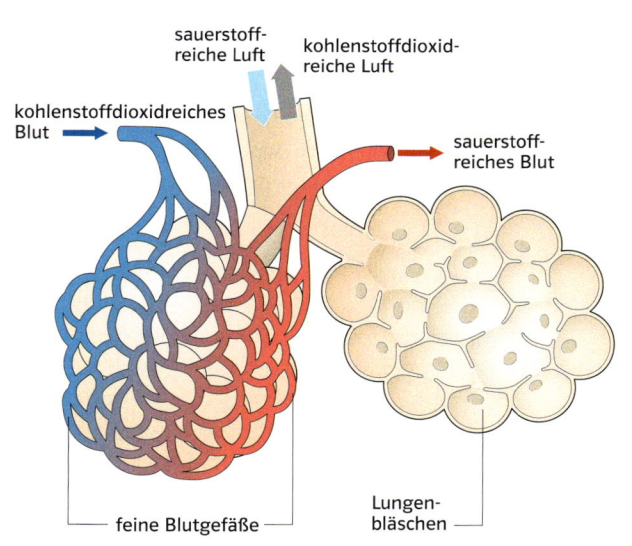

4 Lungenbläschen sind von feinen Blutgefäßen umgeben

AUFGABEN >>

1 Beschreibe den Weg des eingeatmeten Sauerstoffs bis zu den Muskeln.

2 Erkläre, welchen Vorteil es hat, dass die Blutgefäße in Organen und Muskeln sehr klein und stark verästelt sind.

3 Wenn der Wolf schnell rennt, atmet er nicht nur heftiger, sein Herz schlägt auch schneller. Erkläre.

Hundezüchtung

1 Züchtung des Langhaarcollies (vor 200 Jahren / vor 100 Jahren / heute)

Weltweit gibt es heute etwa 340 anerkannte Hunderassen. Um zu verstehen, wie es zur Vielzahl der heutigen Hunderassen gekommen ist, muss die Arbeit eines Hundezüchters unter die Lupe genommen werden.

Variabilität
Bei genauer Beobachtung kannst du erkennen, dass die Welpen einer Hündin sich zwar stark ähneln, aber nicht gleich sind. Sie unterscheiden sich z. B. in Färbung, Größe und Verhalten. Für den Züchter ist diese Verschiedenartigkeit der Nachkommen, die sogenannte *Variabilität*, von sehr großer Bedeutung.

[▶ Variabilität und Angepasstheit]

Hat der Züchter sich z. B. vorgenommen, Hunde mit besonders langem Fell zu züchten, so sucht er unter den Nachkommen immer solche heraus, die diesem Zuchtziel besonders nahekommen. Schon bei den Welpen kann er erkennen, welche Tiere besonders langhaarig sind.

Auswahl
Unter allen Nachkommen wählt der Züchter die langhaarigsten Welpen aus, zieht sie groß und verwendet sie nach der Geschlechtsreife als neue Zuchttiere. Auch ihre Nachkommen werden wieder variieren, und es kann sein, dass dieses Mal Tiere dabei sein werden, die noch langhaariger sind. So kann der Züchter dank der natürlichen Variabilität und mithilfe der Auswahl der am besten geeigneten Tiere sein Zuchtziel erreichen. Die Züchtung dauert je nach Zuchtziel viele Jahre. Aus der Kombination verschiedener Zuchtziele, z. B. Größe, Fellbeschaffenheit und Gesundheit, sind alle heutigen Hunderassen entstanden. Es können so auch noch neue Rassen gezüchtet werden.

AUFGABEN >>

○ **1** Beschreibe die Zuchtgeschichte des Collies anhand von Abb. 1.

◐ **2** Erläutere, wie ein Züchter vorgehen müsste, der besonders große Hunde züchten möchte.

● **3** Rauhaardackel sind kurzbeinige Jagdhunde, die Füchse aus unterirdischen Bauten treiben sollen. Benenne die Zuchtziele.

Hunderassen
ff95jk

Material
Hundeberufe

👥 Hunde — Helfer des Menschen

Nahezu alle Hunde haben von Natur aus folgende Eigenschaften: Sie bellen, wenn sich jemand Fremdes dem eigenen Grundstück nähert. Dabei sind sie zu den eigenen Menschen vertrauensvoll. Bei großer Gefahr setzen sie sich durch Beißen zur Wehr. Hunde interessieren sich für andere Tiere und neigen dazu, diese zu jagen. Ihre Beute spüren sie sowohl durch ihren stark ausgeprägten Riechsinn als auch durch Hören und Sehen auf. Durch Züchtung und Ausbildung der Hunde können manche Eigenschaften verstärkt oder abgeschwächt werden. Durch ihre speziellen Eigenschaften eignen sich bestimmte Hunderassen besonders gut für verschiedene „Hundeberufe". Sie werden dadurch zu wichtigen Helfern des Menschen.

1 *Border Collie*

2 *Schäferhund*

3 *Golden Retriever*

4 *Deutsch Drahthaar*

AUFGABEN >>

Jeder Schüler bearbeitet einen der in Abb. 1—4 dargestellten „Hundeberufe".

○ **1** Beschreibe die Tätigkeit des Hundes auf der Abbildung.

◐ **2** Erläutere, welche der allgemeinen Hundeeigenschaften beim ausgewählten Hund durch Züchtung und Ausbildung gefördert, welche unterdrückt werden müssen.

◐ **3** Suche im Lexikon, Internet o. Ä. weitere Informationen zu der jeweiligen Hunderasse und erstelle einen Steckbrief.

● **4** Sammle Informationen und Bilder zu anderen Hundeberufen und erstelle daraus einen Kurzvortrag.

Säugetiere

Die Katze — ein Schleichjäger

1 Eine Katze schleicht sich an

In einer Wiese entdeckst du eine jagende Katze. Sie horcht nach Geräuschen von Mäusen und schnuppert nach ihrem Geruch.

Die Jagd

Nach kurzer Zeit hat die Katze ein Beutetier entdeckt. Mit gespitzten Ohren und weit geöffneten Augen beobachtet sie eine Maus. Langsam, lautlos und tief geduckt schleicht sich die Katze näher an das Beutetier. Die Maus ist inzwischen in einem Mauseloch verschwunden. Bewegungslos sitzt die Katze vor dem Loch und wartet, manchmal mehrere Stunden: Sie liegt auf der Lauer. Erst in der Dämmerung verlässt die Maus das Versteck. Blitzschnell drückt sich die Katze nun mit den Hinterbeinen vom Boden ab und springt auf die Beute. Sie packt die Maus mit den messerscharfen Krallen der Vorderpfoten und tötet sie mit einem schnellen Nackenbiss.

Die Katze ist ein Schleichjäger

Das Anschleichen der Katze an die Beute ist geräuschlos, denn die Katze tritt nur mit den Zehen der Pfoten auf. Die Krallen sind eingezogen. Erst beim *Beutesprung* streckt die Katze ihre säbelartigen Krallen aus und ergreift damit die Beute (Abb. 2).

Das Fleischfressergebiss

Das Gebiss der Katze ist ein typisches *Fleischfressergebiss*. Es besteht insgesamt aus dreißig Zähnen (Abb. 3).

Die spitzen *Eckzähne (Fangzähne)* dienen zum Festhalten und Töten der Beute. Die scharfkantigen *Backenzähne* gleiten wie eine Schere aneinander vorbei und zerschneiden Knochen und Sehnen. Dabei fallen besonders der letzte vordere und der erste hintere Backenzahn auf *(Reißzähne)*. Mit den kleineren *Schneidezähnen*

2 Die Phasen der Jagd

Hauskatze
vm2d46

werden die Knochen abgenagt. Die Knochen des Beutetiers werden zwischen den hinteren Backenzähnen zerkleinert.

[▶ Struktur und Funktion]

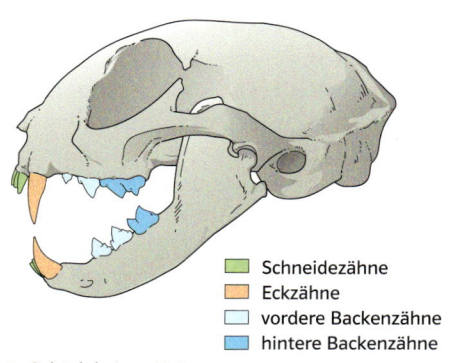

Schneidezähne
Eckzähne
vordere Backenzähne
hintere Backenzähne

3 Schädel einer Katze

4 Pupillen der Katze bei unterschiedlicher Helligkeit

Die Sinnesorgane der Katze

Häufig jagen Katzen erst in der Dämmerung. Die Augen der Katze sind besonders lichtempfindlich. Durch die großen Pupillen gelangt viel Licht in das Auge. *Katzenaugen* leuchten, wenn sie im Dunkeln von einem Licht, zum Beispiel durch Scheinwerfer, angestrahlt werden. Die eingefallenen Lichtstrahlen werden durch eine glänzende Schicht im Augenhintergrund zusätzlich gespiegelt, sie werden „reflektiert". Durch diesen „Trick" haben Katzen ein gutes Sehvermögen in der Dämmerung, auch bei sehr geringen Lichtmengen. Bei völliger Dunkelheit orientieren sich Katzen nur mithilfe der *Schnurrhaare*, die die direkte Umgebung ertasten. Die Pupillen der Katze werden tagsüber zu Pupillenschlitzen verkleinert, sodass die Augen vor zu großer Lichteinstrahlung geschützt sind (Abb. 4).

Auch die Ohren der Katze sind zum Aufspüren der Beutetiere besonders wichtig. Die Bewegung der tütenförmigen Ohrmuscheln wird durch mehr als zwanzig Muskeln bewirkt. Dadurch können die Ohren in alle Richtungen bewegt werden. Geräusche nehmen Katzen mit ihrem Gehör aus großer Entfernung wahr, zum Beispiel leises Mäusefiepen oder das Nagen von kleinen Beutetieren.

[▶ Information und Kommunikation]

AUFGABEN ≫

● **1** Suche Überschriften für die Phasen der Jagd bei der Katze (Abb. 1 und 2). Tausche deine Ergebnisse mit deinem Nachbarn aus.

● **2** Haushund und Hauskatze haben ein Fleischfressergebiss. Erkläre die Gemeinsamkeiten mithilfe von Abbildungen und Untersuchungen an Schädeln (Biologiesammlung).

● **3** Sinnesorgane haben eine große Bedeutung für Katzen als Dämmerungsjäger. Erkläre und benutze dazu die Informationen des Textes.

Fortpflanzung und Entwicklung der Hauskatze

1 Katzenmutter mit Jungtieren

Zwei- bis dreimal im Jahr ist die Paarungszeit der Katzen. Die Kater werben um die Katzen durch laute Schreie in der Nacht. Dabei kommt es auch zu Kämpfen der Kater um eine paarungsbereite Katze.

Geburt und Entwicklung
Nach einer Entwicklungszeit von ungefähr neun Wochen im Körper der Katzenmutter werden vier bis sechs Jungtiere geboren. Die Augen haben sie noch geschlossen und sie sind wenig behaart. Erst nach einer Woche öffnen sich die Augen der Katzen. Sie können noch nicht laufen und sich nicht allein ernähren, deshalb werden sie als *Nesthocker* bezeichnet. Bei Gefahr kann es vorkommen, dass die Katzenmutter ihre Kleinen mit den Zähnen vorsichtig im Genick packt und davonträgt (Abb.1). Dies tut den Jungtieren nicht weh. Die Katzenmutter wärmt und säubert ihre Jungen, sie betreibt eine intensive *Brutpflege*.

Sofort nach der Geburt suchen die jungen Katzen nach den Milchdrüsen ihrer Mutter, den *Zitzen*. Treten sie gegen die Zitzen, das nennt man *Milchtritt*, so regt das den Milchfluss der Milchdrüsen an. Acht bis zehn Wochen werden die Katzenjungen noch von Muttermilch ernährt. Ungefähr drei Wochen nach der Geburt beginnen die Zähne zu wachsen und mit einem Vierteljahr sind die Kätzchen selbstständig.

[► Fortpflanzung und Entwicklung]

Katzen sind Wirbeltiere
Das aus ungefähr 240 Knochen bestehende Skelett mit einer Wirbelsäule kennzeichnet die Katzen als *Wirbeltiere*. Ihre Wirbelsäule ist besonders biegsam und ermöglicht die große Beweglichkeit von Katzen. Die Schulterblätter sind nur durch Muskeln und Bänder mit der Wirbelsäule verbunden. Durch diese Besonderheiten kann sich eine Katze sehr schmal machen. Das ist zum Beispiel bei der Mäusejagd durch Hecken und Gebüsch ein Vorteil.

2 Skelett einer Katze

AUFGABEN >>

○ **1** Nenne Merkmale, die Katzen als Säugetiere kennzeichnen.

◐ **2** Nenne Tätigkeiten einer Katzenmutter, die zur Brutpflege gehören.

EXTRA >>

Die Katze und ihre Krallen

1 Katze mit ausgestreckten Krallen

Bei der Jagd treten Katzen nur mit den Zehenballen auf. Die Krallen sind eingezogen, sie liegen in einer Hautfalte zwischen den Fußballen. Erst mit dem Beutesprung werden die messerscharfen Krallen ausgestreckt (Abb.1). Wie funktioniert das schnelle Ausstrecken und Einziehen der Katzenkrallen?

Die Krallenbewegungen der Katze

Insgesamt werden die Bewegungen der Katzenkrallen durch das Zusammenarbeiten von Zehenknochen und Bändern, Sehnen und Muskeln bewirkt. Die besondere Anordnung dieser Strukturen ist die Voraussetzung für das Funktionieren des Krallenmechanismus. Mehrere Bänder halten dabei die Zehenknochen zusammen. Das elastische Krallenband hält die Krallen in der Hautfalte zurück. Über Sehnen sind die Muskeln auch mit den Krallen verbunden. Ein Muskel kann sich selbst jedoch nur zusammenziehen. Dabei verkürzt er sich und wird fester und dicker. Für das Dehnen ist ein zweiter Muskel nötig. Zieht sich der untere Muskel in der Katzenpfote zusammen, werden die Krallen ausgestreckt. Beim Zusammenziehen des oberen Muskels werden die Krallen eingezogen. Der untere Muskel wird gleichzeitig gedehnt. Oberer und unterer Muskel wirken entgegengesetzt — als Gegenspieler. Die Bewegung der Katzenkrallen ist somit ein Beispiel für das Gegenspielerprinzip.

[► Struktur und Funktion]

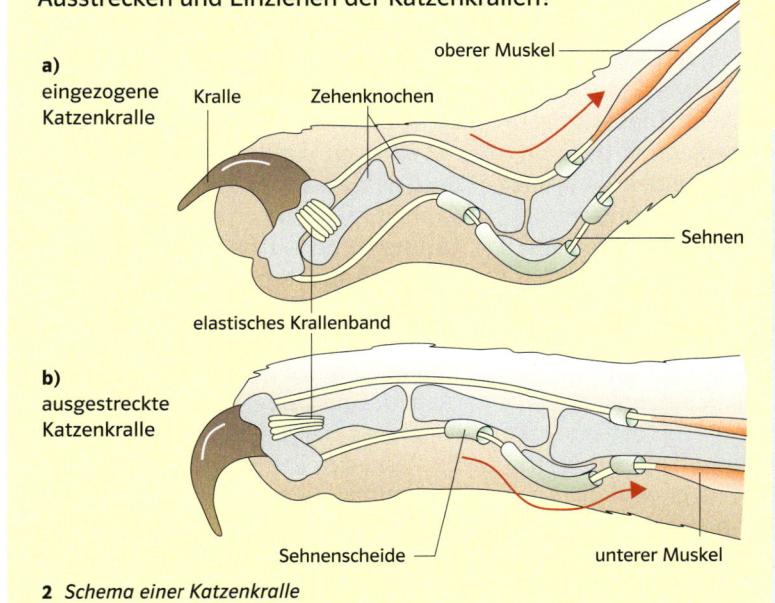

a) eingezogene Katzenkralle — Kralle, Zehenknochen, oberer Muskel, Sehnen, elastisches Krallenband

b) ausgestreckte Katzenkralle — Sehnenscheide, unterer Muskel

2 Schema einer Katzenkralle

AUFGABEN >>

● 1 Beschreibe die Krallenbewegungen der Katze (Abb. 2).

● 2 Erkläre dabei die Aufgaben der Muskeln, der Zehenknochen und der Sehnen und Bänder.

● 3 Katzen kratzen zum Beispiel an Baumrinden, in Wohnungen an Tapeten und Möbeln, wenn sie keinen Kratzbaum haben. Erkläre dieses Verhalten.

Hund und Katze im Vergleich

1 Begegnung von Hund und Katze

Hunde und Katzen sind unsere beliebtesten Haustiere. Neben Gemeinsamkeiten zeigen sie einige Unterschiede.

Gemeinsame Körpermerkmale
Eine behaarte Haut, eine gleichbleibende Körpertemperatur, ein Gebiss mit verschiedenen Zahntypen und das Säugen der Jungtiere sind allgemeine Säugetiermerkmale und sowohl beim Hund als auch bei der Katze zu finden. Außerdem haben beide ein Fleischfressergebiss, wie es für Raubtiere typisch ist. Diese Gemeinsamkeiten lassen uns erkennen, dass die Stammesgeschichte der beiden Tierarten auf einen gemeinsamen Vorfahren zurückgeht. Der gemeinsame Vorfahr von Katze und Hund lebte vor etwa 43 Millionen Jahren.

Unterschiedliche Körpermerkmale
Anders als Hunde haben Katzen einziehbare und scharfe Krallen. Mit diesen Krallen kann die Katze Beute fangen und sich verteidigen. Mit eingezogenen Krallen kann sie sich lautlos an ihre Beute heranschleichen, wie wir es bei einer Katze im Garten beobachten können. Die Katze ist ein Schleichjäger.

Die Krallen des Hundes sind dagegen nicht einziehbar und stumpf. Sie unterstützen das Tier beim langen ausdauernden Laufen. Diese Unterschiede sind auf eine getrennte Entwicklung in den letzten 43 Millionen Jahren zurückzuführen.

Verständigung von Hunden und Katzen
Hunde nutzen wie Wölfe ihren Gesichtsausdruck und ihre Körperhaltung als Signale, mit denen sie Artgenossen ihre Stimmung mitteilen. Bei einigen Hunden kannst du beobachten, dass sie Kämpfe mit anderen Hunden dadurch verhindern, dass sie dem anderen Hund ihre Unterlegenheit zeigen. Auch die Katzen verständigen sich untereinander mit Signalen, z. B. dem aufgestellten Buckel.

Vielleicht hast du schon erlebt, wie sich Hund und Katze gegenüberstanden (Abb.1). Sind beide Tiere einander fremd, kommt es hier manchmal zu Kämpfen. Das lässt sich dadurch erklären, dass eine Verständigung zwischen den verschiedenen Arten mit der jeweiligen Körpersprache nicht möglich ist.

[► Information und Kommunikation]

Zusammenleben mit dem Menschen

Im Zuge der Züchtung von Hund und Katze haben sich beide an die Nähe des Menschen gewöhnt und verhalten sich ihren Menschen gegenüber vertrauensvoll. Anders als die Katze zeigt der Hund jedoch eine große Bereitschaft sich unterzuordnen. Hunde lassen sich erziehen.

Die Bereitschaft zur Unterordnung lässt sich mit dem Rudelleben der Wölfe erklären. Wie das Mitglied im Wolfsrudel nimmt auch der Haushund in seinem Rudel einen bestimmten Rangplatz ein. Diese Aufgabe wird ihm durch das Leittier zugewiesen. Beim Haushund übernimmt der Mensch mit der Erziehung die Funktion des Leittiers.

Katzen sind hingegen Einzelgänger. So ist es auch zu erklären, dass die Hauskatze als Einzelgänger unabhängiger vom Menschen bleibt als der Haushund.

Biologisches Prinzip >>

Information und Kommunikation

Lebewesen nehmen Informationen (Signale) aus ihrer Umwelt auf und können so auf sie reagieren. Die Verständigung der Hunde untereinander zeigt ebenso wie die Verständigung der Katzen, dass arteigene Signale verwendet werden. Wird vom stärkeren Tier „Behauptung" signalisiert, so wird dieses vom unterlegenen Tier verstanden und es reagiert mit „Unterwerfung". Dies ist ein Beispiel für das biologische Prinzip „Information und Kommunikation".

AUFGABEN >>

1. Erstelle eine Übersichtstabelle zum Vergleich von Hund und Katze nach folgendem Muster:

	Hund	Katze
Körpermerkmale	...	...
Verständigung	...	...
Zusammenleben mit dem Menschen	...	...

2. Erläutere mithilfe von Abb. 1, warum es zwischen Hunden und Katzen manchmal zu Kämpfen kommt.

Säugetiere

Welches Haustier passt zu mir?

1 Der neue Mitbewohner

„Ich möchte ein Haustier haben!" Diesen Wunsch hast du bestimmt auch schon einmal gehabt. So schön es ist, für ein Tier zu sorgen, die Anschaffung eines Tieres muss dennoch gut überlegt werden. Haustiere haben Ansprüche, die du bei der Wahl des Haustiers berücksichtigen musst.

Vorüberlegungen
Denke zunächst einmal daran, wer alles davon betroffen sein wird, wenn du ein Haustier bekommen wirst. Selbstverständlich müssen zuallererst deine Eltern einverstanden sein. Aber auch andere Menschen, wie z. B. deine Geschwister, die Mitbewohner eines Hauses oder Nachbarn, können betroffen sein, wenn du ein Haustier hast.

Je nach Art des Tieres brauchst du auch genügend Platz. Wenn es durch die Anschaffung des Tieres zu eng werden sollte, fühlen sich weder Tier noch Mensch wohl. Vielleicht sind ja auch andere Haustiere, die du schon hast, von deinem Wunsch betroffen. Nach diesen Vorüberlegungen solltest du dich über die Ansprüche der Tiere, die infrage kommen, informieren. Für eine erste Übersicht kannst du dafür die Steckbriefe der nächsten Seite verwenden.

Was ist dir besonders wichtig?
Vor der Entscheidung für ein bestimmtes Haustier solltest du dir überlegen, warum du es gerne haben möchtest. Ein Hund unternimmt gerne etwas mit dir und freut sich über deine Zuwendung. Für ihn kannst du dich entscheiden, wenn du einen bewegungsfreudigen Spielkameraden haben möchtest. Auch Katzen schätzen es meistens, gestreichelt zu werden. Wenn es dir aber nicht wichtig ist, dein Haustier immer anfassen zu können, dann kämen vielleicht Wellensittiche oder Hamster infrage.

Entscheidung
Wenn die häuslichen Bedingungen geklärt sind, wenn du die Ansprüche der Tierart kennengelernt hast und wenn du weißt, was dir wichtig ist, dann kannst du die Entscheidung für ein Haustier treffen.

Für das Tier, das dann zu euch nach Hause kommt, trägst du nun die Verantwortung. Sie endet auch in den Ferien nicht. Deswegen ist es notwendig, sich bei der Entscheidung auch über die Folgen klar zu werden, die diese Entscheidung haben wird.

AUFGABE >>

1 „Welches Haustier passt zu mir?" Triff eine Entscheidung zu dieser Frage und verwende dazu die „Sieben Fragen zur Entscheidungsfindung".

Material
Haustiere — jedes ist anders

Steckbriefe von Haustieren

Wer die Ansprüche seines Haustiers kennt, kann glücklich mit ihm zusammenleben.

Goldhamster

Goldhamster sind Einzelgänger und nachtaktiv. Die bewegungsfreudigen Tiere benötigen Spielmöglichkeiten und ein Gehege mit mindestens 1 m² Grundfläche. Einstreu zum Buddeln und Schlafen erhältst du in Geschäften für Tierbedarf. Die Tiere legen eine Urinecke an, die alle 3 Tage gereinigt werden muss. Das gesamte Gehege wird ca. alle 6 Wochen gesäubert.

Meerschweinchen

Meerschweinchen sind Rudeltiere, deswegen sollten immer zwei oder mehr Tiere gemeinsam gehalten werden. Die Tiere brauchen Auslauf, auch außerhalb eines Geheges. Das Gehege muss etwa ½ m² pro Weibchen und 1 m² pro Männchen groß sein. Als Einstreu eignen sich z. B. Sägespäne. Die Urinecken werden täglich gereinigt, das ganze Gehege wird einmal pro Woche gesäubert.

Wellensittiche

Wellensittiche fühlen sich in Gesellschaft mit anderen Wellensittichen wohl und sollten nicht allein gehalten werden. Sie sind laut und sehr bewegungsfreudig. Der Käfig sollte eine Grundfläche von mindestens ½ m² aufweisen und dort stehen, wo die Tiere die Möglichkeit zum Freiflug haben. Der eingestreute Vogelsand muss alle zwei Tage erneuert werden. Jede Woche muss der Käfig komplett gereinigt werden.

AUFGABEN >>

1. Erstelle eine Liste der Ansprüche für eine weitere Art, die für die Haustierhaltung infrage kommt.

2. Stellt euch vor, ihr dürft euch ein Klassentier anschaffen. Führt dafür eine Podiumsdiskussion durch. Dabei werden folgende Rollen besetzt: zwei Schüler, Lehrer, Hausmeister und eine Person, die die Interessen des Tieres selbst vertritt.

3. Dein Freund möchte sich einen Goldhamster anschaffen. Erläutere, worauf bei der Haltung zu achten ist.

1.2 Nutztiere
Das Hausrind — unser wichtigstes Nutztier

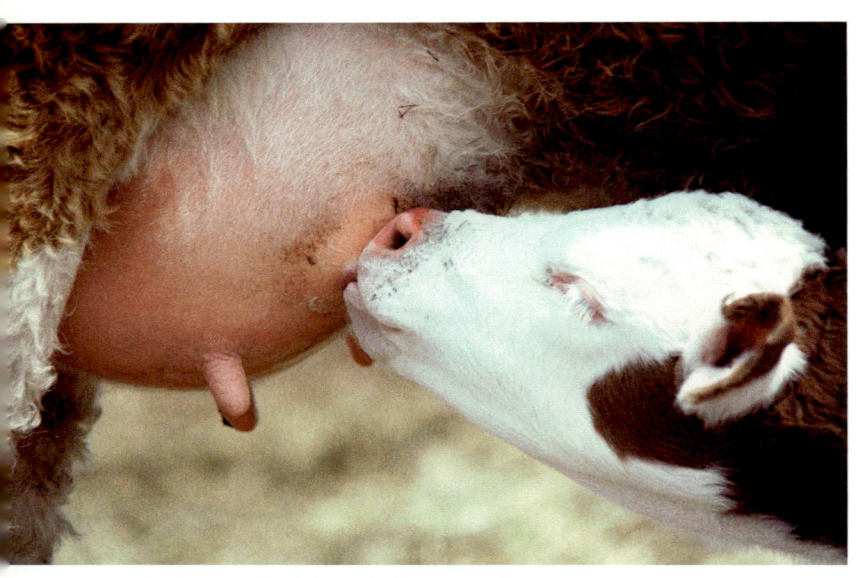

1 Das junge Kalb wird von der Mutter ernährt

In Deutschland verbrauchen wir im Jahr pro Kopf rund 65 Liter Trinkmilch und neun Kilogramm Rindfleisch. Außerdem verzehren wir viele nährstoffreiche Milchprodukte: Käse, Quark, Joghurt, Butter, Sahne. Deshalb sind Rinder als Milch- und Fleischproduzenten für uns von sehr großer Bedeutung.

Milch enthält wichtige Nährstoffe
Ein *Kalb* wird geboren. Schon etwa eine Stunde nach seiner Geburt steht es auf den Beinen und saugt die Milch von seiner Mutter (Abb.1). Muttermilch liefert ihm alle lebensnotwendigen Nährstoffe. Die Milch der ersten Stunden und Tage enthält außerdem wichtige Inhaltsstoffe zur Abwehr von Krankheiten.

Auch für uns ist Milch ein wichtiges Nahrungsmittel. Darum werden die Kälber kurz nach der Geburt von den Mutterkühen getrennt. Sie erhalten anstelle der Milch eine nahrhafte Mischung aus Wasser und Milchpulver.

Zweimal am Tag werden die Kühe mit Melkmaschinen gemolken. Das Melken regt die Tiere zur weiteren Milchproduktion an. Die Milch wird zur Weiterverarbeitung an eine Molkerei geliefert.

Sauberkeit ist oberstes Gebot
Vor dem Anlegen des sogenannten Melkgeschirrs wird das Euter mit einem feuchten Tuch gereinigt. Die Milch wird von der Melkmaschine aus dem Euter abgepumpt, gefiltert und durch Schläuche in den großen Milchtank gepumpt (Abb. 2). Dort wird die Milch gerührt und sofort abgekühlt. In modernen Milchviehbetrieben übernehmen vollautomatische Melkroboter den Melkvorgang.

Ohne Kälber keine Milch
Damit eine Milchkuh lange Zeit viel Milch gibt, muss sie einmal pro Jahr ein Kalb zur Welt bringen. In manchen landwirtschaftlichen Betrieben gibt es ein männliches Rind, *Bulle* oder *Stier* genannt, das für die Fortpflanzung eingesetzt wird. Meistens wird das Sperma eines Stieres heutzutage jedoch vom Tierarzt künstlich in die Kuh übertragen. Das hat den Vorteil, dass der Landwirt, der Milchkühe hält, aus einem

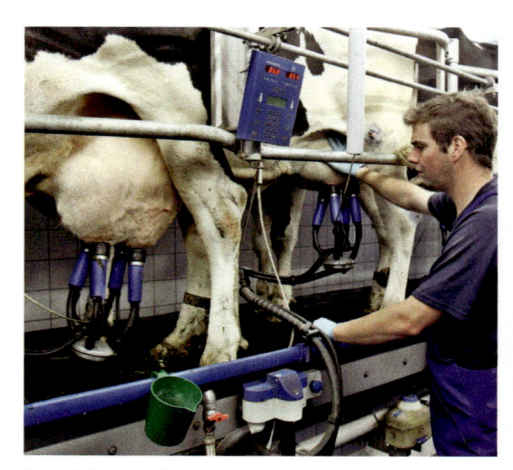

2 Auf dem Melkstand

Katalog das Sperma eines Stieres auswählen kann, dessen weibliche Nachkommen eine hohe Milchleistung bei guter Gesundheit aufweisen und lange leben.

[▶ Fortpflanzung und Entwicklung]

Die Milchleistung

Kühe fressen frisches Gras oder Trockenfutter, sie trinken täglich rund 80 bis 120 Liter Wasser. Eine *Milchkuh* in Deutschland gibt täglich durchschnittlich 20 Liter Milch. Besonders leistungsfähige Tiere geben über viele Wochen bis zu 50 Liter am Tag. Nur durch ein spezielles zusätzliches Kraftfutter aus Getreide, Sojaschrot und Mineralstoffen sind solche Milchleistungen möglich.

Jahr	Durchschnittliche jährliche Milchleistung pro Kuh
1990	4700 Liter
2000	6100 Liter
2010	7080 Liter

Das Geschlecht ist entscheidend

Bald nach der Geburt trennen sich die Lebenswege der männlichen und weiblichen Kälber. Die meisten weiblichen Kälber sollen später möglichst viel Milch geben. Sie bleiben in den Betrieben zur Milchproduktion und werden meistens in sogenannten Boxenlaufställen mit viel Bewegungsfreiheit und einer Verbindung zur Weide gehalten. Die meisten männlichen Kälber werden zur Fleischproduktion in Mastbetrieben genutzt.

Fleischproduktion in Mastställen

Wegen unseres großen Fleischbedarfs sollen die Rinder möglichst rasch die Schlachtreife erreichen. Deshalb werden sie meistens nicht auf Weiden, sondern häufig in Mastställen gehalten (Abb. 3). Hier werden sie mit Kraftfutter gefüttert. Mastkälber werden in vier Monaten von

3 *Moderner Rindermaststall*

35 bis 45 Kilogramm auf 160 bis 200 Kilogramm gemästet. Bei der Bullenmast erreichen die Rinder in 12 bis 16 Monaten eine Masse (umgangssprachlich: Gewicht) von rund 600 Kilogramm. Sobald die Rinder dieses Gewicht erreicht haben, werden sie geschlachtet.

AUFGABEN >>

○ 1 Nenne Produkte, die Rinder außer Fleisch und Trinkmilch liefern.

● 2 Erkläre, warum eine Kuh im Stall Milch gibt, obwohl ihr eigenes Kalb nicht mehr von ihr gesäugt wird.

● 3 Beschreibe die Entwicklung der durchschnittlichen Milchleistung von Kühen in Deutschland (siehe Tabelle).

● 4 Stelle Vermutungen an, wie die Milchleistung seit 1990 so stark erhöht werden konnte.

Säugetiere

Rinder sind Pflanzenfresser

Eine ausgewachsene Milchkuh frisst täglich ungefähr 50 Kilogramm Gras. Wie alle *Pflanzenfresser* muss sie ein besonderes Problem lösen: Gras lässt sich nur schwer kauen und verdauen.

Die Nahrungsaufnahme
Mit seiner rauen Zunge rupft das Rind Grasbüschel ab. Sie werden unzerkaut hinuntergeschluckt. Kurzes Gras wird mithilfe der Schneidezähne des Unterkiefers und der *Knorpelleiste* des Oberkiefers ausgerupft und geschluckt.

Winzige Helfer bei der Verdauung
In ihrem Verdauungstrakt beherbergen Rinder *Bakterien* und Einzeller. Diese sind in der Lage, pflanzliches Material zu verdauen. Millionen dieser winzigen Lebewesen befinden sich im Magen, der

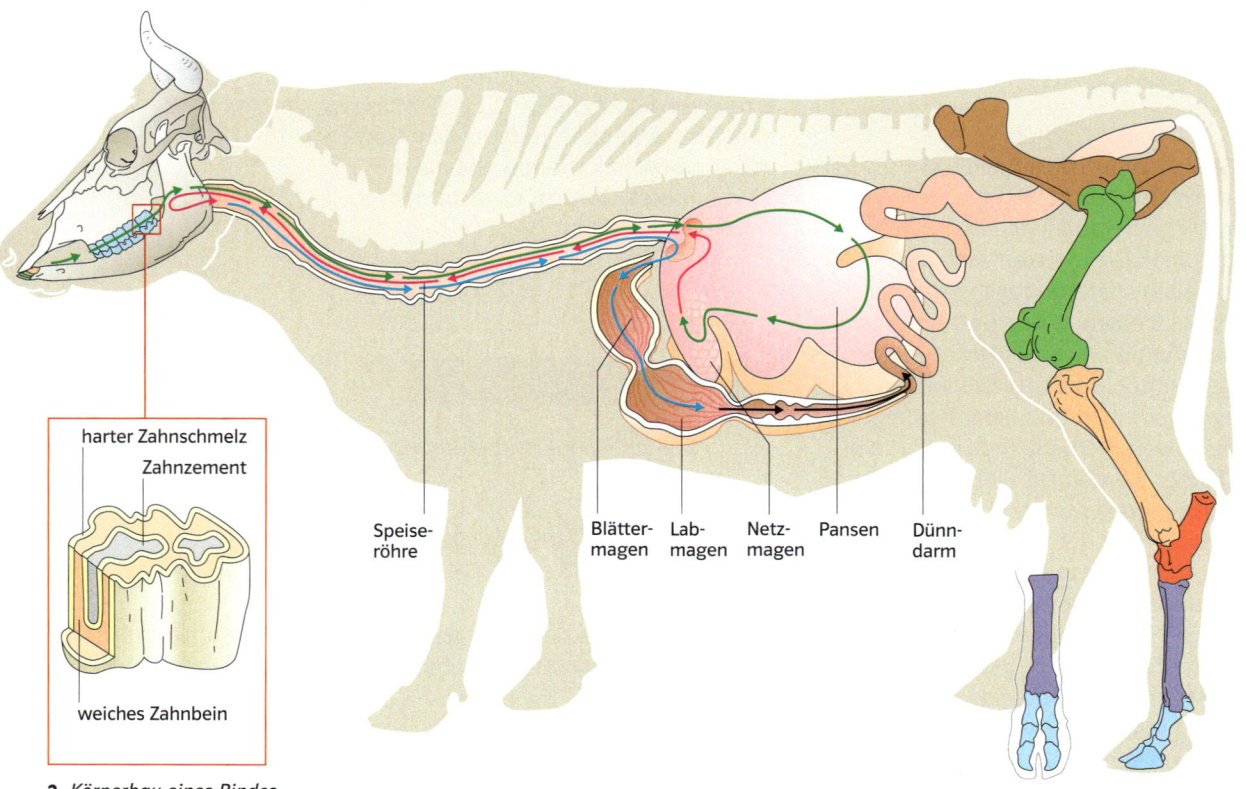

1 *Rinder auf der Weide*

- harter Zahnschmelz
- Zahnzement
- weiches Zahnbein
- Speiseröhre
- Blättermagen
- Labmagen
- Netzmagen
- Pansen
- Dünndarm

2 *Körperbau eines Rindes*

48

aus vier Kammern besteht (Abb. 2). Das unzerkaute Gras gelangt durch die Speiseröhre in den großen *Pansen* und teilweise in den *Netzmagen* (grüner Pfeil). Die dort vorhandenen Bakterien und Einzeller beginnen mit der Verdauung des pflanzlichen Materials.

[▶ Wechselwirkungen]

Im Netzmagen bilden sich kleine Nahrungsballen. Diese werden in Portionen hochgewürgt und landen wieder im Maul des Rindes (roter Pfeil). Dort werden sie durchgekaut. Rinder sind *Wiederkäuer*.

Die *Backenzähne* des Rindes sind so gebaut, dass sie immer rau wie eine Raspel sind. Durch seitliches Hin- und Herbewegen des Unterkiefers werden die Grashalme zerrieben. Die zerriebenen Nahrungsballen werden erneut geschluckt (blauer Pfeil) und gelangen schließlich in den *Blättermagen* und in den *Labmagen*.

Im Blättermagen wird dem Nahrungsbrei Wasser entzogen. Im Labmagen (schwarzer Pfeil) und im Dünndarm wird die Verdauung fortgesetzt. Der Darm ist sehr lang. Er ist mit rund 50 Metern ca. 20-mal länger als der Körper des Rindes.

[▶ Struktur und Funktion]

3 Schädel eines Rindes

- Schneidezähne
- Eckzähne
- vordere Backenzähne
- hintere Backenzähne

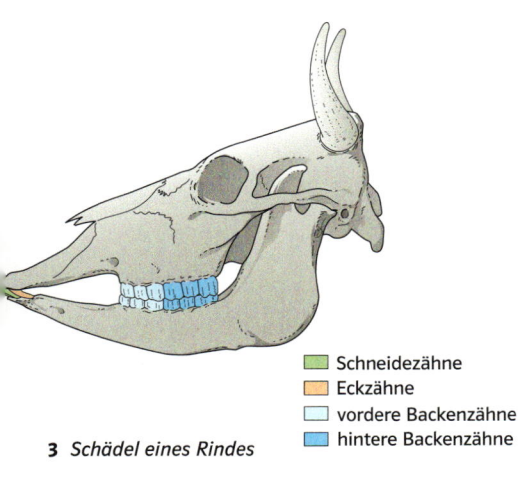

EXTRA >>

Auerochse (Darstellung aus dem 16. Jahrhundert)

Auerochsen — Vorfahren unserer Hausrinder

Die wilden Vorfahren der Hausrinder, die Auerochsen, waren Pflanzenfresser, deren Körpergröße die der heutigen Rinder übertraf. Sie lebten in Wäldern und in Steppen, das sind weite Graslandschaften. Ihre Fressfeinde waren vor allem Bären und Wölfe. Auerochsen sind seit dem 17. Jahrhundert ausgestorben. Auerochsen und ihre Nachfahren, unsere Hausrinder, stehen und gehen auf zwei Zehen, die durch eine Hornschicht geschützt sind. Man bezeichnet sie daher als *Paarhufer*.

AUFGABE >>

Erkläre den Vorteil des Wiederkäuens für die Auerochsen.

AUFGABEN >>

○ 1 Nenne wichtige Merkmale des Rindergebisses (Abb. 3).

● 2 Beschreibe den Weg der Nahrung und die Verdauungsvorgänge beim Rind.

◐ 3 Erkläre anhand von Abb. 2, warum die Kauflächen der Backenzähne des Rindes rau bleiben.

Säugetiere

Das Hausschwein — rasche Fleischproduktion

1 Sau mit Jungen

Der Bedarf an Schweinefleisch ist in Deutschland sehr groß, denn jeder Deutsche verzehrt durchschnittlich pro Jahr über 50 Kilogramm Schweinefleisch. Ein Mastschwein wird daher so rasch wie möglich bis zur Schlachtreife auf 110 Kilogramm gemästet. Es wird nicht viel älter als ein halbes Jahr.

Zuchtbetriebe produzieren Ferkel

Ein geschlechtsreifes weibliches Schwein, das bereits einmal Junge geboren hat, nennt man *Sau*. Ein geschlechtsreifes männliches Schwein heißt *Eber*. Eine Sau bringt nach einer Tragzeit von 3 Monaten, 3 Wochen und 3 Tagen einen Wurf von zehn bis 14 *Ferkeln* zur Welt.

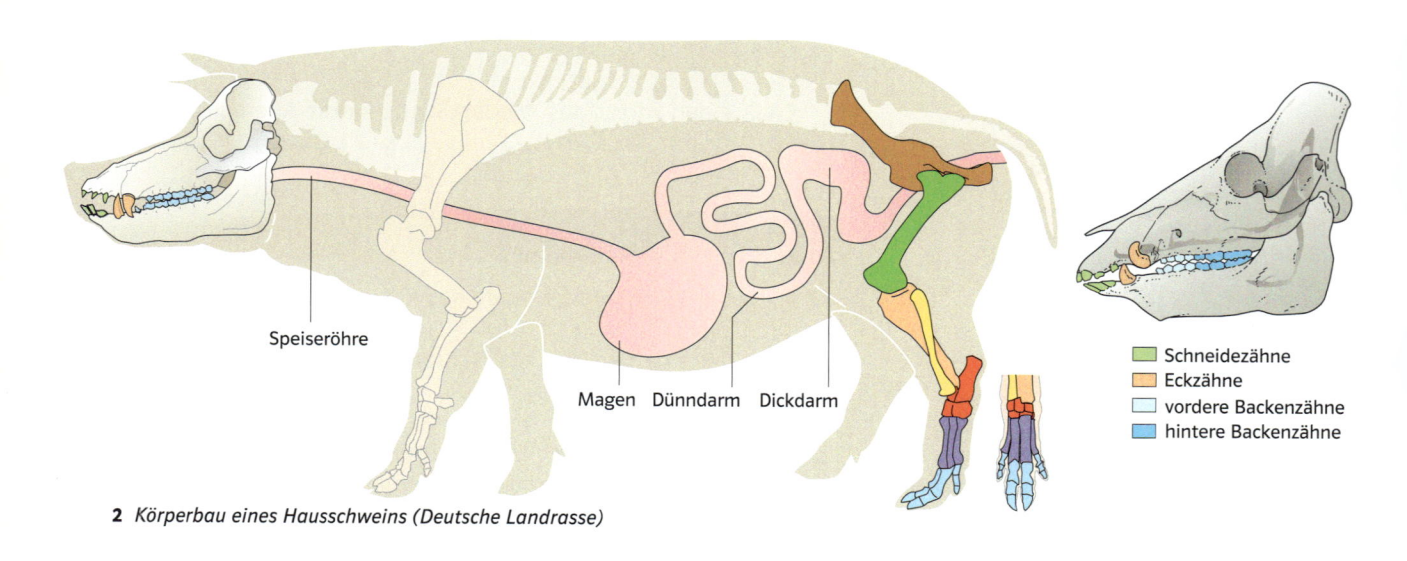

Speiseröhre
Magen Dünndarm Dickdarm

- Schneidezähne
- Eckzähne
- vordere Backenzähne
- hintere Backenzähne

2 Körperbau eines Hausschweins (Deutsche Landrasse)

Zuchtbetriebe haben sich auf die Ferkelproduktion spezialisiert. Bei der Geburt wiegt ein Ferkel ungefähr 1,5 Kilogramm. Die Jungen bekommen ca. drei Wochen lang Muttermilch, die sie an den Zitzen ihrer Mutter saugen, und zusätzlich spezielles Ferkelfutter. Durch diese Fütterung nehmen sie pro Tag ca. 300 Gramm zu.

Wenn sie nach zehn Wochen fast 30 Kilogramm wiegen, werden sie an einen Mastbetrieb verkauft.

[► Fortpflanzung und Entwicklung]

Vom Mastbetrieb zum Schlachthof
Im Mastbetrieb werden die jungen Schweine in einem Zeitraum von vier Monaten bis zur Schlachtreife gemästet. Sie werden in Ställen in Gruppen gehalten und dürfen fressen, so viel sie wollen.

Schweine sind Allesfresser
Schweine haben ein sogenanntes *Allesfressergebiss*. In ihm sind Merkmale von Fleisch- und Pflanzenfressergebiss kombiniert: Eckzähne sind beim Eber deutlich ausgebildet. Die hinteren Backenzähne sind eher stumpf wie die eines Pflanzenfressers, die vorderen haben spitze Höcker wie die eines Fleischfressers.

AUFGABEN >>

○ 1 Fasse zusammen, wie es zum schnellen Erreichen der Schlachtreife beim Hausschwein kommt.

● 2 Erläutere anhand von Abb. 2, warum man das Schwein als Paarhufer und Zehengänger bezeichnet.

EXTRA >>

Schweine in einem Biobetrieb

Biobetriebe

Biobetriebe haben sich zum Ziel gesetzt, Nahrungsmittel möglichst umweltschonend zu produzieren. Man spricht hier von biologischer Landwirtschaft oder ökologischer Landwirtschaft. Solche Biobetriebe erfüllen über die gesetzlichen Bestimmungen hinaus zusätzliche Bedingungen. Diese betreffen die Haltung und Fütterung der Tiere und den Ackerbau.

Biolandwirte dürfen auf ihren Ackerflächen keinen künstlichen Dünger einsetzen. Sie dürfen Unkraut nicht mit Pestiziden (Unkrautvernichtungsmitteln) vernichten, sondern müssen es mit Maschinen oder von Hand beseitigen. An ihre Tiere verfüttern sie nur biologisch angebautes Futter. Häufig ist dies aus eigener Produktion oder aber aus anderen Biobetrieben. Wenn eine Milchkuh erkrankt ist und ein Medikament verabreicht wurde, gelten im Biobereich besonders lange Wartezeiten, bis die Milch wieder verwendet werden darf. Schweine in Biobetrieben werden im Stall häufig auf Stroh gehalten. Sauen und ihre Ferkel bekommen oft Freigehege mit großem Auslauf.

AUFGABE >>

Schweine in Biobetrieben haben zusätzliche Auslaufflächen und dadurch mehr Bewegung. Erkläre den höheren Verkaufspreis für Bio-Schweinefleisch im Handel.

Wildschweine leben im Wald

1 Bache mit Frischlingen

Obwohl die Anzahl der Wildschweine in Baden-Württemberg in den letzten Jahren stark gestiegen ist, sieht man die Tiere nur selten. Wildschweine sind sehr scheu. Sie haben einen kräftigen, gedrungenen Körper mit einem dichten, schwarzbraunen Fell aus harten Borsten. Mit der dicken Schwarte, so wird die Haut genannt, sind die Tiere gut vor Verletzungen geschützt. Sie können sich deshalb im schwer zugänglichen Unterholz aufhalten.

[▶ Variabilität und Angepasstheit]

Wildschweine leben in Rotten

Wildschweine leben in einem Familienverband, der sogenannten *Rotte*. Zu einer Rotte gehören mehrere weibliche Tiere, die Bachen, und deren Jungtiere. Die Mitglieder einer Rotte erkennen sich am Geruch. Die älteste *Bache* führt die Rotte an. Erwachsene Männchen, die *Keiler*, sind Einzelgänger. Nur in der Paarungszeit stoßen sie zu den Weibchen. Nach einer Tragzeit von etwa vier Monaten wirft eine Bache 4 – 12 Jungtiere, man nennt sie *Frischlinge*. Die Frischlinge werden in einem Wurfkessel, einem Nest aus Blättern und Zweigen, geboren und von der Bache gesäugt. Sie haben ein gestreiftes Fell und sind so gut getarnt.

Wildschweine verbringen die meiste Zeit des Tages ruhend an geschützten Plätzen im Wald. Die Tiere haben keine Schweißdrüsen. Um sich abzukühlen, wälzen sie sich in Schlammlöchern, den Suhlen. Dabei befreien sie sich auch von Ungeziefer. Nach dem Suhlen scheuern sie sich an Bäumen und pflegen ihr Fell.

Wildschweine sind Allesfresser

Nachts durchwühlen Wildschweine auf der Suche nach Nahrung mit ihrer Schnauze den Waldboden. Mithilfe ihres guten Geruchssinns finden sie so Eicheln, Bucheckern sowie Würmer und andere Kleintiere. Sie fressen aber auch tote Tiere. Wildschweine sind *Allesfresser*. Dies ist an ihrem Gebiss, das unterschiedliche Zahntypen aufweist, gut zu erkennen. Vor allem die Eckzähne, die *Hauer*, sind deutlich ausgeprägt. Häufig dringen Wildschweine auch auf Mais- oder Kartoffelfelder vor und richten hier erhebliche Schäden an.

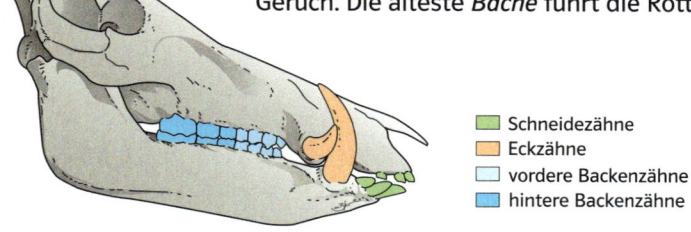

- Schneidezähne
- Eckzähne
- vordere Backenzähne
- hintere Backenzähne

2 Schädel eines Wildschweins (Eber)

AUFGABEN >>

1. Wildschweine sind „Zerstörer" und „Gesundheitspolizisten". Erkläre, was damit gemeint ist.

2. Das Wildschwein ist der Vorfahr des Hausschweins. Nenne Gemeinsamkeiten und Unterschiede.

Schweinezucht und Ernährungsgewohnheiten

1 Schwäbisch-Hällisches Schwein

Durch das Interesse an rasch wachsenden Schweinen mit einem geringen Fettanteil sind einige alte Rassen fast verschwunden oder sogar ausgestorben.

Wiederentdeckung alter Rassen
Einzelne Rassen erleben jedoch einen neuen Aufschwung. Ein Beispiel ist das *Schwäbisch-Hällische Schwein*. Sein Fleisch weist eine gute Qualität auf und die Nachzucht gelingt leicht. Die Tiere sind robust und kaum stressanfällig.

2 Wollschwein

Vermutlich schon vor etwa 10 000 Jahren wurden Wildschweine als Nutztiere gehalten. Die Tiere suchten sich ihr Futter im Wald, ernährten sich aber auch von Abfällen der Menschen. Die meisten Schweinerassen, die seit dieser Zeit als Haustiere gehalten wurden, waren robust. Sie lebten auf der Weide, ließen sich gut mästen und lieferten fettreiches Fleisch mit einer dicken Speckschicht. Ende der 1950er Jahre wollten die Kunden jedoch immer häufiger mageres, das heißt fettfreies Fleisch.

Zuchtziel Fleischschwein
Die Schweinezüchter reagierten, indem sie *Schweinerassen* züchteten, die rasch an Masse zunahmen und dabei mageres Fleisch bildeten. Als solche Fleischschweine haben sich in Deutschland seit dem Ende der 1960er Jahre die *deutsche Landrasse* und einige wenige andere Rassen durchgesetzt.

Das Problem der Stressanfälligkeit
Die heutigen Schweinerassen sind innerhalb von sechs Monaten schlachtreif. Das relativ kleine Herz der Tiere ist mit der Versorgung des rasch wachsenden Körpers sehr belastet. Dies führt zu Herz-Kreislauf-Problemen und zu großer Stressanfälligkeit.

Feinschmecker schätzen Fleisch von *Wollschweinen*. Die Rasse ist ideal für die Freilandhaltung geeignet. Erst in zwei Jahren erreichen die Tiere die Schlachtreife.

[▶ Variabilität und Angepasstheit]

AUFGABEN >>

○ **1** Beschreibe, welchen Einfluss die Ernährungsgewohnheiten des Menschen auf die Züchtung von Schweinerassen haben.

○ **2** Erläutere, warum heute wieder vermehrt alte Schweinerassen gezüchtet werden.

Säugetiere

Pferderassen
rq29u8

Das Pferd — ein Fluchttier

1 Pferde als Freizeittiere

Das Pferd ist ein ausdauerndes Lauftier. Dies kann man gut an seinem Körperbau erkennen. Der Körper wird von vier langen Laufbeinen getragen. Pferde stehen und gehen auf jeweils einer Zehenspitze, die von einem Huf geschützt wird. Sie sind *Huftiere*. Weil sie nur auf einem und nicht auf zwei Hufen gehen, wie die Paarhufer, nennt man sie *Unpaarhufer*.

Ein geschlechtsreifes weibliches Pferd, eine *Stute*, bringt einmal im Jahr ein Junges zur Welt, ein *Fohlen*. Am Verhalten des neugeborenen Fohlens kann man erkennen, dass Pferde Fluchttiere sind: Schon 10 bis 15 Minuten nach der Geburt steht es auf den noch wackeligen Beinen, bald darauf kann es erste Sprünge machen und bei Gefahr mit der Herde fliehen.

[▶ Fortpflanzung und Entwicklung]

Pferde lebten ursprünglich in weiten Graslandschaften und ernährten sich von Gras. Sie sind stets aktiv und laufen schnell und ausdauernd.

Pferde sind Fluchttiere

Wilde Pferde leben in Herden, die von einem erwachsenen männlichen Pferd, einem *Hengst*, angeführt werden. Bei drohender Gefahr ergreift die ganze Gruppe die Flucht.

Pferde sind Pflanzenfresser

Pferde, die auf einer Weide grasen, beißen das Gras mit ihren Schneidezähnen ab oder rupfen es mit ihren Lippen aus. Vor dem Hinunterschlucken wird es zwischen den Backenzähnen zerrieben. Durch das Zerbeißen und Zerkauen nutzen sich Schneide- und Backenzähne ab. Sie wachsen zwar ständig nach, aber trotzdem kann ein Fachmann anhand der Abnutzung der Zähne das Alter eines Pferdes sehr genau einschätzen.

Pferde sind keine Wiederkäuer. Ihr Magen ist nicht weiter unterteilt. Mit einem Fassungsvermögen von 10 bis 20 Litern ist er weniger als halb so groß wie der des Rindes. Deshalb fressen Pferde nicht auf Vorrat, sondern nehmen über den ganzen Tag verteilt viele kleine Nahrungsportionen auf. Der Darm der Pferde ist mit ca. 35 Metern sehr lang. Ihr *Blinddarm* ist ebenfalls sehr groß. In ihm finden sich viele Bakterien, die für die Verdauung der Pflanzenfasern verantwortlich sind (Abb. 3).

Kaltblut   Warmblut   Vollblut

2 Verschiedene Pferderassen

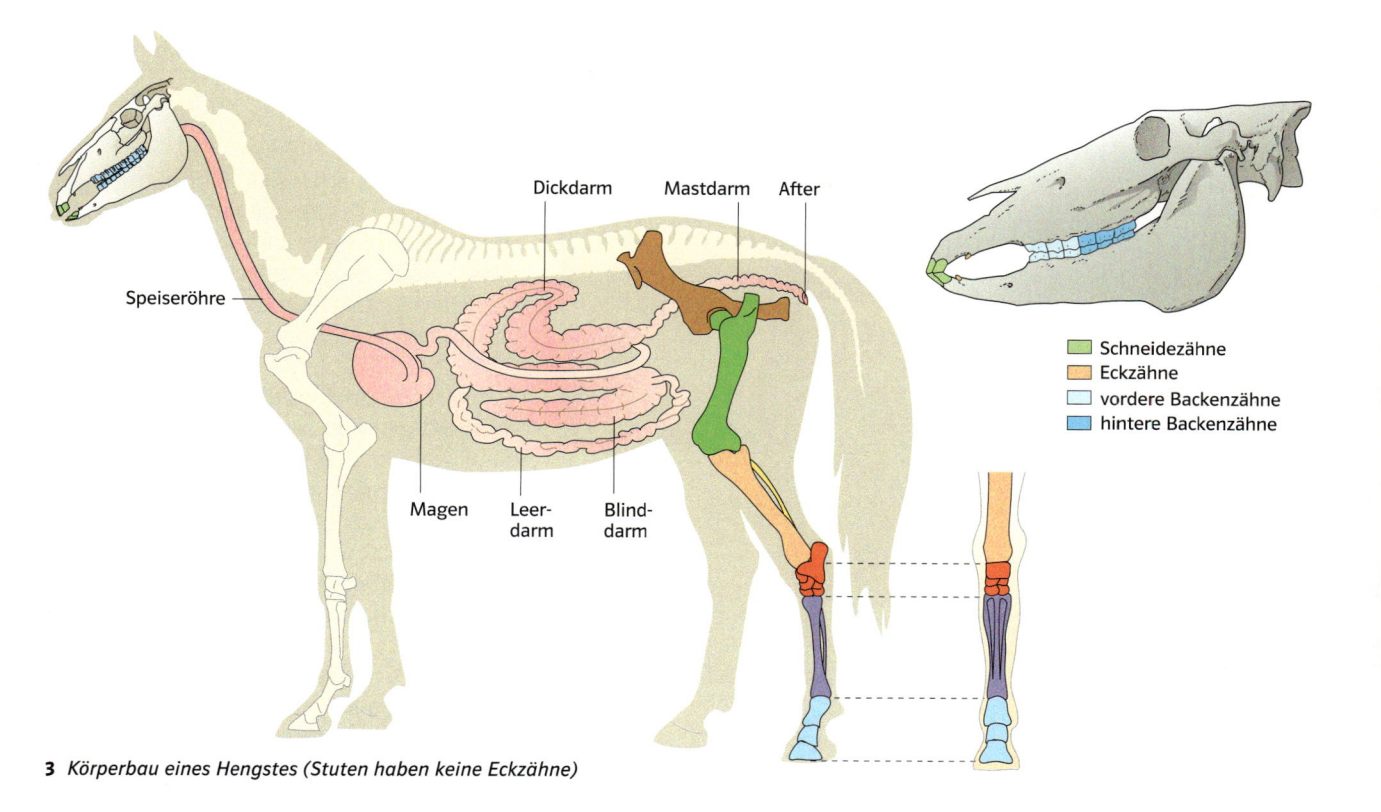

3 Körperbau eines Hengstes (Stuten haben keine Eckzähne)

Vom Nutztier zum Freizeittier

Die Schnelligkeit, Ausdauer und Kraft der Pferde machen sie zu idealen Nutztieren. Früher zogen daher auf Bauernhöfen Pferde den Pflug und den Pferdekarren. Inzwischen haben Traktoren die Arbeitskraft der Pferde in der Landwirtschaft ersetzt. Heute trifft man Pferde meistens im Freizeit- oder Sportbereich an: als Reitpferde, Dressur- und Springpferde oder als Rennpferde. Nur selten werden sie noch zu besonderen Aufgaben eingesetzt, z. B. zum Ziehen gefällter Bäume in der Forstwirtschaft oder als Polizeipferde.

[▶ Wechselwirkungen]

Bei Pferderassen, die als Reit- oder Springpferde genutzt werden, spricht man von *Warmblütern*. Das hat jedoch nichts mit der Temperatur des Blutes zu tun, sondern mit dem Körperbau und dem Temperament der Tiere.

Als *Vollblüter* bezeichnet man feurige Rassen, die für Pferderennen auf Schnelligkeit gezüchtet werden. *Kaltblüter* hingegen sind sehr ausgeglichene, kräftige Zug- und Arbeitspferde.

AUFGABEN >>

1. Lege eine Tabelle an, in der du die Nahrungsaufnahme und Verdauung bei Pferd und Rind gegenüberstellst.
2. Beschreibe den Aufbau des Pflanzenfressergebisses beim Pferd.
3. Bereite einen kurzen Vortrag über Pferderassen vor und halte diesen vor der Klasse.
4. Erkläre folgendes Sprichwort: „Einem geschenkten Gaul schaut man nicht ins Maul".

1.3 Säugetiere in ihren Lebensräumen
Das Eichhörnchen — springend durch die Baumkronen

1 Eichhörnchen

Sie rennen Baumstämme hinauf oder hinunter, sie springen von einem Ast zum anderen. Sie klettern rasant und bewegen sich rasch von Baum zu Baum: Eichhörnchen sind auf das Leben in den Baumkronen des Waldes spezialisiert.

Balancierstange und Steuerruder
Der buschige Schwanz des Eichhörnchens ist fast genauso lang wie der 20 bis 25 Zentimeter große Körper des ausgewachsenen Tieres. Er dient bei den bis zu fünf Meter weiten Sprüngen zum Balancieren und als Steuerruder. So kann das Eichhörnchen zielgenau von Baum zu Baum springen.

Rasches Klettern und Springen
An den Zehen der Vorder- und Hinterpfoten des Eichhörnchens befinden sich lange gebogene Krallen. Diese geben den Tieren Halt beim Klettern. Im Verhältnis zu den Vorderbeinen sind die Hinterbeine relativ lang und kräftig. Sie ermöglichen die weiten Sprünge (Abb.1).

Nester in luftiger Höhe
Eichhörnchen bauen sich in großer Höhe kugelförmige Nester, die man auch *Kobel* nennt. Dadurch sind sie vor Fressfeinden, die am Boden jagen, geschützt. Eichhörnchen nutzen aber auch ausgediente Vogelnester oder Spechthöhlen.

Bei ihrer Geburt sind die jungen Eichhörnchen völlig hilflos, sie sind nackt, taub und blind (Abb. 2). Erst sechs Wochen nach der Geburt verlassen sie erstmals den Kobel. Jungtiere, die in den ersten Lebenswochen das Nest nicht verlassen, weil sie ohne Hilfe ihrer Elterntiere nicht zurechtkommen, bezeichnet man als *Nesthocker*.

Nagetier mit vielseitiger Ernährung
Eichhörnchen sind in der Lage, die harte Schale von Haselnüssen aufzunagen. Ihr Gebiss weist die für Nagetiere typischen *Nagezähne* auf. Sie sind vorne hart und hinten weich. Dadurch nutzen sie beim Nagen ungleichmäßig ab, es bilden sich scharfe Kanten. Sie werden bei der Benutzung immer wieder geschärft. Das Nagen an harten Schalen führt zu starker Abnutzung der Nagezähne, sie wachsen jedoch ein Leben lang nach.

[► Struktur und Funktion]

2 Eichhörnchen sind Nesthocker

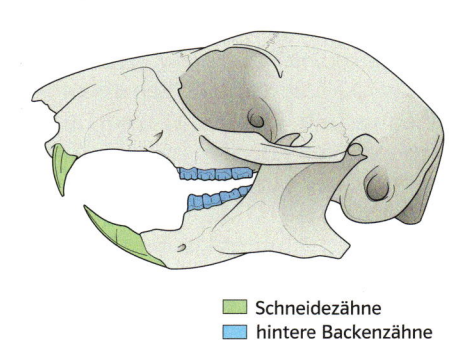

3 Schädel eines Eichhörnchens
- Schneidezähne
- hintere Backenzähne

Die Vorderpfoten weisen nur vier erkennbare Finger auf, der Daumen ist kaum ausgebildet. Nahrung, zum Beispiel eine Haselnuss, wird daher mit beiden Vorderpfoten festgehalten. Je nach Jahreszeit verzehren Eichhörnchen jedoch nicht nur pflanzliche Nahrung, sondern fressen auch Insekten, Larven, Schnecken, Vogeleier und Jungvögel.

Fressfeinde der Eichhörnchen
Der *Baummarder* ist ein Fressfeind des Eichhörnchens. Der nachtaktive Räuber, der ebenfalls geschickt in den Baumkronen klettert, überrascht seine Beute häufig im Schlaf. Auch Uhu, Habicht und Mäusebussard jagen Eichhörnchen.

Vorräte für den Winter
In der kalten Jahreszeit halten Eichhörnchen *Winterruhe*, sie ziehen sich in ihren Kobel zurück und zeigen keine Aktivität. Immer wieder müssen sie jedoch auch während der Winterruhe fressen. Daher verstecken und vergraben sie Nahrungsvorräte. Unter einer Schneedecke sind diese Vorräte nicht leicht zu finden, aber die Eichhörnchen erkennen sie am Geruch. Vergessene Samen und Nüsse können keimen und zu neuen Pflanzen heranwachsen.

[▶ Wechselwirkungen]

Biologisches Prinzip >>

Wechselwirkungen

Lebewesen eines Lebensraums beeinflussen sich gegenseitig. Zwischen ihnen kommt es zu ganz unterschiedlichen Wechselwirkungen. Auch zwischen der Haselnusspflanze und dem Eichhörnchen bestehen solche Wechselwirkungen. Für das Eichhörnchen ist die Haselnuss eine Frucht, die zur Ernährung dient. Haselnüsse werden vom Eichhörnchen aber auch gesammelt und als Vorräte für den Winter versteckt. Für die Haselnusspflanze ist das Eichhörnchen jedoch ebenfalls nützlich. Eichhörnchen sorgen nämlich durch ihr Verhalten für die Verbreitung der Früchte. Aus den Nüssen, die von den Eichhörnchen vergessen werden und den Winter überdauern, entwickeln sich im Frühjahr neue Pflanzen. Auf diese Weise haben Eichhörnchen Anteil an der Verbreitung der Pflanzen. Diese wechselseitigen Beziehungen sind ein Beispiel für das biologische Prinzip „Wechselwirkungen".

AUFGABEN >>

1 Erstelle eine Mind-Map zum Thema „Das Eichhörnchen in seinem Lebensraum".

2 Halte mithilfe deiner Mind-Map aus Aufgabe 1 einen kurzen Vortrag vor der Klasse.

3 Erkläre, warum das Eichhörnchen harte Nüsse als Nahrung nutzen kann.

Der Maulwurf — ein Leben unter Tage

1 Maulwurf

Oberirdisch ist das Revier eines *Maulwurfs* für uns nur an den Maulwurfshügeln zu erkennen. Der Maulwurf verbringt fast sein ganzes Leben im Boden. Hier gräbt er Gänge, schläft, jagt seine Beute und legt Vorräte an. Auf den ersten Blick wirkt der Maulwurf plump und unscheinbar. Er ist aber an das Leben unter der Erde sehr gut angepasst.

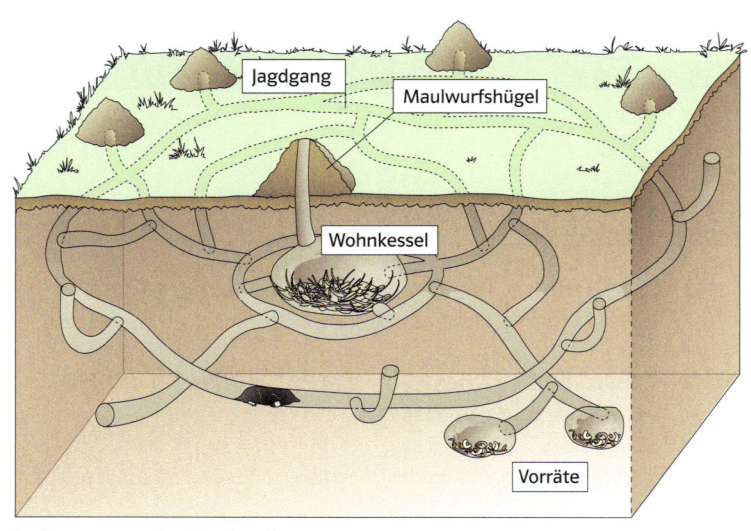

2 Gangsystem des Maulwurfs

Ein besonderer Körperbau

Die Vorderbeine des Maulwurfs haben die Form von Grabschaufeln. Man erkennt fünf Finger mit kräftigen Krallen. Durch einen weiteren Knochen im Vorderbein, das *Sichelbein*, wird die Grabhand zusätzlich verbreitert. Mit dieser robusten Grabhand schiebt der Maulwurf die Erde leicht beiseite (Abb. 3).

[▶ Struktur und Funktion]

Der walzenförmige Maulwurfskörper und die spitze Schnauze erleichtern das Graben in der Erde. Ein harter Knorpel in der Schnauze schützt sie beim Graben. Mit den Grabhänden drückt der Maulwurf die gelockerte Erde zur Seite und stemmt sich mit den Hinterbeinen vorwärts. Der Maulwurf hat sehr kleine Augen. Er sieht sehr schlecht, dafür sind sein Geruchs- und sein Tastsinn sehr gut ausgebildet. Die Ohren liegen unter dem Fell und haben keine Ohrmuscheln.

Dem Schwanz des Maulwurfs kommt eine wichtige Aufgabe zu. Er ist meist senkrecht aufgerichtet und tastet die Gangwände ab. So erhält der Maulwurf wichtige Informationen über die Gänge und seine eigene Position. Der Schwanz wird deshalb auch als „Blindenstab" des Maulwurfs bezeichnet.

Das Fell des Maulwurfs besteht aus kurzen weichen Haaren. Sie lassen sich in alle Richtungen umlegen, man sagt, sie haben keinen Strich. Dadurch bleibt am Fell keine Erde haften, egal, ob sich der Maulwurf im Gang vorwärts oder rückwärts bewegt.

Nahrung in Vorratskammern

Mehrmals am Tag jagt der Maulwurf in seinen Gängen nach Beute. Seine Nahrung sind Regenwürmer, Spinnen, Insektenlarven, Schnecken und Käfer. Beutetiere, die als Vorräte für den Winter angelegt

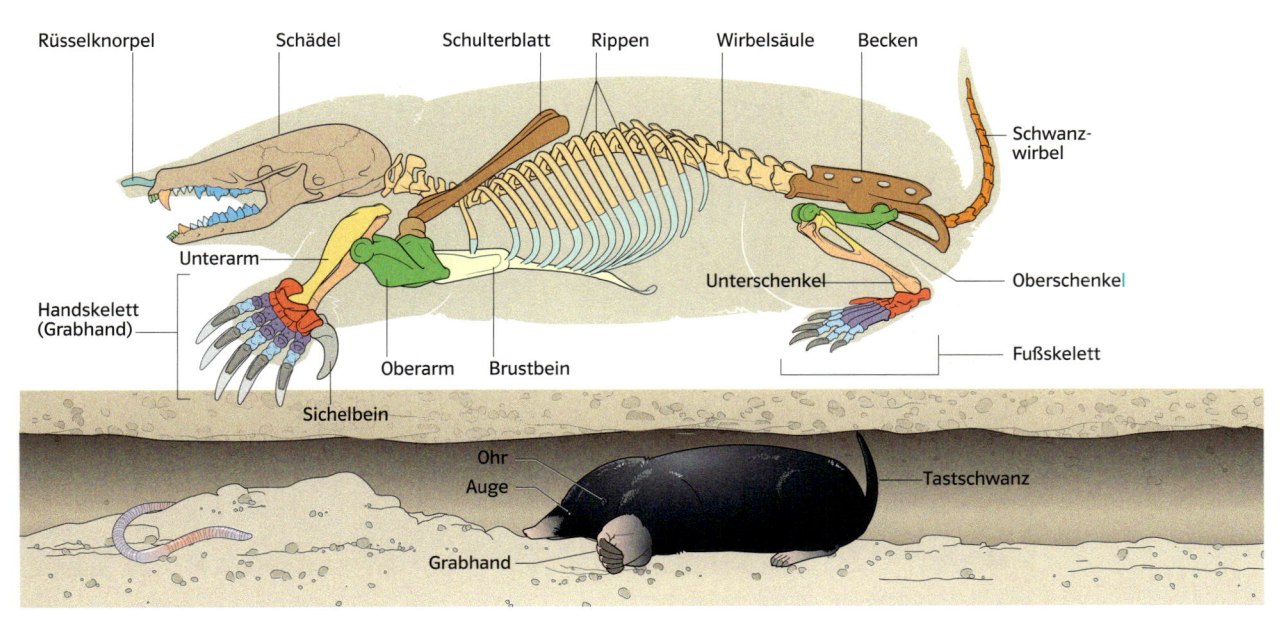

3 Körperbau und Skelett des Maulwurfs

werden, lähmt der Maulwurf mit Bissen und bringt sie in die Vorratskammern. So hat er immer ausreichend Nahrung zur Verfügung.

Während Pflanzenfresser breite und flache Backenzähne haben, hat der Maulwurf viele spitze Zähne und außerdem Eckzähne wie ein Fleischfresser. Alle spitzen Zähne sind dazu geeignet, die harten Insektenpanzer zu zerbeißen. Das Gebiss des Maulswurfs nennt man *Insektenfressergebiss* (Abb. 3).

[▶ Struktur und Funktion]

Nahrungstiere	Bedeutung für die Landwirtschaft
Regenwurm	Nützling, lockert Boden
Schnakenlarve	Schädling, frisst Blätter und Wurzeln
Käferlarve	Schädling, frisst Blätter und Wurzeln

4 Beutetiere des Maulwurfs

AUFGABEN >>

○ **1** Beschreibe anhand von Abb. 2 das Revier eines Maulwurfs.

● **2** Erstelle eine Tabelle nach folgendem Muster und trage die Körpermerkmale des Maulwurfs in der linken Spalte ein.

Körpermerkmal	Funktion
Grabhände	...

Erkläre jeweils in der rechten Spalte, wie das Körpermerkmal mit dem Leben im Boden zusammenhängt.

● **3** Viele Gartenbesitzer ärgern sich über einen Maulwurf in ihrem Garten. Häufig werden Maulwürfe verdächtigt, durch Nagen an unterirdischen Pflanzenteilen Schäden an Pflanzen zu verursachen. Nimm anhand des Gebisses (Abb. 3) Stellung zu dieser Verdächtigung.

● **4** Erläutere anhand von Abb. 4, weshalb ein Maulwurf für den Boden und die Pflanzen nützlich ist.

Säugetiere

Der Igel — Winterschläfer in der Stadt

1 *Igel auf der Suche nach Bodeninsekten*

Bei einem Abendspaziergang gelingt es manchmal, einen *Igel* zu beobachten. Dieses Tier kommt häufig in Gärten und Parks vor.

In der Nacht aktiv
Igel sind abends und nachts unterwegs. Dabei orientieren sie sich vorwiegend mit ihrer Nase. Sehen können sie weniger gut. Wir erkennen oft schon am auffälligen Rascheln und Schnaufen, dass ein Igel in der Nähe ist. Er muss sich nicht verstecken, sein *Stachelkleid* schützt ihn vor Füchsen, Katzen und Hunden. Bei Gefahr rollt er sich zusammen (Abb. 4).

Igel ernähren sich von Kleintieren
Käfer sind die häufigste Nahrung von Igeln. Sie ernähren sich aber auch von anderen Insekten sowie von Regenwürmern und Schnecken. In Kleingärten gibt es viele Insekten, vor allem in Kompost- und Laubhaufen finden Igel hier vielfältige Nahrung. Das Gebiss des Igels besteht aus vielen kleinen, spitzen Zähnen. Es ermöglicht das Aufbrechen von Insektenpanzern. Ein solches Gebiss bezeichnet man als *Insektenfressergebiss* (Abb. 2). Auch Eier bodenbrütender Vögel kann der Igel öffnen, ihren Inhalt schleckt er dann aus.

Der Igel ist ein Kulturfolger
Seine natürlichen Feinde, große Greifvögel und Eulen, kommen in der Stadt selten vor. Außerdem bietet die Stadt dem Igel reichlich Nahrung. Beides führt dazu,

■ Schneidezähne
■ Eckzähne
■ vordere Backenzähne
■ hintere Backenzähne

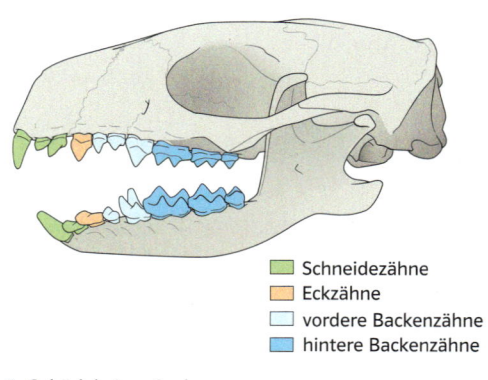

2 *Schädel eines Igels*

dass der Igel häufig in der Nähe menschlicher Siedlungen vorkommt. Der Igel wird daher auch als *Kulturfolger* bezeichnet. Der Straßenverkehr ist allerdings für Igel eine erhebliche Gefahrenquelle. An befahrenen Straßen finden wir immer wieder tote Igel. Die Vibrationen herannahender Autos nehmen Igel als Gefahr wahr. Nun laufen sie nicht etwa weg, sondern rollen sich zusammen.

Winterschlaf

Im Winter finden Igel keine Insekten, Regenwürmer oder Schnecken. Eigentlich müssten sie verhungern. Tatsächlich bleiben sie aber am Leben, da sie Winterschläfer sind. Igel senken ihre Körpertemperatur, gleichzeitig wird der Herzschlag verlangsamt. Außerdem atmen die Tiere jetzt viel weniger. In dieser Zeit brauchen Igel nicht zu fressen und zehren von der Fettschicht, die sie sich in der warmen Jahreszeit angefressen haben. Für den *Winterschlaf* suchen sich Igel Verstecke, die möglichst frostfrei sind, z. B. Laubhaufen. Wird es aber trotzdem einmal sehr kalt, so erwachen Igel aus dem Winterschlaf und erhöhen die Körpertemperatur wieder. So wird verhindert, dass sie erfrieren. Allerdings wird bei diesem Aufwärmen auch viel Fett verbraucht. Igel ohne Fettschicht überleben strenge Winter nicht.

[▶ Variabilität und Angepasstheit]

4 Der Igel rollt sich bei Gefahr zusammen

Anzahl der Igel	Gefressene Tiere
130	Käfer
89	Schmetterlingslarven
93	Hundertfüßer
110	Ohrwürmer
71	Regenwürmer

5 Biologen untersuchten die Mägen von 134 Igeln

	Igel wach	Igel im Winterschlaf
Atemzüge je Minute	20	5
Herzschläge je Minute	280 — 320	18 (— 22)
Körpertemperatur	35 — 37 °C	sinkt bis 6 °C

3 Atmung und Herzschlag bei Igeln

AUFGABEN >>

○ 1 Nenne die Bedingungen der Stadt, die der Igel zu seinem Vorteil nutzen kann.

● 2 Beschreibe mithilfe des Textes und der Abb. 3, wie sich der Igel im Winter vor dem Verhungern schützt.

◐ 3 a) Beschreibe das Vorgehen der Biologen in Abb. 5.
b) Übertrage die Tabelle aus Abb. 5 in ein Säulendiagramm.
c) Werte dieses Diagramm im Hinblick auf die von Igeln bevorzugte Nahrung aus.

Feldhase und Wildkaninchen — Tiere unserer Kulturlandschaft

1 *Feldhase*

2 *Kämpfende Feldhasenmännchen*

Feldhase oder Kaninchen? Auf den ersten Blick sehen sich beide Arten sehr ähnlich. Beim genaueren Betrachten erkennt man jedoch deutliche Unterschiede.

Feldhasen sind Einzelgänger
Feldhasen können bis zu 5 kg schwer werden und eine Körperlänge von ungefähr 65 cm erreichen. Sie sind somit doppelt so groß wie Kaninchen. Auffallend sind die langen Beine und Ohren (Abb. 1). Die Ohren, auch *Löffel* genannt, sind an den Spitzen schwarz gefärbt und sehr beweglich. So erkennen Feldhasen die Richtung, aus der Geräusche kommen. Auch der Geruchssinn der Tiere ist gut entwickelt.

Feldhasen leben auf Feldern und Wiesen. Sie ernähren sich von Gräsern und verschiedenen Kräutern. Die Tiere sind meist in der Dämmerung aktiv. Tagsüber ruhen sie in einer *Sasse*. So nennt man die Mulde, in der die Tiere geduckt mit angelegten Ohren liegen. Bei Gefahr bleiben Feldhasen zunächst regungslos liegen. Erst im letzten Moment flüchten sie mit weiten Sprüngen. Mithilfe ihrer langen Hinterbeine erreichen sie dabei auch auf längeren Strecken Geschwindigkeiten von 70 km / h.

Feldhasen sind *Einzelgänger*. Nur während der Paarungszeit treffen die Tiere aufeinander. Dann kämpfen die männlichen Tiere um Weibchen (Abb. 2).

Junge Feldhasen sind Nestflüchter
Bis zu viermal im Jahr kann eine Häsin Junge bekommen. Pro Wurf bringt sie drei bis fünf Jungtiere zur Welt. Neugeborene Hasen haben bereits Fell und Zähne, ihre Augen sind geöffnet. Schnell nach der Geburt sind sie selbstständig, junge Feldhasen sind *Nestflüchter*. Sie werden oft Beute von Füchsen, Mardern oder Greifvögeln.

3 *Feldhasen sind Nestflüchter*

Kaninchen
4u2ny2

Kaninchen leben in Kolonien

Wildkaninchen sind deutlich kleiner als Feldhasen. Sie haben auch kürzere Hinterbeine und Ohren. Ihr Gehör und der Geruchssinn sind gut ausgeprägt. Wildkaninchen leben in Gruppen, *Kolonien* genannt. In lockeren Böden legen sie unterirdische Baue an. In deren Umgebung suchen die dämmerungsaktiven Wildkaninchen nach Nahrung. Sie sind wie Feldhasen Pflanzenfresser. Bei Gefahr flüchten Kaninchen in ihren Bau. Im Gegensatz zu Feldhasen legen sie dabei keine längeren Entfernungen zurück. Außerdem pfeifen sie und klopfen mit den Hinterbeinen auf den Boden. So warnen sie die anderen Tiere der Kolonie.

[▶ Information und Kommunikation]

Wildkaninchen sind Nesthocker

Ein Wildkaninchen-Weibchen bekommt fünf bis sieben Mal pro Jahr Junge. Pro Wurf werden bis zu 10 Jungtiere geboren. Sie sind nackt, zahnlos und blind (Abb. 4). Erst nach drei Wochen verlassen die *Nesthocker* erstmals den Bau, in dem sie geboren wurden. Häufig werden junge Kaninchen Opfer von Füchsen, Mardern und Greifvögeln, aber auch von freilaufenden Hunden und Katzen. Oft sterben viele Kaninchen auch an der Kaninchenpest, einer Krankheit.

5 *Kolonie von Wildkaninchen*

Kulturfolger

Als Kulturfolger leben Feldhasen und Kaninchen in einer von Menschen geschaffenen Landschaft. Der Einsatz von Maschinen und Giften zerstört jedoch die Lebensgrundlage der Feldhasen. In manchen Gebieten sind sie deshalb vom Aussterben bedroht. Kaninchen findet man auch in Parks und Gärten. Hier können sie sich stark vermehren und sogar zur Plage werden.

AUFGABEN >>

○ 1 Erstelle eine Tabelle, in der du die Unterschiede von Feldhase und Wildkaninchen einträgst.

○ 2 Beschreibe den Unterschied zwischen Nesthockern und Nestflüchtern.

● 3 Beschreibe die Anpassungen im Körperbau des Feldhasen an seinen Lebensraum.

● 4 Beschreibe anhand des Fotos die Kämpfe der männlichen Feldhasen.

● 5 Erkläre, weshalb es von Bedeutung ist, das Feldhasen und Kaninchen so viele Junge bekommen.

4 *Wildkaninchen sind Nesthocker*

Säugetiere

Fledermäuse — Jäger der Nacht

1 Jagender Abendsegler

Nach Anbruch der Dämmerung kannst du mit viel Glück *Fledermäuse* bemerken, die auf der Suche nach fliegenden Insekten in der Stadt umherflattern.

Lebensweise des Großen Abendseglers

Die Fledermausart *Großer Abendsegler* bewohnt alte Spechthöhlen in Laubwäldern. Sie ist auch in Städten anzutreffen. Dort nutzen diese Tiere Gebäudewände und Fassadenverkleidungen als Behausung. Die Stadtbeleuchtung zieht viele Insekten an, deswegen sieht man Abendsegler häufig um Straßenlaternen herum jagen. Trotz ihrer großen Fluggeschwindigkeit kommt es nur sehr selten zu Zusammenstößen mit Bäumen oder anderen Fledermäusen, denn sie können geschickt ausweichen.

Jagd mit Echoortung

Fledermäuse sehen sehr schlecht, haben aber eine andere Fähigkeit, ihre fliegende Beute zu finden. Sie rufen im Flug und ermitteln über das Echo die Position ihrer Beute. Man nennt dieses Verhalten *Echoortung* (Abb. 2). Da sich die Beute fortwährend bewegt, gelingt die Echoortung nur, wenn die Fledermaus in kurzer Zeit sehr viele Rufe aussendet und entsprechend viele Echos empfängt. Auch die Orientierung erfolgt bei Fledermäusen über Echoortung. Die Ortungsrufe der Fledermaus sind von Menschen nicht zu hören, da sie in der Regel zu hoch für unser Gehör sind. Diese hohen, nicht wahrnehmbaren Töne bezeichnen wir als *Ultraschall*.

[▶ Information und Kommunikation]

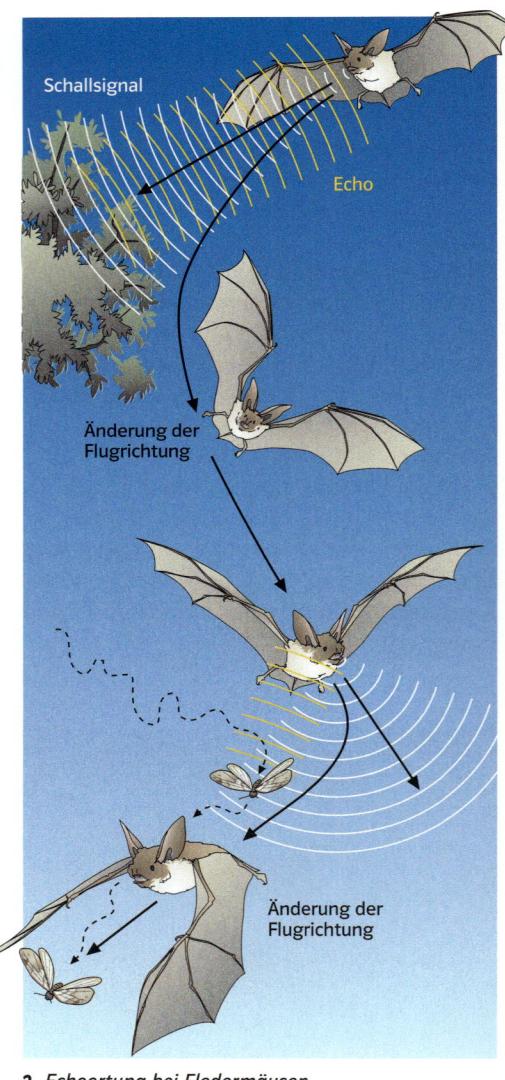

2 Echoortung bei Fledermäusen

Fledermäuse
j8a7tg

Fledermäuse sind Säugetiere

Im Spätsommer paaren sich Weibchen und Männchen, es kommt zu einer inneren Befruchtung. Im Juni werden die voll entwickelten Jungtiere geboren. Sie trinken an den Zitzen ihrer Mütter Milch. Wer das Glück hat, eine Fledermaus von nahem zu sehen, kann sich davon überzeugen, dass sie ein Fell hat. Fledermäuse zeigen alle Merkmale von Säugetieren.

[▶ Fortpflanzung und Entwicklung]

Körperbau

Die Fledermäuse haben gut entwickelte, große Ohren. Zwischen den Armen und dem Schwanz spannt sich eine große Flughaut. Sie dient aber nicht nur zum Fliegen, sondern auch zum Einfangen der Beuteinsekten. Jagende Fledermäuse fächeln sich die Beute geradezu in den Mund (Abb. 2 unten). Am Boden bewegen sich die Tiere unbeholfen fort. Mithilfe ihrer Krallen können sie sich festhalten. Zum Schlafen hängen Fledermäuse kopfüber, mit ihren *Hinterfußkrallen* haken sie sich dabei an der Decke fest.

[▶ Struktur und Funktion]

3 *Körperbau von Fledermäusen* (Oberarmknochen, Unterarmknochen, Daumen, Sporenbein, Mittelhandknochen, Fingerknochen)

AUFGABEN >>

1. Beschreibe, wie Fledermäuse in der Dunkelheit ihre Beute finden.

2. Erläutere die Vorteile, die sich für Fledermäuse aus der Echoortung ergeben.

3. Die meisten Fledermäuse halten Winterschlaf. Es gibt aber auch Arten, die nach Süden ziehen. Erkläre diese Überwinterungsweisen der Fledermäuse und gehe dabei auf die Nahrung ein.

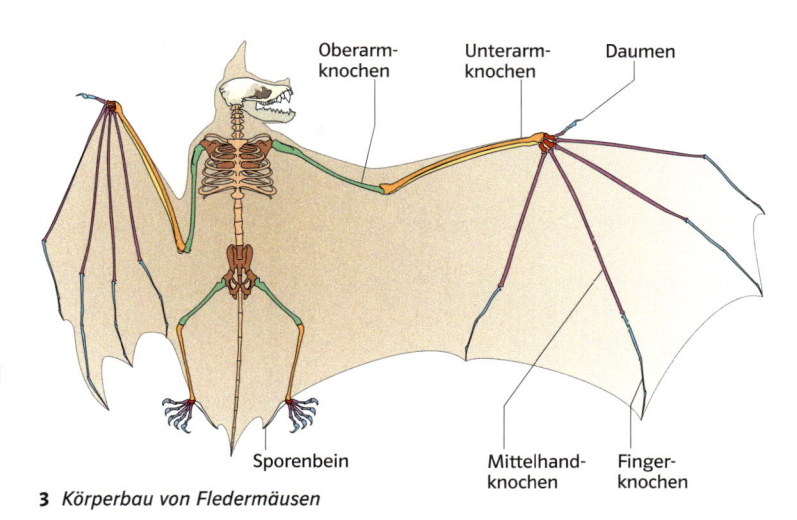

EXTRA >>

Wohnungswechsel des Großen Abendseglers

Mitte Juni werden die jungen Fledermäuse in Felshöhlen geboren. Diese sogenannten Wochenstuben werden nur von Weibchen besetzt. Geschlechtsreife Männchen, die versuchen in die Wochenstuben zu gelangen, werden verjagt. Die Fortpflanzung erfolgt im August oft in Baumhöhlen, die man als Paarungsquartier bezeichnet.

Jedes fortpflanzungsbereite Männchen beansprucht ein solches Quartier für sich und lockt Weibchen dort hinein. Während des Herbstes ziehen Abendsegler in frostfreie Winterquartiere, dort halten sie Winterschlaf. Winterquartiere sind Massenquartiere, die Tiere hängen eng beieinander. Einige Tiere fliegen sogar über die Alpen und verbringen den Winter in Südeuropa.

AUFGABE >>

Stell dir vor, eine alte Buche droht umzukippen. Dieser Baum beherbergt in einer alten Spechthöhle jedoch ein Paarungsquartier des Großen Abendseglers. Was ist zu tun? Entwickle zu diesem Fallbeispiel zwei unterschiedliche Handlungsmöglichkeiten.

Säugetiergebisse im Vergleich

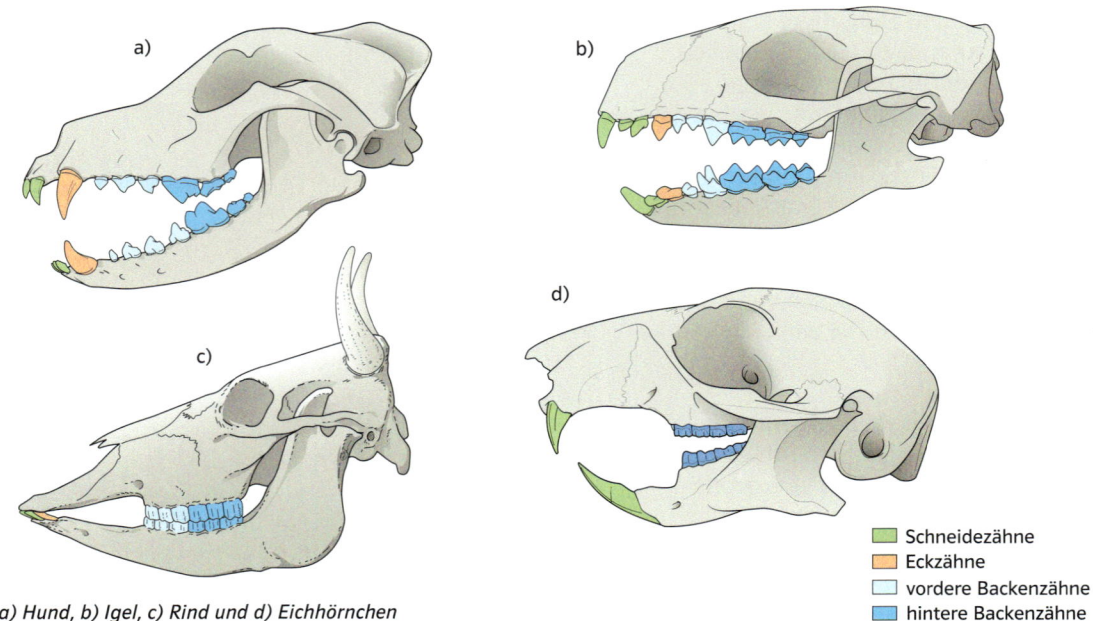

1 Schädel von a) Hund, b) Igel, c) Rind und d) Eichhörnchen

- ■ Schneidezähne
- ■ Eckzähne
- ■ vordere Backenzähne
- ■ hintere Backenzähne

Die Ernährungsgewohnheiten der Säugetiere sind sehr verschieden. Neben *fleischfressenden Tieren* gibt es in dieser Tiergruppe auch *Pflanzenfresser* und *Allesfresser*. Die Nahrung unterscheidet sich darüber hinaus in Größe und Härte. Daraus ergaben sich in der Stammesgeschichte der Säugetiere Gebisse, die an unterschiedliche Nahrung angepasst sind. Säugetiere haben im Verlauf dieser Stammesgeschichte unterschiedliche Zahntypen hervorgebracht.

[▶ Stammesgeschichte und Verwandtschaft]

Mahlzähne arbeiten wie Mühlsteine

Weidetiere wie Schafe und Rinder sind reine Pflanzenfresser. Sie nehmen große Mengen pflanzlicher Nahrung auf, die unzerkaut schwer verdaulich ist. Besonders wichtig für diese Ernährungsweise sind breite Backenzähne. Schafe und Rinder haben keine Eckzähne und keine oberen Schneidezähne. Sie verfügen über ein typisches *Pflanzenfressergebiss*.

Die Backenzähne der Pflanzenfresser sind breit, hart und auf der Oberseite gewellt. Sie heißen *Mahlzähne*. Bei Bewegung reiben die oberen und unteren Mahlzähne aufeinander und wandeln die Nahrung zu Brei um. Mahlzähne arbeiten also wie Mühlsteine (Abb. 2). Als Brei kann die pflanzliche Nahrung im Darm leichter verdaut werden.

[▶ Struktur und Funktion]

2 Mühlsteine

Gebisse
35h7sv

Reißzähne arbeiten wie Scheren

Im *Fleischfressergebiss* von z. B. Hunden finden wir scharfkantige, spitze Zähne. Ihre Nahrung besteht u. a. aus Muskeln und Sehnen, außerdem haben Fleischfresser Eckzähne, mit denen sie ihre Beute festhalten.

Im Raubtiergebiss erkennen wir vier besonders große und scharfe Backenzähne. Mit diesen *Reißzähnen* gelingt es dem Tier, sehnige Nahrung wie mit einer Schere zu zerschneiden. Die Kraft, die die Raubtiere mit ihren Reißzähnen ausüben können, reicht sogar aus, um Knochen zu zerbeißen. Raubtiere schlingen die zerschnittenen Nahrungsbrocken als Ganzes herunter.

3 *Kräftige Schere zerschneidet Stoff*

Nagezähne arbeiten wie Schnitzmesser

Während Fleischfresser ihre Schneidezähne zum Abnagen von Knochen einsetzen, nutzen Nagetiere diese zum Öffnen von harten Früchten. Schneidezähne der Nagetiere werden daher auch als *Nagezähne* bezeichnet. Mit ihnen kommen z. B. Eichhörnchen an die weicheren Samen im Inneren von Haselnüssen heran. Nagezähne sind zweischichtig aufgebaut: Die vorne liegende Schicht, der Zahnschmelz, ist sehr hart, die dahinter liegende Schicht, das Zahnbein, dagegen weicher.

Bei Gebrauch wird das Zahnbein abgerieben, während der Zahnschmelz stehen bleibt. Dadurch werden die Nagezähne immer wieder geschärft.

Insektenfresser knacken sogar Panzer

Insektenfresser wie Igel und Maulwurf haben messerscharfe, spitze Eck- und Backenzähne, mit denen sie den harten Insektenpanzer aufbrechen können. Dabei hilft ihnen ihre kräftige Kaumuskulatur.

Schnitzmesser

Biologisches Prinzip >>

Struktur und Funktion

Eine Schere ermöglicht dem Besitzer das Zerschneiden von festen Stoffen. Ganz ähnlich arbeiten die Reißzähne von Raubtieren. Erst der besondere Aufbau der Backenzähne in Form von Reißzähnen ermöglicht es den Raubtieren, Knochen zu zerkleinern. Der Zusammenhang zwischen besonderem Aufbau („Struktur") und dadurch ermöglichter Leistung („Funktion") ist typisch für viele biologische Erscheinungen. Dieses biologische Prinzip wird daher „Struktur und Funktion" genannt.

AUFGABEN >>

○ **1** Erläutere anhand von Abb. 1 die Angepasstheit der Säugetiergebisse.

◐ **2** Beschreibe Struktur und Funktion bei Reiß- und Mahlzähnen.

● **3** Informiere dich über den Aufbau eines Schweinegebisses und erkläre die Angepasstheit.

● **4** Nenne Werkzeuge, die nach dem gleichen Prinzip wie Nagetier- und Insektenfressergebisse arbeiten.

Säugetiere

Überleben in der kalten Jahreszeit

1 Rehe sind winteraktiv

Der Winter stellt Tiere vor besondere Herausforderungen. Tiefe Temperaturen erschweren Lebensvorgänge wie Bewegung und Stoffwechsel. Ein besonderes Problem für Wirbeltiere besteht darin, dass viele Nahrungspflanzen und Beutetiere im Winter nicht erreichbar sind. Der Winter ist deswegen für viele Tiere eine Zeit, in der sowohl lebensbedrohliche Kälte als auch Knappheit an Nahrung herrschen. Nicht allen Tieren gelingt es wie den Rehen, unter der Schneedecke Nahrung zu finden (Abb. 1).

Winteraktivität
Gleichwarme Tiere wie Säugetiere sind in der Lage, ihre Körpertemperatur unabhängig von der Umgebungstemperatur aufrechtzuerhalten. Sie schützen sich vor Wärmeverlust durch ein dichteres Fell. *Winteraktivität* ist aber nur dann möglich, wenn regelmäßig Nahrung aufgenommen wird. Daher sind nur die Tiere im Winter aktiv, die dann Futter und Beute finden können. Dazu gehören zum Beispiel Rehe (Abb. 1).

Winterruhe
Eichhörnchen schlafen im Winter viel und verlassen ihr Winterversteck nur für kurze Zeit. Dann fressen sie von den im Herbst angelegten Vorräten und legen sich bald wieder zur Ruhe. Eichhörnchen bewegen sich also im Winter insgesamt viel weniger als im Sommer und benötigen dadurch weniger Nahrung. Bei dieser sogenannten *Winterruhe* wird die Körpertemperatur nicht abgesenkt. Auch Dachs (Abb. 2) und Braunbär halten Winterruhe.

Winterschlaf
Vor allem kleinere Säugetiere und solche, die auf Insekten, Spinnen und Schnecken als Nahrung angewiesen sind, regeln ihre Körpertemperatur im Winter herunter. Dazu zählen Igel, Fledermäuse, Siebenschläfer (Abb. 3) und Feldhamster. Nachdem sich diese Tiere im Sommer und Herbst Fettreserven angefressen haben, suchen sie sich ein frostgeschütztes Versteck und senken ihre Temperatur ab.

2 Dachs bereitet sich auf Winterruhe vor

Die Anzahl der Atemzüge und Herzschläge pro Minute verringert sich. Dabei liegt die Körpertemperatur etwas über der Umgebungstemperatur. Nach einer bestimmten Zeit wachen die *Winterschläfer* kurz auf und erhöhen ihre Körpertemperatur kurzfristig auf Normaltemperatur, bevor sie sie erneut absenken. Die kurzen Phasen mit Normaltemperatur sind wichtig, damit das Gehirn auch während des Winters funktionsfähig bleibt. Insgesamt verlangsamt sich der Stoffwechsel der Winterschläfer beträchtlich.

Die Körpertemperatur eines Siebenschläfers liegt im Sommer bei etwa 35 °C. Im September beginnt der Winterschlaf des Tieres. Er dauert bis Anfang Mai, ungefähr sieben Monate. Während des Winterschlafs sinkt die Körpertemperatur des Siebenschläfers auf ca. 3 °C. Auch Herzschlag, Atmung und alle anderen Körperfunktionen sind verlangsamt. Das spart Energie. Nur wenn die Körpertemperatur deutlich unter 3 °C sinkt, wacht der Siebenschläfer auf und zittert sich warm. Er kann seine Körpertemperatur verändern und neu einstellen, also *regulieren*.

[▶ Variabilität und Angepasstheit]

3 *Siebenschläfer halten lange Winterschlaf*

EXTRA >>

Überwinterung bei wechselwarmen Tieren

Wechselwarme Tiere, wie z. B. Frösche und Eidechsen, können ihre Körpertemperatur nicht aktiv regeln. Ihre Körpertemperatur entspricht der Umgebungstemperatur. Mit sinkender Außentemperatur werden die Tiere immer träger und starr. Sie fallen in die sogenannte *Kältestarre*. Bei starkem und langem Frost erfrieren diese Tiere. Schon im Herbst suchen sie frostfreie Verstecke wie Erdlöcher oder Spalten auf. Insekten und Spinnen fehlen im Winter als Beutetiere. Während des Sommers haben sich Eidechsen und Frösche Fettreserven zugelegt, von denen sie während der Kältestarre zehren.

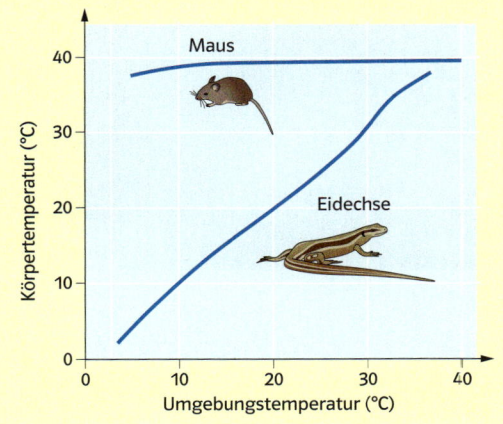

AUFGABE >>

Erläutere anhand der Abbildung, wie die dargestellten Tiere überwintern.

AUFGABEN >>

1 Junge Siebenschläfer haben kürzere Zeit, Fettreserven anzulegen als ältere Tiere. Erkläre, warum lange Winter für Jungtiere besonders gefährlich sind.

2 „Winterschlaf ist kein lange andauernder Tiefschlaf." Erkläre diese Aussage.

1.4 Säugetiere im Zoo
Der Orang-Utan — ein Menschenaffe im Zoo

1 *Orang-Utan beim Klettern*

Bereits auf den ersten Blick erkennt man die Ähnlichkeit der *Menschenaffen* mit dem Menschen. Zu den Menschenaffen zählen außer *Orang-Utans* noch Gibbons, Gorillas, Schimpansen und Bonobos. Orang-Utans sind die größten baumbewohnenden Tiere, sie verbringen fast den ganzen Tag auf Bäumen. Hier bauen sie auch ihre Schlafnester. Im Zoo lassen sich Körperbau und Verhalten dieser Tiere sehr gut beobachten.

Hangeln und Klettern
Vergleicht man die Arme eines Orang-Utans mit denen des Menschen, so fällt auf, dass die Arme des Orang-Utans viel länger sind. So ist der Orang-Utan in der Lage, weit entfernte Äste zu erreichen und sich von Baum zu Baum zu hangeln (Abb. 1).

Im Zoo turnt er entsprechend an Seilen oder Gitterstäben. Menschen und bodenbewohnende Affen haben im Vergleich dazu viel kürzere Arme. Die besondere Fortbewegungsweise der Orang-Utans macht auch den besonderen Bau von Hand und Fuß verständlich. Ohne seinen Daumen zu benutzen, umgreift der Orang-Utan mit seinen langen Fingern und Zehen (Abb. 2) die Äste. Er kann sie auch schnell wieder loslassen.

[▶ Struktur und Funktion]

Orang-Utans sind *Einzelgänger*, dauerhafte Bindungen gibt es nur zwischen den Weibchen und ihren Jungtieren. In Zoos werden immer nur wenige Tiere in einem Gehege gehalten. So haben sie die Möglichkeit, sich bei Bedarf aus dem Weg zu gehen.

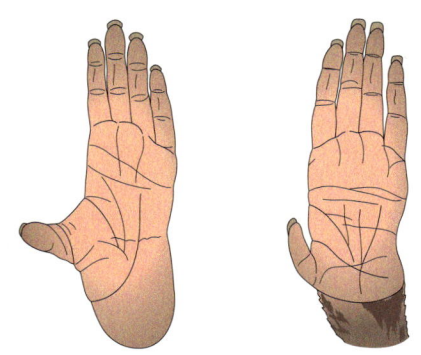

2 Fuß (links) und Hand (rechts) des Orang-Utan

Affenhaltung im Zoo

Besonderes Kennzeichen von Affen ist ihre hohe Intelligenz, d.h. dass diese Tiere viel lernen können. Von Orang-Utans ist sogar bekannt, dass sie Gelerntes ihren Nachkommen weitervermitteln. Affen sind neugierig und erkunden in freier Wildbahn ihre Umgebung. Demgegenüber ist ein Zoogehege für sie eintönig und langweilig. Daher ist es für die Affenhaltung im Zoo wichtig, dass die Tiere durch immer wieder neue Spielgeräte oder besondere Futterboxen ihre Lernfähigkeit trainieren. Mit Futterboxen oder ähnlichem Spielzeug kann der natürliche Lebensraum nicht nachgestellt werden. Dennoch erhalten die Tiere durch diese Maßnahmen ähnlich wie in ihrer natürlichen Umgebung Aufgaben, die sie nur unter Einsatz ihrer Intelligenz lösen können. Insbesondere junge Tiere erhalten Aufgaben, bei denen Neugierde und Entdeckerfreude gefragt sind (Abb. 3).

Zoos dienen der Arterhaltung

Die Heimat der Orang-Utans ist Südostasien, heute kommen sie nur noch auf Borneo und Sumatra vor, da ihre Lebensräume andernorts vernichtet sind. Orang-Utans sind einerseits durch die Zerstörung ihres Lebensraums, des Regenwalds, gefährdet. Andererseits werden auch immer wieder Wildtiere illegal für private Interessenten gefangen. Wild lebende Orang-Utans sind deswegen inzwischen sehr selten geworden. Viele Zoos haben es sich daher zur Aufgabe gemacht, Orang-Utans nachzuzüchten. Durch gezielte Verpaarung von Tieren verschiedener Zoos wird versucht, die ursprüngliche *Variabilität* der Orang-Utan-Nachkommen zu erhalten. Daneben gibt es Auswilderungsstationen in den Herkunftsländern, in denen Orang-Utans aus Gefangenschaft wieder an das Wildleben gewöhnt werden.

[▶ Variabilität und Angepasstheit]

3 Orang-Utans müssen ihre Lernfähigkeit einsetzen

AUFGABEN >>

1 Vergleiche die Hände und Füße des Orang-Utans mit denen des Menschen.

2 Erläutere am Beispiel des Orang-Utan-Fußes den Zusammenhang von Struktur und Funktion.

3 Beschreibe die Tätigkeit des Orang-Utans in Abb. 3 und begründe den Nutzen.

Der Steppenelefant — das größte Landsäugetier

1 Herde von Steppenelefanten

In einigen deutschen Zoos kannst du *Steppenelefanten* sehen. Der Steppenelefant lebt in Afrika, er ist die größte lebende Landtierart der Erde. Die enorme Körpergröße verschafft den Tieren einen großen Vorteil. Ausgewachsene Tiere haben keine natürlichen Feinde. Löwen beispielsweise trauen sich nur an junge *Elefanten* heran. Der große Körper stellt die Elefanten selbst aber auch vor besondere Herausforderungen.

Überhitzung
Wenn ein Tier seine Muskeln benutzt, entsteht in seinem Körper Wärme. Bei kleinen Tieren kann die Wärme gut an die Umgebung abgegeben werden. Elefanten laufen aber Gefahr, ihren Körper zu überhitzen, sie können ihre Wärme schlecht an die Umgebung ableiten. Wie schützen sich diese Tiere vor einer lebensgefährlichen Überhitzung? An den stark durchbluteten Ohren kann das warme aus dem Körper stammende Blut Wärme an die Umgebung abgeben und danach abgekühlt in den Körper zurückfließen. Durch die Größe der Ohren wird der Effekt noch verstärkt. Die Kühlwirkung der Ohren kann durch seitliches Abspreizen oder sogar Wedeln noch verstärkt werden. Bei starker Hitze sieht man Elefanten ihre Ohren ständig hin und her bewegen. Die Ohren der Elefanten sind also „Kühlsegel". Elefanten baden häufig und sprühen sich mit ihrem Rüssel Wasser zur Abkühlung über ihren Körper. Außerdem sind sie vor allem nach Sonnenuntergang aktiv. Ohrwedeln, Baden und Ruhe während der Mittagshitze sind auch im Zoo zu beobachten. Dieses Verhalten ist für Elefanten auch deswegen so wichtig, weil sie keine Schweißdrüsen haben. Anders als uns Menschen fehlt ihnen die Möglichkeit, durch Schwitzen Wärme abzugeben.

[▶ Struktur und Funktion]

Nahrungsknappheit
Elefanten ernähren sich ausschließlich von Pflanzen. Jedes ausgewachsene Tier benötigt bis zu 200 kg pro Tag, um satt zu werden. Zwar finden Steppenelefanten in der Regenzeit viel Nahrung. Während der heißen Trockenzeiten jedoch verwelken die Nahrungspflanzen. Steppenelefanten suchen dann neue Nahrungsplätze auf. Ihr riesiger Nahrungsbedarf und der Wechsel von Regen- und Trockenzeit führen daher dazu, dass diese Tiere viele Tausend Kilometer über den afrikanischen Kontinent wandern.

AUFGABEN >>

○ 1 Beschreibe die Körpereigenschaften und Verhaltensweisen, durch die Steppenelefanten vor der Überhitzung geschützt werden.

● 2 Stelle eine Vermutung an, warum es für ein Tier im heißen Afrika vorteilhaft sein könnte, nicht zu schwitzen.

METHODE >>

Exkursion

Auf der Erde gibt es die unterschiedlichsten Lebensräume. Hierzu zählen heiße Wüsten ebenso wie kalte Polarregionen oder tropische Regenwälder. Die in diesen Gebieten lebenden Tiere sind an die jeweiligen Bedingungen angepasst. In einem Zoo kann man diese Tiere aus der Nähe beobachten.

1 Besuch im Zoo

Vorbereitung
Bevor ihr euch auf die „Forschungsreise" in den Zoo begebt, müsst ihr euch überlegen, welcher Forscherfrage ihr dort nachgehen wollt. Eine Frage könnte sein, wie Tiere an ihren jeweiligen Lebensraum angepasst sind. Danach müsst ihr euer Vorgehen planen. Es kann sinnvoll sein, Gruppen mit besonderen Aufgaben zu bilden.

Eine Gruppe könnte Steckbriefe ausgewählter Tiere anfertigen, eine andere Gruppe ist für Fotos verantwortlich, eine dritte Gruppe interviewt einen Tierpfleger.
- Vor Ort ist die Befragung eines Fachmanns sinnvoll.
- Für den Zoobesuch müsst ihr also eine Liste mit Fragen vorbereiten.
- Zur Dokumentation der Beobachtungen sollte an eine Digitalkamera gedacht werden.
- Für Notizen benötigt ihr eine Schreibunterlage, Papier und Stifte.

Durchführung
Bei einem Zoobesuch sind die besonderen Regeln des Tierparks zu beachten. Hierzu gehört, dass man die Tiere nicht erschreckt oder füttert. Bedenkt auch, dass andere Besucher nicht belästigt werden wollen. In einem Zoo kann man viele verschiedene Eindrücke bekommen. Lasst euch deshalb genügend Zeit, eure Forscherfrage zu beantworten. Nutzt auch die Gelegenheit, Tierpfleger zu befragen. Sie können euch eine Menge erklären.

Auswertung
Nach dem Besuch ist es wichtig, die gesammelten Eindrücke und Beobachtungen zusammenzufassen. Außerdem muss entschieden werden, wie die Ergebnisse dargestellt werden sollen, beispielsweise
- als Exkursionsbericht,
- als Ausstellung,
- als Präsentation.

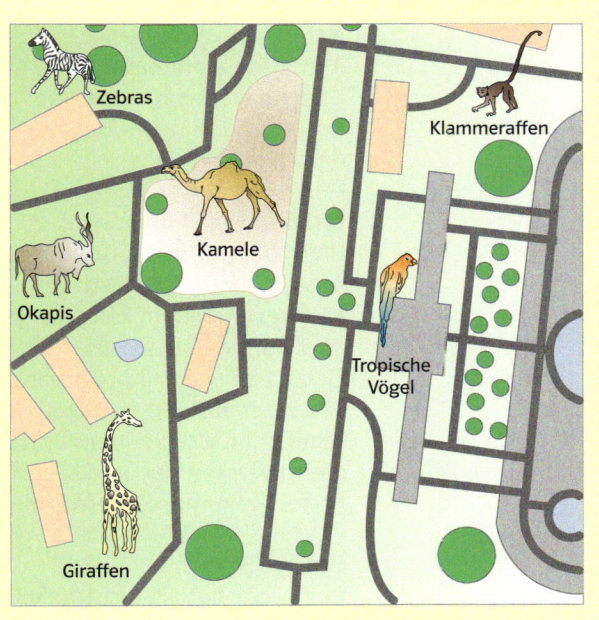

2 Übersichtskarte vom Zoo

Säugetiere

Der Eisbär — ein Leben in arktischer Kälte

1 Eisbären findest du in vielen Zoos

Natürlicherweise besiedeln Eisbären die Arktis. Die außerordentliche Kälte dieser Gegend stellt ihre Bewohner vor große Herausforderungen. Eisbären gelingt es, der Kälte zu trotzen.

Eisbären: groß und warm

Hätte der *Eisbär* die Größe einer Maus, so würde er in der Arktis erfrieren. Kleine Körper verlieren in kalter Umgebung rasch ihre Wärme. Tatsächlich gibt der große Eisbär aber kaum Körperwärme an die kalte Luft ab. Sein großer Körperumfang schützt ihn also vor dem Erfrieren. Als gleichwarmes Tier produziert er gleichzeitig fortwährend Körperwärme nach.

Gut gedämmt

Der Eisbär hat ein dichtes Fell. Zwischen den Fellhaaren befindet sich Luft, außerdem sind die Haare selbst hohl und enthalten Luft. Luft ist ein schlechter Wärmeleiter. Durch die im Fell eingeschlossene Luft gelangt deshalb nur wenig Wärme von der Körperoberfläche in die kalte Umgebung. Zusätzlich haben Eisbären unter der Haut eine bis zu 10 cm dicke Fettschicht, die ebenfalls eine wärmedämmende Funktion hat. Beim Schwimmen im kalten arktischen Wasser ist diese Fettschicht besonders wichtig.

[▶ Variabilität und Angepasstheit]

Energiereiche Nahrung

Eisbären ernähren sich unter anderem von Robben. Sie erbeuten Robben lauernd vor deren Atemloch im Eis, dort können sie stundenlang reglos auf eine günstige Gelegenheit warten. Wenn eine Robbe zum Atemholen auftaucht, schlägt der Eisbär zu und zieht sein Beutetier aus dem Wasser. Das fettreiche Robbenfleisch liefert dem Eisbären eine energiereiche Nahrung.

Diese Kost ist für den Eisbären außerordentlich wichtig. Denn trotz seiner Körpergröße und guten Körperdämmung verliert der Eisbär immer etwas Wärme an die Umgebung. Durch die Umsetzung der energiereichen Nahrung kann der Eisbär diesen Wärmeverlust aber immer wieder ausgleichen. Das bedeutet, dass gut genährte Eisbären vor Unterkühlung geschützt sind.

AUFGABEN >>

○ 1 Beschreibe, wie Eisbären an das Leben in der Arktis angepasst sind.

● 2 Im Zoo in Deutschland ist es deutlich wärmer als in der Arktis. Entwickle eine Vermutung, wie sich der Eisbär hier vor der Überhitzung schützt.

Dromedare leben in der Wüste

Glühende Hitze am Tag, aber Kälte in der Nacht und vor allem der Mangel an Wasser sind Kennzeichen von Wüsten. Wüstentiere wie Dromedare sind an diese Bedingungen angepasst.

Dromedare speichern Wasser

Dromedare können bis zu zwei Wochen überleben, ohne zu trinken. In ihrem gesamten Körper speichern die Tiere Wasser, das ihnen in dieser Zeit zur Verfügung steht. Finden Dromedare eine Wasserstelle, trinken sie innerhalb weniger Minuten über 100 l Wasser und gleichen den Verlust so aus.

Dromedare geben wenig Wasser ab

Beim Atmen, durch Schwitzen sowie über Kot und Urin geben Tiere Wasser an die Umgebung ab. Im Vergleich zu anderen Tieren ist der *Wasserverlust* der Dromedare hierbei gering. Beim Ausatmen strömt feuchte Luft an den trockenen Nasenschleimhäuten vorbei. Diese werden dabei befeuchtet und so Wasser im Körper zurückgehalten. Außerdem schwankt die Körpertemperatur der Dromedare zwischen 34 °C am kühlen Morgen und 42 °C in der Mittagshitze. Erst jetzt beginnen die Tiere zu schwitzen und Wasser abzugeben. Auch der ausgeschiedene Kot ist sehr trocken, da bei der Verdauung der Nahrung viel Wasser entzogen wird. Daneben geben die Tiere nur wenig Urin ab.

Wärme- und Kälteschutz

Das Fell der Dromedare ist im Rückenbereich dichter als am restlichen Körper. Wie ein Tuch bietet es tagsüber Schutz vor den warmen Sonnenstrahlen. Ähnlich wirkt der Höcker am Rücken. In ihm ist Fett, nicht wie oft vermutet Wasser, eingelagert, das als Energiereserve dient. Da Fett Wärme schlecht leitet, heizt sich der Körper am Tag nicht so stark auf. Nachts, wenn es kühler ist, verhindern Fetthöcker und dichtes Fell, dass Körperwärme verlorengeht. So sind die Tiere an die großen Temperaturschwankungen angepasst.

[▶ Variabilität und Angepasstheit]

AUFGABEN >>

1. Erstelle eine Tabelle, in der du „Struktur und Funktion" im Körperbau eines Dromedars einträgst

2. Dromedare gehören wie die Trampeltiere, Lamas und Vikunjas zu den Kamelen. Fertige bei einem Zoobesuch Steckbriefe dieser Tiere an und vergleiche ihr Aussehen sowie die Lebensräume.

Gespaltene Fußsohle, dicke Hornschwielen an den Füßen erleichtern das Gehen im heißen Sand.

Augen und Ohren können zum Schutz vor Sand sehr fest verschlossen werden.

Auch die Nüstern sind fest verschließbar und verhindern das Eindringen von Sand (z. B. bei Sandstürmen).

1 *Anpassungen des Dromedars*

Robben — schnelle Unterwasserjäger

1 Kalifornischer Seelöwe — eine Robbe

So schwerfällig sich die *Robben* an Land auch bewegen, im Wasser sind sie flink und wendig. Hier erreichen sie Geschwindigkeiten von 20 km/h und mehr.

Schnelle Unterwasserjäger

Robben bewegen sich unter Wasser geschickt und können mehr als 15 Minuten dort bleiben (Abb. 1). Durch diese erstaunlichen Leistungen schaffen es Robben, eine Nahrungsquelle zu nutzen, die an Land lebenden Tieren nicht zur Verfügung steht: Robben ernähren sich überwiegend von Fischen und Tintenfischen, die sie bei ihrer Unterwasserjagd erbeuten. Im Zoo werden Robben allerdings mit toten Fischen gefüttert, die Fütterung ist häufig mit Dressuren verbunden.

Stromlinienförmiger Körperbau

Die schnelle Unterwasserjagd der Robben wird durch einen besonderen Körperbau ermöglicht. Durch den Schlag der Flossen gelingt es den Tieren, sich schnell vorwärtszubewegen. Im Ganzen haben Robben einen Körperbau, der der Strömung fast keinen Widerstand entgegensetzt. Flossen und *stromlinienförmiger Körper* sind also Strukturen, die eine besondere Funktion, das schnelle Vorwärtsschwimmen, ermöglichen. An Land hingegen bewegen sich Robben schwerfällig vorwärts, indem sie die Hinterbeine anziehen und sich nach vorne „robben" (Abb. 2).

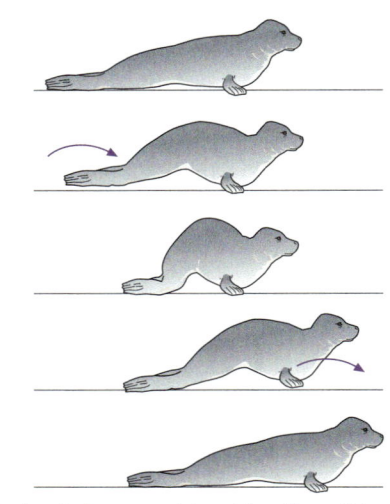

2 Seehunde bewegen sich „robbend" vorwärts

Robben sind Säugetiere

Robbenweibchen bringen lebendige Jungtiere zur Welt und säugen sie mit einer sehr fettreichen Milch. Obwohl Robben ganz glatt erscheinen, ist ihre Haut behaart. Ihre Körpertemperatur bleibt immer gleich hoch, sie sind also *gleichwarm*. Das Fell kann unter Wasser nicht isolieren, da hier die Luftschicht fehlt. Die fettreiche Unterhaut der Robben verringert den Verlust der Körperwärme an das kühle Wasser.

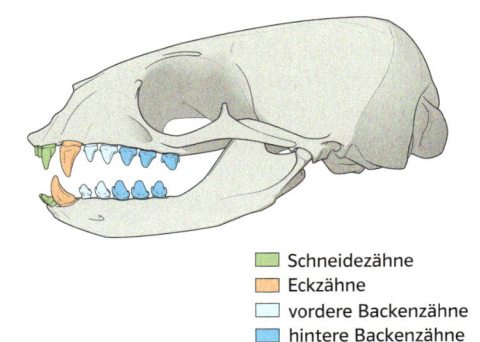

- Schneidezähne
- Eckzähne
- vordere Backenzähne
- hintere Backenzähne

3 Schädel von einem kalifornischen Seelöwen

Verwandtschaft der Robben

Wie Landraubtiere haben auch Robben verlängerte Eckzähne (Abb. 3). Dies ist nur ein Beispiel von mehreren, das zeigt, dass Robben Säugetiere und mit den Landraubtieren eng verwandt sind. Der Urahn der Robben war vermutlich ein Raubtier, das sowohl auf dem Land als auch im Wasser gejagt hat. Nach und nach bildeten sich ausgehend von den Vorder- und Hinterläufen die Vorder- und Hinterflossen der heutigen Robben.
[▶ Stammesgeschichte und Verwandtschaft]

5 Robbenbaby wird gesäugt

4 Robben und Pinguine jagen unter Wasser

AUFGABEN >>

1. Pinguine haben einen Schnabel. Ihre Nachkommen schlüpfen aus Eiern, die die erwachsenen Tiere stehend zwischen den Füßen ausbrüten. Pinguine tragen kein Fell, sondern Federn. Auch wenn sie nicht fliegen können: Pinguine sind Vögel. Nenne Gemeinsamkeiten und Unterschiede im Körperbau von Robben und Pinguinen (Abb. 4).

2. Nenne weitere Tiere, die wie Robben stromlinienförmige Körper haben.

3. Die Fütterung von Seelöwen ist eine Zuschauer-Attraktion in Zoos. Beobachte bei einem Zoobesuch das Verhalten der Tiere während der Fütterung und beschreibe es.

Delfine — wasserlebende Säugetiere

1 Delfine sind schnelle Schwimmer

Durch ihre Flossen und ihre äußere Gestalt erinnern *Delfine*, die zu den *Walen* gehören, an Fische. Tatsächlich sind Wale jedoch Säugetiere. Sie gebären lebende Junge, versorgen diese mit Muttermilch und sind gleichwarm.

Stromlinienförmiger Körper

Delfine können sehr hohe Schwimmgeschwindigkeiten erreichen. Sie werden ermöglicht durch die *stromlinienförmige Gestalt*. An der fellfreien und besonders elastischen Haut bilden sich beim Schwimmen kaum Verwirbelungen (Abb. 1). Außerdem sind äußere Körperanhänge meist kurz. So liegen z. B. die Arme der Delfine fast ganz im Körperinneren. Nur die Fingerglieder ragen aus dem Körper heraus. Sie bilden die Vorderflossen, die *Flipper*. Delfine haben keine Beine.

Fortbewegung der Delfine

Am Schwanzende befindet sich die horizontale, knorpelige Schwanzflosse, die *Fluke*. Durch Auf- und Abwärtsschläge der Fluke bewegen sich die Tiere im Wasser vorwärts. Die Flipper, sowie die knorpelige Rückenflosse, die *Finne*, dienen der Stabilisierung bei der Bewegung.

Lungenatmung

Wie alle Säugetiere atmen auch Delfine mit Lungen. Die Nasenlöcher, Blaslöcher genannt, liegen auf der Kopfoberseite. Dadurch können die Tiere mit fast untergetauchtem Kopf Luft ein- und ausatmen. Delfine speichern den eingeatmeten Sauerstoff nicht nur im Blut, sondern auch in den Muskeln. Durch diesen zusätzlichen Sauerstoffvorrat schaffen sie es, lange unterzutauchen. Die besondere Körperform, Fortbewegung und Atmung zeigen die Angepasstheit der Delfine bzw. aller Wale an den Lebensraum Wasser.

[▶ Variabilität und Angepasstheit]

EXTRA >>

Delfine im Zoo

In manchen Zoos werden Delfine oder Schwertwale gehalten. Die Becken sind im Verhältnis zum natürlichen Lebensraum sehr klein. Die Tiere sind viel stress- und krankheitsanfälliger als im Meer. Zur Vermeidung von Langeweile lernen sie Kunststücke, die den Besuchern bei Shows dargeboten werden.

AUFGABE >>

Bewerte die Haltung von Delfinen im Zoo.

Wale und Paarhufer

Aus Skelettfunden lässt sich die Stammesgeschichte der Wale nachvollziehen. Man hat dadurch herausgefunden, dass Wale und *Paarhufer*, wie z. B. Rinder, gemeinsame Vorfahren hatten. Diese waren landlebende Säugetiere. Die Angepasstheiten der Wale an ihren Lebensraum haben sich also aus Körpermerkmalen von landbewohnenden Tieren entwickelt.

Vom Land ins Wasser

Ein früher Vorfahre der Wale war *Pakicetus* (Abb. 2 a). Dieses wolfsgroße Tier jagte an Land, lauerte aber auch Tieren auf, die sich in der Nähe des Wassers aufhielten. Sein Nachfahre, *Ambulocetus* (Abb. 2 b), hielt sich schon häufig im Wasser auf und erbeutete von dort aus Tiere, die sich ihm näherten. Er hatte kurze Vorder- und Hinterbeine und zwischen den Fingern und Zehen Schwimmhäute. Im weiteren Entwicklungsverlauf wurden die Hinterbeine immer kleiner und die Vorderbeine flossenähnlich. *Durodon* (Abb. 2 c), ein Nachfahre von Ambulocetus und Vorfahre der heutigen Wale lebte bereits dauerhaft im Meer. Er hatte Flipper, Fluke und Finne, seine Hinterbeine waren sehr klein und ragten kaum aus dem Körper heraus. Die gesamte Entwicklung von landlebenden Huftieren zu meeresbewohnenden Walen dauerte etwa 10 Millionen Jahre.

[► Stammesgeschichte und Verwandtschaft]

Zahnwale und Bartenwale

Die heutigen Wale lassen sich je nach Gebiss in zwei Gruppen aufteilen. *Zahnwale*, z. B. Delfin (Abb. 1) und Pottwal, haben viele gleichgestaltete Zähne. Sie ernähren sich räuberisch von Fischen und größeren Meeresbewohnern. *Bartenwale* (Abb. 2 d), z. B. Blauwal und Finnwal, haben keine Zähne. Mit Hornplatten des Oberkiefers, Barten, filtern sie Kleinlebewesen aus dem Wasser.

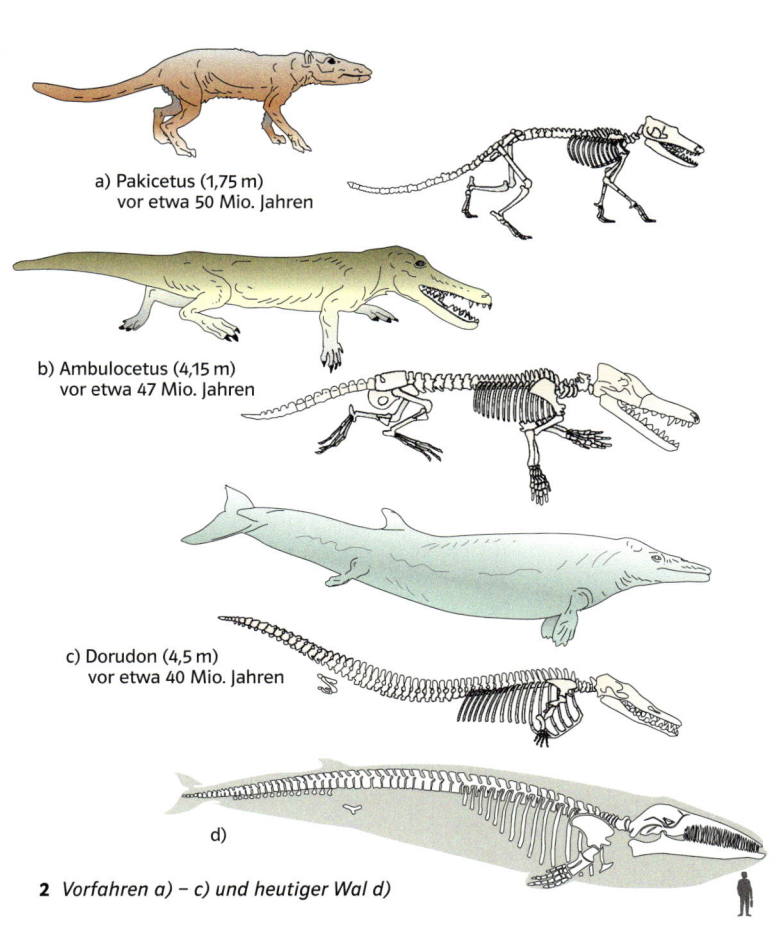

a) Pakicetus (1,75 m)
vor etwa 50 Mio. Jahren

b) Ambulocetus (4,15 m)
vor etwa 47 Mio. Jahren

c) Dorudon (4,5 m)
vor etwa 40 Mio. Jahren

d)

2 *Vorfahren a) – c) und heutiger Wal d)*

AUFGABEN »

○ **1** Beschreibe, wie Wale an den Lebensraum Wasser angepasst sind.

◐ **2** Erläutere die Entwicklung der Hinterbeine in der Stammesgeschichte der Wale.

● **3** Wasser ist ein guter Wärmeleiter. Wale sind durch eine sehr dicke Fettschicht unter der Haut, den Blubber, gegen eine übermäßige Wärmeabgabe an das kalte Wasser geschützt. Gestrandete Wale sterben bisweilen an einem Hitzschlag. Erkläre.

Das kannst du jetzt

Beliebte Haustiere: Hund und Katze
Hunde und Katzen haben besondere Ansprüche, die ihr Besitzer beachten muss. So müssen Hundehalter z. B. regelmäßig mit ihrem Hund spazierengehen.
Hunde und Katzen haben ein Fleischfressergebiss. Es enthält scharfkantige Reißzähne und lange Eckzähne. Diese Zähne eignen sich dazu, Fleisch zu zerschneiden und Beute festzuhalten.

Der Mensch hält Nutztiere
Rinder und Pferde sind Pflanzenfresser und haben flache Backenzähne, mit denen harte Pflanzen zermahlen werden können. Schweine sind Allesfresser und haben ein Gebiss, das an diese Ernährungsweise angepasst ist. Rinder und Schweine werden zur Fleischproduktion gehalten. Außerdem nutzen wir Rinder zur Milchproduktion. Pferde wurden früher als Arbeitstiere, z. B. für das Ziehen von Kutschen genutzt. Heute sind sie meist Freizeittiere.

Haus- und Nutztiere
Haus- und Nutztiere hat der Mensch aus wild lebenden Tieren gezüchtet. Dabei wurden immer geeignete Tiere miteinander verpaart. Unter den Nachkommen wurden wieder die geeignetsten ausgewählt und erneut verpaart. So entstanden im Laufe der Zeit die heutigen Rassen.

1 *Der Wolf ist der Vorfahr aller heutigen Hunderassen*

Säugetiermerkmale
Viele Haus- und Nutztiere gehören zu den Säugetieren. Merkmale der Säugetiere sind Fell, Säugen der Neugeborenen, Gebiss mit verschiedenen Zahntypen und Nabelschnur. Sie sind lebendgebärend. Die Körpertemperatur der Säugetiere ist unabhängig von der Umgebungstemperatur, d. h. sie sind gleichwarm.
Säugetiere besiedeln unterschiedliche Lebensräume, die bestimmte Lebensbedingungen bieten. Je nach Art des Lebensraums unterscheiden sich die Angepasstheiten der dort lebenden Arten. Tiere extremer Lebensräume, wie z. B. der Polarregionen, kann man in einem Zoo beobachten.

Überwinterung
Der Winter stellt Säugetiere vor besondere Herausforderungen. Sie finden weniger oder keine Nahrung. So fressen sich Eichhörnchen bereits im Herbst Fettpolster an und legen Nahrungsvorräte an, schlafen viel und verlassen ihren Kobel nur, um versteckte Nüsse zu fressen. Diese Überwinterungsform heißt Winterruhe.

2 *Igel hält Winterschlaf*

Andere Tiere wie der Igel fallen in einen über Monate dauernden Schlaf. Während dieses Winterschlafs ist der Herzschlag verlangsamt und die Körpertemperatur abgesenkt. Das spart Energie. Winteraktive Tiere finden dagegen auch im Winter ausreichend Nahrung.

TESTE DICH SELBST

Züchtung von Schweinen
Wie Haushunde sind auch Hausschweine aus wild lebenden Vorfahren gezüchtet worden.

○ **1** Erkläre, warum die Variabilität der Nachkommen für die Züchtung notwendig ist.

● **2** Erläutere, wie aus Wildschweinen Hausschweine gezüchtet werden konnten (Abb. 1).

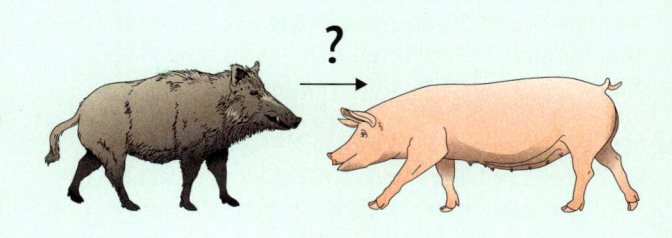

1 Wildschwein und Hausschwein

Schafe sind Weidetiere
Schafe werden wegen ihres Fleisches, wegen ihrer Wolle und auch wegen ihrer Milch gehalten. Sie ernähren sich ausschließlich von pflanzlicher Kost.

○ **3** Beschreibe den Aufbau des Schafsgebisses (Abb. 2).

● **4** Erkläre den Aufbau des Gebisses als Angepasstheit an die Nahrung.

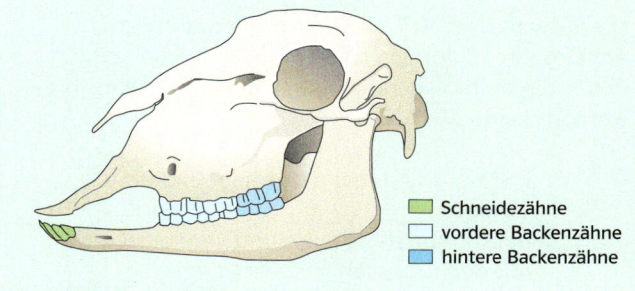

■ Schneidezähne
□ vordere Backenzähne
■ hintere Backenzähne

2 Schädel eines Schafes

Vorfahren unserer Nutztiere
Esel gehören wie Rinder und Pferde zu den Nutztieren. Alle Nutztiere haben wild lebende Vorfahren. Anhand der Hufe kann die Verwandtschaft der Nutztiere festgestellt werden.

○ **5** Benenne die Unterschiede der in Abb. 3 dargestellten Hufe.

● **6** Überprüfe die Aussage: Esel und Pferde haben einen gemeinsamen Vorfahren.

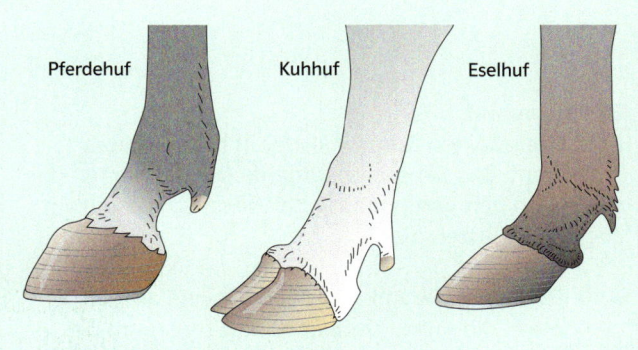

Pferdehuf   Kuhhuf   Eselhuf

3 Hufe von Pferd, Kuh und Esel

Säugetiere

TESTE DICH SELBST

Haus- und Spitzmaus
Hausmäuse sind wie alle Mäuse Nagetiere und leben in Dörfern und Städten in der Nähe von menschlichen Wohnungen. Sie ernähren sich hauptsächlich von Körnern und anderen Pflanzenteilen.

- **7** Beschreibe anhand der Abbildung, weshalb die Nagezähne der Hausmaus nicht stumpf werden.

- **8** Erkläre, warum es Hausmäusen im Gegensatz zu Eichhörnchen möglich ist, im Winter aktiv zu sein.

4 Schneidezähne der Hausmaus (harter Zahnschmelz, weiches Zahnbein, Zahnhöhle)

Die Verwandtschaft von Tieren kann man auch anhand ihres Gebisses feststellen. So ist die Spitzmaus, die man manchmal in Kellern findet, trotz ihres Namens keine Maus.

- **9** a) Erkläre dies anhand des abgebildeten Schädels.
  b) Beschreibe das Gebiss und vergleiche es mit den Gebissen anderer Säugetiere.
  c) Gib an, mit welchen Tieren die Spitzmaus vermutlich verwandt ist.

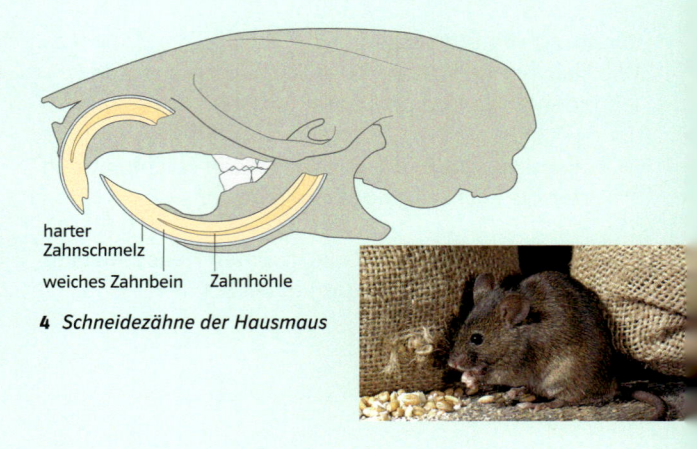

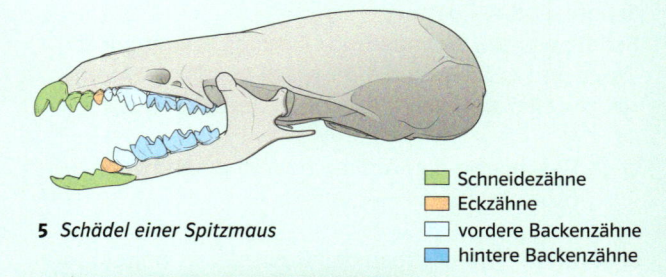

5 Schädel einer Spitzmaus
  - Schneidezähne
  - Eckzähne
  - vordere Backenzähne
  - hintere Backenzähne

6 Spitzmaus

Der Sternmull
Abb. 7 zeigt einen Sternmull, der in Nordamerika vorkommt. Das Säugetier verdankt seinen Namen der sternförmigen Veränderung der Nasenspitze, die vor allem zum Tasten dient.

- **10** Betrachte die Abbildung und nenne alle Merkmale, die Auskunft über den Lebensraum des Sternmulls geben. Stelle eine Vermutung über den Lebensraum des Tieres an.

- **11** Was frisst das Tier vermutlich? Gib an, welche Sinne es hierfür vor allem nutzt. Begründe deine Antwort.

7 Sternmull

Der Asiatische Elefant — ein Zootier
Neben dem Steppenelefanten ist in deutschen Zoos vor allem der Asiatische Elefant zu sehen, der sich vom Steppenelefanten in einigen Körpermerkmalen unterscheidet.

Der Asiatische Elefant lebt wild in Regenwäldern und immergrünen Wäldern von Indien, Thailand und anderen südostasiatischen Ländern. Er frisst wie der Steppenelefant nur Pflanzen, die er mit dem Rüssel ausreißt.

○ 12 Nenne Gemeinsamkeiten und Unterschiede von Steppenelefant und Asiatischem Elefant. Setze diese in Beziehung zu ihrem jeweiligen natürlichen Lebensraum.

8 *Steppenelefant*

Asiatische Elefanten können ihre Ohren nicht so gut als Kühlsegel nutzen wie ihre afrikanischen Verwandten. Biologen haben die Vermutung aufgestellt, dass Asiatische Elefanten dafür ihre Körpertemperatur aktiv absenken können.

9 *Asiatischer Elefant, Weibchen mit Jungem*

● 13 Stelle eine Vermutung an, wie die Biologen vorgegangen sind, um ihre Annahme zu überprüfen.

● 14 Erläutere den Zusammenhang zwischen Struktur und Funktion des Backenzahns eines Elefanten (Abb. 10).

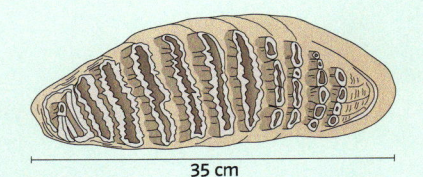

35 cm

10 *Backenzahn des Asiatischen Elefanten von oben*

Auch den Fennek (Abb. 11) kannst du in Zoos beobachten. Er ist in der Dämmerung und nachts aktiv. Dann jagt er Insekten und andere kleine Tiere wie Mäuse und Eidechsen. Sein natürlicher Lebensraum sind die Wüstengebiete Nordafrikas.

● 15 Stelle eine Vermutung an, welche Vorteile die großen Ohren dem Tier bieten.

11 *Fennek*

Säugetiere 83

2 Vögel

Vögel nutzen einen besonderen Lebensraum, die Luft. Das Fliegen dient vielseitigen Zwecken wie dem Überwinden weiter Strecken oder dem Beutefang. Einige Vögel schlafen sogar im Flug. Das Fliegen erfordert viel Energie, die Vögel durch ihre Nahrung erhalten. Ein geringes Körpergewicht und Federn ermöglichen das Fliegen und sparen Energie.

Das lernst du in diesem Kapitel

>> Verschiedene Körpermerkmale ermöglichen den Vögeln das Fliegen.

>> Vögel haben typische Kennzeichen, z. B. Federn und einen Schnabel.

>> Einheimische Vögel besiedeln die unterschiedlichsten Lebensräume wie Wälder, Gärten und Seen.

>> Die unterschiedlichen Vogelarten sind im Körperbau an ihren Lebensraum angepasst.

>> Vögel überwintern auf unterschiedliche Weise.

>> Menschen nutzen Hühner. Sie sind Eier- und Fleischlieferanten.

2.1 Kennzeichen der Vögel
Leicht und stabil — wie Vögel fliegen

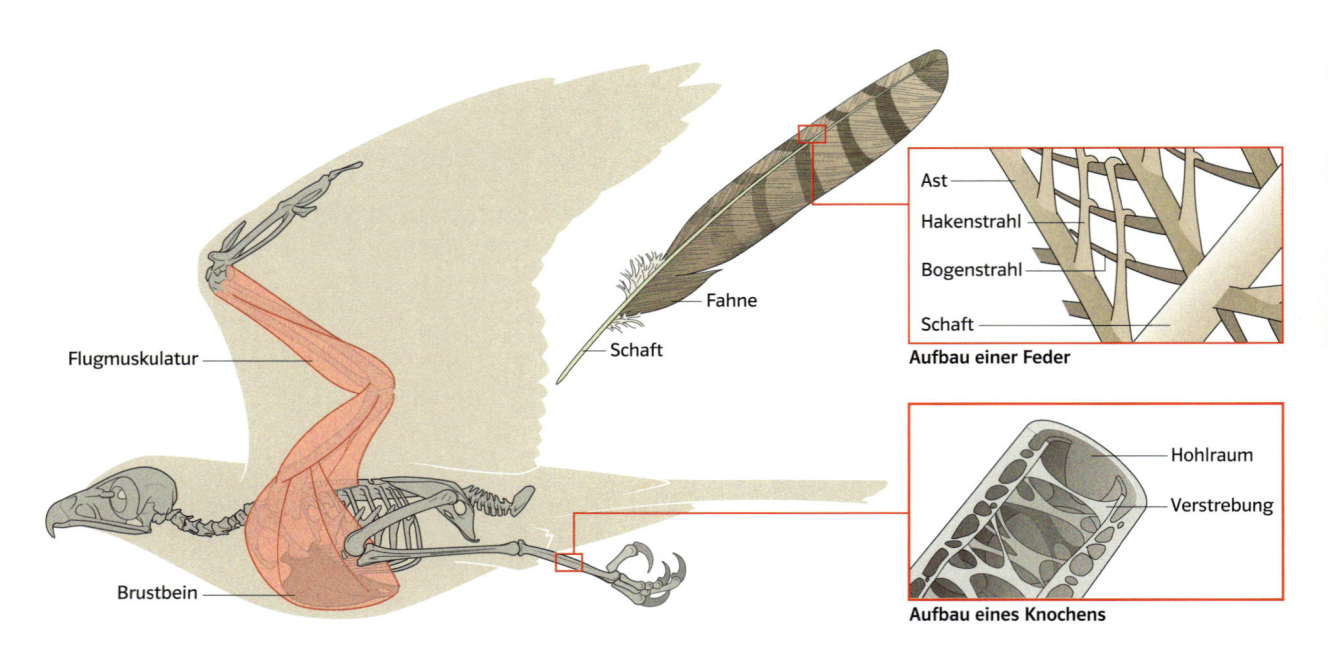

1 Aufbau von Röhrenknochen, Feder und Flugmuskulatur beim Mäusebussard

Das auffallendste Kennzeichen der meisten Vögel ist ihre Fähigkeit zu fliegen. Dies wird durch eine Reihe von Körpermerkmalen ermöglicht.

Leicht und gleichzeitig stabil
Ein Mäusebussard hat ungefähr die gleiche Größe wie ein Kaninchen. Während aber ein Kaninchen etwa 2000 g wiegt, bringt ein Mäusebussard nur 800 g auf die Waage (Abb. 2). Vögel sind also sehr leicht. Eine Ursache liegt im Bau des Vogelskeletts.

Anders als bei Säugetieren sind Vogelknochen dünn und hohl. Diese sogenannten *Röhrenknochen* der Vögel sind durch ihre besondere Bauweise mit inneren Verstrebungen trotz ihrer geringen Masse sehr stabil (Abb. 1).

Der Schnabel und die *Federn* sind wie deine Haare und Fingernägel aus dem sehr leichten Material *Horn* aufgebaut. Deshalb wiegen alle Federn eines Vogels zusammen nur sehr wenig, obwohl bis auf Schnabel und Füße der gesamte Vogelkörper gefiedert ist. Trotz ihrer geringen Masse sind die Federn nahezu luftdicht und sehr formstabil. Dies ist auf den Aufbau zurückzuführen (Abb. 1).

[▶ Struktur und Funktion]

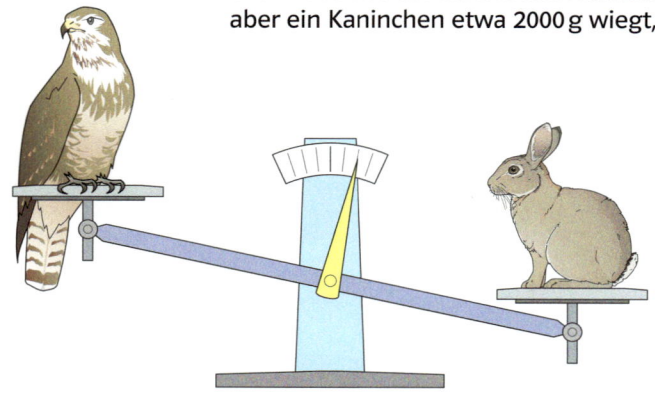

2 Masse von Mäusebussard und Kaninchen im Vergleich

Leistungsstarke Lunge

Für das Fliegen benötigt ein Vogel wie der Mäusebussard viel Energie. Er hat deshalb auch einen hohen Sauerstoffbedarf. Diesen deckt er mit einer besonders leistungsstarken Lunge, die sich im Aufbau von den Lungen anderer Wirbeltiere durch zusätzliche *Luftsäcke* unterscheidet. Luftsäcke sind Ausstülpungen der Lunge, die zwischen den Organen und Muskeln liegen und sogar bis in die Knochen führen (Abb. 3).

In den vielen Luftsäcken kann die eingeatmete, sauerstoffreiche Luft mit der in den Organen verbrauchten, sauerstoffarmen Luft ausgetauscht werden (Abb. 3). Der Austausch der Atemluft erfolgt so besonders effektiv. Aufgrund seiner leistungsfähigen Lunge kann der Mäusebussard große körperliche Herausforderungen meistern.

Fliegen benötigt Energie

Der hohe Energiebedarf für das Fliegen wird durch häufige Nahrungsaufnahme gedeckt. Der Mäusebussard frisst wie alle Vögel viel Nahrung. Diese wird schnell verdaut und verändert das Körpergewicht der Vögel kaum. Vögel haben zudem keine Harnblase, in der Urin gesammelt wird. Der Urin wird zusammen mit dem Kot abgegeben.

Neben der Energie für das Fliegen braucht der Mäusebussard auch Energie zur Aufrechterhaltung seiner Körpertemperatur. Der Mäusebussard ist wie alle Vögel *gleichwarm*. Vögel haben eine gleich bleibende Körpertemperatur von etwa 41 °C.

Fortpflanzung durch Eier

Die Fortpflanzung der Vögel ist an die fliegende Lebensweise angepasst. Vogelweibchen legen mit zeitlichen Abständen einzelne Eier ab. So ist immer nur ein Ei auf einmal im Vogelkörper und das zusätzliche Gewicht wird niedrig gehalten. Die Eier werden in einem Nest bebrütet. Nach einiger Zeit schlüpfen aus den Eiern Küken, die von den Eltern regelmäßig gefüttert werden. Im Gegensatz zu den Säugetieren erfolgt die Entwicklung der Jungtiere also außerhalb des mütterlichen Körpers. So wird auch in der Fortpflanzungszeit die Körpermasse möglichst gering gehalten.

[▶ Fortpflanzung und Entwicklung]

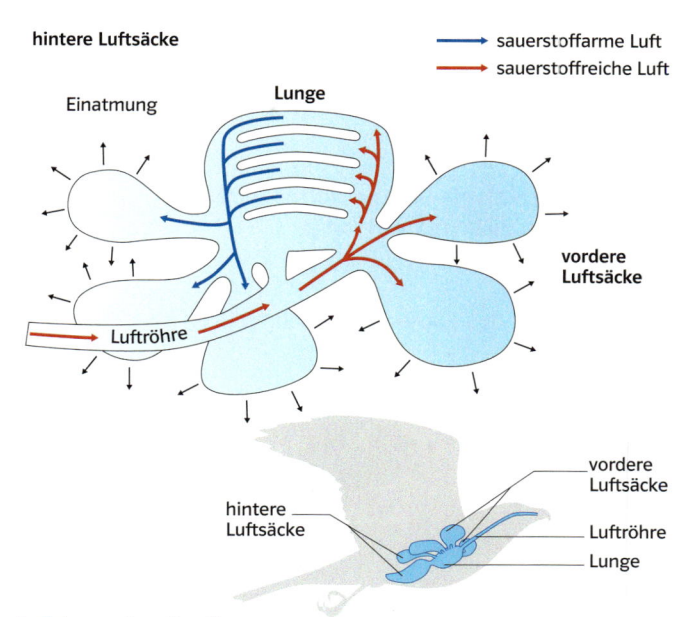

3 *Schema einer Vogellunge*

AUFGABEN >>

○ **1** Fasse die Merkmale von Vögeln zusammen.

◐ **2** Erläutere, wie Vögel ihr Gewicht gering halten.

◐ **3** Beschreibe mithilfe von Abb. 1 den Aufbau einer Vogelfeder und erkläre, weshalb sie sehr formstabil ist.

Praktikum
Vogelflug

Wie viel wiegt eine Vogelfeder?

Material
Kariertes Papier, Bleistift, Schere, normale Deckfeder mit nicht zu dickem Kiel, Waage

Durchführung
Lege die Feder auf das Papier und zeichne ihren Umriss nach.

1 *Papierfeder und Vogelfeder werden gewogen*

Schneide die Papierfeder aus. Wiege die Vogelfeder und die Papierfeder auf der Waage.

AUFGABEN >>

1. Notiere die Ergebnisse.

2. Erkläre die Ergebnisse anhand des Aufbaus einer Vogelfeder.

3. Erläutere die Bedeutung der Ergebnisse für den Vogel beim Fliegen.

Welcher Flieger fliegt am besten?

Material
Küchenpapier oder Serviette, Papierbogen DIN A4, Pappe

Durchführung
Falte aus den unterschiedlichen Materialien Flieger nach der folgenden Anleitung. Lass deinen selbst gebastelten Flieger mehrfach aus einer bestimmten Höhe fliegen. Achte darauf, dass jeder Flieger gleich kräftig und im gleichen Winkel abgeworfen wird.

2 *Bastelanleitung für einen Papierflieger*

AUFGABEN >>

4. Notiere deine Flugweiten und bilde den Mittelwert.

5. Beschreibe deine Beobachtungen.

6. Erkläre die Ergebnisse und übertrage sie auf den Vogelflug.

Auftrieb eines Flügels

Material
Tonpapier, Klebeband, Strohhalm, Schere, Stift, Faden, Fön, Stativ

Durchführung
Baue das Modell des Flügels nach der Abbildung zusammen. Der Strohhalm muss festgeklebt sein. Der Faden wird durch den Strohhalm geführt und oben und unten an einem Stativ befestigt.

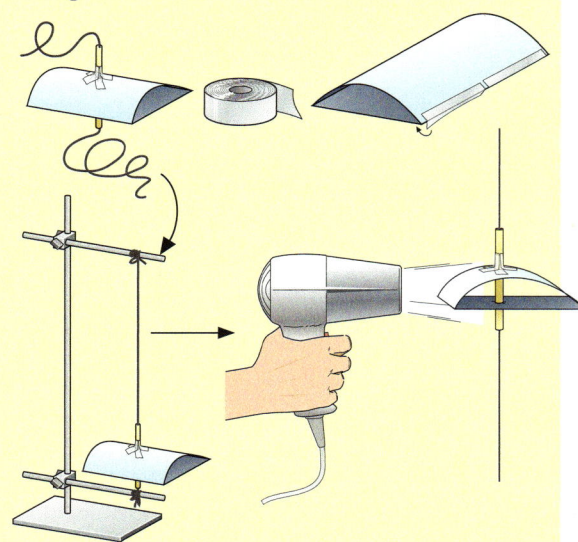

Richte den Fön wie in der Abbildung auf das Modell des Flügels. Variiere dabei auch die Fönstärke.

AUFGABEN >>

7 Notiere deine Beobachtungen.

8 Erkläre deine Ergebnisse.

9 Vergleiche den Querschnitt deines Flügelmodells mit dem eines Vogelflügels.

Der Einfluss warmer Luft

Material
Stativ, Glasrohr (ca. 30 cm lang mit einem Durchmesser von 5 cm), Kerze, Pinzette, kleine Daunenfeder

Durchführung
Baue den Versuch wie in der Abbildung unten auf.

a) Führe den Versuch ohne Kerze durch.
b) Stelle eine brennende Kerze unter das Glasrohr.

Bringe die Feder in beiden Versuchen von unten in das Glasrohr.

AUFGABEN >>

10 Beschreibe deine Beobachtungen für die Versuche a) und b).

11 Erkläre die Ergebnisse der Versuche a) und b).

12 Übertrage die Ergebnisse auf den Vogelflug und ordne begründet die veranschaulichte Flugart zu.

Vögel

Flugformen des Mäusebussards

1 Mäusebussard beim Rüttelflug

2 Mäusebussard beim Gleitflug

Ohne sichtbare Flügelschläge schwebt ein Mäusebussard über der Wiese. Kurz scheint er mit schnellen Flügelschlägen in der Luft zu stehen und stürzt sich im nächsten Moment fast senkrecht Richtung Boden.

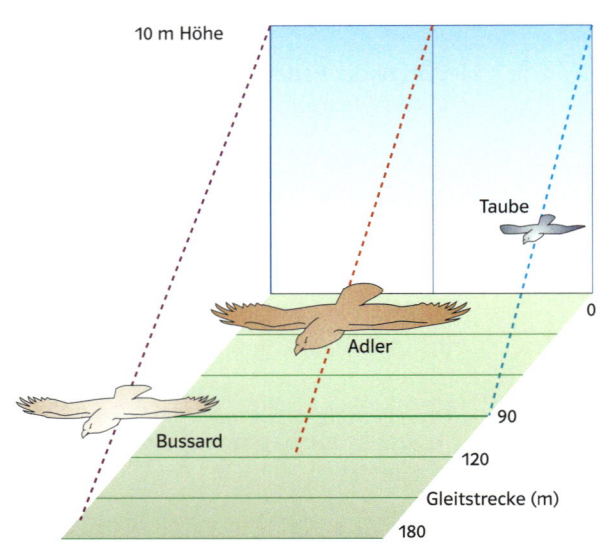

Rüttelflug

Nur einige Vogelarten beherrschen wie der Mäusebussard eine besondere Flugtechnik, bei der sie auf der Stelle fliegen können. Bei diesem *Rüttelflug* schlägt der Mäusebussard die Flügel schnell auf und ab (Abb.1). Der Körper steht schräg in der Luft und die Schwanzfedern sind stark gespreizt. Dadurch wird der Vogelkörper abgebremst und eine Vorwärtsbewegung verhindert.

Der Rüttelflug wird vor allem bei der Beutesuche eingesetzt. Hat der Mäusebussard eine Maus erspäht, lässt er sich blitzartig nach unten fallen, bremst kurz vor dem Boden durch voll ausgebreitete Flügel ab und ergreift die Beute mit seinen Greiffüßen.

3 Gleitstrecken verschiedener Vogelarten

	Flügelfläche in cm^2	Körpermasse in kg
Taube	680	0,3
Adler	5930	4,2
Mäusebussard	2030	0,9

Ruderflug

Die häufigste Flugart bei Vögeln ist der *Ruderflug*. Nach dem Start gewinnt der Mäusebussard schnell an Höhe. Dazu schlägt er mit ausgebreiteten Flügeln abwärts und mit abgeknickten Flügeln aufwärts. Das Abwärtsschlagen der Flügel erzeugt einen Auftrieb. Der Ruderflug benötigt durch das ständige Flügelschlagen viel Energie.

Das Aufwärts- und Abwärtsschlagen der Flügel erfordert eine kräftige Brustmuskulatur. Diese setzt am breiten Brustbein an, das mit den Rippen den festen Brustkorb des Mäusebussards bildet.

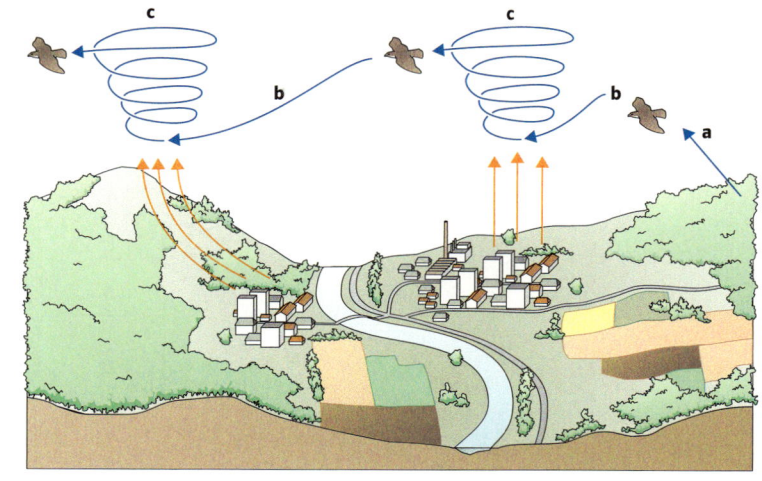

5 *Flug des Mäusebussards*

Gleitflug

Energiesparender als der Ruderflug ist der *Gleitflug*. Ohne Flügelschlag und mit ausgebreiteten Flügeln gleitet der Mäusebussard mehrere Hundert Meter durch die Luft (Abb. 2). Er sinkt dabei nur langsam ab. Dies ist dem Mäusebussard durch seine große Flügelfläche, seine geringe Körpermasse und durch die Form seiner Flügel möglich.

Die Flügel werden durch die verschieden großen und langen Federn geformt. Im Querschnitt der Flügel erkennt man oben eine Wölbung. Die Luft strömt auf der Oberseite des Flügels schneller entlang als unter dem Flügel. Dabei wird ein Sog nach oben erzeugt (Abb. 4).

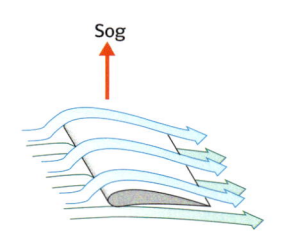

Segelflug

Der Mäusebussard ist sogar in der Lage, ohne Flügelschläge in der Luft aufzusteigen. Warme Luft ist leichter als kalte und steigt deshalb nach oben. Der Mäusebussard nutzt die aufsteigende warme Luft über Wohngebieten oder Aufwinde an Berghängen (Abb. 5). Dabei segelt er mit weit ausgebreiteten Flügeln in weiten Kreisen aufwärts. Diesen *Segelflug* sowie auch den Gleitflug nutzen Vögel, wenn es ihnen durch entsprechende Winde möglich ist. So sparen sie im Vergleich zum Ruderflug Energie ein.

4 *Luftströmung über gewölbtem Flügel*

AUFGABEN >>

1. Ordne die Flugphasen a, b und c des Mäusebussards in Abb. 5 den Flugformen Gleitflug, Ruderflug und Segelflug zu.

2. Beschreibe die Gleitstrecken von Bussard, Adler und Taube in Abb. 3.

3. Erkläre die unterschiedlichen Gleitstrecken in Abb. 3 anhand der Werte in der Tabelle.

Vögel

2.2 Vögel in ihren Lebensräumen
Der Waldkauz — lautloser Jäger in der Dämmerung

1 Waldkauz beim Beutefang

Ein *Waldkauz* fliegt auf der Suche nach Nahrung durch die Dämmerung. Geringste Geräusche würden ihn verraten. Hat er eine Beute wahrgenommen, packt er sie nach lautlosem Flug mit seinen scharfen Krallen. Körperbau und Sinnesorgane des Waldkauzes sind auf diese Lebensweise als lautloser Jäger spezialisiert.

Der lautlose Flug
Das Geräusch eines fliegenden Vogels hängt stark von den Eigenschaften des Gefieders bis hin zu einzelnen Federn ab. Die Oberflächen des Gefieders beim Waldkauz sind weich, fast flaumartig. Durch spezielle Schwungfedern wird der Flug des Waldkauzes fast unhörbar. Er wird deshalb von seinen Beutetieren nicht gehört, er selbst kann seine Beute jedoch orten.

[▶ Struktur und Funktion]

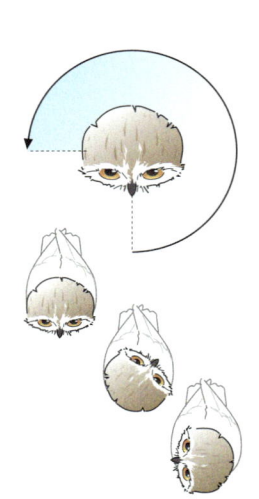

Die Sinnesorgane
Die Augen des Waldkauzes sind nach vorne ausgerichtet. Den dadurch entstehenden relativ kleinen *Sehbereich* gleicht er durch die große Drehbarkeit des Kopfes aus. Diese Beweglichkeit wird durch 14 Halswirbel ermöglicht. Wir Menschen haben, wie alle Säugetiere, nur sieben Halswirbel. Das empfindliche Gehör ist das wichtigste Sinnesorgan des Waldkauzes. Der sogenannte Gesichtsschleier, ein trichterförmiger Federkranz, sorgt dafür, dass der Schall wie in einem Trichter aufgefangen und zu den Ohröffnungen geleitet wird, die seitlich neben den Augen liegen.

Beutetiere und natürliche Feinde
Der Waldkauz frisst überwiegend Mäuse, aber auch junge Eichhörnchen, Regenwürmer oder Insekten. Unverdauliche Reste würgt er als *Gewölle* wieder aus. Habicht, Mäusebussard und Baummarder gehören zu seinen Fressfeinden.

2 Waldkauz mit typischem Gesichtsschleier

Waldkauz sucht seine Beute

AUFGABEN >>

○ 1 Bereite einen Kurzvortrag zum Thema „Der Waldkauz — Körperbau und Lebensweise eines Jägers in der Dämmerung" vor.

● 2 Beschreibe die Beziehungen zwischen Waldkäuzen, Mäusebussarden und Mäusen.

Praktikum
Gewölleuntersuchung

Der Waldkauz knetet kleine Beutetiere mit seinen kräftigen Zehen zusammen und schluckt sie anschließend in einem Stück mit dem Kopf voran. Im Magen wird das Fleisch zersetzt.

Unverdauliche Reste wie Knochen und Fell werden nach einiger Zeit als Gewölle wieder hochgewürgt. Eine Untersuchung von Gewöllen gibt Aufschluss über die Zusammensetzung der Nahrung.

Untersuchung der Gewölle

1 *Gewölle*

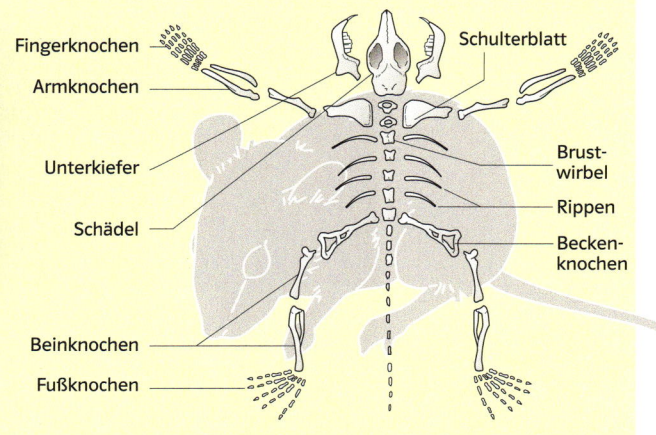

2 *Knochen einer Maus*

Material
Gewölle (über mehrere Stunden bei 150 °C erhitzt), Gummihandschuhe, Präparierschale, Pinsel, Pinzette, Präpariernadeln oder Zahnstocher, Lupe oder Stereolupe, Digitalkamera, schwarze Pappe

Durchführung
Zerlege vorsichtig mithilfe der Pinzette, der Präpariernadeln oder Zahnstocher das Gewölle. Dokumentiere die Ergebnisse mithilfe der Digitalkamera.

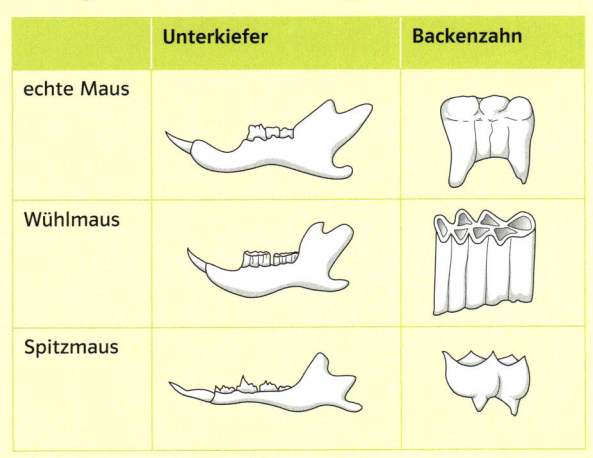

	Unterkiefer	Backenzahn
echte Maus		
Wühlmaus		
Spitzmaus		

AUFGABEN >>

1 Sortiere den Gewölleinhalt sorgfältig, indem du die Knochenreste auf einer schwarzen Pappe ordnest.

2 Fotografiere die „Knochenausstellung". Schätze ab, wie viele Tiere im Gewölle vorhanden waren.

3 Versuche die Beutetiere in den Gewöllen anhand der abgebildeten Kieferknochen näher zu bestimmen.

Vögel

Der Buntspecht — Trommler und Höhlenbauer

1 *Buntspecht trommelt*

Das Trommeln eines *Buntspechts* ist weit zu hören. Mit Wucht schlägt er seinen Kopf mit dem kräftigen Schnabel gegen den Stamm des Baumes (Abb.1). Der Buntspecht hämmert Höhlen in Baumstämme und spürt Insektenlarven unter der Rinde auf. Sein Körperbau und seine Lebensweise passen zum Lebensraum Wald.

Universalwerkzeug Spechtschnabel
Der Schnabel des Buntspechts ist stabil und spitz. Der Specht setzt ihn wie einen Meißel zum Aushöhlen von Baumstämmen in einigen Metern Höhe ein, wenn er eine Wohnhöhle zimmert. Sein Schnabel dient vor allem zur Suche nach Nahrung. Der Buntspecht erweitert Risse und Spalten in der Rinde. Mit seiner fast drei Zentimeter langen Schleuderzunge dringt er tief in die Ritzen ein und kann Insekten, die sich darin befinden „aufspießen". Dabei bleiben die Borsten, die sich an der Zungenspitze befinden, in der Beute hängen (Abb. 3). So kann er sie wie an einem Widerhaken herausziehen. Im Spätherbst und Winter ernährt sich der Buntspecht auch von Nadelholzsamen. Er klemmt Zapfen in Baumspalten ein und hackt auf sie ein, bis die Samen freiliegen. Zur Verständigung ist der Spechtschnabel ebenfalls wichtig. Das Hämmern in schnellem Takt erinnert an Trommelwirbel. Mit diesen deutlich hörbaren Klopfgeräuschen markieren die Männchen ihr Revier und machen auf sich aufmerksam, so nehmen sie Kontakt mit den Weibchen auf. Der Spechtschnabel übernimmt also ganz verschiedene Aufgaben. Man kann ihn als Universalwerkzeug bezeichnen.

[► Struktur und Funktion]

Fester Halt am Baumstamm
Das Meißeln an einem Baumstamm in luftiger Höhe erfolgt durch rasche, kräftige Bewegungen des Kopfes mit dem *Meißelschnabel*. Dazu muss der gesamte Körper des Buntspechts einen sicheren Halt haben (Abb. 2). Seine kräftigen *Kletterfüße* haben je zwei Hinter- und Vorderzehen mit langen Krallen. Mit diesen kann er sich am Baumstamm festhalten. Lange und stabile Federn bilden den *Stützschwanz* des Spechts. Er wird gegen den Baumstamm gedrückt und stützt den Körper.

Spechthöhlen sind beliebt
Die Bruthöhlen der Buntspechte können eine Tiefe von bis zu 40 Zentimetern aufweisen. Sie sind auch für andere Tierarten des Lebensraums Wald attraktiv. Eulen, Fledermäuse, Eichhörnchen und Baummarder sind nur einige der Tierarten, die Spechthöhlen als „Nachmieter" bevorzugen. Der Buntspecht zimmert sich jedes Jahr eine neue Höhle. Dadurch schafft er für eine Vielfalt von Tieren ungewollt Wohnraum, Brutraum und Versteckmöglichkeiten im Lebensraum Wald.

[► Wechselwirkungen]

Zungenspitze mit Borsten

Vorziehmuskel

a

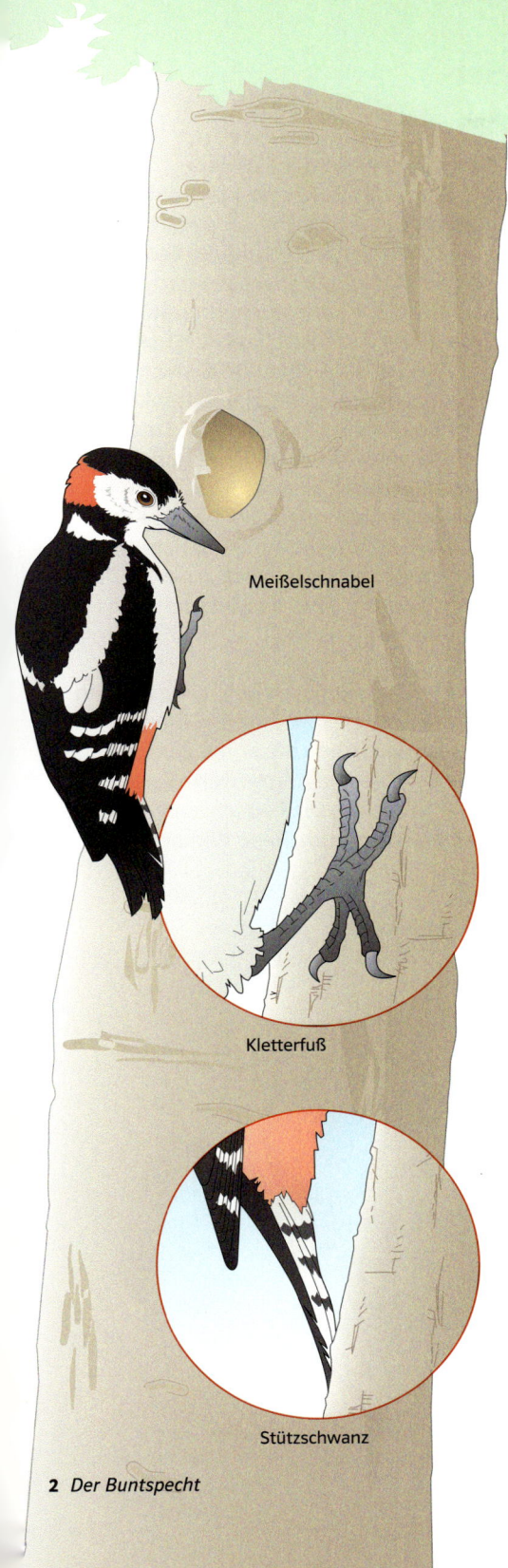

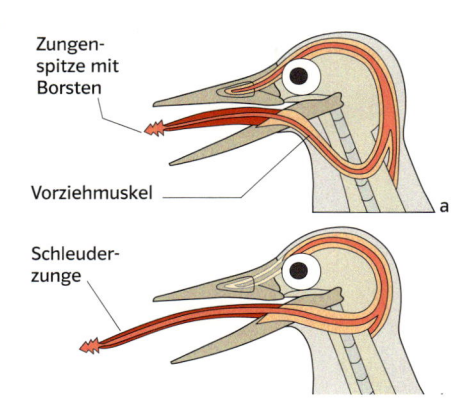

Schleuderzunge

3 *So funktioniert die Spechtzunge*

Jäger und Gejagter

Im Frühjahr und Sommer frisst der Buntspecht holzbewohnende Käfer und ihre Larven, er bevorzugt jedoch Ameisenarten, die im Totholz ihre Nester haben. Er wird aber auch selbst gefressen. Zu seinen Fressfeinden zählt beispielsweise der Habicht. Nachts werden Spechte häufig von den nachtaktiven Baummardern in ihren Höhlen aufgespürt.

Meißelschnabel

Kletterfuß

Stützschwanz

2 *Der Buntspecht*

AUFGABEN >>

○ 1 Beschreibe anhand von Abb. 2, welche Angepasstheiten des Spechts an seinen Lebensraum erkennbar sind.

● 2 Wenn du in 15 Metern Höhe einen Baumstamm aushöhlen und Insekten in kleinen Ritzen fangen willst, brauchst du verschiedene Hilfsmittel. Vergleiche deine Hilfsmittel mit der natürlichen Ausstattung des Spechts.

● 3 Erkläre am Beispiel des Spechtschnabels den Zusammenhang von Struktur und Funktion.

● 4 Erläutere die Bedeutung des Spechts für andere Tierarten des Lebensraums Wald.

Vögel

Die Stockente — ein Leben am See

1 *Gründelnde Stockenten*

Ein sehr häufiger *Entenvogel* am Teich und am See ist die *Stockente*. Sie schwimmt oft in Ufernähe. Manchmal ragt nur noch ihr Hinterleib aus dem Wasser (Abb. 1).

Schwimmen auf dem Wasser

Die Beine der Ente sind kurz und setzen weit hinten am Körper an. Zwischen den drei Zehen der *Schwimmfüße* befinden sich Schwimmhäute. Diese werden beim Schlag nach hinten ausgebreitet und die Ente wird so vorwärts gedrückt (Abb. 2). Der Aufbau der Beine und Schwimmfüße ist gut dazu geeignet, den Entenkörper über das Wasser zu bewegen. Entenvögel bleiben auch ohne viel Bewegung der Beine auf der Wasseroberfläche. Zwischen den Federn befinden sich winzige Lufträume. So entsteht ein Luftpolster, das dem Entenkörper Auftrieb verleiht. Das erleichtert der Ente das Schwimmen auf dem Wasser.

Wenn du schwimmen gehst, wird dir im Wasser schnell kalt. Enten kühlen im Wasser nicht aus. Die Lufträume zwischen den Federn leiten die Körperwärme der Ente schlecht weiter. Die Federn sind außerdem wasserabweisend. Diese Wirkung wird

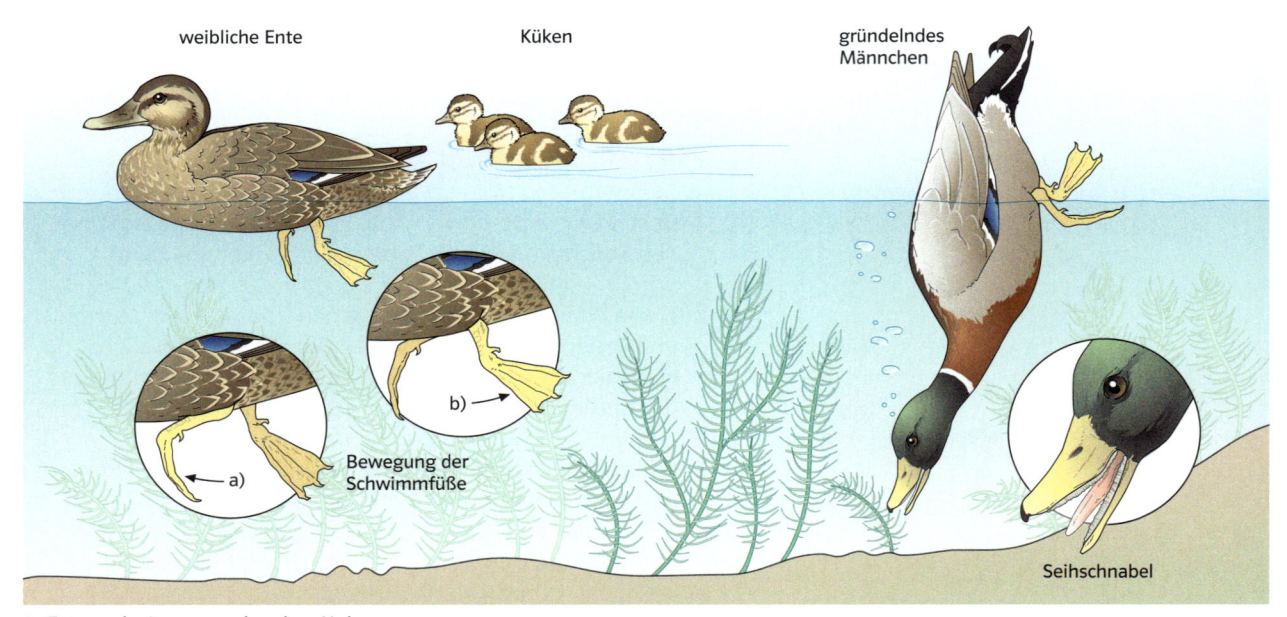

2 *Enten schwimmen und suchen Nahrung*

Wasservögel
zr4ev3

verstärkt, indem die Enten ihre Federn regelmäßig einfetten. Das Fett kommt aus einer Drüse am Schwanz, der *Bürzeldrüse*. Der Entenkörper wird praktisch nicht nass. Durch die wasserabweisenden Federn und die Lufträume zwischen ihnen ist die Ente gut isoliert. Daher können sich Enten sehr lange auf dem Wasser aufhalten.

[▶ Struktur und Funktion]

Nahrungssuche im Wasser

Die Stockente geht nahe dem Ufer auf Nahrungssuche und *gründelt*. Das heißt, sie stellt den Körper senkrecht und nur noch der Hinterleib ragt aus dem Wasser (Abb. 2). Mit dem Kopf unter Wasser nimmt sie Schlamm in ihren Schnabel auf. Im Schlamm sind kleine Wassertiere, wie Insektenlarven. Das Wasser wird mit der Zunge über Hornleisten am Schnabelrand hinausgedrückt, der wie ein Sieb wirkt (Abb. 2). In diesem sogenannten *Seihschnabel* bleibt die Nahrung zurück.

Kalte Füße

Auch bei klirrender Kälte im Winter kannst du Stockenten an zugefrorenen Seen beobachten (Abb. 3). Die kalten Temperaturen machen ihren Füßen offensichtlich nichts aus. Dies ist auf die eng aneinanderliegenden Blutgefäße in den Beinen und Füßen der Stockente zurückzuführen. Das warme Blut, das vom Körper ins Bein fließt, wird von dem kalten, aus dem Fuß kommenden Blut abgekühlt. Gleichzeitig wird das Blut, das aus dem Fuß in den Körper zurückströmt, aufgewärmt.

Durch das kalte Blut in den Füßen wird keine Körperwärme nach außen abgegeben und der Entenkörper kühlt weniger aus. In Verbindung mit der Isolierung durch die Federn ist die Ente hervorragend gegen Kälte geschützt.

[▶ Variabilität und Angepasstheit]

Biologisches Prinzip >>

Variabilität und Angepasstheit

Die Stockente hat mehrere besonders geformte Körperteile (kurze Beine, Schwimmhäute, Federn, Blutgefäße im Entenfuß), die es ihr ermöglichen, sich in ihrem Lebensraum erfolgreich zu ernähren und fortzupflanzen. Den Zusammenhang zwischen den besonders geformten Körperteilen und den Bedingungen des Lebensraums bezeichnet man als *Angepasstheit*. Die Stockente ist also gut an Lebensräume mit Gewässern angepasst.
Diese Zusammenhänge zwischen den Merkmalen eines Lebewesens und seinem Lebensraum bestehen für alle Lebewesen. Die Arten sind unterschiedlich gut an verschiedene Lebensräume und Lebensweisen angepasst.

3 Stockenten auf zugefrorenem See

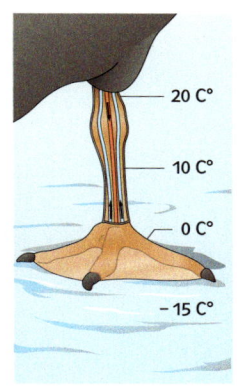

Entenfuß

AUFGABEN >>

○ 1 Erkläre, welche Vorteile das luftgefüllte und gefettete Gefieder für die Stockente hat.

● 2 Erläutere, wie die Temperaturunterschiede im Entenfuß (siehe Abbildung in der Randspalte) entstehen.

● 3 Wenn du mit deiner warmen Hand sehr kalte Dinge berührst, klebt sie leicht fest. Erläutere den Vorteil kalter Füße der Stockente für das Watscheln auf dem Eis.

Die Amsel — ein Singvogel städtischer Gärten

1 Amselmännchen singen

Noch in den 1850er Jahren gehörte die *Amsel* zu den scheuen Waldvögeln, die kaum in der Stadt gesehen wurden. Heute ist sie vielerorts der häufigste Vogel in der Stadt. Wie kommt es, dass sich die Amsel in der Stadt so gut behaupten kann?

Amseln in der Stadt
Amseln sind empfindlich gegen zu kalte Winter. Die Hauptnahrung der Amseln, Insekten und Würmer, wird dann knapp, die Vögel verhungern.

Städte haben gegenüber dem umliegenden Land ein wärmeres Klima. Außerdem können Amseln hier ein breites Nahrungsangebot nutzen. Besonders günstig sind Obstgärten (Abb.1). So bedienen sie sich auch gerne an heruntergefallenen Äpfeln. Außerdem kommen sie an die vielerorts aufgestellten Futterhäuschen und werden durch das ausliegende Vogelfutter am Leben gehalten. In unseren Städten finden Amseln also das ganze Jahr über genug Nahrung.

Diese Vogelart kann die Bedingungen der Stadt besonders gut nutzen und ist so zu einem typischen Stadtvogel geworden. Voraussetzung für die Besiedlung der Städte ist jedoch, dass Amseln nicht vom Menschen bejagt werden. In den Gegenden der Welt, wo man Amseln erlegt, sind sie scheu und leben nicht in Städten.

Amseln markieren ihre Reviere
Am Morgen und in der Abenddämmerung ist die Amsel besonders gut zu hören. Dieser Vogel fällt durch seinen lauten und melodischen Gesang auf, er erinnert entfernt an das Spiel einer Flöte. Das Amselmännchen trägt diesen Gesang auf einem Häuserdach oder einer Antenne sitzend vor. Wie viele andere Vögel haben Amseln ein *Revier*. Das ist ein Bereich um das Nest herum, den ein Amselpaar für sich beansprucht. Amseln brüten in Sträuchern und Bäumen, nutzen aber auch viele andere Möglichkeiten, die die Stadt bietet. In der Stadt sind die Reviere klein, hier finden die Amseln schon auf kleinem Raum genug Nahrung für sich und die Jungvögel (Abb. 2).

Eingedrungene fremde Amseln werden aus diesem Revier vertrieben. Dabei stoßen die Amselmännchen schnelle, scharfe Laute aus, das nennt man „tixen". Obwohl diese Kämpfe selten zu Verletzungen

2 Amselweibchen mit Jungen

Amsel
sc3cx6

führen, stellen sie für beide Gegner einen großen Kraftverlust dar. Mithilfe seines lauten Gesangs markiert das Männchen ein besetztes Revier. In derartig markierte Reviere versuchen fremde Amseln meistens nicht einzudringen. Damit lassen sich Kämpfe oftmals vermeiden.

[► Information und Kommunikation]

Fortpflanzung der Amsel

Der Amselgesang ist nicht nur für die Reviermarkierung, sondern auch für die Fortpflanzung wichtig. Der Gesang des Amselmännchens lockt fortpflanzungsbereite Weibchen an. In unseren Städten hören wir diesen Gesang schon im Februar, also deutlich früher als im Wald. Hier kann die Amsel aufgrund der guten Bedingungen auch meistens drei und nicht nur zwei Bruten im Jahr durchbringen.

[► Fortpflanzung und Entwicklung]

Amseln sind Kulturfolger

Insgesamt können wir an der Amsel gut erkennen, wie Tiere die Möglichkeiten der Stadt für sich nutzen. Tierarten, die diese Fähigkeit haben, werden *Kulturfolger* genannt, da sie dem Menschen in seinen Kulturraum, also z. B. die Stadt, folgen und sich dort erfolgreich behaupten.

EXTRA >>

Papageien in der Stadt

Seit einigen Jahren kommen in verschiedenen Städten *Alexandersittiche* vor, die zu den Papageien gehören. Diese Tiere stammen ursprünglich aus Ostasien und sind aus zoologischen Gärten entflogen. In den Städten des warmen Rheintals können sie sich behaupten. Neben Alexandersittichen gibt es noch weitere Beispiele für tierische Neubürger, z. B. Nilgänse und Kanadagänse.

AUFGABE >>

Formuliere eine Vermutung, warum sich Alexandersittiche in Städten vermehren können. Berücksichtige dabei auch, dass diese Tiere natürlicherweise in Höhlen brüten.

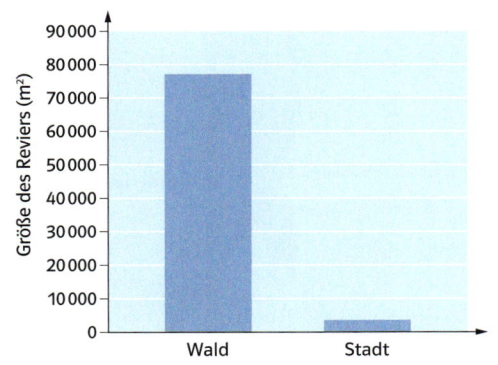

3 *Größe von Amselrevieren*

AUFGABEN >>

1 Beschreibe die Bedeutung des Gesangs für die Amsel mit eigenen Worten.

2 Erläutere, wie es der Amsel gelingt, die Möglichkeiten des Lebensraums Stadt erfolgreich zu nutzen.

3 Erkläre die in Abb. 3 dargestellten Unterschiede von Amselrevieren im Wald und in der Stadt.

2.3 Zum Verhalten der Vögel
Der Mauersegler — ein Zugvogel

1 *Mauersegler*

Im Frühling können wir die Ankunft eines besonderen Vogels beobachten. Am rasanten Flug und an den schrillen, gut wahrnehmbaren Rufen erkennen wir den *Mauersegler*. Seine Flügel sind sichelförmig gebogen. In unseren Städten sieht man die Mauersegler in Gruppen zwischen den Häusern jagen. Dabei beeindrucken sie uns durch ihre große Geschwindigkeit und ihre eleganten Flugmanöver.

Mauersegler brüten in Deutschland
Bei uns eingetroffen, beginnen Männchen und Weibchen sofort mit Nestbau und Fortpflanzung. Mauersegler sind ortstreu, das bedeutet, dass sie nach der Überwinterung stets zurück in die gleichen Gebiete ziehen. Die Nester dieser Vögel liegen in kleinen Hohlräumen in Gebäuden, meist unter oder in dem Dach. In diesen Höhlen bauen Mauersegler aus Grashalmen, Papierfetzen und anderem leichten Material Nester, die sie mit ihrem Speichel verkleben. Obwohl Mauersegler gerne in Gruppen brüten, hat jede Höhle doch immer nur ein Nest. Die Höhlen werden vom Brutpaar mit aller Kraft gegen Eindringlinge verteidigt. Wenn die Jungvögel aus den Eiern geschlüpft sind, werden sie von den Eltern mit Futter versorgt. Die meiste Zeit ihres Lebens sind die Mauersegler in der Luft, sie schlafen sogar fliegend. Diese bewegungsreiche Lebensweise ist sehr energieaufwendig. Dafür ist es notwendig, ständig zu fressen. Mauersegler leben von fliegenden Insekten, die sie in der Luft erbeuten.

Nahrungsangebot und Klima
Bei kaltem Wetter fliegen weniger Insekten, das kann für Mauersegler zum Problem werden. Deshalb zieht der Mauersegler je nach Nahrungsangebot schon Ende Juli oder Anfang August in die Überwinterungsgebiete (Abb. 4).

Die Vögel ziehen also nicht in den Süden, weil sie etwa frieren würden. Der Grund für den *Vogelzug* ist vielmehr die Nahrungsknappheit. Am Beispiel Mauersegler wird besonders gut deutlich, welchen Einfluss die Jahreszeiten auf die Lebewesen haben.

[▶ Variabilität und Angepasstheit]

2 *Mauersegler an einer Hauswand*

Überwinterung im südlichen Afrika

Mauersegler überwintern im südlichen Afrika (Abb. 4). Insbesondere in den dortigen Feuchtgebieten finden die Vögel ausreichend Nahrung. Während des neunmonatigen Aufenthalts in Afrika ruhen sich Mauersegler jedoch nicht etwa aus, sondern berühren nach Beobachtungen vermutlich kaum den Boden. Das Nahrungsangebot müssen sich Mauersegler mit etwa 20 afrikanischen Seglerarten teilen. Die fliegende Lebensweise und die Fähigkeit der Mauersegler in der Luft zu übernachten ermöglichen ihnen, ein riesiges Gebiet nach Nahrung abzusuchen.

Im April ziehen sie zurück nach Europa. Mauersegler fliegen teilweise ohne Zwischenlandung von Südafrika bis nach Deutschland. Dabei nutzen sie Flussläufe als Orientierung, an denen sie auch genug Insekten finden.

Zugrouten

Wie für viele andere Zugvögel auch sind nicht nur die Überwinterungsgebiete, sondern auch die Zugrouten der Mauersegler bekannt (Abb. 4). Die Erstellung von Zugkarten mit Brutgebiet, Zugroute und Überwinterungsgebiet ist durch verschiedene Methoden möglich.

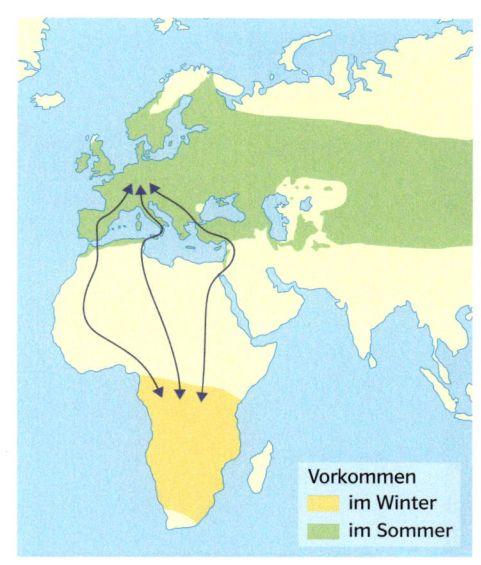

4 *Verbreitungskarte des Mauerseglers*

Schon sehr lange werden Jungvögel beringt (Abb. 3). Auf dem Ring sind Daten wie Vogelart, Geschlecht, Ort und Zeit der Beringung vermerkt. Diese Daten werden an Vogelwarten geschickt, die gemeldete Daten sammeln und auswerten. Technisch aufwendiger ist die Radarbeobachtung. Dazu werden Vögel mit einem Sender versehen, mit dem man Signale über große Entfernungen empfangen und auswerten kann.

3 *Beringter Mauersegler*

AUFGABEN >>

○ 1 Beschreibe die Zugrouten der Mauersegler in Abb. 4.

○ 2 Skizziere die Lebensweise des Mauerseglers im Jahreslauf in Form eines Verlaufsschemas.

● 3 Erläutere die bestehenden Zusammenhänge zwischen Jahreslauf, Nahrungsbedarf und Vogelzug beim Mauersegler.

Vogelschnäbel im Vergleich

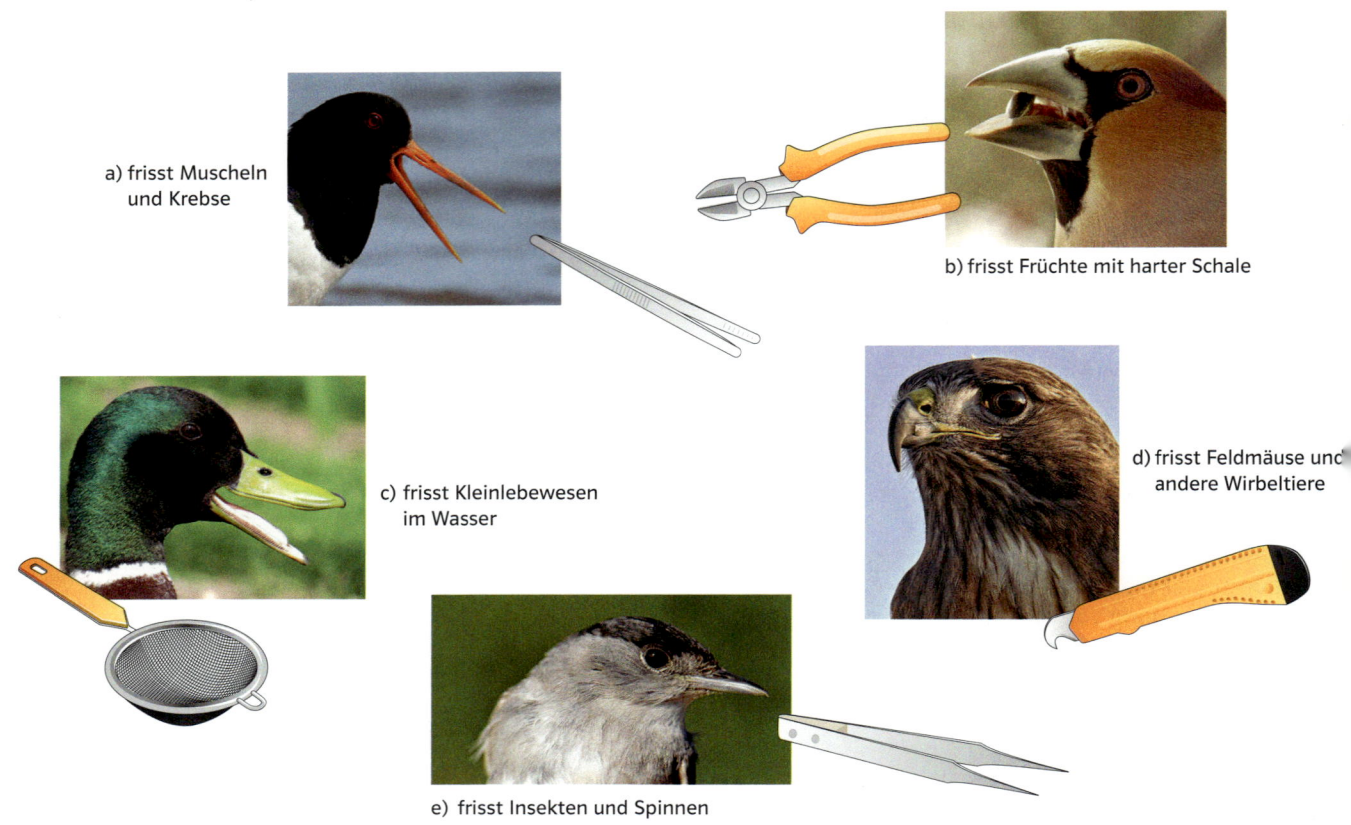

a) frisst Muscheln und Krebse

b) frisst Früchte mit harter Schale

c) frisst Kleinlebewesen im Wasser

d) frisst Feldmäuse und andere Wirbeltiere

e) frisst Insekten und Spinnen

1 a) Austernfischer, b) Kernbeißer, c) Stockente, d) Mäusebussard, e) Mönchsgrasmücke

Ist dir schon einmal aufgefallen, dass die Schnäbel der Vögel nicht nur unterschiedlich lang, sondern auch verschieden geformt sind? Vögel nutzen ihren Schnabel vor allem zur Nahrungsaufnahme. Da Vögel keine Zähne haben, dient ihnen ihr Schnabel in manchen Fällen auch zum Zerteilen der Nahrung.

Pinzettenschnabel
Amseln greifen altes Laub mit ihrem Schnabel und drehen es auf der Suche nach Insekten und Spinnen um. Der dünne Schnabel erinnert an eine Pinzette. Er wird zum gezielten Aufpicken und zum Stochern in der obersten Bodenschicht verwendet. Man nennt diese Schnabelform deshalb auch *Stocherschnabel*.

Die Form ist vielseitig verwendbar. Watvögel wie der Austernfischer (Abb. 1a) suchen damit am Strand nach vergrabenen Muscheln.

Körnerfresserschnabel
Vögel, die sich von harten Früchten und Samen ernähren, haben einen kurzen, kräftigen Schnabel, der den Umriss eines Dreiecks hat. Mit diesem Hilfsmittel öffnen sie die unverdauliche Schale ihrer Nahrung und gelangen so an den weichen, essbaren Inhalt. *Kernbeißer* (Abb. 1b) z. B. sind in der Lage, Kirschkerne zu knacken. Sie ernähren sich aber nicht nur von pflanzlicher Nahrung. Auch die Aufnahme von Insekten und Spinnen ist mit diesem Schnabel möglich.

Seihschnabel

Ganz anders als Amsel und Kernbeißer ernährt sich die Stockente (Abb. 1c). Der breite *Entenschnabel* hat am Rand kleine zackenartige Wölbungen. Die Stockente nimmt Wasser durch den leicht geöffneten Schnabel auf und drückt es dann seitlich wieder heraus. Dabei bleiben an den Wölbungen im Schnabelinneren die im Wasser schwebenden Kleinlebewesen haften. Der Entenschnabel arbeitet also wie ein Sieb. Durch die löffelartige Form kann er viel Wasser auf einmal sieben. An Land nehmen Enten aber auch größere Nahrung, wie z. B. Schnecken, auf.

Hakenschnabel

Greifvögel haben hakenförmige Schnäbel. Besonders wichtig ist die scharfe Spitze und Kante dieses Schnabels. Hat ein Greifvogel seine Beute mit den Krallen gepackt, so wird das Beutetier anschließend am Boden mit dem scharfkantigen Schnabel aufgerissen. Dieser Schnabeltyp wirkt wie ein Teppichmesser (Abb. 1d). In der Luft ist der *Hakenschnabel* weit weniger wirksam. Bestimmt hast du auch schon beobachtet, wie ein Greifvogel von einer ebenso großen Krähe attackiert und verjagt wurde. Krähen haben einen geraden kräftigen Schnabel, den sie in der Luft als Waffe einsetzen können. Diesen Angriffen können Greifvögel mit ihrem Hakenschnabel nichts entgegensetzen. Am Beispiel des Hakenschnabels wird daher erkennbar, dass die Spezialisierung Vorteile, aber auch Nachteile mit sich bringt.

Insektenfresserschnabel

Insektenfressende Vögel wie die *Mönchsgrasmücke* verfügen über spitze und schmale Schnäbel (Abb. 1e). Der Ober- und der Unterschnabel sind in der Regel gleich lang. Als Insektenfresser ernährt sich dieser Vogel vor allem von Käfern und Fliegen, aber auch von Spinnen. Oft sieht man, wie er von einem Zweig zu Boden fliegt und anschließend mit der Beute wieder denselben Platz einnimmt, um weiter auf Insektenfang zu gehen.

Auch *Mauersegler* haben einen kurzen Schnabel. Sie können ihn sehr weit aufreißen. Dies ist ideal für das Fangen von Insekten im Flug. Die Beute wird dabei gleich nach dem Fang verschluckt oder im Kehlsack gesammelt und zu einem Ballen geformt. Im Nest wird dieser Ballen dann an die Jungen verfüttert.

[▶ Struktur und Funktion]

2 Buchfink, ein häufiger Vogel in Deutschland

AUFGABEN >>

1. Beschreibe Struktur und Funktion des Hakenschnabels.
2. Ordne dem Buchfink (Abb. 2) einen Schnabeltyp zu und begründe deine Auswahl.
3. Stelle eine Vermutung an, welchen Bau ein Vorgelschnabel haben muss, der die Funktion „Froschfangen" und „Im-Ganzen-Herunterschlucken" hat.

Vögel

Weißstorch und Haussperling — Zugvogel und Standvogel

1 Weißstorch

2 Haussperling

Während einige Vogelarten wie der Haussperling das ganze Jahr bei uns bleiben, verlassen andere Arten wie der Storch Deutschland im Winter. Haussperling und Storch haben unterschiedliche Strategien der Überwinterung.

Der Weißstorch
Wie alle Vögel ist auch der *Weißstorch* gleichwarm. Zur Aufrechterhaltung der Körpertemperatur braucht er ständig Nahrung. Während der warmen Jahreszeit findet er Mäuse, Amphibien, Reptilien und Insekten (Abb. 1).

Er kann sich Fettreserven anfressen. Dieses Nahrungsangebot steht ihm im Winter nicht in ausreichender Menge zur Verfügung, denn die meisten seiner Beutetiere wie Frösche, Mäuse oder Schlangen halten sich dauerhaft versteckt oder befinden sich in der Kältestarre.

Störche legen eine Flugstrecke von etwa 12 000 km in ihre Überwinterungsgebiete zurück. Die reichen Futtervorräte in Afrika entschädigen sie für den kraftzehrenden Vogelzug. Vögel wie der Storch, die jedes Jahr ihre Brutreviere verlassen und Winterquartiere aufsuchen, nennt man *Zugvögel*.

Der Haussperling
Vögel, die das ganze Jahr bei uns bleiben, heißen *Standvögel*. Zu ihnen gehört der *Haussperling*, auch Spatz genannt. Während sich Haussperlinge im Sommer vor allem von Insekten ernähren, fressen sie im Winter übrig gebliebene Samen und Früchte. So finden Standvögel auch im Winter meistens ausreichend Nahrung und bleiben in ihrem Brutgebiet.

Fütterung im Winter
Ist ein Winter sehr kalt und liegt viel Schnee, finden auch Standvögel wie Haussperlinge nicht mehr genug zu fressen für die Aufrechterhaltung ihrer Körpertemperatur. Du kannst ihnen helfen, indem du z. B. Futterglocken oder ein Futterhäuschen baust. Als Nahrung eignen sich Kerne, Samen und Früchte, die du im Sommer gesammelt hast. Alternativ kann man auch ein Fettfuttergemisch aus gekauften Samen und Früchten herstellen. Eine Hilfe für die Vögel ist aber nur eine dauerhafte Fütterung im Winter. Zudem müssen Futterstellen von Kot gereinigt werden, da dieser oft Krankheitserreger enthält, an denen sich Vögel anstecken können. Keinesfalls dürfen den Vögeln gesalzene und gewürzte Nahrungsmittel gegeben werden.

[▶ Variabilität und Angepasstheit]

AUFGABEN >>

● 1 Erkläre, weshalb es dem Haussperling möglich ist, im Winter in Deutschland zu bleiben.

● 2 Erläutere Vorteile von Standvögeln im Vergleich zu Zugvögeln.

○ 3 Stellt gemeinsam Regeln für eine sinnvolle Winterfütterung auf.

Praktikum
Überleben in der Kälte

Im Winter geben Tiere Wärme an die Umgebung ab. Zum Schutz vor Auskühlung des Körpers produzieren gleichwarme Tiere diese Wärme nach. Dafür müssen sie ausreichend zu fressen haben.

Herstellung von Futterglocken

Material
300 g Tierfett (z. B. Rindertalg), etwa 500 g Samen und Früchte (z. B. Sonnenblumenkerne, Haferflocken, ungesalzene Nüsse, Rosinen, Hagebutten), Kochtopf, Löffel, Blumentöpfe, starke Schnur oder Seil

Durchführung
Das Fett wird erhitzt, bis es gerade flüssig ist. Dann werden die Samen und Früchte untergerührt. Das Fettfutter abkühlen lassen, bis es etwas fester ist. In der Zeit die Schnur in eine Schlaufe legen und knoten. Die langen Enden werden mit vielen einfachen Knoten zu einem dicken Seil verarbeitet (Abb. 1). Die Schlaufe wird durch das Loch des Blumentopfes gezogen. Das noch warme Fettfutter wird in den Blumentopf hineingedrückt. Der Topf kann nun an der Schlaufe aufgehängt werden.

1 Futterglocke

AUFGABEN >>

1. Protokolliere die Vogelarten, die deine Futterglocke besuchen. Vergleiche die Beobachtungen mit denen deiner Klassenkameraden.

2. Futter aus der Glocke ist auf den Boden gefallen. Erläutere, ob du das Futter liegen lässt.

Dämmung mit Federn

Material
Zwei gleich große Bechergläser, in denen sich zwei gleich große Rundkolben mit durchbohrtem Stopfen befinden, 2 Thermometer, sehr heißes Wasser, Federn, Uhr

Durchführung
Beide Rundkolben werden fast randvoll mit heißem Wasser gefüllt. Das Thermometer wird in den Stopfen gesteckt und der Stopfen wird aufgesetzt. Die Temperatur wird jeweils bestimmt. Nun wird der eine Rundkolben im Becherglas von Federn umhüllt, der andere Rundkolben erhält keine Federn. Nach 15 Minuten wird erneut die Temperatur bestimmt, Zwischenwerte sind möglich.

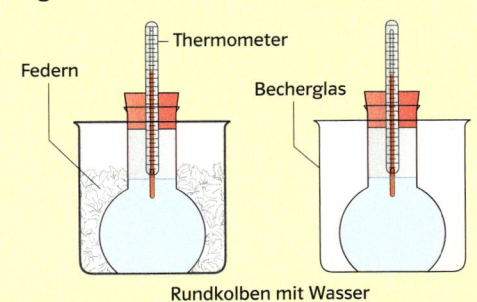

2 Experiment mit Federn

AUFGABEN >>

3. Stelle die Messergebnisse grafisch dar.

4. Erkläre die Versuchsergebnisse nach Beendigung des Experiments.

5. Erläutere mit Bezug auf die Versuchsergebnisse, welche Funktion die Federn für einen Vogel im Winter haben.

2.4 Fortpflanzung und Entwicklung
Entwicklung des Kükens im Hühnerei

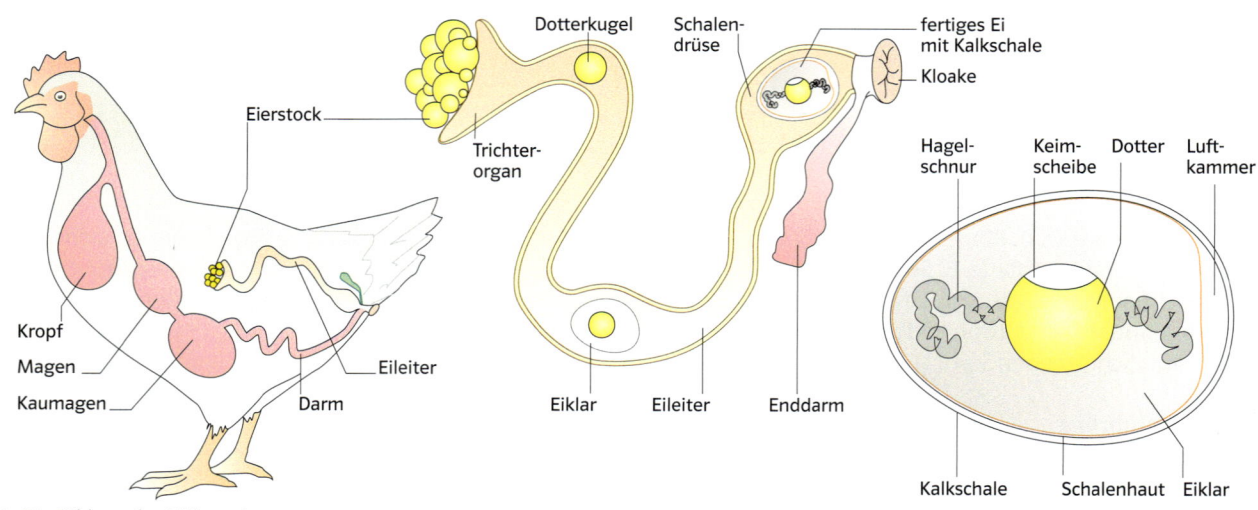

1 Die Bildung des Hühnereies

Hühnereier, die wir im Geschäft kaufen, sind nicht befruchtet. Wenn wir ein solches Ei als Frühstücksei essen, erkennen wir das Eigelb und das Eiweiß. In einem befruchteten Ei entwickelt sich daraus ein Küken. Was geschieht von der Befruchtung bis zum Schlüpfen des Kükens?

Bildung des Hühnereies
Eine Eizelle der Henne enthält einen großen Dottervorrat. Sobald sie von einem Spermium des Hahns im *Trichterorgan* befruchtet wird, teilt sie sich. Sie wird zur *Keimscheibe*, die auf der *Dotterkugel* liegt. Die Keimscheibe entwickelt sich zum Embryo. Er ernährt sich vom Dottervorrat. Innerhalb von 24 Stunden wird das komplette Hühnerei bei seiner Wanderung durch den Eileiter gebildet. Zuerst bildet sich das Eiklar mit den *Hagelschnüren* und der *Schalenhaut*. Nach Ausbildung der Kalkschale wird das fertige Ei über die *Kloake* in das Nest gelegt.

Entwicklung des Kükens
Beim Ausbrüten des Eies wendet die Henne regelmäßig das Ei. Die Hagelschnüre sorgen dafür, dass die Keimscheibe immer oben bleibt. Einige Tage später sind auf der Keimscheibe Adern erkennbar. Nach zwei Wochen füllt ein Küken fast vollständig das Innere des Eies aus. Fast alle Organe sind bereits erkennbar. Nach 21 Tagen durchbricht das Küken die Schale und schlüpft.

[▶ Fortpflanzung und Entwicklung]

2 Begattung

AUFGABE >>

○ 1 Beschreibe die Bildung des Hühnereies anhand von Abb. 1.

Praktikum
Wir untersuchen ein Ei

Frischetest

Material
Rohe Eier, die unterschiedlich frisch sind, Becherglas Wasser

Durchführung
Gib jeweils ein rohes Ei in das mit Wasser gefüllte Becherglas.

Untersuchung der Bestandteile eines Eies

Material
Rohes Hühnerei, Petrischale, Präpariernadel, 2 Pinzetten, Lupe, Stereolupe, Eierkarton

Durchführung
Lege das Ei unter die Stereolupe. Betrachte die Schale.

Lege das Ei in die Petrischale. Picke mit der Präpariernadel an einer Seite vorsichtig so lange auf die Schale, bis sie bricht. Entferne mit der Pinzette vorsichtig so viele Schalenstücke wie möglich.

Halte ein Stück Eierschale gegen das Licht und betrachte es mit einer Lupe. Entferne sehr vorsichtig mit einer Pinzette die Schalenhaut. Achte auf den Dotter und rolle das Ei dabei leicht auf der Seite ein klein wenig zu dir hin und von dir weg.

Zerbrich den Rest der Eierschale und lass das Ei in die Petrischale fließen. Fasse mit je einer Pinzette an die Hagelschnüre und ziehe vorsichtig.

AUFGABEN >>

1. Notiere deine Beobachtungen zu den Eintauchtiefen der einzelnen Eier.
2. Fertige eine Skizze des Versuchsergebnisses an.
3. Formuliere in einem Satz ein Versuchsergebnis, in dem die Ergebnisse der Einzelversuche zusammengefasst werden.
4. Erläutere die Ergebnisse des Versuchs.
5. Fasse deine Erkenntnisse in einem Merksatz zusammen, der angibt, wie man ein frisches von einem weniger frischen Ei unterscheiden kann.

AUFGABEN >>

6. Notiere deine Beobachtungen zum Aufbau der Eierschale.
7. Beschreibe die Funktion der Hagelschnüre.
8. Stelle eine Vermutung an, die die Notwendigkeit der Hagelschnüre erklärt. Beziehe in deine Überlegungen die Informationen über das Ausbrüten der Eier durch die Henne mit ein.

Das Haushuhn — Legehenne oder Masthähnchen

1 Henne mit Küken

Die Anzahl der Eier, die jedes Jahr in Deutschland von Hühnern gelegt werden, ist gewaltig: 11 000 000 000 Stück, also 11 Milliarden! Wie ist es möglich, eine solch große Zahl Eier zu erzeugen? Das geht nur durch Hühnerhaltung in großem Stil. Unter natürlichen Bedingungen würden Hühner in kleinen Gruppen zusammenleben.

2 Geschlüpftes Küken

Natürliche Lebensweise

Mehrere *Hennen* leben mit einem *Hahn* und ihren Jungtieren, den *Küken*, zusammen. Der Hahn ist der Vater aller Jungen. Er begattet täglich alle Hennen der Gruppe. Tagsüber scharren und picken die Hühner nach Nahrung. Manchmal baden sie zur Pflege des Gefieders im Sand. Bei Einbruch der Dämmerung suchen sie einen geschützten Bereich auf. Dazu fliegen die Hühner gerne auf höher gelegene Äste oder Sitzmöglichkeiten.

Eiablage und Ausbrüten der Eier

Zur Eiablage sucht die Henne einen geschützten Platz als Nest aus. In einem befruchteten Ei entwickelt sich bereits ein *Hühnerembryo*, wenn das Ei abgelegt wird. Weil die Umgebung deutlich kälter ist als das Körperinnere der Henne, stoppt jedoch die Entwicklung des Embryos.

Hat eine Henne fünf bis acht Eier in ihr Nest gelegt, setzt eine Änderung ihres Verhaltens ein: Sie legt keine weiteren Eier mehr, sondern setzt sich auf das Gelege im Nest. Sie beginnt zu brüten. Ihre Körperwärme bringt die Entwicklung in den Eiern wieder in Gang. Eine brütende Henne gibt Laute von sich, die wie „gluck-gluck" klingen. Man bezeichnet sie deshalb als *Glucke*. Sie verlässt ihr Nest fast nie. Nur zum Fressen und Trinken entfernt sie sich. Ab und zu wendet sie die Eier ein wenig mit ihrem Schnabel.

Kurz vor dem Schlüpfen der Küken hört man bereits ein Piepen aus den noch geschlossenen Eiern. Am 21. Tag picken die Küken ein Loch in die Schale. Der Eizahn, das ist ein harter Aufsatz oben auf ihrem Schnabel, hilft ihnen dabei. Schließlich brechen sie mit ihrem Körper die Eischalen von innen auseinander. Alle Küken eines Nestes schlüpfen am selben Tag.

[▶ Fortpflanzung und Entwicklung]

Hühnerküken sind Nestflüchter

Nach dem Schlüpfen müssen die Küken trocknen, dann verlassen sie das Nest. Sie können sofort sehen und folgen ihrer Mutter, die sie führt. Nach kurzer Zeit beginnen sie mit der Futtersuche. Man bezeichnet sie als *Nestflüchter*, weil sie schon kurz nach dem Schlüpfen sehr selbstständig in ihrer Umwelt zurechtkommen. Nach sechs bis acht Wochen schließen sich die Jungtiere der Gruppe an. Nun beginnt die Henne wieder Eier zu legen. Im Winter legen die Hennen normalerweise für mehrere Monate eine Legepause ein.

Legehennen

In vielen Hühnerställen werden nur spezielle Legehennenrassen gehalten. Man findet dort keine Hähne. Die Hennen legen bis zu 300 unbefruchtete Eier im Jahr.

Die Eier werden den Hennen täglich weggenommen. Es kommt also gar nicht zur Bildung eines Nestes mit mehreren Eiern und einem Brutbedürfnis der Henne.

Den Hennen wird in den Wintermonaten über die Beleuchtung vorgetäuscht, dass die Tage länger sind. Dies wirkt sich fördernd auf die Eierproduktion aus. Wenn die Legeleistung einer Legehenne nachlässt, wird sie geschlachtet. Die Tiere werden höchstens zwei Jahre alt.

Hahn und Henne werden gemästet

Für die Fleischproduktion werden ebenfalls besondere Hühnerrassen gezüchtet (Abb. 3). Bei ihnen ist auffällig, dass sich die Küken sehr schnell entwickeln und Fleisch an Schenkeln und im Brustbereich rasch gebildet wird. Als „Masthähnchen" werden sowohl männliche als auch weibliche Tiere gemästet. Sie erhalten so viel Futter, wie sie wollen. Nach maximal zwei Monaten werden sie geschlachtet.

3 *Legehenne (links) und Masthähnchen (rechts) im Alter von zwei Wochen*

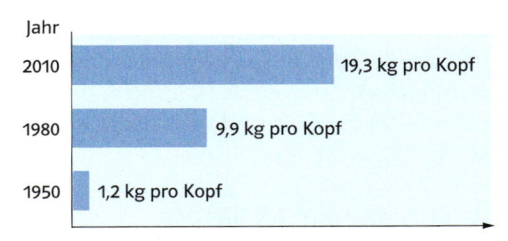

Jahr	
2010	19,3 kg pro Kopf
1980	9,9 kg pro Kopf
1950	1,2 kg pro Kopf

4 *Verzehr von Geflügelfleisch in Deutschland*

AUFGABEN >>

○ 1 Beschreibe das Leben von Hühnern unter natürlichen Bedingungen.

◐ 2 Nenne die Voraussetzungen dafür, dass eine möglichst hohe Eierproduktion durch eine Henne stattfindet.

● 3 Vergleiche die Küken in Abb. 3 miteinander und erkläre vorhandene Unterschiede.

● 4 Beschreibe anhand von Abb. 4 die Entwicklung des Verzehrs von Geflügelfleisch in Deutschland. Erläutere Folgen für die Geflügelbetriebe in der deutschen Landwirtschaft.

Hühnerhaltung — Haltungsformen im Vergleich

1 Hühner in Freilandhaltung

Vier Haltungsformen werden unterschieden: *ökologische Erzeugung*, *Freilandhaltung*, *Bodenhaltung* und *Kleingruppenkäfighaltung*. Eines haben alle diese Haltungsformen gemeinsam: In den meisten landwirtschaftlichen Betrieben zur Eierproduktion werden pro Stall mehrere Tausend Hennen gehalten.

Das Federpicken
Bei der Haltung einer so großen Anzahl von Legehennen ist das Federpicken ein ernstes Problem. Die Hennen picken gegenseitig an ihren Gefiedern, so kommt es zu Verletzungen und Entzündungen. Die Ursachen für dieses Verhalten sind nicht eindeutig geklärt. Vermutlich spielt aber die Herdengröße eine Rolle. Die Tiere können sich untereinander nicht kennen. Durch das Einkürzen der Schnäbel versucht man die Folgen des Federpickens zu verringern.

Im Regal des Lebensmittelgeschäftes warten frische Eier auf uns. Sie stammen von Hennen aus unterschiedlichen Haltungsformen. Welche *Haltungsformen* gibt es? Welche Eier sind von „glücklichen Hennen"?

Der Stempel sorgt für Klarheit
Der Stempel auf europäischen Eiern verrät eine ganze Menge: Haltungsform, Erzeugerland und Betriebsnummer sind angegeben (Abb. 2).

Die Qualität der Eier
Die Eier aus den verschiedenen Haltungsformen unterscheiden sich kaum im Geschmack. Entscheidend für die Qualität der Eier ist, wie der einzelne Landwirt handelt und wie intensiv er sich um die Sauberkeit in den Stallungen und um die Gesundheit der Tiere bemüht. Deshalb sind Preise für Eier aus ökologischer Haltung meist höher als für die aus anderen Haltungsformen.

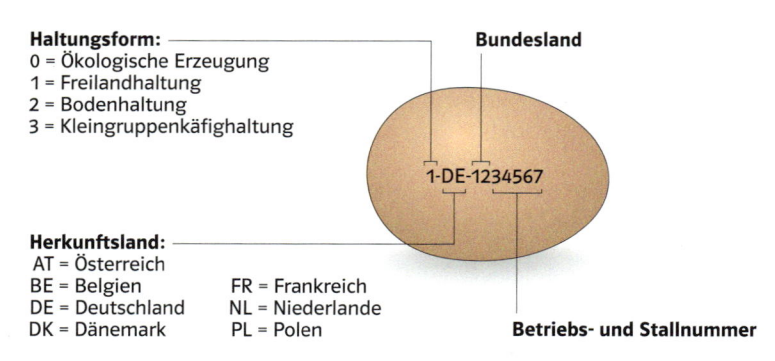

Haltungsform:
0 = Ökologische Erzeugung
1 = Freilandhaltung
2 = Bodenhaltung
3 = Kleingruppenkäfighaltung

Bundesland

1-DE-1234567

Betriebs- und Stallnummer

Herkunftsland:
AT = Österreich
BE = Belgien
DE = Deutschland
DK = Dänemark
FR = Frankreich
NL = Niederlande
PL = Polen

2 Der Stempel auf dem Ei sorgt für Klarheit

AUFGABEN >>

○ 1 Gehe in einen Supermarkt und untersuche die angebotenen Eier nach Haltungsform und Herkunft.

● 2 Vergleiche die einzelnen Eier nach Haltungsform und Preis und erstelle dazu eine Tabelle.

Material
Wir bewerten Haltungsformen

Verschiedene Haltungsformen von Hühnern

1 *Bodenhaltung auf mehreren Ebenen*

2 *Legehennen in Kleingruppenkäfighaltung*

Bodenhaltung
Bei dieser Haltungsform leben mehrere Tausend Hennen in einem Stall. Die Tiere müssen zu jeder Zeit die gesamte Stallfläche nutzen können. Außerdem steht ihnen eine Fläche zum Scharren und Sandbaden zur Verfügung. Alle Tiere müssen Platz auf Sitzstangen finden, die in unterschiedlicher Höhe angebracht werden. Es muss Tageslicht ins Stallinnere dringen. Eine achtstündige Dunkelphase muss jeden Tag vorhanden sein.

Freilandhaltung
Es gelten die gleichen Bedingungen wie bei der Bodenhaltung, aber es muss ein Auslauf ins Freiland in der direkten Umgebung des Stalles vorhanden und für die Hennen gut erreichbar sein.

Ökologische Haltung
Die ökologische Haltung oder auch Biohaltung ist eine Form der Freilandhaltung mit geringerer Gruppengröße und hohem Anspruch an das Futter. In einem Stall dürfen höchstens 3000 Hennen gehalten werden, sie bekommen Futter aus ökologischem Anbau. Ihre Schnäbel werden nicht gekürzt.

Kleingruppenkäfighaltung
Nachdem die Einzelkäfighaltung in Europa verboten wurde, ist die Kleingruppenkäfighaltung die normale Haltungsform für Legehennen in Großbetrieben. Mehrere Tausend Hennen werden ohne Auslauf und Bodenkontakt in Gruppen in Käfigen gehalten. Die Stallungen werden meistens nur künstlich beleuchtet.

AUFGABEN >>

○ **1** Stelle in einer Tabelle die wichtigen Informationen dieser Seite zu jeder Haltungsform zusammen.

● **2** Lege wichtige Kriterien zur Bewertung der Legehennenhaltung fest.

● **3** Vergleiche und bewerte die vier Haltungsformen für Legehennen. Nutze dazu auch die Informationen auf Seite 110.

● **4** Formuliere deine eigene Bewertung der Haltungsformen. Begründe dein Urteil.

Das kannst du jetzt

Typische Kennzeichen
Vögel atmen über Lungen. Durch ihre Luftsäcke sind Vogellungen sehr effektiv. Wie die Säugetiere erhalten Vögel ihre Körpertemperatur unabhängig von der Umgebungstemperatur aufrecht, sie sind gleichwarm. Ihr Federkleid isoliert und verringert die Wärmeabgabe nach außen. Vögel pflanzen sich über Eier fort, die sie bebrüten. Sie können auf ihren Hinterbeinen laufen, bewegen sich aber meistens fliegend fort.

Vogelflug
Fliegen ist durch den besonderen Bau des Vogelkörpers möglich. Knochen, Federn und Schnabel sind sehr leicht, durch ihre Bauweise aber sehr stabil. Auch die rasche Verdauung der Nahrung, die fehlende Harnblase und das Eierlegen sind Angepasstheiten, die das Körpergewicht niedrig halten. Vögel sind deshalb sehr viel leichter als gleich große Säugetiere.

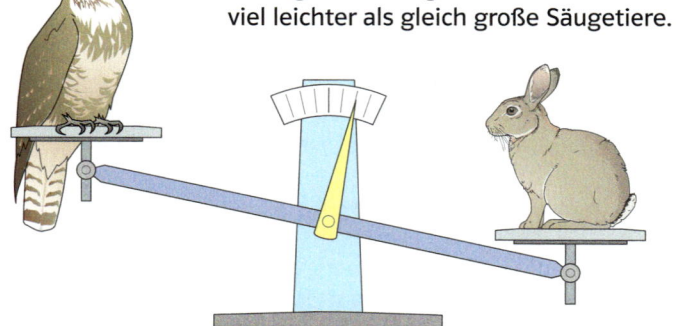

1 Masse von Mäusebussard und Kaninchen im Vergleich

Angepasstheiten
Vögel nutzen viele unterschiedliche Lebensräume wie Wald, Wiese und Stadt. Je nach Lebensraum unterscheiden sich die Angepasstheiten der dort lebenden Arten. Die Stockente ist mit ihren kurzen Beinen und Schwimmhäuten gut an Lebensräume mit Gewässern angepasst. Der Waldkauz ist aufgrund seines lautlosen Flugs und seines guten Gehörs ein geschickter Jäger in der Dämmerung.

Vögel haben ganz unterschiedlich geformte Schnäbel, dies es ihnen ermöglichen, die jeweilige Nahrung zu nutzen. Greifvögel setzen ihren Hakenschnabel zum Aufreißen ihrer Beute ein, die Mönchsgrasmücke kann mit ihrem schmalen, spitzen Schnabel gezielt Insekten aufpicken.

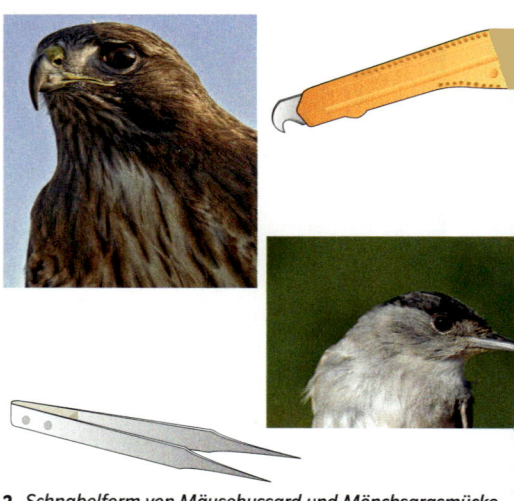

2 Schnabelform von Mäusebussard und Mönchsgrasmücke

Überwinterung
Vögel, die das ganze Jahr bei uns ausreichend Nahrung finden, bleiben auch im Winter in Deutschland. Man nennt sie Standvögel. Dazu gehören Haussperlinge, Amseln und Meisen. Andere Vögel wie Mauersegler und Störche überwintern in Afrika, da sie im Winter in Deutschland ihren hohen Nahrungsbedarf nicht decken können. Man nennt sie Zugvögel.

Hühnerhaltung
Der Mensch hält Hühner und nutzt sie als Nahrungsmittel. In großen Hühnerställen werden oft mehrere Tausend Tiere gehalten. Es wird zwischen Kleingruppenkäfighaltung, Bodenhaltung, Freilandhaltung und ökologischer Haltung unterschieden. Legehennen produzieren Eier, Masthähnchen dienen als Fleischlieferant für den Menschen.

TESTE DICH SELBST

Eigenschaften von Federn
Eine Gruppe von Schülern hatte die Aufgabe, zwei Versuche mit einer Schwungfeder durchzuführen. Sie sollten dabei ihre Beobachtungen notieren.

- 1 Erkläre die Versuchsergebnisse der Versuche a und b.

- 2 Erläutere die Vorteile der Eigenschaften der Federn für einen Vogel.

Versuch a	Versuch b
Mit einer Pipette werden einige Wassertropfen auf eine Feder gegeben.	Es wird versucht, mit einem Strohhalm durch eine Feder hindurch eine Kerze auszupusten. Anschließend wird der gleiche Versuch ohne Feder durchgeführt.
Beobachtung: Die Wassertropfen nehmen eine kugelige Form an und perlen von der Feder ab.	**Beobachtung:** Die Kerze kann durch die Feder hindurch nicht ausgepustet werden, ohne Feder jedoch problemlos.

1 Versuchsbeschreibungen

Stellung der Federn
Damit ein Vogel beim Ruderflug schnell an Höhe gewinnt, ist die Stellung der Federn beim Abwärts- und Aufwärtsschlagen von großer Bedeutung.

- 3 Beschreibe die Stellung der Federn beim Abwärts- und Aufwärtsschlagen der Flügel (Abb. 2).

- 4 Erläutere mithilfe von Abbildung 2, weshalb der Vogel beim Abwärtsschlagen nach oben, beim Aufwärtsschlagen jedoch nicht nach unten gedrückt wird.

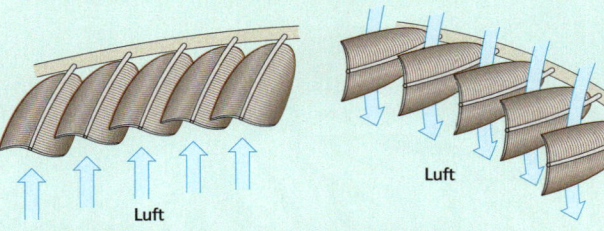

2 Federstellung bei Abwärts- und Aufwärtsschlagen

Zugrouten der Störche
Der Weißstorch hält sich etwa von April bis August bei uns in Deutschland auf. Dann fliegt er in seine Überwinterungsgebiete in Südafrika. Der Weißstorch ist ein Zugvogel. Weißstörche sind hervorragende Segelflieger und nutzen dafür warme Aufwinde, die über dem Land entstehen.

- 5 Beschreibe die Flugrouten der Störche.

- 6 Erläutere, weshalb Störche über Umwege in ihre Überwinterungsgebiete nach Afrika fliegen.

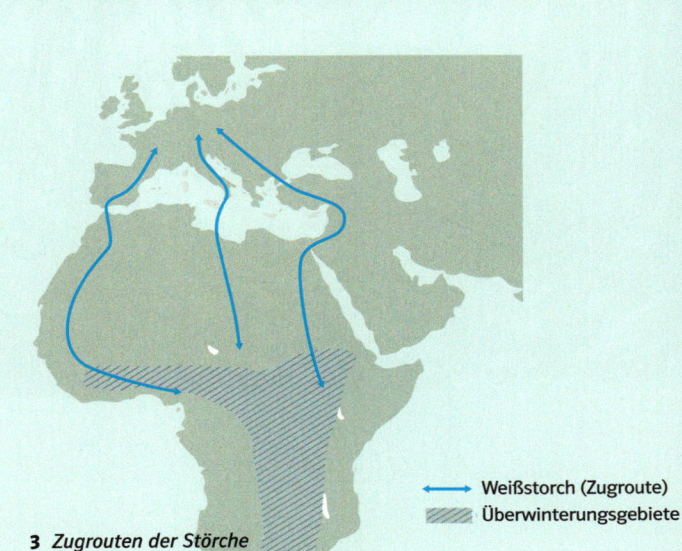

3 Zugrouten der Störche

Vögel

3 Vom Wasser ans Land

Fische leben im Wasser. Der Bau ihres Körpers und ihre Atmung sind an diesen Lebensraum angepasst. Frösche, Kröten und Molche gehören zu den Amphibien. Sie pflanzen sich im Wasser fort und verbringen ihre Jugend hier. Erwachsene Tiere können dagegen auch an Land leben. Reptilien sind an das Leben an Land angepasst.

Das lernst du in diesem Kapitel

>> Fische sind an das Leben im Wasser angepasst. Hier entwickeln sie sich und pflanzen sich fort.

>> Durch übermäßigen Fischfang und die Zerstörung des Lebensraums sind viele Fischbestände gefährdet und müssen geschützt werden.

>> Amphibien sind wechselwarme Wirbeltiere. Sie leben sowohl im Wasser als auch an Land. Anhand von Körpermerkmalen kann man die einzelnen Amphibienarten bestimmen.

>> Eidechsen sind wie alle Reptilien landlebende Wirbeltiere. Ihre Vorfahren waren Saurier, die vor ungefähr 65 Millionen Jahren ausgestorben sind.

>> Die verschiedenen Wirbeltiere haben typische Merkmale. Anhand dieser werden die Tiere in verschiedene Gruppen, sogenannte Klassen, eingeteilt. Unterschiede findet man bei der Körperbedeckung, den Atmungsorganen oder der Form der Fortpflanzung.

3.1 Fische — ein Leben im Wasser
Der Karpfen — was macht den Fisch zum Fisch?

1 Karpfen

Der Karpfen ist ein häufiger Fisch in größeren Teichen und Seen. Ruhig und scheinbar mühelos gleitet er durch das Wasser. Hier verbringt er sein ganzes Leben.

Der Körperbau
Der Körper des Karpfens ist gestreckt und am Kopf- und Schwanzende zugespitzt. Er gleitet so besser durchs Wasser. Der Karpfen gehört wie alle Fische zu den Wirbeltieren. Sein Körper wird durch die Wirbelsäule gestützt. Von der Wirbelsäule ragen die Rippen nach oben und unten (Abb. 2). Dagegen sitzen *Gräten* zwischen den Muskeln des Fisches. Sie sind nicht mit der Wirbelsäule verbunden. Gräten stützen die Muskeln, ohne ihre Beweglichkeit einzuschränken.

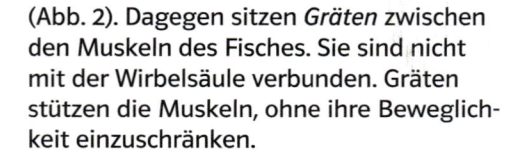

Die Haut
Die Haut des Karpfens wird von *Schuppen* bedeckt. Sie sind wie Dachziegel angeordnet. Die Schuppen sind von einer dünnen Haut überzogen. In ihr liegen viele Drüsen, die Schleim absondern. Dadurch ist die Haut des Karpfens glitschig und erleichtert zusammen mit dem stromlinienförmigen Körperbau das Schwimmen (Abb. 4). Die Körpertemperatur der Fische ist von der Wassertemperatur abhängig: Fische sind *wechselwarm*.

Die Schwimmblase
Wie der Karpfen haben fast alle Fische eine *Schwimmblase*. Sie sitzt unterhalb der Wirbelsäule, ist mit Gas gefüllt und ermöglicht es dem Fisch, im Wasser zu schweben. Taucht er mit den Flossen aktiv nach unten ab, erhöht sich der Druck des umgebenden Wassers und die Schwimmblase wird kleiner (Abb. 3). Der *Auftrieb* wird geringer und der Fisch würde

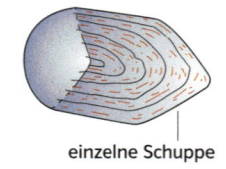

einzelne Schuppe

2 Skelett des Karpfens
— Schwanzflosse
— Flossenstrahlen
— Rückenflosse
— Kiemendeckel
— Augenhöhle
— Nasenhöhle
— Afterflosse
— Rippen
— Brustflosse
— Schwimmblase
— Bauchflosse

116

Sinken — Steigen — Schweben
zk8ik5

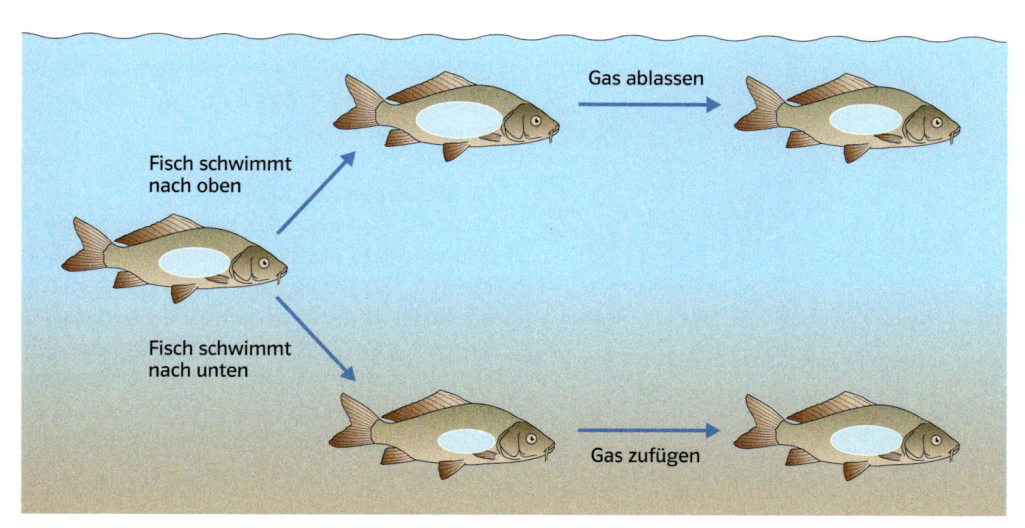

3 Die Schwimmblase ermöglicht das „Schweben" im Wasser

4 Fortbewegung eines Fisches

Stromlinienform

nach unten sinken. Er gibt mehr Gas in die Schwimmblase, sodass der Körper wieder im Wasser schwebt. Schwimmt der Fisch aktiv nach oben, nimmt der Druck des Wassers ab. Die Schwimmblase wird größer und der Auftrieb erhöht sich. Der Fisch würde an die Oberfläche gezogen. Daher lässt er Gas entweichen, bis die ursprüngliche Größe erreicht ist und der Fisch wieder schwebt.

[▶ Struktur und Funktion]

Schlängelnde Fortbewegung
Auf beiden Seiten des Fischkörpers sitzen an der Wirbelsäule kräftige Muskeln. Sie ziehen sich abwechselnd zusammen. Dies bewirkt ein Hin-und-her-Schlagen der Schwanzflosse. Sie drückt das Wasser zur Seite und der Fisch wird dabei vorwärts getrieben. So kommt eine schlängelnde Fortbewegung zustande (Abb. 4). Die Rücken- und die Afterflosse halten den Karpfen aufrecht. Die Brust- und die Bauchflossen dienen zum Steuern.

AUFGABEN >>

○ **1** Beschreibe die Kennzeichen der Fische.

◐ **2** Erkläre, was passieren würde, wenn der Fisch nach dem Abtauchen nicht mehr Gas in die Schwimmblase geben würde (Abb. 3).

● **3** Erläutere, weshalb die Schwimmblase genaugenommen Schwebeblase heißen müsste.

Vom Wasser ans Land

Atmung unter Wasser

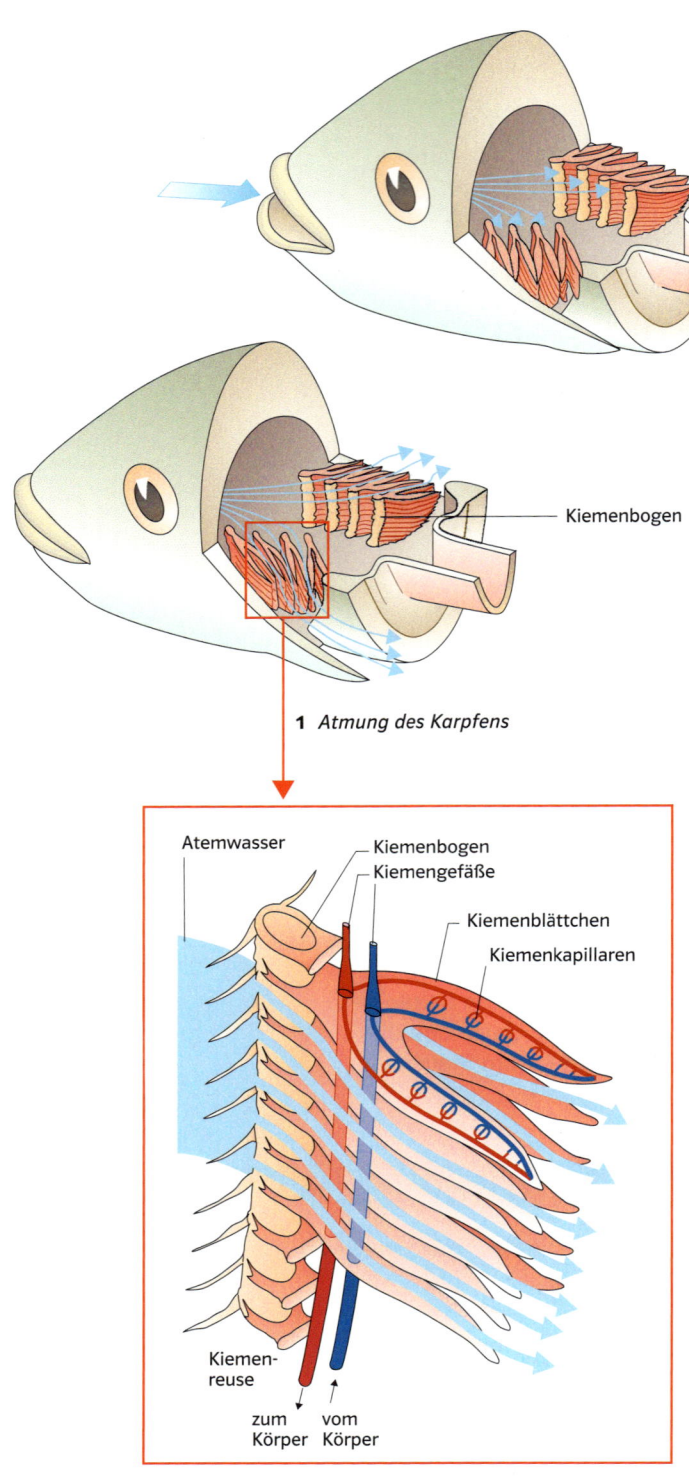

1 Atmung des Karpfens

2 Funktionsweise der Kiemen

Beim Atmen nimmt der Mensch Sauerstoff aus der Luft auf. Obwohl im Wasser geringe Mengen Sauerstoff gelöst sind, ist das Atmen unter Wasser für den Menschen nicht möglich.

Fische atmen mit Kiemen

Auch ein Fisch wie der Karpfen benötigt Sauerstoff. Er atmet im Wasser mithilfe von *Kiemen*. Die Kiemen befinden sich seitlich am Kopf. Durch knöcherne *Kiemendeckel* sind sie geschützt. An vier *Kiemenbögen* sitzen die dünnen, roten *Kiemenblättchen* (Abb. 2). An der roten Farbe der Kiemen erkennt man, dass sie sehr gut durchblutet sind.

Gasaustausch an Kiemenblättchen

In den Kiemenblättchen verlaufen sehr feine Blutgefäße, die *Kiemenkapillaren*. Hier wird *Sauerstoff* aus dem umgebenden Wasser in die Kiemenkapillaren aufgenommen. Das sauerstoffreiche Blut fließt in den Körper des Fisches. Das Blut, das aus dem Körper in die Kiemenkapillaren fließt, ist kohlenstoffdioxidreich. Das *Kohlenstoffdioxid* wird aus den Kiemenkapillaren an das umgebende Wasser abgegeben.

Damit ständig Sauerstoff aus dem Wasser aufgenommen werden kann, ist es von großer Bedeutung, dass die Kiemen immer mit frischem Wasser umspült sind. Dazu pumpt der Fisch durch Öffnen und Schließen des Mundes und der Kiemendeckel das Wasser an den Kiemen entlang (Abb.1).

[▶ Struktur und Funktion]

AUFGABE >>

1 Erkläre mithilfe von Abb. 2, wie der Wasserstrom an den Kiemen entlang erzeugt wird und wozu er notwendig ist.

Praktikum
Schwimmen, Schweben, Sinken

Wann schwebt ein Körper?

Material
Becherglas, Pipetten mit Gummihütchen

Durchführung
Fülle unterschiedliche Mengen von Wasser in die Pipetten und bringe sie hochkant in das Becherglas.

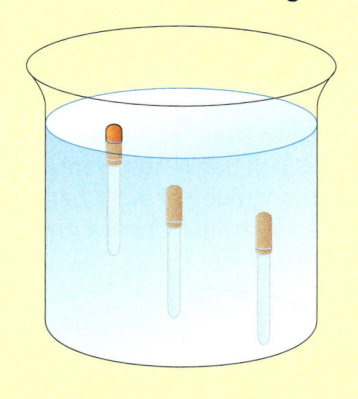

AUFGABEN >>

1. Lege ein Versuchsprotokoll an und notiere darin deine Beobachtungen.

2. Erkläre die Beobachtungen.

3. Erläutere, wie die Ergebnisse des Versuchs die Arbeitsweise der Schwimmblase verdeutlichen.

Wer ist der schnellste Schwimmer?

Material
Knetmasse, Draht, Waage, Blumenkasten, Faden, Gewicht, Stoppuhr

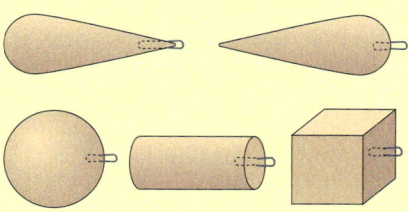

Durchführung
Wiege jeweils 5 Gramm Knetmasse ab und forme daraus Körper wie in der Abbildung. Bringe eine Drahtöse an. Diese muss auch im Knetkörper gebogen sein, damit sie sich nicht herauszieht. An den Ösen befestigst du gleich lange Fäden, die auch Ösen an einem Ende haben. Diese sollen etwa 20 Zentimeter länger sein als das Wasserbecken.

Die Knetformen werden nacheinander in das Wasserbecken gebracht. Am Faden wird ein Gewicht befestigt. Mit der Stoppuhr misst du für jeden Knetkörper die Zeit von der Start- bis zur Ziellinie, sobald du das Gewicht loslässt.

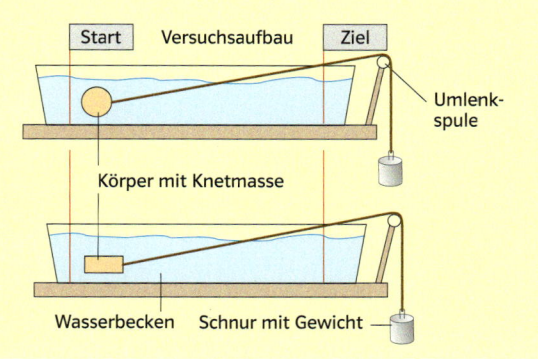

AUFGABEN >>

4. Notiere für jeden Knetkörper die gestoppte Zeit. Wiederhole den Versuch einige Male und ermittle den Mittelwert für jeden Knetkörper.

5. Erkläre den Zusammenhang zwischen der Körperform eines Fisches und seiner Schwimmgeschwindigkeit.

Fortpflanzung und Entwicklung der Fische

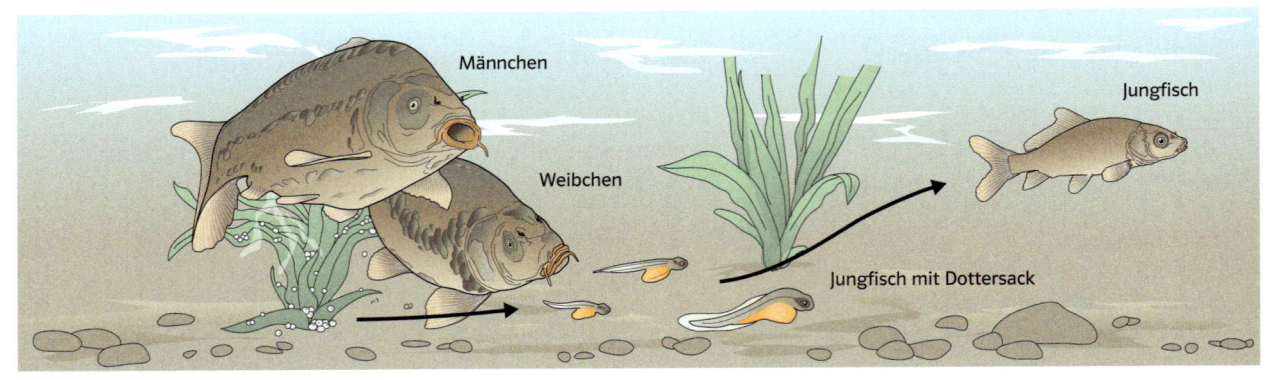

1 Äußere Befruchtung bei Karpfen

Fische pflanzen sich fort und erzeugen Nachkommen. Bei vielen Fischarten findet die Befruchtung der Eier außerhalb des Körpers statt.

Fortpflanzung

Ab Mai sammeln sich die Karpfen in stark bewachsenen Uferbereichen von Gewässern zu Gruppen. Die Weibchen legen bis zu 1,5 Millionen nur wenige Millimeter große Eier, den *Fischlaich*, auf Wasserpflanzen ab (Abb.1). Erst jetzt geben die Männchen ihre Spermaflüssigkeit auf die Eier, die dadurch befruchtet werden. Da die Befruchtung der Eier außerhalb des Fischkörpers stattfindet, nennt man dies *äußere Befruchtung*.

Entwicklung

In Fischeiern entwickeln sich aus den befruchteten Eizellen Embryos. Nach einigen Tagen schlüpfen Fischlarven aus den Eiern. Sie sind nur etwa 5 Millimeter groß und tragen an der Bauchseite einen Teil des Eis, den sogenannten *Dottersack*. Dieser dient in den ersten Tagen zur Ernährung der Fischlarven. Erst wenn der Dottersack aufgebraucht ist, verlassen die wenige Zentimeter großen Jungfische den Laichplatz und suchen nach Nahrung. Nach drei bis vier Jahren werden die Karpfen geschlechtsreif und können sich fortpflanzen.

[▶ Fortpflanzung und Entwicklung]

Biologisches Prinzip >>

Fortpflanzung und Entwicklung

Aus den befruchteten Eiern der Karpfen schlüpfen die Larven. Sie entwickeln sich zu Jungfischen. So erzeugen Karpfen Nachkommen, sie pflanzen sich fort. Die Fortpflanzung durch äußere Befruchtung ist bei Fischen sehr häufig. Obwohl jede Art bei der Fortpflanzung unterschiedlich vorgeht, pflanzen sich alle Pflanzen, Tiere und der Mensch durch Erzeugung von Nachkommen fort und erhalten so ihre Art. Dieses biologische Prinzip wird „Fortpflanzung und Entwicklung" genannt.

AUFGABE >>

○ **1** Beschreibe die Entwicklung vom Ei bis zum Jungfisch mithilfe eines Verlaufsschemas.

EXTRA >>

Von der seltenen Wildform zum beliebten Zierfisch — der Goldfisch

Der Vorfahr der Goldfische ist die *Silberkarausche*, ein Karpfenfisch. Sie war schon vor vielen Jahrhunderten ein beliebter Speisefisch in China. Die Silberkarauschen zeigen manchmal rote und goldene Verfärbungen, die zufällig entstehen. Diese besonders gefärbten Fische wurden damals nicht gegessen. Stattdessen wurden sie in Teichen gesammelt und vermehrt. Bereits nach kurzer Zeit galten sie als kostbare Zierfische.

Nach einigen Jahrhunderten war die goldene Form der Silberkarausche so beliebt, dass diese Fische gezielt gezüchtet wurden. Die Nachkommen eines Tieres sind nicht alle gleich. Sie unterscheiden sich zum Beispiel in der Größe und der Färbung. Sie zeigen eine natürliche *Variabilität*. Je nach Züchtungsziel wählt der Züchter die Tiere mit den gewünschten Merkmalen aus.

Sollen die Fische zum Beispiel verschiedenfarbige Flecken aufweisen, wählt der Züchter diejenigen mit Flecken aus. Nicht alle Nachkommen werden Flecken haben. Durch die natürliche Variabilität werden aber auch immer wieder Tiere unter den Nachkommen sein, die dem *Zuchtziel* näher kommen. Durch die wiederholte Auswahl kann der Züchter sein Zuchtziel erreichen.

Aus der einfachen gelb-roten Form des Goldfisches sind alle anderen Goldfischformen gezüchtet worden: Verschiedene Färbungen, besonders große Schwanzflossen, die an Schleier erinnern, oder auch gefächerte Schwanzflossen sind deren Merkmale. Die verschiedenen Formen der Goldfische sind heute sehr beliebte Zierfische auf der ganzen Welt und werden in Teichen oder Aquarien gehalten.

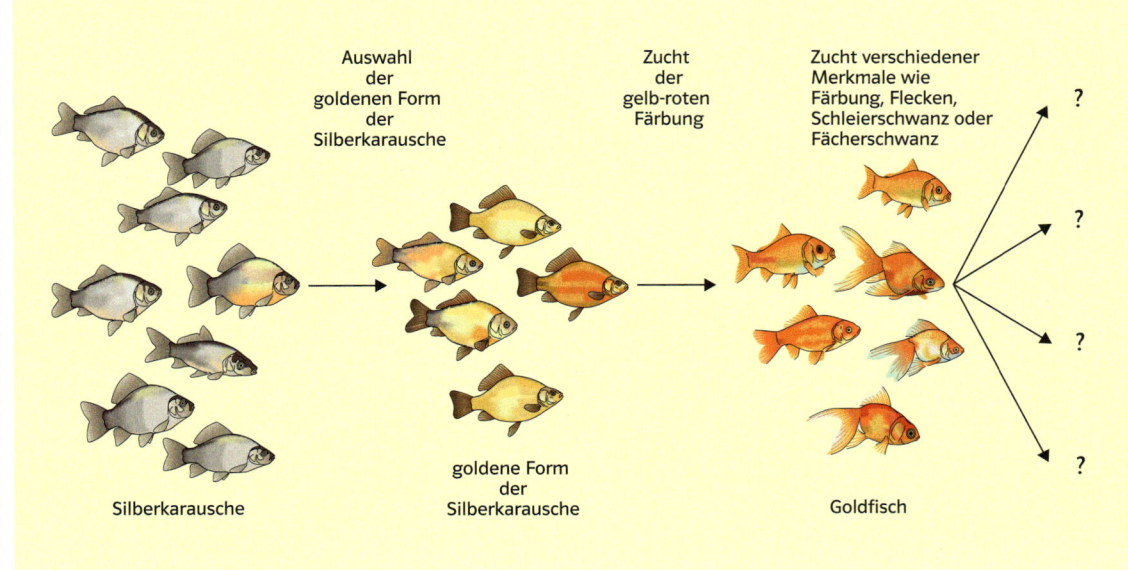

Silberkarausche → Auswahl der goldenen Form der Silberkarausche → goldene Form der Silberkarausche → Zucht der gelb-roten Färbung → Goldfisch → Zucht verschiedener Merkmale wie Färbung, Flecken, Schleierschwanz oder Fächerschwanz → ?

AUFGABE >>

Beschreibe die Zuchtgeschichte des „Schleierschwanzes".

Lachse sind Wanderfische

Viele Fische verbringen ihr ganzes Leben in dem Gewässer, in dem sie geschlüpft sind. Es gibt jedoch Arten, die sowohl in Flüssen als auch im Meer leben. .

Junge Lachse leben im Süßwasser

Lachse laichen im Winter in den Quellgebieten von Flüssen. Das schnell fließende Wasser ist hier besonders sauber und enthält viel Sauerstoff. Diese Bedingungen sind für die Entwicklung der Eier und Jungfische wichtig. Nach ungefähr drei Monaten schlüpfen aus den befruchteten Eiern die Larven, die sich zunächst von ihrem Dottersack ernähren. Später fressen die Jungfische kleine Wassertiere, wie z. B. Insekten. Nach etwa zwei bis drei Jahren wandern die ungefähr 15 cm großen Fische flussabwärts ins Mündungsgebiet. Hier halten sie sich einige Zeit auf. So gewöhnen sie sich an den höheren Salzgehalt des Meerwassers.

Im Meer wachsen die Lachse heran

Die Lachse ziehen in Schwärmen in den Nordatlantik bei Grönland. Hier finden sie reichlich Nahrung wie Makrelen und Heringe. Nach drei Jahren können männliche Lachse eine Länge von 1,50 m und ein Gewicht von über 30 kg erreichen.

Wanderung zu den Laichgebieten

Erwachsene Lachse wandern aus dem Meer zurück zum Süßwasser. Ihr Ziel ist das Gewässer, in dem sie geschlüpft sind. Auf ihrer Wanderung nutzen die Fische ihren ausgeprägten Geruchssinn. Mit ihm nehmen sie typische Gerüche von Gewässern wahr. Diese entstehen durch Stoffe, die im Wasser gelöst sind. So erkennen die Lachse auch „ihren" Fluss. Während der Wanderung, auch *„Laichaufstieg"* genannt, schwimmen die Lachse bis zu 40 km täglich gegen die Fließrichtung des Gewässers. Mit kräftigen Schlägen der Schwanzflosse springen sie aus dem Wasser und überwinden Stromschnellen und kleine Wasserfälle. In dieser Zeit leben die Fische von ihren angefressenen Fettreserven. Die Lachse kommen entkräftet im Laichgebiet an. Nach dem Laichen sterben die Fische häufig. Lachse, die diese Anstrengung überleben, wandern jedoch wieder erneut in den Nordatlantik.

1 *Lebenszyklus des Lachses*

AUFGABEN >>

1 Beschreibe die Vorteile der Wanderung für die Lachse.

2 Auch der Aal ist ein Wanderfisch. Informiere dich über seinen Lebenszyklus und erstelle ein Plakat.

Schutzmaßnahmen für Fische in Flüssen

Fische halten sich im Laufe ihres Lebens in verschiedenen Bereichen eines Flusses auf. So brauchen sie für die Eiablage beispielsweise flache, bewachsene Zonen, ihre Nahrung finden sie dagegen im tieferen Wasser. Im Winter ist es wichtig, dass bestimmte Regionen nicht zufrieren. Deshalb sind auch die Fließgeschwindigkeit und die Wassertemperatur von Bedeutung. In natürlichen Flüssen sind die verschiedenen Bereiche für Fische leicht zu erreichen.

Veränderung des Lebensraums

Das Bild vieler Flüsse hat sich in den letzten 100 Jahren verändert. Abwässer aus Haushalten und Industrieanlagen wurden eingeleitet, Flussläufe begradigt und Bauwerke wie Wehre und Schleusen errichtet. Sie verhinderten, dass sich Fische in Flüssen frei bewegen konnten. Häufig wurden Fische auch durch Kraftwerksturbinen getötet. Vor allem Wanderfische wie Lachse waren hiervon betroffen.

Schutzmaßnahmen können helfen

Durch den Bau von Kläranlagen und strengere Regeln für die Einleitung von Abwässern in Gewässer hat sich die Wasserqualität der Flüsse in den letzten Jahrzehnten verbessert. Schleusen, Wehre und Kraftwerke stellen aber oft noch unüberwindbare Hindernisse dar. Stufenförmig angelegte Fischwege, sogenannte *Fischtreppen*, sollen es den Fischen erleichtern, die Hindernisse zu umschwimmen. Durch die Veränderung von Flussläufen soll das ursprüngliche Aussehen von Flussabschnitten wieder hergestellt werden. Im Rhein waren diese Maßnahmen teilweise erfolgreich. So gelang die Wiederansiedlung des Lachses: Nach Jahren wurden Fische gesichtet, die zuvor als Jungtiere eingesetzt wurden.

2 *Fischtreppe*

1 *Springende Lachse*

> **AUFGABEN >>**
>
> 1 Nenne Eingriffe, durch die die Lebensgrundlage von Fischen zerstört wird.
>
> 2 Beschreibe, welche Auswirkungen der Bau von Wehren für das Leben von Lachsen hat.
>
> 3 Lachse überwinden Staumauern von 50 cm Höhe ohne Probleme. Für Fische, die am Gewässerboden leben, sind Höhenunterschiede von 15 cm oftmals zu viel. Erkläre, was dies für den Bau von Fischwegen bedeutet.

Speisefische aus dem Meer

1 Überfischung durch Fangschiffe

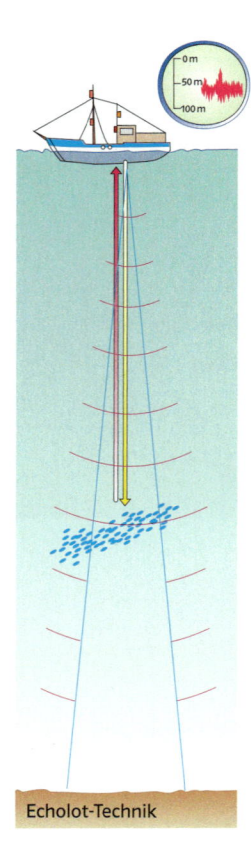

Echolot-Technik

Grundschleppnetz

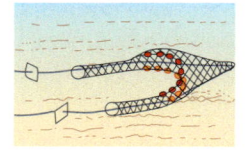

Das Meer ist Lebensraum für viele Fische, die hier meist in riesigen Schwärmen leben. Heringe, Makrelen oder Dorsche sind wichtige Speisefische und werden deshalb in großen Mengen gefangen.

Problem: Überfischung
In den letzten Jahrzehnten wurden von vielen Fischarten mehr Tiere gefangen als durch natürliche Fortpflanzung nachgewachsen sind. Durch diese sogenannte Überfischung sind die Bestände vieler Meeresfische stark zurückgegangen. Moderne Fangschiffe können immer größere Entfernungen zurücklegen und so größere Mengen an Fisch aufnehmen.

Mithilfe der Echoortung werden Fischschwärme aufgespürt und gefangen. Es bleibt kein einziger Fisch übrig. Es fehlen somit Altfische, die Nachkommen erzeugen könnten. In die Netze gelangen neben der gewünschten Fischart auch andere Fische und Meerestiere wie Delfine oder Schildkröten. Dieser sogenannte Beifang wird später oft einfach wieder ins Meer geworfen. Diese Tiere sind meist schon tot. Grundschleppnetze schleifen am Boden und zerstören so den Meeresboden. Pflanzen und mit ihnen Eier vieler Fischarten sowie kleine Fische und andere Tierarten werden vernichtet.

Nachhaltigkeit
Wenn sich die Fischbestände erholen sollen, muss die Fischerei nachhaltig sein. Man versteht darunter, dass auch an zukünftige Generationen gedacht wird. Es dürfen nur so viele Fische gefangen werden, dass sie sich ausreichend vermehren können. Außerdem soll vermieden werden, dass andere Tierarten gefangen und getötet werden. Im Lebensraum Meer sollen Schutzzonen eingerichtet werden, in denen Fischfang verboten ist. Staaten, die Meeresfischerei betreiben, haben gemeinsam Regeln beschlossen, damit dies erreicht werden kann.

Was jeder von uns tun kann
Jeder, der gerne Fisch isst, kann sich informieren, wie die Fische gefangen wurden. An Umweltzeichen (Abb. 2) kann man erkennen, ob die Fische aus nachhaltigem Fischfang stammen. Man kann sich so aktiv für einen nachhaltigen Fischfang entscheiden.

2 Umweltsiegel für nachhaltigen Fischfang

AUFGABEN >>

● 1 Seit einigen Jahren legen Staaten sogenannte „Fangquoten" fest. Informiere dich, was man darunter versteht.

● 2 Erkläre, was mit dem Satz „Nachhaltigkeit sichert Arbeitsplätze" gemeint ist.

● 3 Erkläre, weshalb die gemeinsam aufgestellten Regeln auch kontrolliert werden müssen.

Praktikum
Untersuchung einer Forelle

Untersuchung von außen

Material
Lupe, Präparierschale

Durchführung
Betrachte die Forelle zuerst ohne, dann mit der Lupe.

AUFGABEN >>

1. Untersuche die Flossen:
   a) Beschreibe die Lage und die Form der verschiedenen Flossen.
   b) Gib an, welche Flossen paarig, welche einzeln vorhanden sind.

2. Fertige eine Zeichnung der Forelle an. Beginne zunächst mit dem Umriss des Körpers. Füge anschließend die Flossen und die Kiemendeckel an den entsprechenden Stellen ein.

Die inneren Organe

Material
Spitze Schere, Pinzette, Präparierschale

Durchführung
Öffne mit der Schere den Bauch der Forelle. Arbeite dabei möglichst vorsichtig und führe die Schnitte wie in Abb. 1 zu sehen durch:

- 1. Schnitt: Vom After zur Kiemenhöhle
- 2. Schnitt: An der Kiemenhöhle entlang nach oben bis zur Mitte des Fisches.
- 3. Schnitt: Vom After nach oben bis zur Mitte des Fisches.

Klappe nun mithilfe der Pinzette die Bauchwand nach oben, trenne das Fleisch mit einem 4. Schnitt ab und lege es auf ein Papiertuch.

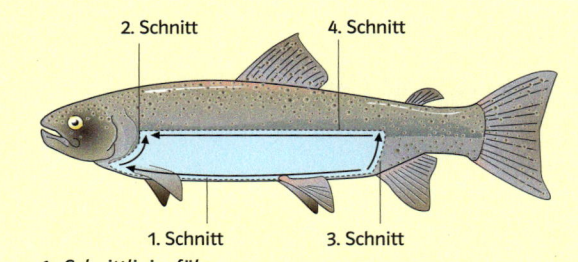

1 Schnittlinienführung

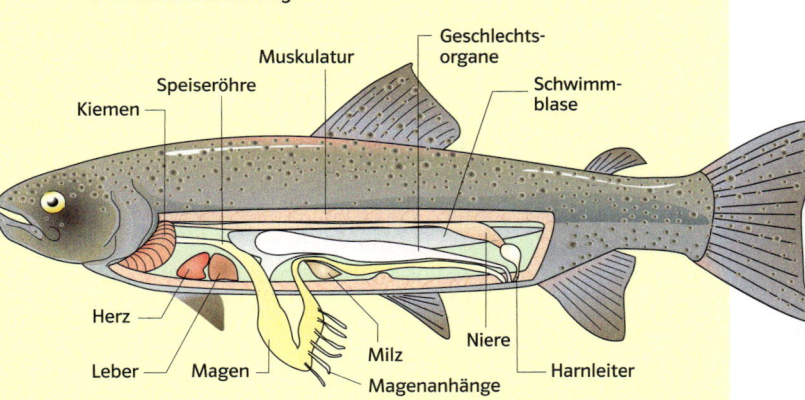

2 Die inneren Organe der Forelle

AUFGABEN >>

3. Suche die einzelnen Organe. Orientiere dich dabei an Abb. 2.

4. Fertige eine möglichst genaue Zeichnung der inneren Organe an. Achte auf ihre Größe und Lage im Körper. Beschrifte deine Zeichnung.

5. Trenne mit Schere und Pinzette vorsichtig die einzelnen Organe voneinander und beschreibe ihre Form, Größe und Farbe.

6. Reinige die benutzten Materialien und räume deinen Arbeitsplatz auf.

3.2 Amphibien sind Feuchtlufttiere
Der Wasserfrosch — ein Leben im Wasser und an Land

1 Schwimmender Wasserfrosch

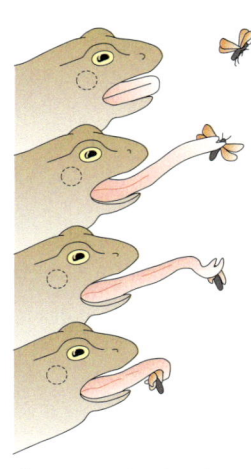

Klappzunge des Frosches

An warmen Tagen sitzen *Wasserfrösche* häufig auf Seerosenblättern im See. Kommst du einem von ihnen zu nahe, springt er ins Wasser und schwimmt schnell davon oder taucht ab.

Entwicklung des Wasserfrosches
Im Frühjahr legt der Wasserfrosch seine Eier, den sogenannten *Froschlaich*, im Wasser ab. Ein Weibchen kann bis zu 4000 Eier auf einmal ablegen. Erst dann gibt das Männchen sein Sperma dazu. Da die Befruchtung außerhalb des Körpers stattfindet, nennt man dies *äußere Befruchtung*.

Drei Wochen später schlüpfen im Wasser aus den Eiern kleine Larven, die *Kaulquappen* (Abb. 2). Sie haben einen Kopf mit Kiemen und einen langen Ruderschwanz. Nach einiger Zeit wachsen bei der Entwicklung von der Kaulquappe zum Wasserfrosch zunächst die Hinterbeine. Gleichzeitig wird der Ruderschwanz immer kürzer. Etwas später wachsen auch die Vorderbeine. Der Ruderschwanz ist nur noch als kurzer Stummel vorhanden, der bald ganz verschwindet. Das Tier verlässt als junger Wasserfrosch das Wasser. Diese Entwicklung ist typisch für alle Frösche. Die Entwicklung von der Kaulquappe zum Frosch nennt man *Metamorphose*.
[▶ Fortpflanzung und Entwicklung]

Die Kaulquappe
Die Kaulquappe hat einen Ruderschwanz, der das Schwimmen im Wasser ermöglicht. Er ist lang und breit und hat einen Flossensaum. Dadurch hat der Ruderschwanz eine größere Fläche. Mit ihr kann mehr Wasser verdrängt werden, wenn sich der Ruderschwanz nach links und rechts bewegt. So kann die Kaulquappe ihre Bewegungen im Wasser gut steuern. Kaulquappen atmen mit *äußeren Kiemen*. Über sie nehmen die Tiere Sauerstoff aus dem umgebenden Wasser auf und geben Kohlenstoffdioxid an das Wasser wieder ab.

Als Nahrung nehmen die Kaulquappen kleine Algen auf. Die Algen schwimmen überall im Wasser. So kommen die Kaulquappen leicht an ihre Nahrung heran. Sie sind selbst Beute für viele Tiere im See, z. B. für Libellenlarven und Fische.

Frosch
6d7u8x

Der erwachsene Wasserfrosch

Seine Vorder- und Hinterbeine ermöglichen dem erwachsenen Wasserfrosch die Fortbewegung an Land. Die Hinterbeine sind sehr lang. Durch ihre kräftigen Muskeln kann sich der Frosch hüpfend fortbewegen. Er macht damit meterweite Sprünge. Der Wasserfrosch nutzt aber auch das Wasser als Lebensraum und kann schwimmen. Bekannt ist er für seinen Schwimmstil. Dabei stößt er sich mit seinen kräftigen und langen Hinterbeinen im Wasser ab (Abb. 1). Zwischen den Zehen der Hinterbeine hat der Wasserfrosch Schwimmhäute. Beim Abstoßen spreizt er die Zehen und entfaltet die Schwimmhäute. Dadurch wird mehr Wasser verdrängt.

Erwachsene Frösche haben Lungen, atmen aber auch über die Haut. Kleintiere wie Insekten sind die Nahrung des Wasserfrosches. Mit seiner Klappzunge, die er blitzschnell hervorschleudern kann, zieht er seine Beute ins Maul (siehe Abb. Randspalte Seite 124).

Leben im Wasser und an Land

Der Wasserfrosch nutzt zwei Lebensräume: das Wasser und das Land. Der Lebensraum Wasser wird von den Larven und den erwachsenen Tieren genutzt. Der Lebensraum Land ist aufgrund unterschiedlicher Atmungsorgane nur für die erwachsenen Tiere zugänglich. Das Leben im Wasser und an Land ist typisch für Frösche, Molche und Salamander. Man nennt sie *Amphibien*. Das Wort Amphibien heißt übersetzt „doppellebig" und beschreibt die Lebensweise der Tiere. Ein Frosch kann sowohl an Land als auch im Wasser leben. Amphibien sind *wechselwarme* Tiere. Ihre Körpertemperatur ist also von der Umgebungstemperatur abhängig.

[▶ Variabilität und Angepasstheit]

Laichballen mit Eiern

Kaulquappe (frisch geschlüpft)

Kaulquappe mit Hinterbeinen

Frosch mit Restschwanz

2 *Entwicklungsstadien des Wasserfrosches*

AUFGABEN >>

○ 1 Beschreibe die Veränderungen in der Entwicklung von der Kaulquappe zum jungen Wasserfrosch in Abb. 2.

◐ 2 Erläutere, wie der erwachsene Wasserfrosch an das Leben im Wasser und an Land angepasst ist.

● 3 Recherchiere, was ein Amphibien-Fahrzeug ist. Erkläre, weshalb die Fahrzeuge nach den Tieren benannt sind.

Vom Wasser ans Land

Der Teichmolch — Atmung bei Amphibien

1 *Erwachsener Teichmolch*

Der *Teichmolch* zählt wie der Wasserfrosch zur Gruppe der *Amphibien*, denn auch seine Lebensweise ist an das Wasser gebunden. Amphibien werden auch Lurche genannt. Der Teichmolch hat auch als erwachsenes Tier einen Schwanz. Er ist ein Schwanzlurch.

Entwicklung des Teichmolchs
Die Larven des Teichmolchs schlüpfen in Teichen oder Seen. Auch sie durchlaufen eine *Metamorphose*, bei der die auffälligen Kiemenbüschel zurückgebildet und einfache Lungen ausgebildet werden. Anders als beim Wasserfrosch bleibt hierbei aber ihr Ruderschwanz erhalten.

[▶ Fortpflanzung und Entwicklung]

Erwachsene Teichmolche kann man an feuchten, schattigen Plätzen, wie z. B. Wald- und Uferrändern, finden. Die einfach gebaute Lunge reicht nicht aus, damit das Tier genug Sauerstoff bekommt. Die Haut der Teichmolche ist so dünn und gut durchblutet, dass über sie sowohl Sauerstoff aus der Umgebung aufgenommen als auch Kohlenstoffdioxid an diese abgegeben werden kann. Dafür muss ihre Haut stets feucht sein. Durch Schleimdrüsen ist die Haut der Teichmolche mit einer Schleimschicht bedeckt. Diese schützt sie auch an Land vor dem Austrocknen (Abb 2).

Überwinterung des Teichmolchs
Zum Überwintern ziehen sich Teichmolche in frostfreie Verstecke zurück, die nicht nur an Land, sondern auch unter Wasser sein können. Bei niedrigen Temperaturen fallen die Teichmolche in eine *Kältestarre*. Das bedeutet, sie bewegen sich den gesamten Winter nicht. Weil sich die Tiere nicht mehr bewegen und weil durch die niedrigen Temperaturen auch alle Vorgänge in ihren Körpern wesentlich langsamer ablaufen, müssen sie weniger atmen als zur warmen Jahreszeit. Es ist also ausreichend, dass sie in diesem Zustand ihre gesamte Atmung nur über die Haut und nicht über die Lungen regulieren. Steigen die Temperaturen im Frühling wieder an, verlassen die Teichmolche ihre Verstecke, um für die Paarung zu ihren Laichgewässern zurückzukehren.

[▶ Variabilität und Angepasstheit]

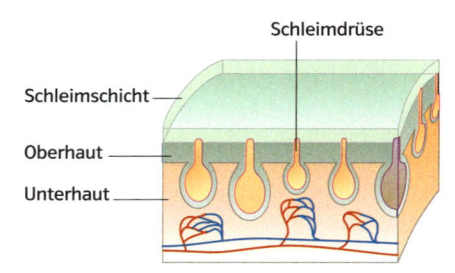

2 *Querschnitt durch die Haut (Amphibien)*

AUFGABE >>

⊖ 1 Erläutere die Angepasstheiten des Teichmolchs an die Lebensweise an Land und im Wasser.

Material
Amphibien — Atmung

Atmen mit Kiemen

Wie die Fische atmen auch die Larven von Amphibien mit Kiemen. Bei den Larven des Teichmolchs sitzen die Kiemen als Büschel außen am Kopf.

1 Teichmolchlarve

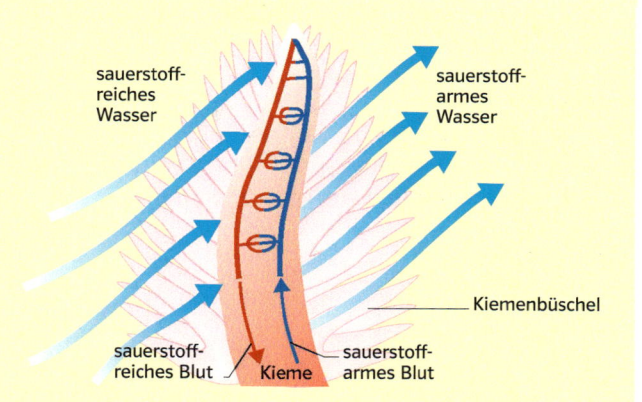

2 Funktionsweise der Kiemen einer Teichmolchlarve

AUFGABEN >>

○ **1** Beschreibe die Kiemenatmung der Teichmolchlarve in Abb. 2.

● **2** Vergleiche die Kiemenatmung der Fische mit der Kiemenatmung der Teichmolchlarve.

Atmen mit Lungen und mit der Haut

Bei den Amphibien gibt es neben der Lungen- auch die *Hautatmung*. Der Anteil der Hautatmung an der Gesamtatmung ist bei Wasserfrosch und Teichmolch unterschiedlich.

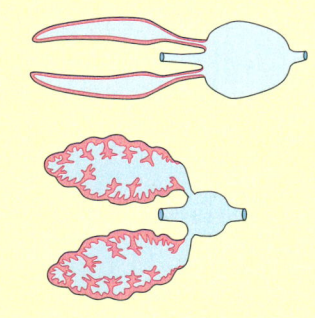

3 Lunge von Wasserfrosch und Teichmolch

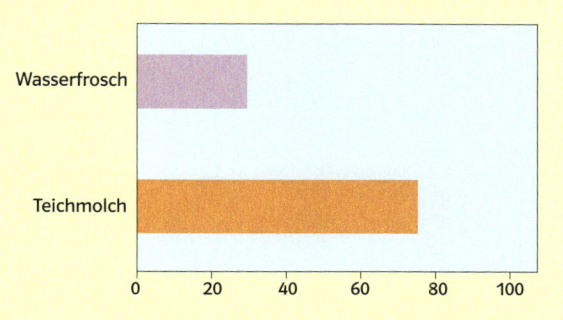

4 Anteil der Hautatmung an der Gesamtatmung (%)

AUFGABEN >>

○ **3** Beschreibe das Balkendiagramm in Abb. 4.

● **4** Erläutere den Vorteil der Oberflächenvergrößerung am Beispiel der Lungen in Abb. 3.

● **5** Stelle Vermutungen an, welche der beiden Lungen in Abb. 3 dem Wasserfrosch und welche dem Teichmolch gehört und stelle einen Zusammenhang zur Hautatmung her.

Material
Bestimmungsschlüssel für einheimische Amphibien

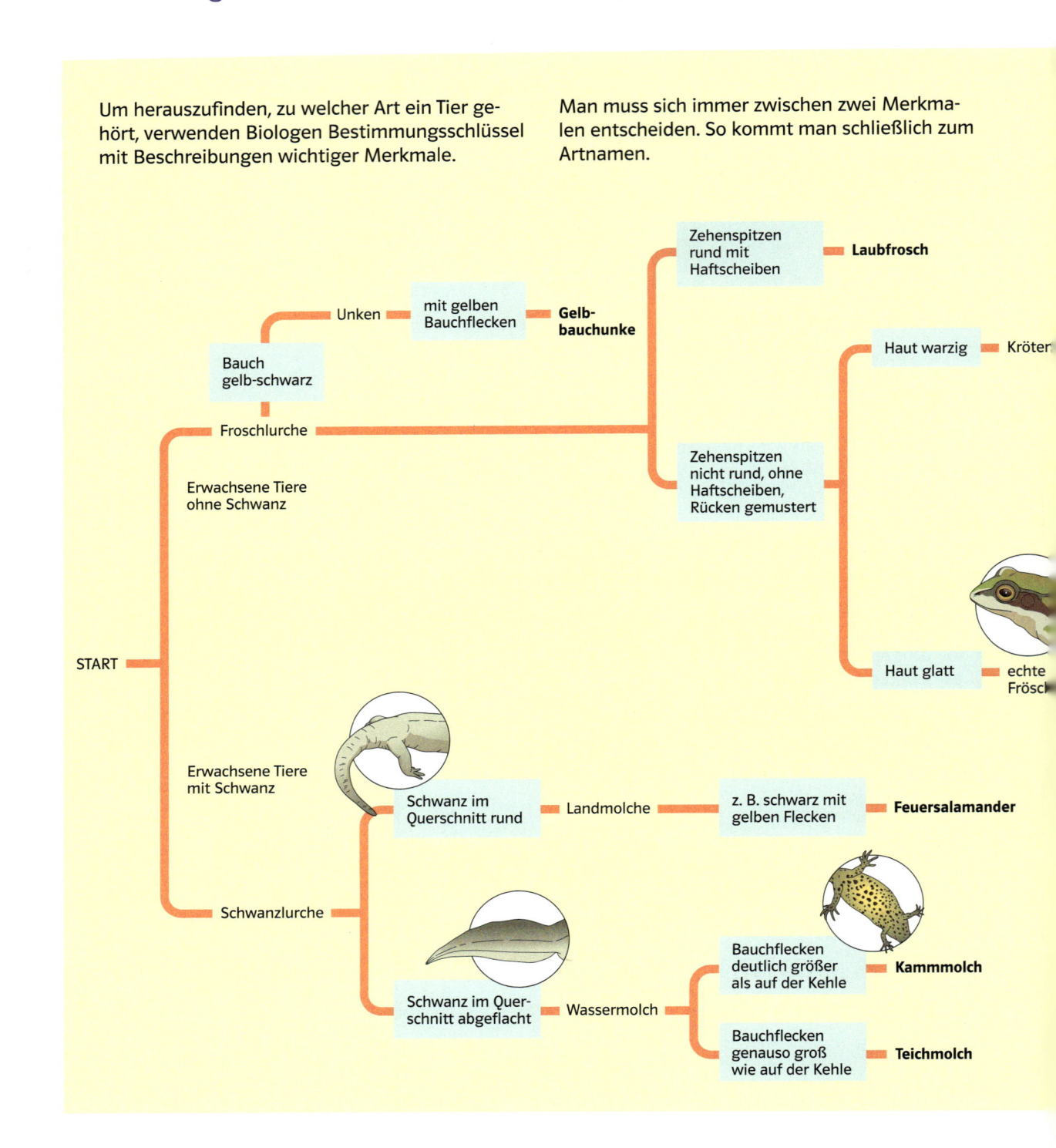

Um herauszufinden, zu welcher Art ein Tier gehört, verwenden Biologen Bestimmungsschlüssel mit Beschreibungen wichtiger Merkmale. Man muss sich immer zwischen zwei Merkmalen entscheiden. So kommt man schließlich zum Artnamen.

START

- Erwachsene Tiere ohne Schwanz — **Froschlurche**
  - Bauch gelb-schwarz — Unken — mit gelben Bauchflecken — **Gelbbauchunke**
  - Zehenspitzen rund mit Haftscheiben — **Laubfrosch**
  - Zehenspitzen nicht rund, ohne Haftscheiben, Rücken gemustert
    - Haut warzig — **Kröten**
    - Haut glatt — **echte Frösche**

- Erwachsene Tiere mit Schwanz — **Schwanzlurche**
  - Schwanz im Querschnitt rund — Landmolche — z. B. schwarz mit gelben Flecken — **Feuersalamander**
  - Schwanz im Querschnitt abgeflacht — Wassermolch
    - Bauchflecken deutlich größer als auf der Kehle — **Kammmolch**
    - Bauchflecken genauso groß wie auf der Kehle — **Teichmolch**

Lurche y9hs5d

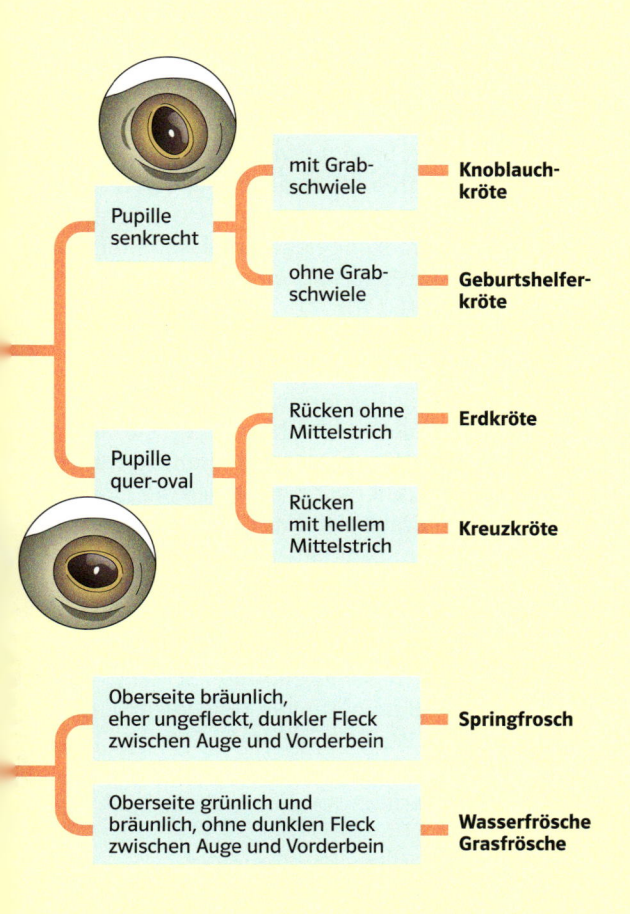

Pupille senkrecht
- mit Grabschwiele → **Knoblauchkröte**
- ohne Grabschwiele → **Geburtshelferkröte**

Pupille quer-oval
- Rücken ohne Mittelstrich → **Erdkröte**
- Rücken mit hellem Mittelstrich → **Kreuzkröte**

- Oberseite bräunlich, eher ungefleckt, dunkler Fleck zwischen Auge und Vorderbein → **Springfrosch**
- Oberseite grünlich und bräunlich, ohne dunklen Fleck zwischen Auge und Vorderbein → **Wasserfrösche Grasfrösche**

A Oberseite bräunlich, eher ungefleckt, Bauch hell, Zehenspitzen nicht rund

B Haftscheiben an den Fingern und Zehen, rundliche Zehenspitzen

C Schwanz ist abgeflacht

D Grabschwielen am Hinterfuß zum Eingraben

E warzige Haut, Bauch ohne Flecken

F rundlicher Schwanz

G kein Schwanz

H glatte Haut

AUFGABE >>

1 Bestimme die Amphibien A — H in den Abbildungen auch anhand der ergänzenden Angaben. Notiere beim Tier A jede deiner Entscheidungen bis zum Artnamen.

Vom Wasser ans Land

Gefährdung und Schutz von Amphibien

1 Erdkrötenweibchen trägt Erdkrötenmännchen

In Deutschland gibt es etwa 20 Amphibienarten. Besonders in den letzten Jahrzehnten ist die Zahl der Amphibien stark zurückgegangen. Alle Amphibienarten sind deshalb unter Schutz gestellt worden.

2 Verkehrsschilder warnen Autofahrer

Lebensräume verändern sich
Die Paarung der *Erdkröten* erfolgt im Wasser. Aus dem *Krötenlaich* schlüpfen die Larven der Erdkröten, die sich unter Wasser entwickeln. Erwachsene Kröten leben dagegen an Land in feuchter Umgebung. Daher benötigt die Erdkröte Feuchtlebensräume mit Seen, Teichen, Feuchtwiesen und feuchten Laubwäldern. In den letzten 60 Jahren hat der Mensch viele Feuchtgebiete trockengelegt. An diesen Stellen sind neue Ackerflächen und Siedlungen entstanden (Abb. 3).

Wanderungen sind gefährlich
Im Sommer wandert die Erdkröte in feuchte Laubwälder. Nachts jagt sie viele Insekten, Würmer und Spinnen. Im Herbst, wenn es kälter wird, zieht sich die Erdkröte in Erdhöhlen zurück und überwintert hier. Im Frühjahr kehrt sie zu dem Gewässer zurück, in dem sie selbst geschlüpft ist. Hier paart sie sich und legt Laich ins Wasser ab. Auf ihren Wanderungen ist die Erdkröte sehr gefährdet. Schlangen und Vögel erbeuten die Tiere leicht. Ein weiteres Problem ist für die Erdkröte das Überqueren von Straßen. Dabei werden viele Erdkröten von Autos überfahren.

Schutz auf den Wanderungen
Um die Erdkröte auf ihren Wanderungen zu schützen, stellen Helfer Zäune am Straßenrand auf und vergraben Eimer im Boden (Abb. 4). Bei dem Versuch, die Straße zu überqueren, laufen die Erdkröten am Zaun entlang und fallen in die Eimer. Daraus können sie nicht fliehen. Einmal am Tag tragen die Helfer die Kröten über die Straße und setzen sie an geeigneter Stelle wieder aus (Abb. 6).

Seit einigen Jahren wird der Schutz der Amphibien manchmal bereits beim Bau einer Straße berücksichtigt. In bekannten Wanderungsgebieten von Amphibien wer-

Artenrückgang
g4f7zd

3 Veränderungen einer Landschaft von 1950 bis heute

den niedrige Beton- oder Stahlwände am Straßenrand errichtet. In regelmäßigen Abständen gibt es Tunnel, die unter der Straße hindurchführen. So kommen die Tiere gefahrlos auf die andere Straßenseite und können ihren Weg zum Gewässer fortsetzen.

4 Aufbau eines Krötenzauns

6 Gefangene Kröten werden wieder ausgesetzt

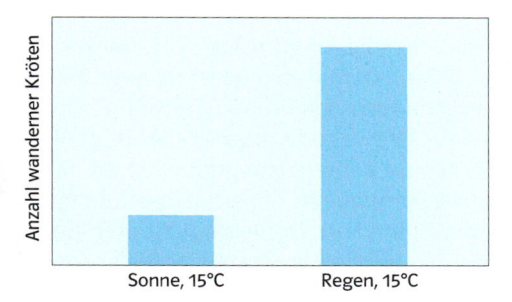

5 Krötenwanderungen in Abhängigkeit vom Wetter

AUFGABEN >>

○ **1** Erläutere die Krötenwanderungen in Abhängigkeit vom Wetter (Abb. 5).

◐ **2** Erläutere, welche Folgen die Veränderungen der Landschaft in Abb. 3 für Amphibien haben.

● **3** Erstelle eine Skizze zu den Wanderungen der Erdkröten im Verlauf eines Jahres.

Vom Wasser ans Land   **133**

3.3 Reptilien
Die Mauereidechse — ein Reptil

1 Liebt die Wärme — die Mauereidechse

Ohne eine erkennbare Regung sitzt die *Eidechse* auf einem Stein in der Sonne, nur zufällig haben wir sie entdeckt. Blitzartig huscht sie davon.

Merkmale der Mauereidechse
Die *Mauereidechse* ist grau-braun gefärbt und hat damit häufig eine ähnliche Farbe wie der Stein, auf dem sie sitzt. Bei genauem Hinsehen können wir sie gut an den beiden schwarzen Streifen erkennen, die seitlich vom Auge bis zum Schwanzansatz führen. Diese Eidechse ist etwa 20 cm lang und damit eher klein. Der Schwanz ist deutlich länger als der übrige Körper des Tieres (Abb. 1).

Die Mauereidechse hat einen schlanken und flachen Körper. Ihr fällt es daher leicht, sich zwischen Steinen und Mauerritzen zu verstecken. Der lange Schwanz unterstützt das Tier beim Klettern. Mauereidechsen ernähren sich von Insekten.

Mauereidechsen sind wechselwarm
Mauereidechsen zählen zu den *Reptilien*. Wie alle Reptilien ist auch die Mauereidechse *wechselwarm*. Das bedeutet, dass ihre Körpertemperatur nicht gleich bleibt, sondern immer etwa der Umgebungstemperatur entspricht (Abb. 2). Bewegung, Verdauung und Fortpflanzung sind drei Beispiele für Vorgänge, die Wärme erfordern. Damit wird deutlich, dass die Mauereidechse warme Außentemperaturen für ihre Lebensvorgänge benötigt. Von der Sonne aufgeheizte Steine bieten ihr eine Wärmequelle, die sie selbstständig aufsuchen kann. Wenn die Außentemperaturen um die Mittagszeit zu heiß sein sollten, versteckt sich die Mauereidechse an einem schattigeren Ort.

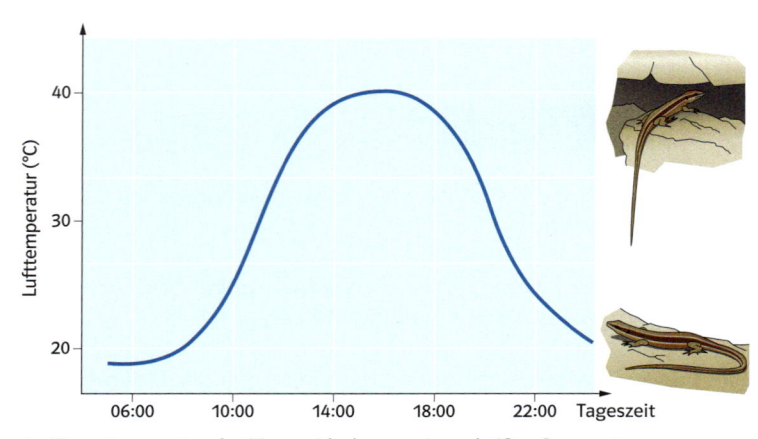

2 Körpertemperatur der Mauereidechse an einem heißen Sommertag

Durch ihren Wechsel zwischen Sonnenplatz und Schatten kann die Eidechse also ihre Körpertemperatur an warmen Tagen regulieren. Im Winter, bei sehr kalten Temperaturen hingegen, wenn keine Insekten zu finden sind und die Nahrungsbeschaffung daher unmöglich wird, werden die Lebensvorgänge der Mauereidechse sehr stark verlangsamt. So dient die wechselwarme Lebensweise dem Einsparen von Energie.

Die Mauereidechse legt Eier

Wie die meisten Reptilien legt auch die Mauereidechse Eier. Diese Eier werden aber meistens nicht von den erwachsenen Tieren ausgebrütet. Die Jungtiere entwickeln sich stattdessen nur durch warme Außentemperaturen. Das Weibchen legt die Eier daher an Orten ab, an denen die Eier einerseits gut versteckt sind, andererseits aber auch durch die Umgebung aufgewärmt werden können. Um aus dem Ei herauszukommen, müssen die Reptilien die Eischale von innen aufschneiden. Das machen sie mit dem sogenannten *Eizahn*.

[▶ Fortpflanzung und Entwicklung]

Verbreitung der Mauereidechse

Die Mauereidechse ist in Südeuropa weit verbreitet. In Deutschland kommt sie vor allem in Baden-Württemberg und Rheinland-Pfalz vor. In der Natur findet man sie auf Felsen und wenig bewachsenen Steinen. Daneben kommt sie aber auch in Weinbergen und an Eisenbahntrassen vor.

Diese Tierart kann also auch dort leben, wo der Mensch Lebensräume schafft, die dem natürlichen Lebensraum ähnlich sind. Aufgrund der höheren Temperaturen in den Städten besiedelt die Mauereidechse inzwischen auch diesen Lebensraum. Insbesondere auf verlassenen Bahnhöfen mit Schottergleisbetten kann man viele Tiere finden.

Problematisch für Mauereidechsen ist der Einsatz von Insektenvernichtungsmitteln. Naturschützer fordern deshalb die Einschränkung des Chemieeinsatzes in Weinbergen und an Bahndämmen und setzen sich für den Erhalt und die Pflege von Trockenmauern ein.

3 Schlüpfende Mauereidechse

AUFGABEN >>

○ 1 Erkläre, warum auch Weinberge und Eisenbahntrassen für die Mauereidechse einen geeigneten Lebensraum darstellen.

● 2 Wer Mauereidechsen beobachten möchte, sollte sich an einem sonnigen Sommertag vormittags oder nachmittags auf die Suche machen. Zur Mittagszeit findet man praktisch keine Tiere auf Steinen sitzen. Begründe.

◐ 3 Durch den Einsatz von Insektenvernichtungsmitteln in Weinbergen werden nicht nur Weinschädlinge, sondern in der Regel alle Insekten gleichermaßen getötet. Dadurch ist die Mauereidechse bedroht. Erkläre.

Reptilien — die ersten Landwirbeltiere

1 Ringelnattern sind ungefährliche Schlangen

Neben der *Mauereidechse* ist die *Ringelnatter* ein Beispiel einer großen Gruppe von Tieren, die wir *Reptilien* (Kriechtiere) nennen. Reptilien stammen zusammen mit den Vögeln von einem gemeinsamen Vorfahren ab. Zu den heute lebenden Reptilien zählt man u. a. Eidechsen, Schlangen, Krokodile und Schildkröten.

2 Eigelege der Ringelnatter

Schlangen

Schlangen haben sich aus vierbeinigen Reptilien entwickelt und sind mit den Eidechsen verwandt. Die Giftdrüsen der Giftschlangen haben sich im Zuge der Stammesgeschichte aus den Speicheldrüsen der Vorfahren entwickelt. Schlangen können ihre Kiefer weit öffnen, sodass sie auch verhältnismäßig große Beutetiere, wie z. B. Mäuse, verschlingen können.

Reptilien sind reine Lungenatmer

Reptilien haben eine wasserundurchlässige, verhornte Haut, durch die keine Hautatmung stattfinden kann. Sie unterscheiden sich darin deutlich von den Amphibien. Reptilien haben leistungsfähige Lungen. Die Oberfläche, über die Sauerstoff ins Blut gelangt und Kohlenstoffdioxid abgegeben wird, befindet sich im Körper. Dadurch ist die Lunge vor Wasserverdunstung geschützt.

Anders als Amphibien werden Reptilien bereits als Lungenatmer geboren und durchleben kein Larvenstadium. Die Lungenatmung ermöglicht also, ebenso wie die wasserundurchlässige Haut, die Besiedlung trockener Lebensräume.

[▶ Variabilität und Angepasstheit]

Reptilien sind wechselwarm

In warmen Ländern, etwa am Mittelmeer, leben viel mehr Reptilienarten als in Deutschland. Und auch in Deutschland halten sich Reptilien bevorzugt in wärmeren Regionen auf, z. B. in Süddeutschland und innerhalb von Siedlungen. Reptilien können ihre Körperwärme kaum regulieren. Aus diesem Grund können sie nur dort aktiv sein, wo eine höhere Außentemperatur das zulässt. Dennoch schaffen es Reptilien, auch in kältere Lebensräume vorzudringen. Ihre Brut wird dann im Körper des Weibchens ausgebrütet, das gezielt warme Sonnenflächen aufsuchen

Reptilien
5r82wc

kann. Die Jungen schlüpfen schließlich im Körper des Weibchens. Daher sind im Norden lebende Reptilien lebendgebärend.

Landgang der Wirbeltiere
Vor ca. 300 Millionen Jahren hatte sich die Erde so verändert, dass viele trockene Landlebensräume entstanden waren. Die damals vorherrschende Tiergruppe der Amphibien konnte diese Lebensräume nicht nutzen, da sie damals wie heute für die Fortpflanzung Wasser brauchte und über die Haut viel Feuchtigkeit verlor.

In dieser Zeit traten Wirbeltiere auf, bei denen die Befruchtung nicht mehr im Wasser stattfand, sondern bei denen die Eizellen direkt im weiblichen Tier befruchtet wurden. Außerdem hatten diese Tiere eine verhornte Haut, die undurchlässig für Wasser war. Sie waren die Vorfahren unserer heutigen Reptilien. Ihre neu entstandenen Merkmale kennzeichnen alle Reptilien: Die Befruchtung findet im Körper der Weibchen statt (innere Befruchtung). Sie verfügen über eine verhornte Haut. Diese Haut wächst nicht mit, Reptilien stoßen die verhornte Haut daher beim Wachstum ab, man sagt, sie *häuten* sich.
[▶ Stammesgeschichte und Verwandtschaft]

EXTRA >>

Kreuzotter — Töten mit Gift

Die *Kreuzotter* ist eine in Deutschland vorkommende Giftschlange. Sie hat zwei lange Zähne, die an der Spitze kleine Öffnungen aufweisen. Diese Öffnungen stehen mit *Giftdrüsen* in Verbindung. Beim Biss spritzt die Kreuzotter wie mit einer Injektionsnadel Gift unter die Haut des Opfers. Das Gift wird von der Kreuzotter vor allem für den Beutefang eingesetzt. Das hochwirksame Gift tötet das Beutetier, z. B. eine Maus, in wenigen Minuten. Das getötete Tier wird von der Kreuzotter dann ganz verschlungen.

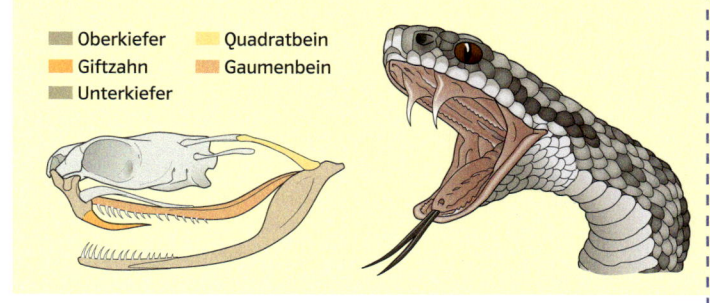

■ Oberkiefer ■ Quadratbein
■ Giftzahn   ■ Gaumenbein
■ Unterkiefer

AUFGABE >>

Beschreibe den Vorteil, den Giftschlangen beim Beutefang haben.

3 *Blindschleiche*

AUFGABEN >>

○ 1 Nenne stichwortartig die Merkmale, durch die sich Reptilien eindeutig von Amphibien unterscheiden.

◐ 2 Vergleiche die Merkmale und die Lebensweise des Molchs mit denen der Mauereidechse.

● 3 In Gärten und Parks findet man manchmal Blindschleichen (Abb. 4). Das Tier sieht zwar aus wie eine Schlange, gehört aber zu den Eidechsen. Informiere dich über den Körperbau der Blindschleiche und ihre Lebensweise und halte ein Referat.

Vom Wasser ans Land

Saurier sind Reptilien

1 Versteinerter Fischsaurier aus Holzmaden

Über 150 Millionen Jahre lang waren die Saurier die vorherrschenden Wirbeltiere auf der Erde. Das belegen viele Fossilfunde aus dieser Zeit. Fossilien sind Teile wie Zähne oder Knochen von Lebewesen, die bis heute erhalten geblieben sind, z. B. durch Versteinerungen.

Saurier sind Reptilien
Anhand von Fossilfunden lassen sich die Saurier den Reptilien zuordnen. Sie hatten ein Gebiss mit gleichförmigen Zähnen und legten meist Eier. Saurier waren wie die Echsen, Schildkröten und Krokodile wechselwarm. Es wird aber vermutet, dass manche Arten der Saurier wie die heutigen Vögel gleichwarm waren.

[▶ Stammesgeschichte und Verwandtschaft]

Saurier im Meer
In Holzmaden bei Stuttgart wurden weltberühmte Fossilien von *Fischsauriern* gefunden, die sehr gut erhalten sind (Abb. 1). Ihre Körperform erinnert stark an Delfine. Sie hatten große Augen und das Gebiss bestand aus vielen spitzen und nach hinten gerichteten Zähnen. Im Magen fand man Überreste von Belemniten. Belemniten waren Kopffüßer, die wie die heutigen Kalmare einen muskulösen Kopf und lange Fangarme hatten. Im Kopf der Belemniten befand sich ein Skelettstift, an dem die Muskeln ansetzten. Die Fangarme waren mit spitzen Krallen versehen. Beide Strukturen sind fossil erhalten. Im Magen von Fischsauriern findet man aber nur Skelettstifte und keine Krallen. Vermutlich durchtrennten die Fischsaurier die Belemniten zwischen Körper und Fangarmen (Abb. 2) und fraßen nur den muskulösen Körper. Es gibt beeindruckende Fossilfunde von Fischsauriern, bei denen im Leib der Mutter mehrere Junge zu finden sind oder gar aus dem Mutterleib schlüpfen (Abb. 1). Die Jungen schlüpften schon im Mutterleib aus dem Ei und kamen im offenen Meer lebend zur Welt.

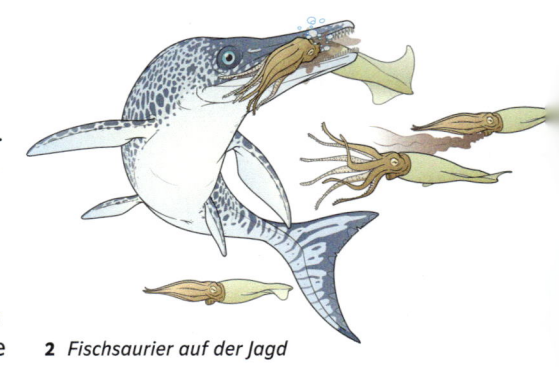

Versteinerte Belemniten

2 Fischsaurier auf der Jagd

3 Saurier lebten im Wasser, an Land und in der Luft

a) Diplodocus
b) Stegosaurus
c) Tyrannosaurus
d) Velociraptor
e) Pteranodon

Saurier an Land

An Land gab es riesige Pflanzenfresser wie *Diplodocus* (Abb. 3a) und *Stegosaurus* (Abb. 3b). Diplodocus erreichte eine Länge von 27 Metern und eine Körpermasse von über 10 Tonnen. Seine Zähne waren schmal und spitz. Die Unterkiefer konnten nicht seitlich bewegt werden. Damit konnten Pflanzen nur grob zerkleinert werden. Da bei einigen pflanzenfressenden Sauriern kleine Steine im Magen gefunden wurden, nimmt man an, dass die Nahrung durch diese Magensteine im muskulösen Magen zermahlen wurde.

Unter den Land-Sauriern gab es auch Fleischfresser. *Tyrannosaurus* (Abb. 3c) konnte mit seinen nach vorn ausgerichteten Augen und seinem guten Riechsinn Beutetiere aufspüren. Er jagte auf zwei Beinen. Mit den kräftigen Zähnen, die spitz und nach hinten gebogen waren, konnte er seine Beute fangen und große Fleischstücke herausreißen. *Velociraptor* (Abb. 3d) war mit kräftigen, sichelförmigen Krallen ausgestattet, mit denen er Beutetiere aufschlitzen konnte. Die scharfe Kralle wurde beim Laufen angehoben.

Flugsaurier

Manche Saurier konnten fliegen. Die Flügel bestanden aus langen Armknochen, die eine Flughaut aufspannten. *Pteranodon* (Abb. 3e) erreichte eine Flügelspannweite von neun Metern. Er ernährte sich von Fischen.

AUFGABEN >>

○ 1 Erkläre, inwiefern das Gebiss der pflanzenfressenden Saurier nicht für das Zermahlen von Pflanzen geeignet war.

◐ 2 Vergleiche die Jagdmethode von Tyrannosaurus und Velociraptor mit heutigen Raubtieren.

● 3 Erläutere wie aus Fossilien von Fischsauriern Rückschlüsse über deren Lebensweise möglich sind.

Vom Wasser ans Land

3.4 Wir vergleichen Wirbeltiere
Fortpflanzung und Körperoberflächen

Tiere paaren sich und haben Nachkommen, sie pflanzen sich fort. Bei den Wirbeltieren kommen zwei verschiedene Formen der Fortpflanzung vor.

Äußere Befruchtung
Die Weibchen der Fische und Amphibien legen ihre Eier, den Laich, im Wasser ab. Die Eier haben keine feste Schale, sondern lediglich eine gallertartige Hülle. Durch diese können die *Spermien*, die von den Männchen ebenfalls ins Wasser abgegeben werden, leicht eindringen. Die Befruchtung der Eier erfolgt dabei außerhalb des weiblichen Körpers, man spricht deshalb von *äußerer Befruchtung*. In den befruchteten Eiern entwickeln sich die Jungtiere. Nach dem Schlüpfen wachsen sie im Wasser heran. Im Gegensatz zu den Fischen machen die meisten Amphibien dabei einen Gestaltwandel durch.

Innere Befruchtung
Bei Reptilien, Vögeln und Säugetieren findet eine *innere Befruchtung* statt. Dabei werden die Eier im Körper des Weibchens befruchtet. Bei dieser Art der Befruchtung sind die Tiere nicht auf Gewässer angewiesen. Auch die Entwicklung der Jungtiere ist bei Reptilien, Vögeln und Säugetieren vom Wasser unabhängig.

Die Eier der Reptilien und Vögel haben eine Schale und sind so vor Austrocknung, aber auch vor Fressfeinden geschützt. Bei Säugetieren entwickeln sich die Jungen gut geschützt im Mutterleib. Nach der Geburt werden sie von der Mutter gesäugt.

Haut
Die Haut bildet die Körperoberfläche der Wirbeltiere. Sie schützt vor Verletzungen und dem Eindringen von Krankheitserregern, wie z. B. Bakterien. Über die Haut findet aber auch ein Austausch mit der

Fische

Fortpflanzung
— äußere Befruchtung
— Jungtiere entwickeln sich in Eiern mit Gallerthülle

Haut
— mit Schuppen
— feucht

Amphibien

Fortpflanzung
— äußere Befruchtung
— Aus Eiern mit Gallerthülle schlüpfen Kaulquappen und entwickeln sich zu erwachsenen Lurchen

Haut
— feucht und drüsenreich

Säugetiere

Wirbeltiere
r28sz6

Reptilien

Fortpflanzung
— innere Befruchtung
— Jungtiere schlüpfen aus Eiern mit weicher, pergamentartiger Schale

Haut
— mit Hornschuppen
— trocken

Vögel

Fortpflanzung
— innere Befruchtung
— Jungtiere schlüpfen aus Eiern mit stabiler Kalkschale

Haut
— mit Federn

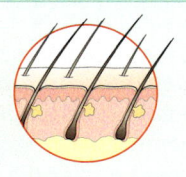

...flanzung
...ere Befruchtung
...end geborene Junge, die ...t Milch ernährt werden

Haut
— mit Fettschicht und Fell

Umgebung statt. Vergleicht man die Körperoberflächen der Wirbeltiere, erkennt man deutliche Unterschiede.

Feuchte Haut — trockene Haut
Bei Fischen und Amphibien fühlt sich die Haut feucht und glitschig an. Sie ist von Schleim überzogen, der von Drüsen abgesondert wird. So wird unter anderem die Fortbewegung im Wasser erleichtert. Die feuchte Haut der Amphibien ist dünn und gut durchblutet. So können die erwachsenen Tiere Sauerstoff direkt aus der Luft aufnehmen. Reptilien haben eine Haut mit Hornschuppen. Sie bietet Schutz vor Verletzungen und verhindert ein Austrocknen. Allerdings ist eine Hautatmung nicht möglich, Reptilien sind deshalb auf die Lungenatmung angewiesen.

Federn und Haare
Vögel haben Federn, Säugetiere ein Fell aus Haaren. Zwischen Federn oder Haaren eingeschlossene Luft dient der Wärmedämmung. So können die Tiere ihre Körpertemperatur konstant halten. Sie sind *gleichwarm*. Fische, Amphibien und Reptilien haben weder Fell noch Federn oder Unterhautfett. Sie verlieren Wärme über die Haut. Mit der Umgebungstemperatur ändert sich so auch die Körpertemperatur der Tiere. Sie sind *wechselwarm*.

AUFGABEN >>

● 1 Erläutere den Zusammenhang von Körpertemperatur und Körperoberfläche der einzelnen Wirbeltiere.

● 2 Erkläre, weshalb es bei Reptilien keine äußere Befruchtung geben kann.

● 3 Beschreibe die Beschaffenheit der Körperoberflächen bei den verschiedenen Wirbeltieren.

Vom Wasser ans Land

Atmung der Wirbeltiere

1 Fische atmen mit Kiemen

2 Erwachsene Frösche atmen mit Lungen

Für die Jagd eines Raubtiers, den Flügelschlag eines Vogels und für sehr viele andere Körpervorgänge ist Sauerstoff notwendig, der dafür in den Körper gelangt. Außerdem wird bei diesen Vorgängen Kohlenstoffdioxid gebildet, das den Körper verlässt. Aufnahme und Abgabe dieser Atemgase bezeichnen wir als Atmung. Sie erfolgt über dünne Häute in den Atmungsorganen.

Kiemenatmung

Die Atmungsorgane der Fische, die *Kiemen*, sind von außen nicht zu sehen. Sie liegen bei vielen Arten hinter einem Deckel (Abb.1) und werden daher als *innere Kiemen* bezeichnet. Fische saugen beim Atmen Wasser in den Mund und pressen es durch ihre Kiemen. Dabei kann der im Wasser gelöste Sauerstoff durch die dünnen Häute der *Kiemenblättchen* in das Blut übergehen. Außerdem verlässt Kohlenstoffdioxid durch diese Häute das Blut. In den Kiemen wird also das Blut sauerstoffreich und kohlenstoffdioxidarm. Das Wasser, das aus den Kiemen ausströmt, ist nun sauerstoffärmer und mit Kohlenstoffdioxid angereichert.

Amphibien haben meist nur im Larvenstadium Kiemen. Anders als bei den Fischen ragen die *Kiemenbüschel* bei Molchlarven frei ins umliegende Gewässer und werden *äußere Kiemen* genannt. Durch die ständige Bewegung des Tieres gelangt immer wieder sauerstoffreiches Wasser an die Kiemen. Dadurch wird der Austausch der Atemgase erleichtert.

Lungenatmung

Alle Reptilien und Säugetiere atmen mit *Lungen*. Das Kennzeichen von Lungen ist, dass die Austauschflächen der Atemgase in den Brustkorb hinein verlegt sind. Dadurch sind die feuchten Häute vor Verdunstung geschützt. Wie bei den Kiemen wird hier das Blut mit Sauerstoff angereichert und in die Lunge Kohlenstoffdioxid vom Blut abgegeben. Erwachsene Amphibien können sowohl über Lungen als auch über die Haut atmen (Abb. 2).

Prinzip Oberflächenvergrößerung

Der Austausch der Atemgase zwischen Körperinnerem und Umgebung ist von großer Bedeutung für die körperliche Leistungsfähigkeit des Lebewesens. Bei einer

3 Säugetiere atmen mit Lungen

großen Austauschfläche erhöht sich diese Leistungsfähigkeit. Aus diesem Grund verfügen die Atmungsorgane der Wirbeltiere über besonders große Austauschflächen. Diese Größe wird durch lamellenartige Strukturen (Fischkiemen) oder Bläschenbildung (Säugetierlunge) erreicht. Würde man die innere Oberfläche deiner Lunge ausbreiten, so erhielte man etwa die Fläche eines großen Klassenraums.

[► Struktur und Funktion]

AUFGABEN >>

○ 1 Beschreibe den Aufbau der Atmungsorgane der Wirbeltiere.

◐ 2 Erläutere die Gemeinsamkeiten der Atmungstypen.

● 3 In warmem Wasser sind Amphibienlarven viel beweglicher als in kaltem. Erkläre, welche Wirkung sich daraus für die Atmung ergibt.

EXTRA >>

Besonderheit Vogellunge

Vögel haben Lungen mit zusätzlichen *Luftsäcken*. Durch abwechselndes Zusammenziehen und Weiten der Luftsäcke strömt die sauerstoffreiche Luft immer in einer Richtung an den dünnen Häuten vorbei, sodass der Austausch der Atemgase besonders effektiv erfolgt. Aufgrund ihrer leistungsfähigen Lunge können Vögel große körperliche Herausforderungen meistern. Einige Vogelarten können z. B. auf ihrem Vogelzug 15 000 km zurücklegen.

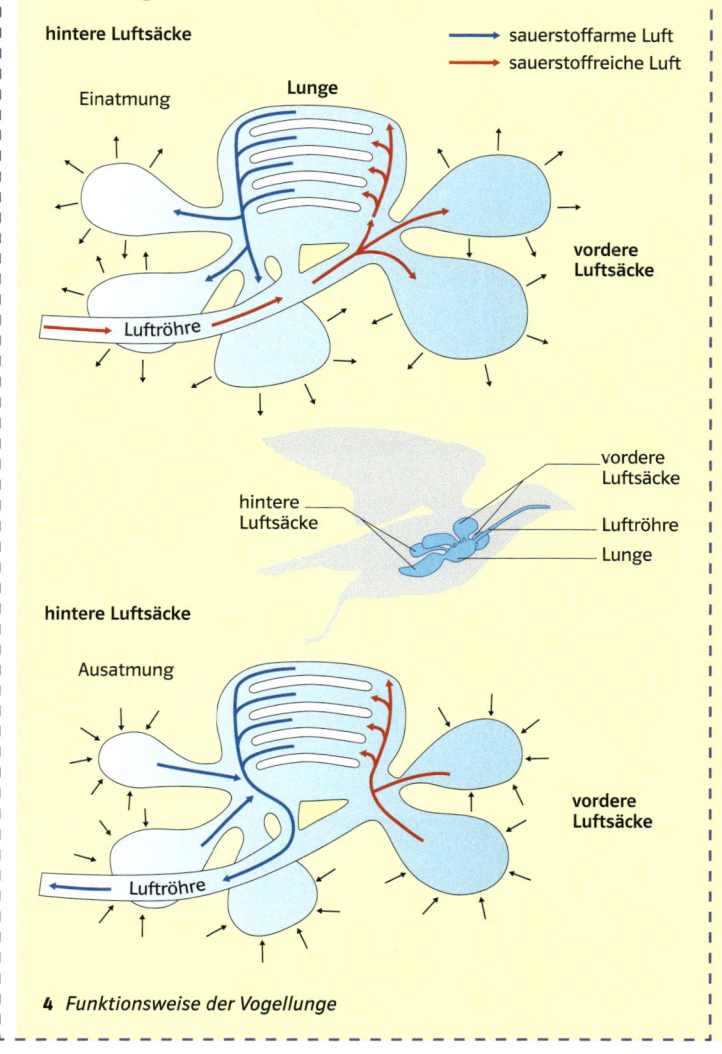

4 Funktionsweise der Vogellunge

Wirbeltiere — eine Übersicht

Vögel

- Federkleid
- atmen nur mit Lungen
- innere Befruchtung
- Küken entwickeln sich in hartschaligen Eiern
- Elterntiere kümmern sich um ihren Nachwuchs
- sind gleichwarm

Körpertemperatur unabhängig von der Umgebungstemperatur

Amphibien

- haben eine schleimige, feuchte Haut
- Hautatmung vorhanden
- die Larvenstadien atmen mit Kiemen
- erwachsene Tiere atmen mit Lungen
- äußere Befruchtung
- Jungtiere entwickeln sich aus Eier in Gallerthülle
- sind wechselwarm

Fortbewegung auf vier Beinen

Fische

- schleimige Haut mit Schuppen
- atmen mit Kiemen
- äußere Befruchtung
- Jungtiere entwickeln sich aus Eiern
- sind wechselwarm
- bewegen sich durch Flossen fort

Säugetiere

- Haare
- atmen nur mit Lungen
- innere Befruchtung
- Jungtiere entwickeln sich im Mutterleib
- Jungtiere werden mit Muttermilch versorgt
- sind gleichwarm

Reptilien

Fortpflanzung unabhängig von Gewässern

- trockene, luftundurchlässige Haut mit verhornten Schuppen
- müssen sich zum Wachsen häuten
- atmen nur mit Lungen
- innere Befruchtung
- Jungtiere entwickeln sich in weichschaligen Eiern
- sind wechselwarm

Tiere, die eine Wirbelsäule aus einzelnen Wirbeln haben, bezeichnet man als *Wirbeltiere*. Diese unterteilt man in fünf *Klassen*: *Fische*, *Amphibien*, *Reptilien*, *Vögel* und *Säugetiere*. Die Merkmale der einzelnen Gruppen beruhen auf einer gemeinsamen Abstammung.

[▶ Stammesgeschichte und Verwandtschaft]

AUFGABE >>

1 „Lebewesen haben übereinstimmende Merkmale, weil sie eine gemeinsame Abstammung haben." Erläutere diese Aussage anhand der Darstellung.

Das kannst du jetzt

Angepasstheiten
Fische sind an das Leben im Wasser angepasst. Sie atmen mit Kiemen und pflanzen sich im Wasser fort. Amphibien wie Frösche oder Kröten können sowohl an Land als auch im Wasser Leben. Sie sind für die Fortpflanzung auf Gewässer und Feuchtlebensräume angewiesen. Die Eiablage und die Entwicklung der Jungtiere finden im Wasser statt. Kaulquappen atmen mit Kiemen, erwachsene Tiere atmen mit Lungen sowie über die feuchte Haut. Bei der Entwicklung von der Kaulquappe zum Frosch werden bestimmte Körperteile umgewandelt, dies nennt man Metamorphose. Reptilien sind an das Leben an Land angepasst. Bei ihnen findet eine innere Befruchtung statt. Ihre Fortpflanzung ist somit, im Gegensatz zu den Fischen und Amphibien, vom Wasser unabhängig. Auch bei der Entwicklung der Jungtiere erkennt man die Angepasstheit an das Leben an Land. Die Jungtiere entwickeln sich in Eiern, die eine dünne Schale haben. Sie schützt vor Austrocknung.

2 *Lachse sind Wanderfische*

1 *Der Grasfrosch lebt am Teich*

Gefährdung
Durch die Zerstörung von Lebensräumen sind viele Tierarten gefährdet. So stellt die Trockenlegung von Gewässern eine große Gefahr für die Entwicklung der Fische und Amphibien dar. Die Begradigung und Verbauung von Flüssen bedroht vor allem Wanderfische. Die Überfischung führt dazu, dass die Bestände von Meeresfischen stark zurückgehen. Der Einsatz von Insektenvernichtungsmitteln führt dazu, dass auch die Zahl der Eidechsen abnimmt.

Schutz und Nachhaltigkeit
Um bedrohte Tierarten zu schützen, werden ganz unterschiedliche Maßnahmen ergriffen. Das Anlegen von Trockenmauern bietet Reptilien Ersatzlebensräume. Der Bau von Krötenzäunen entlang von Straßen und der Bau von Fischwegen an Schleusen und Wehren erleichtern die Wanderungen von Amphibien und Fischen. Eine nachhaltige Fischerei soll helfen, dass sich die Bestände der Speisefische im Meer wieder erholen. Nur so kann auch in Zukunft noch ausreichend Fisch als Nahrung aus dem Meer gefangen werden.

3 *Schildkröte schlüpft aus dem Ei*

TESTE DICH SELBST

Entwicklung des Teichmolchs
Bevor Teichmolche sich im Wasser fortpflanzen, bilden sie eine Wassertracht aus.

○ 1 Erläutere, weshalb die Wassertracht für die Teichmolche im Wasser nützlich ist.

● 2 Beschreibe die Metamorphose des Teichmolchs. Vergleiche sie mit der Metamorphose des Wasserfrosches.

1 Entwicklung des Teichmolchs

Wirbeltierklassen
Schildkröten und Schnabeltiere gehören zu den Wirbeltieren. Wirbeltiere lassen sich anhand von Merkmalen einer Wirbeltierklasse zuordnen.

Schildkröten atmen ausschließlich mit Lungen, legen Eier und sind wechselwarm. Schnabeltiere haben ein Fell, atmen mit Lungen, legen Eier und säugen ihre Jungen.

○ 3 Begründe, dass die Bezeichnung „Walfisch" irreführend ist.

● 4 Ordne Schildkröte und Schnabeltier begründet einer der fünf Wirbeltierklassen zu.

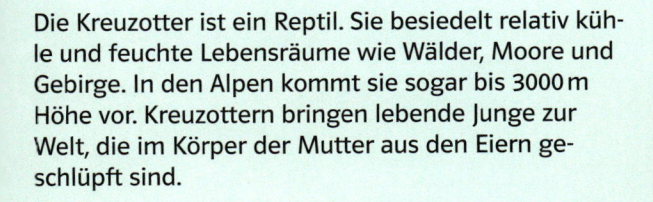

2 Schildkröte

Die Kreuzotter ist ein Reptil. Sie besiedelt relativ kühle und feuchte Lebensräume wie Wälder, Moore und Gebirge. In den Alpen kommt sie sogar bis 3000 m Höhe vor. Kreuzottern bringen lebende Junge zur Welt, die im Körper der Mutter aus den Eiern geschlüpft sind.

3 Schnabeltier

○ 5 Nenne vier Kennzeichen von Reptilien.

● 6 Stelle Vermutungen an, warum es für die Kreuzotter von Vorteil ist, ihre Junge lebend zu gebären, und welchen Nachteil sie dadurch hat.

4 Kreuzotter

Vom Wasser ans Land

4 Wirbellose Tiere

Die Vielfalt der Tiere ist unüberschaubar und schwer zu ordnen. Ordnung schaffen kann man, indem man Tiere danach einteilt, ob sie eine Wirbelsäule haben oder nicht. Zu den Wirbellosen gehören Insekten, Spinnen, Ringelwürmer, Schnecken und viele andere Tiere. Darunter sind die Insekten mit Abstand die artenreichste Tiergruppe. Insekten leben an Land, in der Luft und im Wasser. Sie sind an die unterschiedlichsten Lebensweisen angepasst und können sehr verschieden aussehen.

Das lernst du in diesem Kapitel

›› Insekten erkennt man an ihrem dreigliedrigen Körper mit sechs Beinen.

›› Insekten haben keine Knochen, sondern ein hartes Außenskelett.

›› Die Mundwerkzeuge und Beine der Insekten sind an ihre Lebensweise angepasst.

›› Insekten entwickeln sich aus Larven, die sich deutlich vom erwachsenen Tier unterscheiden können.

›› Honigbienen leben in einem Insektenstaat und betreiben Arbeitsteilung.

›› Spinnen unterscheiden sich von Insekten durch einen zweigliedrigen Körper mit acht Beinen.

›› Weinbergschnecken und Regenwürmer haben kein festes Skelett.

›› Regenwürmer verbessern den Boden.

4.1 Insekten
Die Honigbiene — ein typisches Insekt

1 Honigbiene

Merkmale der Insekten

Am Beispiel der Honigbiene wird der Bau der Insekten deutlich (Abb. 2). Sie hat ein hartes *Außenskelett*, das den Körper wie eine Ritterrüstung schützt. Es besteht aus harten, aber elastischen Platten, die über bewegliche Hautfalten verbunden sind. Die Beine bestehen aus röhrenförmigen Gliedern, die durch Gelenke gegeneinander bewegt werden können. Solche Gliederbeine findet man nicht nur bei Insekten, sondern auch bei Spinnen, Krebstieren und anderen Gliederfüßern. Aber nur Insekten haben sechs Gliederbeine. Die meisten Insekten haben Flügel und können fliegen. Ein wichtiges Merkmal der Insekten besteht darin, dass der Körper durch deutliche Einkerbungen in drei Abschnitte unterteilt ist. Diese Körperabschnitte heißen Kopf, Brust und Hinterleib.

Auf der Erde sind weit über die Hälfte der bekannten Tierarten Insekten (Abb. 4). Wissenschaftler schätzen, dass es mehrere Millionen Insektenarten gibt. Insekten sind also eine sehr erfolgreiche und vielfältige Tiergruppe.

Körpergliederung

Die Honigbiene hat seitlich am *Kopf* wie alle Insekten zwei große *Komplexaugen*, die aus vielen Einzelaugen bestehen (Abb. 3). Auf der Stirn entspringen zwei gegliederte *Fühler*. Mit ihnen kann die

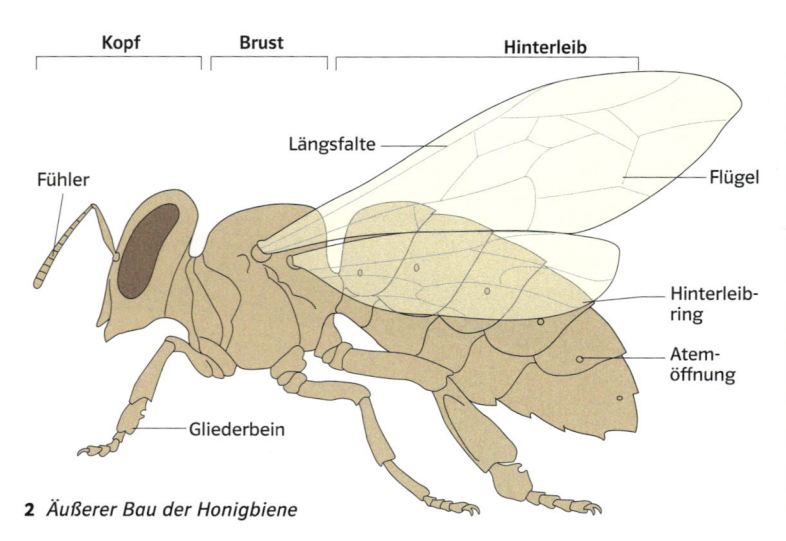

2 Äußerer Bau der Honigbiene

3 Kopf einer männlichen Honigbiene

Honigbiene tasten und riechen. Auf der Kopfunterseite sind *Mundwerkzeuge* zu erkennen, mit denen Nahrung zerkleinert und aufgenommen werden kann. Der Kopf dient also der Orientierung und zur Nahrungsaufnahme.

Die *Brust* der Honigbiene besteht aus stabilen Platten, die miteinander verwachsen sind. Auf der Oberseite entspringen die vier häutigen Flügel. Sie sind Ausfaltungen des Außenskeletts, die über komplizierte Gelenke mit der Brust verbunden sind.

Die dünnen Flügel der Honigbiene werden durch ein Netz aus dunklen Flügeladern verstärkt. Längsfalten sorgen für weitere Stabilität. Wie bei einem Fächer wird der Flügel dadurch steif und lässt sich dennoch gut zusammenfalten. Auf der Unterseite der Brust entspringen sechs Gliederbeine.

Am *Hinterleib* ist gut zu erkennen, dass das Außenskelett der Insekten aus ringförmigen Segmenten besteht. An den Seiten sind kleine Löcher erkennbar. Dabei handelt es sich um Atemöffnungen. Der Hinterleib enthält die wichtigsten Organe für Stoffwechsel und Fortpflanzung.

Vielfalt von Insekten

Auch Schmetterlinge, Käfer und Heuschrecken zeigen die typischen Merkmale von Insekten. Du siehst, Insekten begegnen uns in einer unglaublichen Vielfalt. Flügel, Beine und Mundwerkzeuge sind oft sehr verschieden geformt und auf unterschiedliche Aufgaben spezialisiert. Der Bau der Insekten ist auf vielfältige Weise abgewandelt. Insbesondere die harten Glieder der Beine sind oft so geformt, dass sie als Spezialwerkzeuge für bestimmte Aufgaben eingesetzt werden können.

[▶ Variabilität und Angepasstheit]

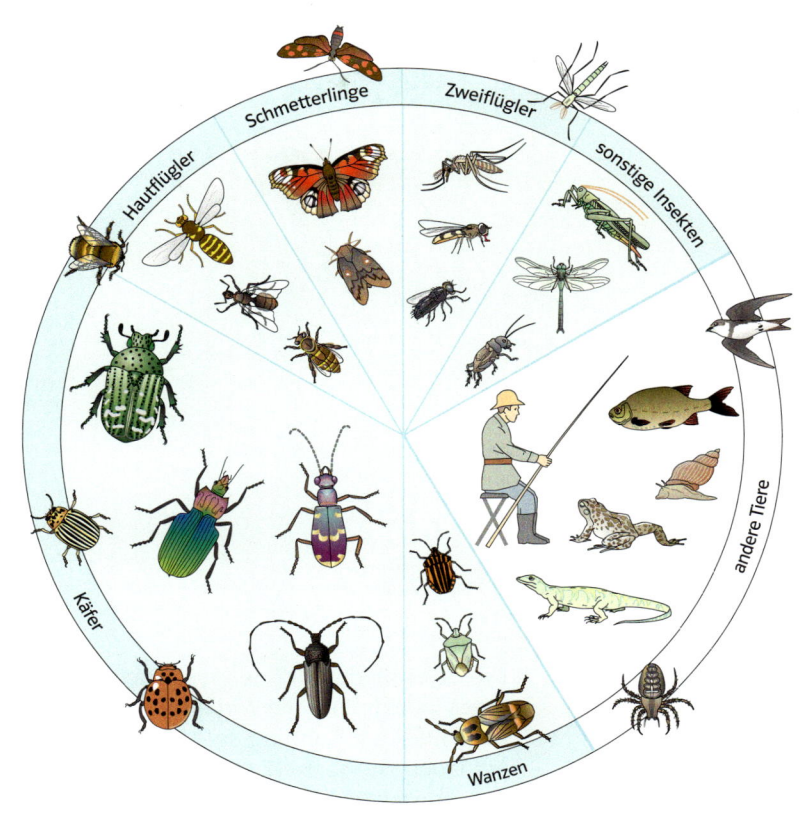

Insekt 23r98b

4 *Vielfalt von Insekten*

AUFGABEN >>

○ 1 Notiere drei typische Merkmale, an denen man Insekten erkennen kann.

◐ 2 In Abbildung 4 sind viele Insekten dargestellt, die alle den grundlegenden Bauplan der Insekten aufweisen. Zeichne ein Fantasie-Insekt, das alle Merkmale der Insekten zeigt.

◐ 3 Beschreibe die Funktion von drei im Text genannten Organen.

● 4 Erkläre, inwiefern das harte Außenskelett eine Voraussetzung für die Vielfalt und den Erfolg der Insekten darstellt.

Innere Organe der Insekten

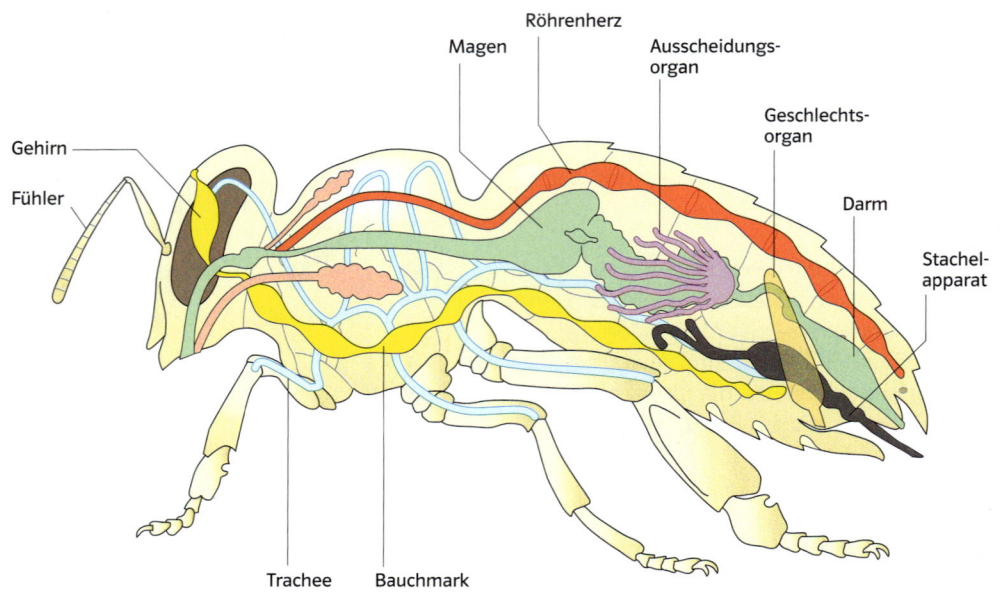

1 Innere Organe einer Honigbiene

Die Honigbiene zeigt den typischen Bau eines Insekts. Wie die Wirbeltiere können auch Insekten Nahrung aufnehmen und verdauen, Stoffe im Körper transportieren, Informationen verarbeiten und sich fortpflanzen.

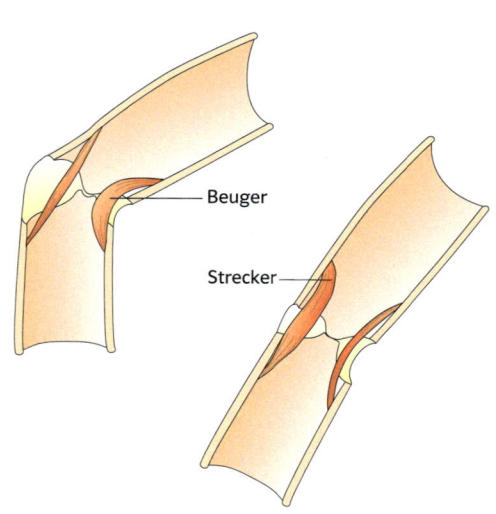

2 Gelenk an einem Gliederbein

Skelett und Muskulatur
Das Außenskelett der Insekten bietet Schutz und Stabilität. An den Gelenken gibt es weiche und biegsame Abschnitte (Abb. 2). Die Muskulatur liegt im Inneren. Für die Bewegung eines Gelenks sind zwei Muskeln notwendig: *Beuger* und *Strecker*. Das Bein wird abgeknickt, wenn der Beugemuskel sich zusammenzieht und der Streckmuskel erschlafft. Im umgekehrten Fall wird das Bein gestreckt. Da ein Muskel dem anderen Muskel entgegenwirkt, um eine Bewegung zu ermöglichen, spricht man von Gegenspielern. Das *Gegenspielerprinzip* findet sich auch an vielen Gelenken von Wirbeltieren.

[▶ Struktur und Funktion]

Offener Blutkreislauf
Das Blut der Insekten transportiert Nährstoffe, Abfallstoffe und Wärme. Es fließt nicht wie bei Wirbeltieren in Blutgefäßen, sondern offen im Körper. Man spricht daher von einem *offenen Blutkreislauf*. Das farblose Blut wird durch ein röhren-

förmiges Herz angetrieben. Es liegt im Hinterleib und hat an der Seite mehrere Öffnungen, durch die Blut eindringen kann. Durch Kontraktionen der Herzmuskulatur wird Blut durch das Herz nach vorn gedrückt. Erst im Brustbereich tritt es wieder durch eine Öffnung aus. An manchen Stellen im Körper gibt es zusätzliche kleine Herzen, die Blut in bestimmte Organe pumpen. Beispielsweise sorgen solche kleinen Herzen am Grund dafür, dass Blut in die Fühler fließt

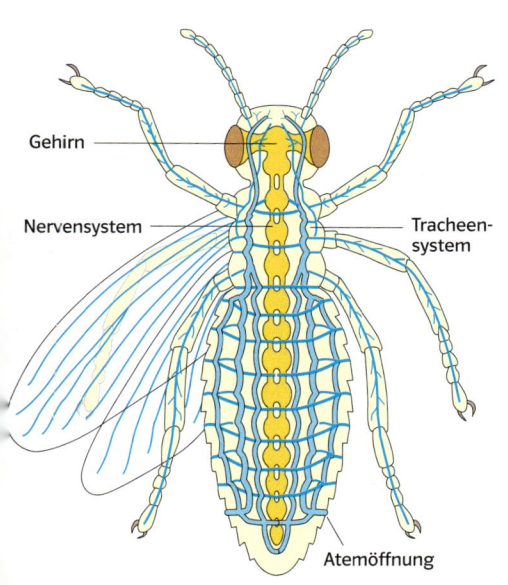

Pumpbewegungen des Hinterleibs unterstützt. Wenn sich der Hinterleib ausdehnt, strömt Luft durch die Atemöffnung in die Tracheen. Wenn er sich zusammenzieht, werden größere Tracheen zusammengedrückt und Luft strömt aus.

Nervensystem

Als Gehirn findet man bei Insekten eine Ansammlung von Nervenzellen über dem Mundbereich im Kopf (Abb. 3). Vom Gehirn verlaufen zwei dicke Nervenstränge auf der Bauchseite durch den ganzen Körper. Diese Bauchmarkstränge sind in jedem Segment miteinander verbunden. Da das Nervensystem der Insekten an eine Strickleiter erinnert, wird es auch *Strickleiternervensystem* genannt.

3 Tracheen und Nervensystem

4 Atemöffnungen bei einer Insektenlarve

Tracheenatmung

An den Seiten von Hinterleib und Brust haben Insekten kleine Öffnungen (Abb. 4). Durch diese gelangt Luft in die im Körper liegenden *Tracheen* (Abb. 3). Das sind dünne Röhren, die zu allen inneren Organen führen. So kann über das Tracheensystem Sauerstoff aus der Luft in den Körper gelangen. Gleichzeitig wird Kohlenstoffdioxid von den Organen nach außen abgegeben. Der Austausch verbrauchter Luft gegen frische in den Tracheen wird durch

AUFGABEN >>

○ 1 Beschreibe am Beispiel des Gelenks eines Gliederbeins (Abb. 2) das Gegenspielerprinzip der Muskeln.

◐ 2 Erläutere den Vorteil von zusätzlichen Herzen am Grund von schmalen Strukturen wie Fühlern und Gliederbeinen.

● 3 Sowohl bei Insekten als auch bei Wirbeltieren muss Sauerstoff aus der Luft zu den Organen gelangen und gleichzeitig Kohlenstoffdioxid abgegeben werden. Vergleiche den Weg der Atemgase bei Insekten und Wirbeltieren.

Leben im Bienenstaat

1 Arbeiterinnen vor dem Flugloch

An einem sonnigen Sommertag kommen Arbeiterinnen mit Pollen und Nektar zurück zum Bienenstock, andere bewachen das Flugloch. In einem Bienenstaat arbeiten Tausende Bienen zusammen.

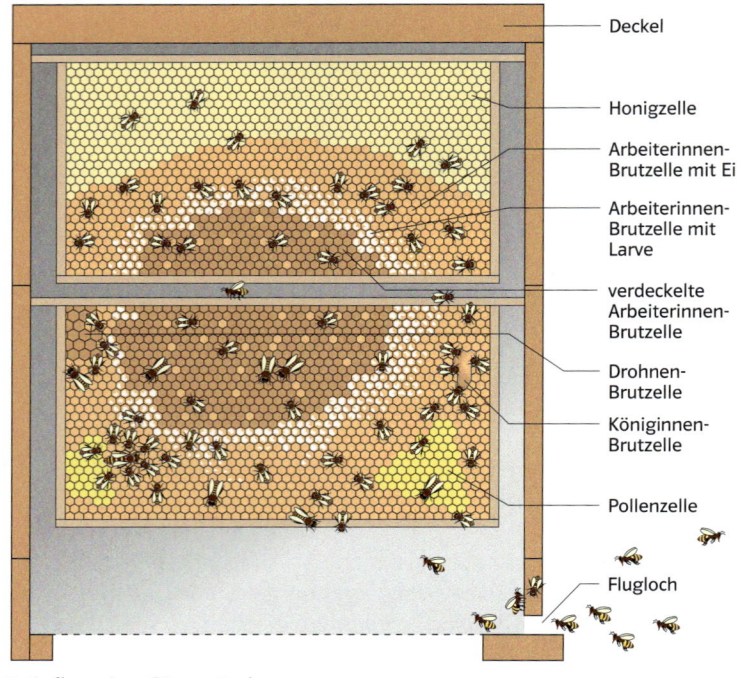

2 Aufbau eines Bienenstocks

Beschriftungen: Deckel, Honigzelle, Arbeiterinnen-Brutzelle mit Ei, Arbeiterinnen-Brutzelle mit Larve, verdeckelte Arbeiterinnen-Brutzelle, Drohnen-Brutzelle, Königinnen-Brutzelle, Pollenzelle, Flugloch

Das Volk wächst

Im Frühjahr beginnt die Königin damit, befruchtete Eier in normale Zellen einer Wabe zu legen. Nach drei Tagen schlüpft aus jedem dieser Eier eine Larve, die von Arbeiterinnen mit dem nahrhaften Sekret ihrer Futtersaftdrüsen und Pollen versorgt wird. Am neunten Tag wird die Zelle mit einem Wachsdeckel verschlossen. Die Larve verpuppt sich, bis sie am 21. Tag als vollständige Biene schlüpft. Arbeiterbienen haben viele Aufgaben. Sie putzen den Stock, füttern Larven, bauen Waben und holen Nektar, Pollen oder Wasser. Im Sommer werden sie nur sechs Wochen alt.

Entstehung der Drohnen

In spezielle größere Zellen legt die Königin unbefruchtete Eier. Daraus entwickeln sich in 24 Tagen männliche Bienen, die *Drohnen*. Sie sind dicker als Arbeiterinnen, haben sehr große Komplexaugen und eine starke Behaarung an der Brust (Abb. 3). Da sie keinen Stachel haben, sind sie völlig harmlos. Sie müssen von Arbeiterinnen gefüttert werden und haben nur eine Aufgabe: die Begattung von Königinnen.

Bienenschwarm

Wenn das Bienenvolk im Mai auf bis zu 50 000 Individuen angewachsen ist, wird es im Stock zunehmend eng. Das Bienenvolk kommt dann in die sogenannte Schwarmstimmung. Das bedeutet, dass die Arbeiterinnen besonders große Zellen bauen, in denen neue Königinnen entstehen. Eine Königin entwickelt sich wie eine Arbeiterin aus einem befruchteten Ei. Aber die Larve wird während der gesamten Entwicklung ausschließlich mit Futterdrüsensaft gefüttert. Bevor die erste junge Königin schlüpft, verlässt die alte Königin mit etwa der Hälfte der Bienen den Stock. Zehntausende Bienen schwirren dann durch die Luft und bilden einen *Schwarm*, der eine neue Unterkunft sucht.

Königin (20 mm)	Arbeiterin (14 mm)	Drohn (18 mm)

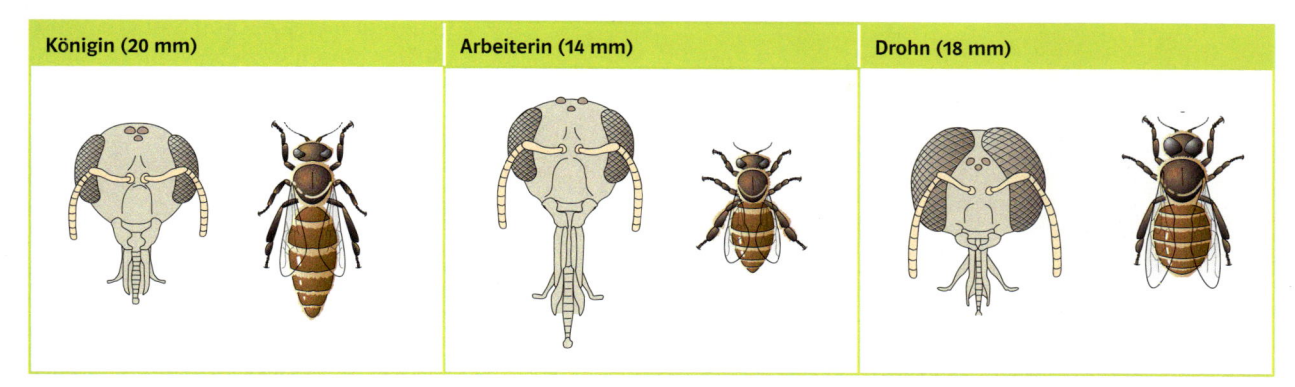

3 Königin, Arbeiterin und Drohn

Hochzeitsflug

Die erste Jungkönigin, die im Stock schlüpft, tötet ihre Konkurrentinnen in deren Zellen mit einem Stich. Danach unternimmt sie mehrere *Hochzeitsflüge*, bei denen sie von mehreren Drohnen begattet wird, und kehrt schließlich in den Stock zurück. Dort beginnt sie mit der Eiablage. Dies ist die wichtigste Aufgabe der Königin. Honigbienen leben zwar wie in einem Staat zusammen, aber die Königin ist keine Herrscherin. Falls sie nicht genug Eier legt, wird sie von Arbeiterinnen getötet. Danach wird eine neue Königin herangezogen. Nach dem Ende der Hochzeitsflüge im August haben die Drohnen keine Funktion mehr. Sie werden verjagt *("Drohnenschlacht")*.

Überwinterung des Bienenstaats

Im Winter rücken die Bienen ganz dicht zur Wintertraube zusammen. Die Königin hält sich im Zentrum auf. Wird es zu kalt, erzeugen die Arbeiterinnen Wärme, indem sie mit ihrer Flugmuskulatur zittern. In dieser Zeit ernähren sich die Bienen von Honigvorräten und speichern ihren Kot im Enddarm. Nur ein Teil der Bienen überlebt bis zum Frühjahr. Für den Winter benötigt ein Bienenvolk mehrere Kilogramm Honig als Vorrat.

Im Sommer sammeln Arbeiterinnen Nektar und stellen daraus Honig her. Wenn ein Imker den Honig erntet, bietet er danach seinen Bienen Zuckerwasser an. Daraus stellen die Tiere in kurzer Zeit einen Ersatzhonig her. Ohne diesen würde das Volk im Winter verhungern.

Das Bienenvolk als System

Vergleicht man ein Bienenvolk mit einem Organismus, entsprechen die Bienen mit ihren speziellen Aufgaben verschiedenen Organen. Das heißt, nur ein ganzes Volk bildet ein funktionierendes System.

[▶ Struktur und Funktion]

AUFGABEN >>

○ 1 Stelle das Leben der Bienen in einer Jahresuhr dar. Notiere zu jeder Jahreszeit, was im Bienenvolk passiert.

◐ 2 Notiere unter Einbeziehung von Abb. 3 Merkmale und Aufgaben von Arbeiterin, Königin und Drohn.

○ 3 Beschreibe den Aufbau eines Bienenstocks.

● 4 Formuliere eine begründete Vermutung, warum sich die Brutzellen in der Mitte befinden und der Honig weit vom Flugloch gelagert wird.

Wirbellose Tiere

Kommunikation im Bienenstaat

Wie in einem menschlichen Staat müssen sich auch in einem Insektenstaat die Individuen miteinander verständigen. Durch Kommunikation kann ein Bienenvolk sehr effektiv Nahrung beschaffen.

Die Bedeutung von Duftstoffen

Vor dem Flugloch sieht man oft einzelne Arbeiterinnen, die ihren Hinterleib hochhalten und mit den Flügeln fächeln. Sie verströmen dabei aus einer Drüse Duftstoffe. So wird heimkehrenden Bienen das Erkennen des eigenen Stocks erleichtert. Auch die Königin gibt Duftstoffe ab, die im Bienenvolk verteilt werden. Bienen von anderen Völkern riechen anders und werden am Flugloch normalerweise abgewehrt.

Tanzsprache der Bienen

Der Bienenforscher KARL VON FRISCH beobachtete, wie eine Biene morgens einen blühenden Kirschbaum besuchte. Kurze Zeit später hatten sich unzählige Bienen eingefunden und sammelten Nektar an den Blüten. Er vermutete, dass die erste Biene ihre Stockgenossinnen über ihre Entdeckung informiert hatte. Um die Sprache der Bienen zu erforschen, machte er viele Experimente.

Er stellte Zuckerschälchen auf und markierte Arbeiterinnen, die das Futter entdeckt hatten, mit einem Farbfleck. Im Bienenstock beobachtete er die zurückgekehrten Arbeiterinnen genau. Er fand heraus, dass Bienen Informationen über die Futterquelle mit einem Tanz an ihre Stockgenossinnen weitergeben.

Ist die Futterquelle weniger als 150 Meter vom Bienenstock entfernt, läuft die heimkehrende Arbeiterin in einem Kreis (Abb. 2). Sie tanzt einen *Rundtanz*. Dabei ändert sie immer wieder die Richtung und gibt an benachbarte Bienen Kostproben vom Nektar ab.

1 *Tanzende Arbeiterinnen*

2 *Tanzsprache der Bienen*

Bienentanz
4ib3tz

Kommt eine Sammelbiene von einer weit entfernten Futterquelle zurück, tanzt sie eine andere Figur. Sie läuft auf der Wabe ein kurzes Stück in eine bestimmte Richtung und zittert dabei mit dem Hinterleib hin und her. Dieser Tanz heißt *Schwänzeltanz*. Danach geht sie in einem Halbkreis zum Ausgangspunkt zurück und schwänzelt wieder geradeaus (Abb. 2). Benachbarte Bienen folgen ihr und erfahren so die Richtung der Schwänzelbewegung. Liegt die Futterquelle genau in Richtung zur Sonne, schwänzelt die Arbeiterin lotrecht nach oben. Ist die Flugrichtung zur Futterquelle 30° rechts von der Sonne, ist die Schwänzelrichtung um 30° nach rechts verdreht. Der Winkel auf der Wabe entspricht dem Winkel zwischen Futterquelle und Sonne.

Kommunikation
Die Bienen in einem Volk kommunizieren über Duftstoffe und ihre Tanzsprache miteinander. Honigbienen sind ein spektakuläres Beispiel für Kommunikation. Doch alle Lebewesen tauschen mit ihrer Umwelt und mit Artgenossen Informationen aus. Kommunikation ist ein biologisches Prinzip.

[▶ Information und Kommunikation]

EXTRA >>

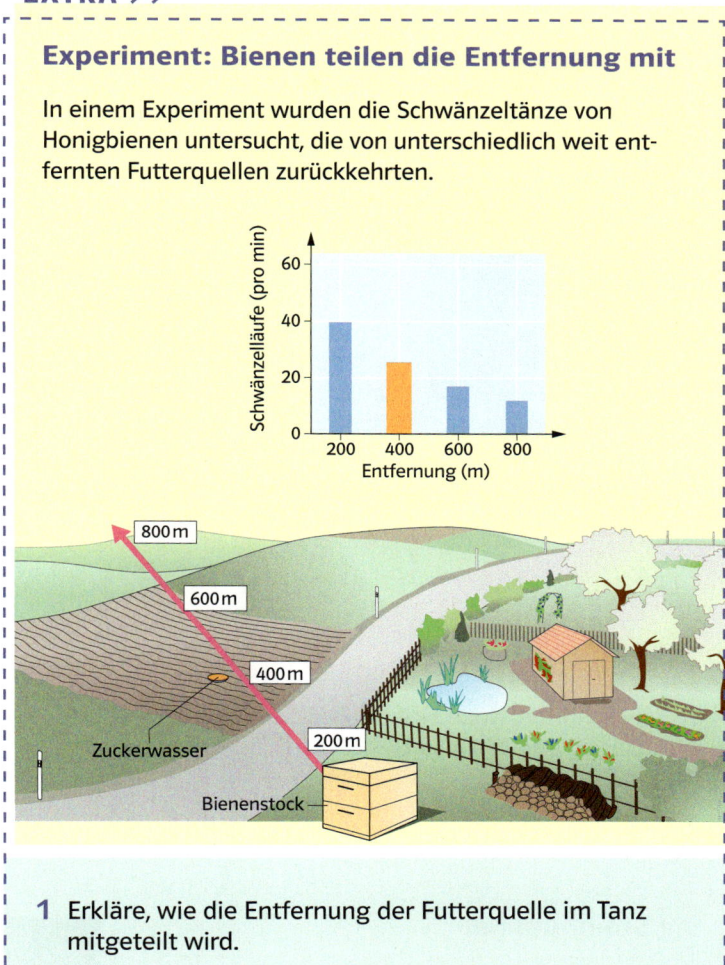

Experiment: Bienen teilen die Entfernung mit

In einem Experiment wurden die Schwänzeltänze von Honigbienen untersucht, die von unterschiedlich weit entfernten Futterquellen zurückkehrten.

1 Erkläre, wie die Entfernung der Futterquelle im Tanz mitgeteilt wird.

3 *Schwänzeltanz*

AUFGABEN >>

● 1 Wenn die Königin entfernt wird, merken das nach wenigen Stunden alle Bienen im Volk. Erkläre.

● 2 Der Rundtanz enthält keine Information über die Richtung. Erläutere, warum dies nicht nachteilig ist.

● 3 Eine Arbeiterin tanzt auf der Wabe den Tanz in Abb. 3. Zeichne die mit der Tanzfigur beschriebene Situation mit Bienenstock, Sonne und Futterquelle.

Wirbellose Tiere

Material
Wildbienen

Solitäre Bienen

Die Hahnenfuß-Scherenbiene lebt an Waldrändern, auf Streuobstwiesen und im Siedlungsbereich. Wie die meisten Wildbienen lebt sie nicht in einem Staat, sondern allein (solitär). Das Weibchen legt nach der Begattung Eier in Hohlräume ab. Geeignet sind Fraßgänge von Insektenlarven in altem Holz oder Hohlräume in Schilf- oder Bambusröhrchen mit einem Innendurchmesser von etwa 3,5 mm. In der Neströhre legt die Biene hintereinander bis zu acht Kammern mit jeweils einem Ei und etwas Pollenvorrat für die Larve an (Abb. 2). Zum Schluss wird das Nest mit einer Mischung aus Sand, Lehm und Nektar nach außen verschlossen. Beim Pollensammeln ist die Art auf Pflanzen der Gattung Hahnenfuß spezialisiert. Viele Wildbienenarten sind auf bestimmte Pflanzen spezialisiert.

1 Hahnenfuß-Scherenbiene

2 Nest der Hahnenfuß-Scherenbiene in einem Bambusröhrchen

AUFGABEN >>

○ **1** Beschreibe, wann sich die Scherenbiene im Garten ansiedeln kann.

● **2** Erläutere, warum stark spezialisierte Arten häufig vom Aussterben bedroht sind.

Die Steinhummel

Bei Steinhummeln überwintern nur junge Königinnen. Sie gründen im Frühjahr ein kleines Volk. Dazu müssen sie ein Nest bauen und die erste Brut selbst füttern. Im Sommer besteht ein Hummelvolk aus einigen Hundert Arbeiterinnen und einigen Männchen. Im Nest gibt es verschlossene Brutzellen und offene Nektartöpfe (Abb. 3).

3 Nest von Steinhummeln im Sommer

AUFGABE >>

○ **3** Beschreibe Unterschiede und Gemeinsamkeiten bezüglich der Lebensweise von Steinhummel und Honigbiene.

Nisthilfen für Wildbienen

Viele Wildbienenarten sind sehr selten und gefährdet. Durch den Bau von Nisthilfen können Wildbienenarten unterstützt werden. Gleichzeitig bieten sich dabei gute Möglichkeiten, diese Tiere zu beobachten.

Am einfachsten ist es, Schilf- und Bambusröhrchen horizontal auszulegen. Das hintere Ende muss geschlossen sein, sonst werden die Nisthilfen nicht angenommen. Die Röhrchen können zu einem Bündel geschnürt oder in Ziegel gesteckt werden.

Gut geeignet sind auch Bohrlöcher in Holz. Ideal ist hartes Laubholz (z. B. Buche).

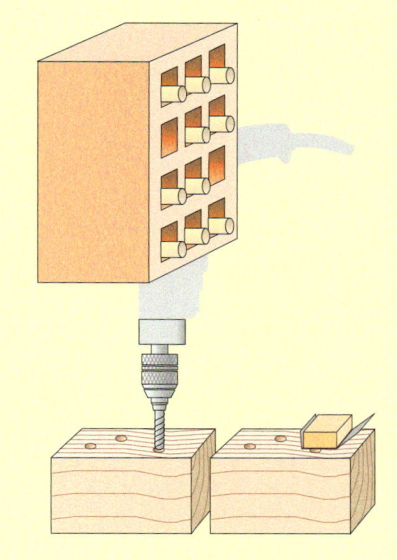

5 *Bau von Nisthilfen*

Die Löcher sollten einen Durchmesser zwischen 3 und 8 Millimeter haben und einige Zentimeter tief sein. Beim Bohren ist zu beachten, dass quer zur Faser gebohrt und das Einflugloch mit Schleifpapier von überstehenden Holzfasern befreit wird, damit die Flügel der Bienen nicht verletzt werden. Wenn längs zur Faser ins Stirnholz gebohrt wird, entstehen später oft Risse, die den Gang unbrauchbar machen.

4 *Nisthilfen für Wildbienen*

AUFGABE >>

○ **4** Nisthilfen für Wildbienen werden häufig „Bienenhotel" genannt. Erkläre, warum diese Bezeichnung falsch ist.

Wildbienenschutz

Ein grüner Rasen ohne Blüten enthält für Wildbienen keine Nahrungsquellen. Auch viele Zierblumen sind wertlos, da sie weder Nektar noch Pollen produzieren. Besser sind naturnahe Blumenwiesen und alte Gartenpflanzen.

Auch „Unkräuter" sind für Wildbienen wichtig. Beispielsweise gibt es eine Wildbienenart, die nur auf den Blüten der Zaunrübe Pollen sammelt. Andere Wildbienen sind auf wenige Arten spezialisiert. Je vielfältiger das Blumenangebot im Garten ist, desto mehr Wildbienenarten können angesiedelt werden.

Auch Wildbienenarten, die im Boden nisten, kann geholfen werden. Dazu wird ein Kasten mit Erde gefüllt und auf die Seite gelegt. Die Erde sollte eine Mischung aus Sand- und Lehmanteilen sein (z. B. Löss). Reiner Lehm ist ungeeignet, da er zu hart wird.

AUFGABEN >>

● **5** In Gärten findet man Blumen, deren Blüten komplett mit Blütenblättern gefüllt sind. Erkläre, warum solche Blumen für Wildbienen wertlos sind.

● **6** Entwirf einen Flyer mit Tipps zum Wildbienenschutz.

Wirbellose Tiere **159**

Angepasstheiten bei Insekten

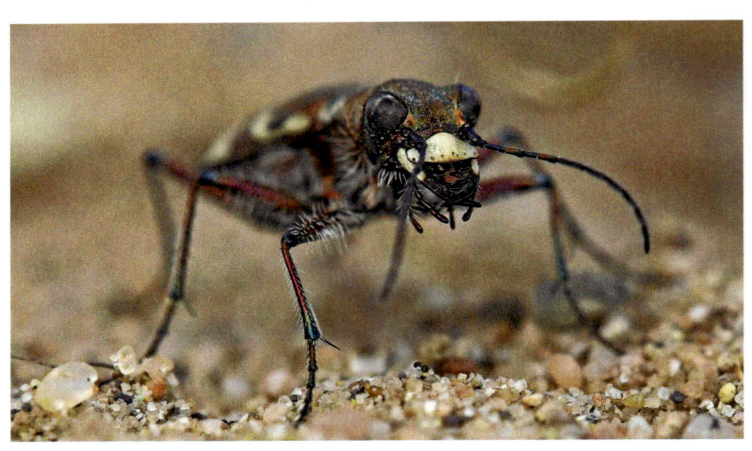

1 Sandlaufkäfer

Sandlaufkäfer können gut fliegen, jagen aber ihre Beute wie Ameisen oder Spinnen meist durch einen Überraschungsangriff am Boden (Abb. 1). Sie sind durch bestimmte Körpermerkmale an diese Lebensweise angepasst. Sandlaufkäfer haben haben lange schlanke Laufbeine. Mit dem sichelförmigen Oberkiefer wird die Beute gepackt und zerbissen.

Angepasstheiten der Beine

Heuschrecken können mit großen Sprüngen vor Feinden fliehen. Ihre Hinterbeine sind zu *Sprungbeinen* umgewandelt. Sie sind besonders lang und haben kräftige Schenkelglieder (Abb. 2).

Kopfläuse leben im Fell von Säugetieren. Sie haben *Klammerbeine*, mit denen sie sich gut an glatten Haaren festhalten können. Die Fußkralle ist so gebogen, dass sie ein Haar sicher umgreifen kann.

Gottesanbeterinnen leben räuberisch. Sie haben besondere *Fangbeine*, die sie blitzschnell vorschnellen, um Beutetiere zu ergreifen.

Honigbienen werden beim Blütenbesuch dick mit Pollen eingestäubt. Mit dem breiten Fußglied bürsten sie den Pollen ab und sammeln ihn außen an der breiten Schiene der Hinterbeine. Um die Schiene herum befinden sich lange Borsten, die eine Pollentasche bilden. Das Hinterbein der Honigbiene ist ein *Sammelbein*.

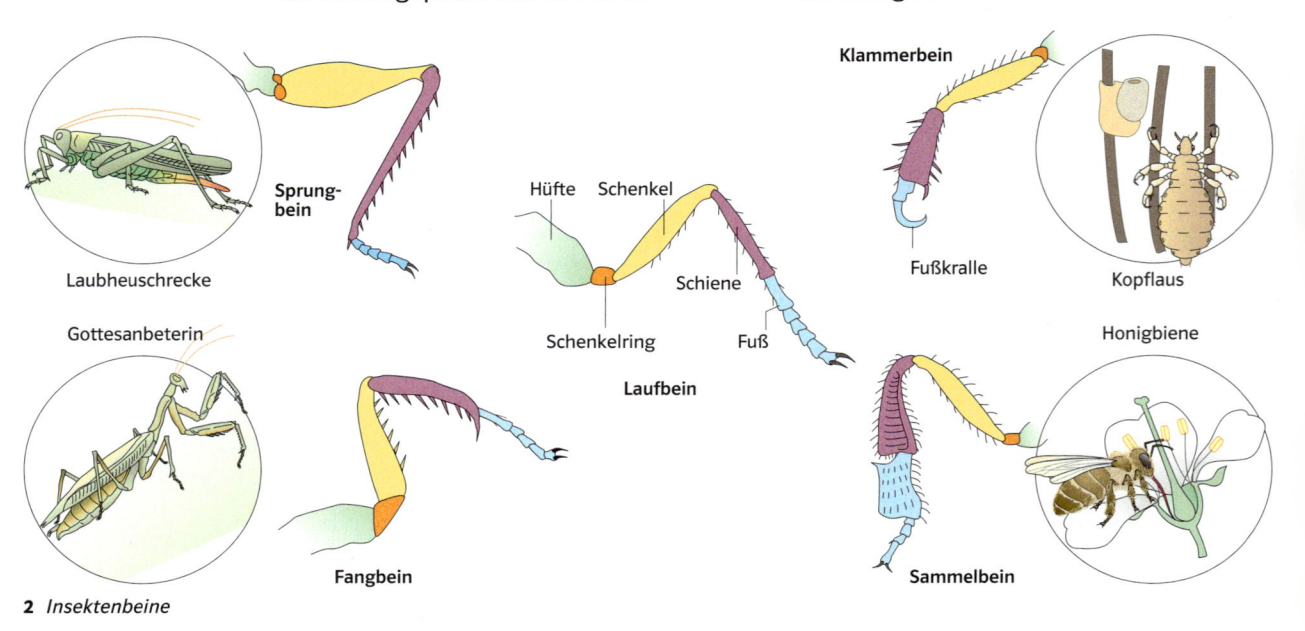

2 Insektenbeine

Laubheuschrecke — Sprungbein
Gottesanbeterin — Fangbein
Laufbein: Hüfte, Schenkel, Schiene, Fuß, Schenkelring
Kopflaus — Klammerbein, Fußkralle
Honigbiene — Sammelbein

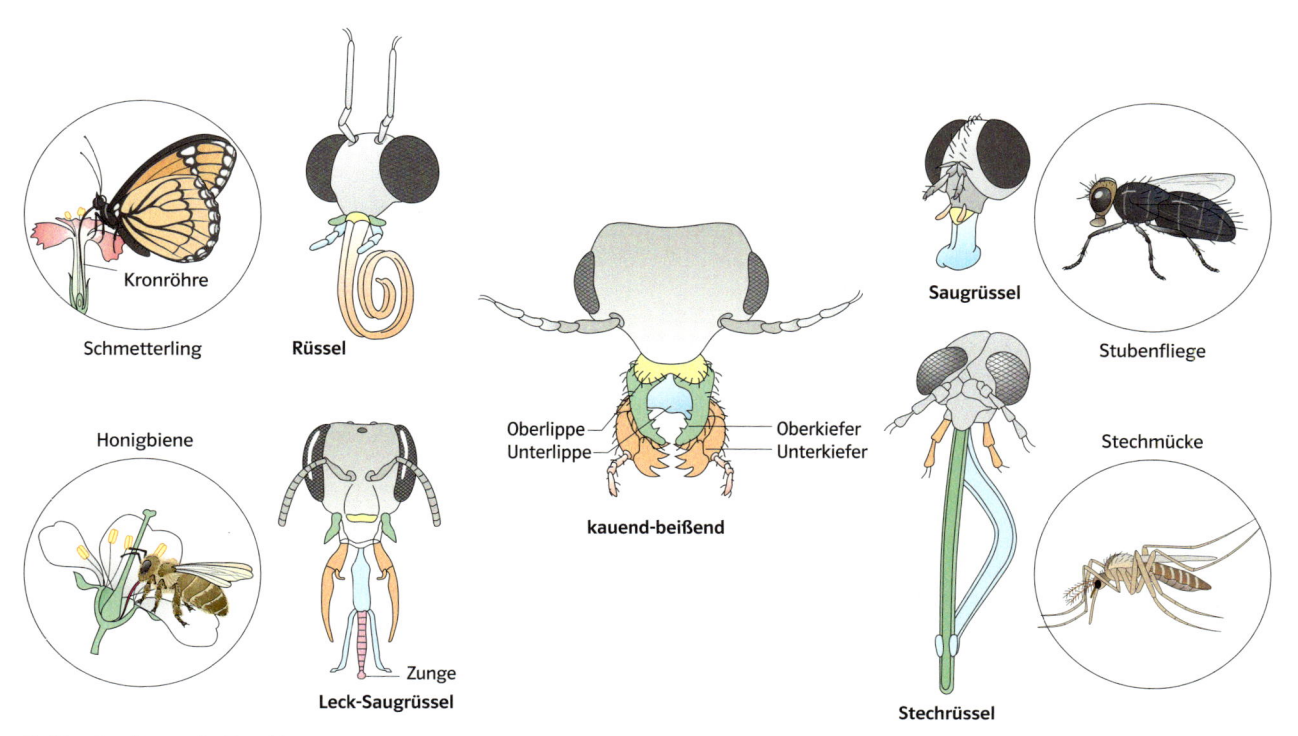

3 Mundwerkzeuge bei Insekten

Mundwerkzeuge

Schmetterlinge haben einen langen Rüssel. Damit können sie Nektar aus tiefen und engen Kronröhren von Blüten saugen. Das Saugrohr wird von den beiden Unterkiefern gebildet. Es lässt sich aufrollen.

Stubenfliegen haben einen kurzen und relativ breiten Saugrüssel, der von der Unterlippe geformt wird. Er ist gut dazu geeignet Flüssigkeiten aufzusaugen. Schmetterlinge und viele Fliegen haben *saugende Mundwerkzeuge*.

Stechmücken stechen durch die Haut von Säugetieren und saugen Blut. Sie haben *stechend-saugende Mundwerkzeuge*. Der Oberkiefer ist zu einer Stechröhre umgebildet, die stabil und hohl ist. Bei der Honigbiene bildet die Unterlippe einen dünnen Saugrüssel, in dem eine Zunge auf und ab bewegt werden kann. Die Zunge hat ein löffelartiges Ende zum Auflecken von Flüssigkeiten. Honigbienen haben *saugend-leckende Mundwerkzeuge*.

Angepasstheit an die Lebensweise

Sowohl die Beine als auch die Mundwerkzeuge sind bei vielen Insektenarten so aufgebaut, dass sie spezielle Funktionen erfüllen können. Dadurch sind die Insekten wie alle Organismen an ihre Lebensweise angepasst.

[▶ Struktur und Funktion]

AUFGABEN >>

○ **1** Beschreibe anhand von Abb. 2, wie die ursprünglichen Laufbeine der Insekten abgewandelt wurden.

◐ **2** Erläutere am Beispiel der abgewandelten Laufbeine den Zusammenhang von Struktur und Funktion.

◐ **3** Beschreibe anhand von Abb. 3 die Angepasstheiten an die jeweilige Lebensweise.

◐ **4** Vergleiche die Funktionsweise der Mundwerkzeuge in Abb. 3 mit passenden Gegenständen.

Entwicklung von Insekten

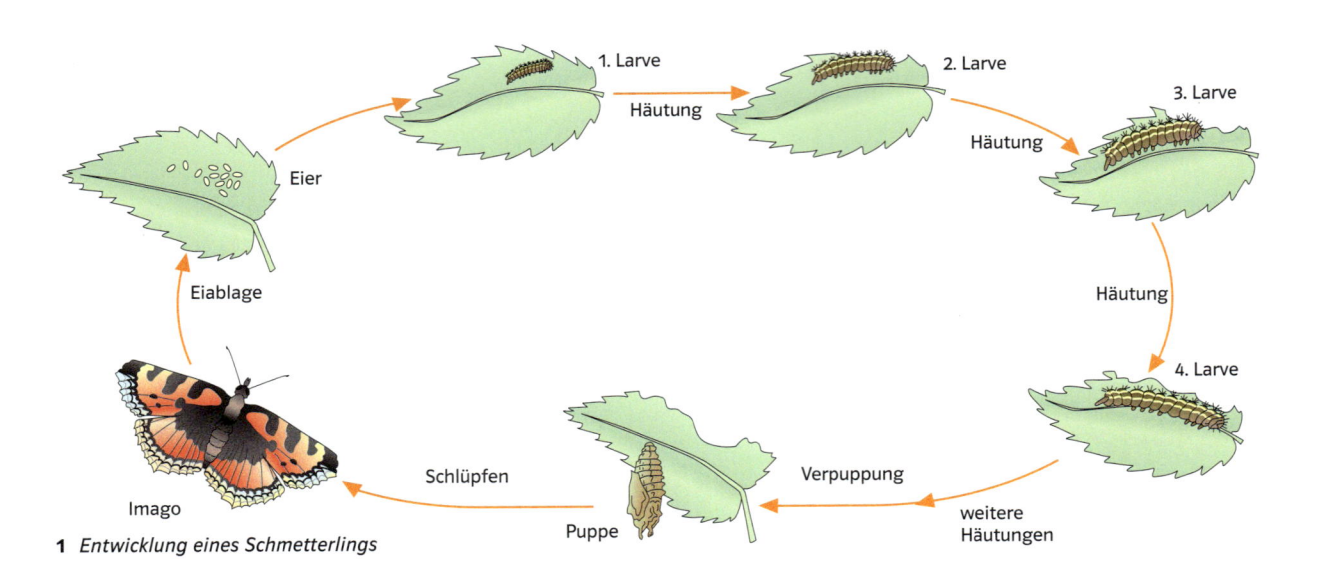

1 Entwicklung eines Schmetterlings

Im späten Frühjahr sind auf Brennnesseln manchmal dunkle Raupen zu finden (Abb. 2). Es handelt sich um die Larven von Schmetterlingen. Aus der Raupe entwickelt sich später ein Schmetterling (*Kleiner Fuchs*).

2 Raupe der Schmetterlingsart Kleiner Fuchs

Entwicklung mit Puppe
Schmetterlingsraupen sind an das Fressen angepasst. Sie haben kräftige Mundwerkzeuge und nur sehr kurze Beine. Flügel und Geschlechtsorgane sind nicht ausgebildet.

Da das Außenskelett nicht mitwachsen kann, müssen sich die Raupen häuten. Das alte Außenskelett reißt auf und wird abgestreift. Darunter kommt ein noch weiches Außenskelett zum Vorschein, das gedehnt wird und dann aushärtet. Nach jeder Häutung ist die Raupe größer (Abb. 1).

Nach mehreren Häutungen spinnt sich die Raupe ein und wird zur sogenannten *Puppe*. Während die Puppe unbeweglich an einem Faden hängt, findet im Inneren ein Umbau der Organe statt. Nach drei Wochen platzt die Puppenhülle auf und der erwachsene Schmetterling schlüpft. Kurze Zeit später findet die Paarung statt. Das Weibchen des Kleinen Fuchses legt danach im Mai mehrere Eier auf Blätter von Brennnesseln ab.

Schmetterlinge entwickeln sich also vom Ei über mehrere Larvenstadien und über ein Puppenstadium zum erwachsenen Insekt. Eine Entwicklung mit Puppenstadium wird auch *vollständige Verwandlung* genannt. Man kann sie auch bei Käfern, Bienen und Fliegen beobachten.

Insektenentwicklung
28c9gy

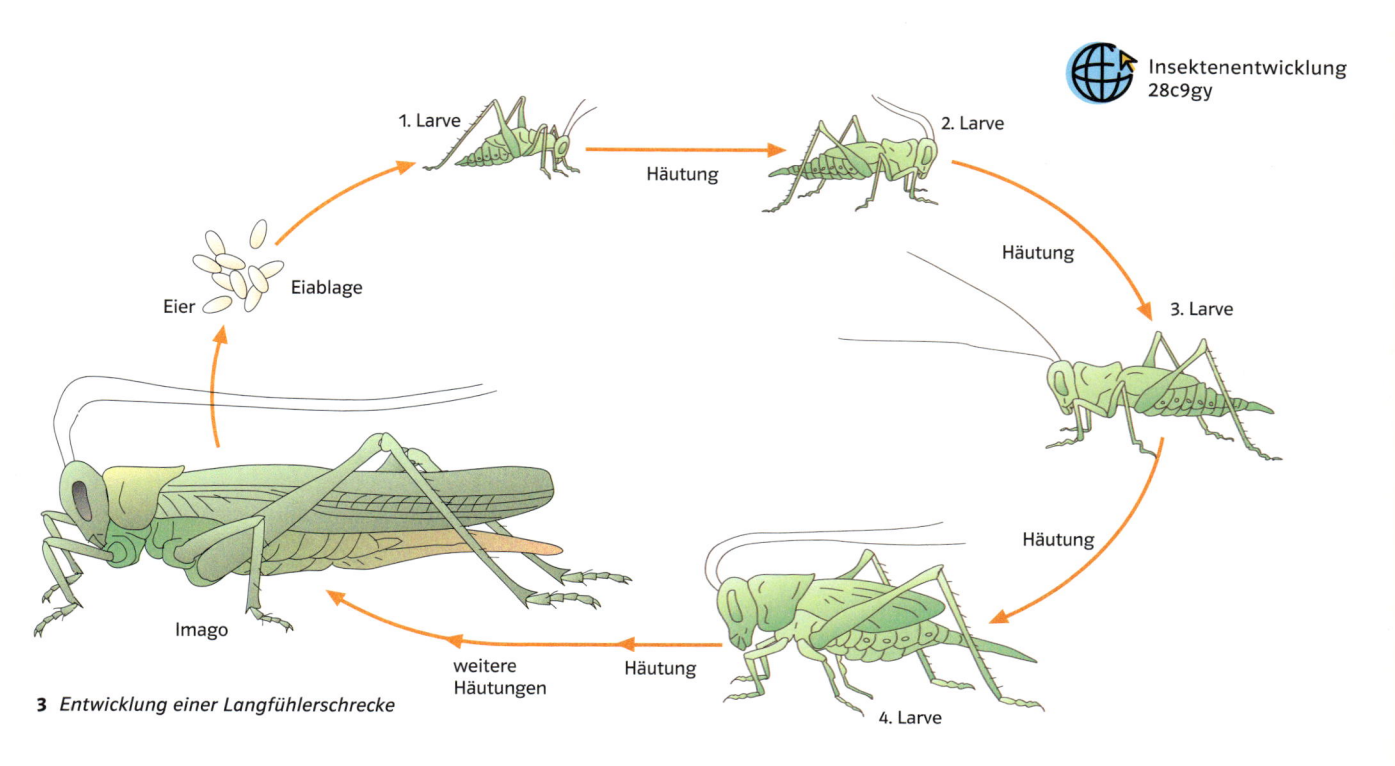

3 Entwicklung einer Langfühlerschrecke

Entwicklung ohne Puppe

Das Heupferd (Abb. 4) ist eine der häufigsten und größten heimischen Heuschrecken. Die Tiere können über vier Zentimeter groß werden. Sie leben in Wiesen, auf Feldern und an Waldrändern und ernähren sich von Blättern. Die Paarung findet im Herbst statt. Danach legt das Weibchen mit seinem Legestachel bis zu hundert Eier im Boden ab (Abb. 3). Aus den Eiern schlüpfen im nächsten Frühjahr kleine *Larven*, die sich von Blättern ernähren. Sie ähneln bereits einer Heuschrecke. Nur Flügel und Geschlechtsorgane sind noch nicht ausgebildet. Mit jeder Häutung werden die Larven größer und dem erwachsenen Insekt immer ähnlicher. Aus der siebten Häutung geht ein geschlechtsreifes Tier hervor.

Heuschrecken entwickeln sich über mehrere Larvenstadien direkt zum erwachsenen Insekt. Ein Puppenstadium kommt nicht vor. Eine *Entwicklung ohne Puppe* wird auch *unvollständige Verwandlung* genannt. Aber natürlich entsteht dabei ein vollständig entwickeltes Insekt. Neben den Heuschrecken entwickeln sich auch Wanzen und Libellen ohne Puppenstadium.

[► Fortpflanzung und Entwicklung]

4 Weibchen des Heupferds

AUFGABEN >>

○ **1** Erkläre, inwiefern die Larven der Insekten besonders an das Fressen angepasst sind.

● **2** Das Puppenstadium wird auch als „Puppenruhe" bezeichnet. Begründe, warum diese Bezeichnung ungenau ist.

Wirbellose Tiere

Insektenflug

1 Libellen sind wahre Flugkünstler

Lange bevor die ersten Vögel sich durch die Luft bewegten, beherrschten Libellen und andere Insekten das Fliegen. Vor 300 Millionen Jahren existierten sogar Riesenlibellen mit einer Flügelspannweite von 70 Zentimetern.

Wie Libellen fliegen

Libellen sind wahre Flugkünstler. Sie können sehr schnell fliegen, sind extrem wendig und können sogar wie Hubschrauber in der Luft stehen bleiben. Sie haben vier häutige Flügel, die unabhängig voneinander bewegt werden können. Dadurch sind sehr komplizierte Flugmanöver möglich. Libellen zählen zu den schnellsten Insekten. Sie erreichen Geschwindigkeiten von über 40 km/h.

Die Flügel der Libelle sind über Gelenke mit der Brust verbunden. An jedem Flügel setzen direkt zwei Muskeln an (Abb. 2). Man spricht daher auch von *direkter Flugmuskulatur*. Auch Heuschrecken und Eintagsfliegen haben eine direkte Flugmuskulatur. Wenn sich der *Heber* zusammenzieht und der *Senker* erschlafft, wird der Flügel angehoben. Im umgekehrten Fall senkt sich der Flügel. Die beiden Muskeln arbeiten nach dem *Gegenspielerprinzip*. Dieses Prinzip findet sich auch an unserem Skelett. Der Bizeps am Oberarm beugt den Ellenbogen und der Trizeps streckt ihn wieder.

Im Flug müssen sich Heber und Senker in schneller Folge wechselseitig zusammenziehen und erschlaffen. Libellen schaffen bis zu 20 Flügelschläge pro Sekunde.

Erste Fluginsekten

Die ersten Insekten hatten noch keine Flügel. Sie krabbelten am Boden und ernährten sich von Pflanzenmaterial. Die ersten geflügelten Insekten hatten vier dünne Flügel und sahen unseren heutigen Libellen und Eintagsfliegen schon sehr ähnlich. Sicher hatten die ersten Fluginsekten eine direkte Flugmuskulatur. Die Flügel konnten nicht zusammengefaltet werden und wurden entweder über dem Hinterleib zusammengelegt oder seitlich abgespreizt. Diese Flügelstellungen gibt es heute noch bei Eintagsfliegen und Libellen.

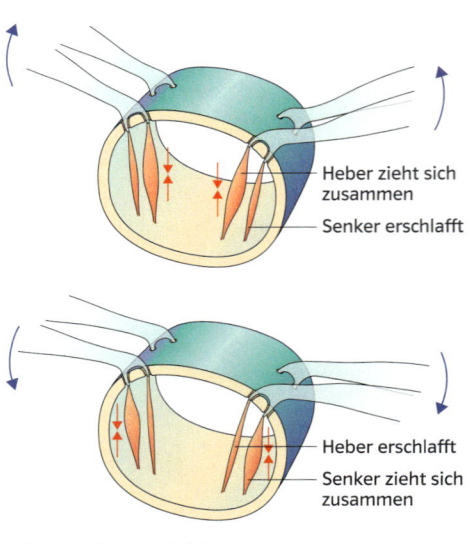

2 Direkte Flugmuskulatur
- Heber zieht sich zusammen
- Senker erschlafft
- Heber erschlafft
- Senker zieht sich zusammen

3 Schwebfliege

Schwebfliegen

Bei den meisten Insekten setzen die Flugmuskeln nicht direkt an den Flügeln an. Stattdessen gibt es Muskeln, die den Brustkorb in Längsrichtung durchziehen, und andere Muskeln, die Rücken- und Bauchplatte der Brust miteinander verbinden. Man spricht von *indirekter Flugmuskulatur*.

Die Flügel sind über komplizierte Gelenke an Rücken- und Seitenplatte der Brust befestigt (Abb. 4). Wenn sich die Muskeln zusammenziehen, die von oben nach unten verlaufen, wird die Rückenplatte in Richtung Bauch bewegt. Dadurch heben sich alle Flügel gleichzeitig an. Diese Muskeln nennt man Heber. Wenn sich die Längsmuskeln zusammenziehen, wird die Rückenplatte nach oben gedrückt und die Flügel senken sich.

Die Funktion der indirekten Flugmuskulatur kann mit einem Kochtopf, einem etwas zu kleinen Deckel und Holzlöffeln veranschaulicht werden (Abb. 5).

[▶ Struktur und Funktion]

5 Deckel-Topf-Modell

Heber zieht sich zusammen
Senker erschlafft

Heber erschlafft
Senker zieht sich zusammen

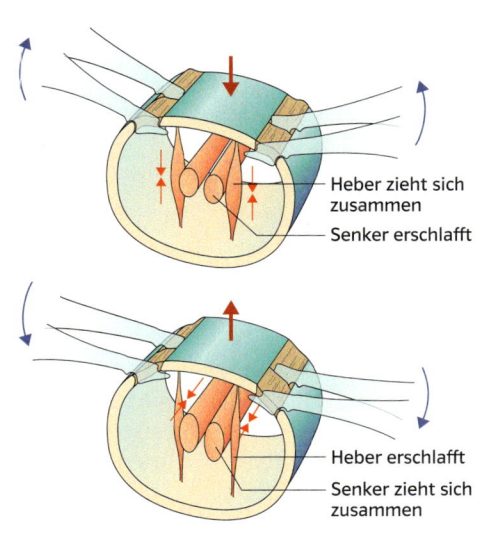

4 Indirekte Flugmuskulatur

AUFGABEN >>

○ 1 Beschreibe Unterschiede und Gemeinsamkeiten zwischen direkter und indirekter Flugmuskulatur.

◐ 2 Erkläre, warum Libellen ihre Flügel einzeln bewegen können, während sich bei Schwebfliegen alle Flügel im Gleichtakt bewegen.

● 3 Erläutere am Deckel-Topf-Modell (Abb. 5) die Funktionsweise der indirekten Flugmuskulatur. Ordne die Bestandteile des Modells dem Original zu. Beschreibe dann den Ablauf der Flugbewegung.

Wirbellose Tiere

Vielfalt von Insekten

Insekten gibt es schon seit über 400 Millionen Jahren. Sie gehörten zu den ersten Landtieren überhaupt. Die ersten Insekten hatten keine Flügel. Ähnliche Insekten gibt es heute noch. Sie werden manchmal auch Urinsekten genannt.

Heute gibt es weltweit vermutlich mehrere Millionen Insektenarten. Ihre Vielfalt ist kaum zu überblicken. Sie werden in mehrere Ordnungen eingeteilt. Die wichtigsten Insektenordnungen sind an gut erkennbaren Merkmalen zu unterscheiden.

INSEKTEN MIT FLÜGELN

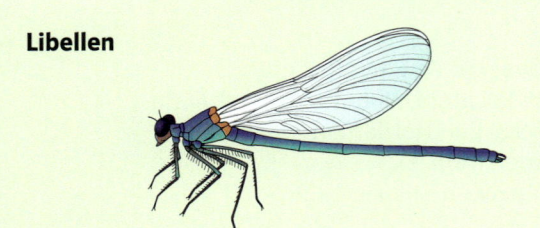

Libellen

Gebänderte Prachtlibelle

Libellen sind sehr ursprüngliche Insekten. Sie haben kauende Mundwerkzeuge und vier häutige Flügel, die mit direkter Flugmuskulatur bewegt werden. Libellen erbeuten andere Insekten im Flug. Die Larven entwickeln sich im Wasser. Es gibt kein Puppenstadium.

Heuschrecken

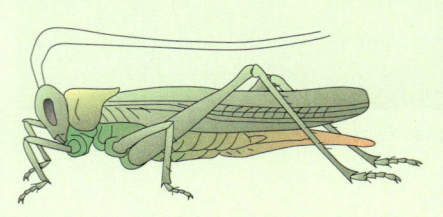

Heupferd

Heuschrecken haben kräftige Hinterbeine und können große Sprünge machen. Sie entwickeln sich ohne Puppenstadium. Die Vorderflügel sind schmal und hart, die Hinterflügel häutig. Heuschrecken haben kauende Mundwerkzeuge und ernähren sich von Pflanzen. Man unterscheidet Feldheuschrecken, Laubheuschrecken und Grillen.

URINSEKTEN

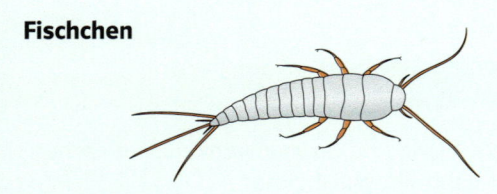

Fischchen

Silberfischchen

Silberfischchen sind manchmal auch in Häusern zu finden. Dort verstecken sie sich hinter Schränken oder im Keller. Sie haben ein silbergraues Außenskelett, das nach hinten schmaler wird. Am Ende fallen drei Schwanzanhänge auf. Die Tiere haben keine Flügel. Die heutigen Silberfischchen sehen ähnlich aus wie die ersten Insekten.

Wanzen

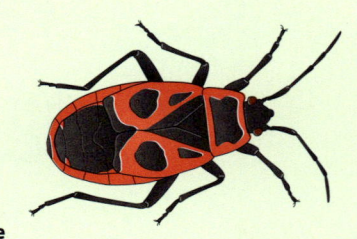

Feuerwanze

Wanzen werden oft mit Käfern verwechselt. Aber ihre Vorderflügel sind nur zur Hälfte hart und auf dem Rücken haben sie ein dreieckiges Schildchen. Sie haben kein Puppenstadium. Mit ihren stechenden Mundwerkzeugen saugen sie beispielsweise an Pflanzen. Es gibt rund 40 000 Arten.

ENTWICKLUNG MIT PUPPE

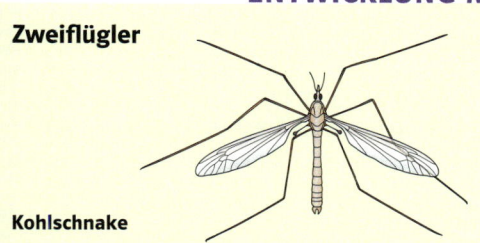

Zweiflügler

Kohlschnake

Bei den Zweiflüglern sind die Hinterflügel zu winzigen Kolben reduziert. Die häutigen Flügel haben eine indirekte Flugmuskulatur und können bis zu 1000 Schläge pro Sekunde schaffen. In der Entwicklung gibt es ein Puppenstadium. Zu den über 120 000 Arten gehören Mücken und Fliegen.

Schmetterlinge

Kleiner Fuchs

Schmetterlinge sind besonders schöne Insekten. Ihre großen Vorder- und Hinterflügel sind mit bunten Schuppen bedeckt und werden indirekt bewegt. Schmetterlinge entwickeln sich über ein Puppenstadium und haben einen langen Saugrüssel. Weltweit gibt es über 180 000 Arten.

Hautflügler

Deutsche Wespe

Hautflügler haben vier häutige Flügel und eine indirekte Flugmuskulatur. Zu den Hautflüglern gehören Bienen, Wespen und Ameisen. Bei den Ameisen tragen die Arbeiterinnen keine Flügel. Hautflügler entwickeln sich über ein Puppenstadium. Weltweit gibt es über 100 000 Arten.

Käfer

Siebenpunkt-Marienkäfer

Käfer haben kauende Mundwerkzeuge und eine indirekte Flugmuskulatur. Ihre Vorderflügel sind hart und bedecken den Körper. Die Hinterflügel sind häutig und unter den Vorderflügeln versteckt. Die Entwicklung zum Käfer erfolgt über ein Puppenstadium.

AUFGABEN >>

1. Stelle die wichtigsten Merkmale der hier beschriebenen Insektenordnungen in einer Tabelle zusammen.

2. Ordne die in Abb. 1 dargestellten Tiere (A — D) der richtigen Insektenordnung zu.

3. Nimm zu der Bezeichnung „Urinsekt" für das Silberfischchen Stellung.

1 *Vielfalt der Insekten*

Insekten und Wirbeltiere im Vergleich

Insekten / Säugeti
3up49s

1 Eisvogel und Kleiner Eisvogel

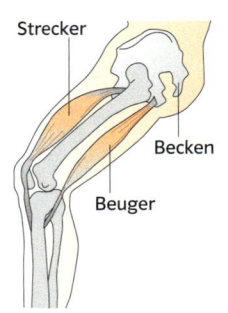

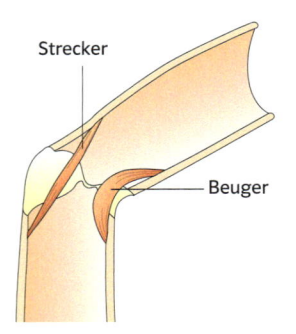

2 Skelett und Muskulatur (Strecker, Becken, Beuger)

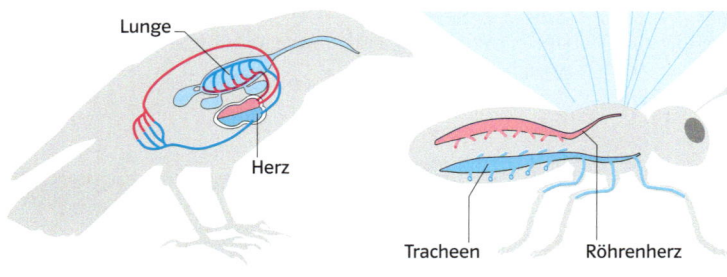

3 Blutkreislauf und Atmungssystem (Lunge, Herz, Tracheen, Röhrenherz)

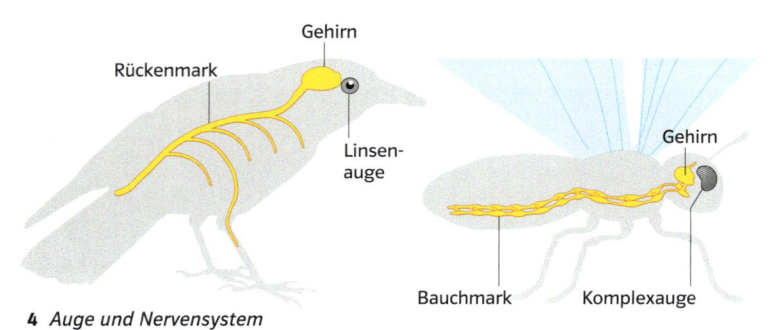

4 Auge und Nervensystem (Rückenmark, Gehirn, Linsenauge, Bauchmark, Komplexauge)

Eisvogel und Kleiner Eisvogel leben beide in der Nähe von Bächen und können gut fliegen. Doch im Körperbau unterscheiden sie sich deutlich.

Skelett und Bewegungen
Wirbeltiere haben ein *Innenskelett* aus Knochen. Diese sind oft röhrenförmig und über Gelenke verbunden. Die Gelenke werden durch Muskeln bewegt. Insekten haben ein *Außenskelett* aus stabilen Platten. Diese sind über Hautfalten verbunden. Muskeln setzen an der Innenseite des Panzers an.

Blutkreislauf und Atmungssystem
Bei Wirbeltieren fließt das Blut immer in Adern. Sie haben einen *geschlossenen Blutkreislauf*. Im Körper der Insekten fließt das Blut frei zwischen den Organen. Sie haben einen *offenen Blutkreislauf*. Ein röhrenförmiges Herz pumpt Blut durch den Körper.

Auge und Nervensystem
Wirbeltiere haben zwei Einzelaugen mit *Linsen*. Das Nervensystem besteht aus einem Gehirn und einem Rückenmarksstrang. Insekten haben *Komplexaugen* aus vielen Einzelaugen. Sie haben ein kleines Gehirn und ein strickleiterförmiges Bauchmark (Strickleiternervensystem).

AUFGABEN >>

1 Notiere in einer Tabelle Unterschiede zwischen Wirbeltieren und Insekten.

2 Beschreibe zwei Gemeinsamkeiten von Wirbeltieren und Insekten.

3 Erläutere, dass sowohl Wirbeltiere als auch Insekten sehr erfolgreich an unterschiedliche Lebensweisen angepasst sind.

Praktikum
Mehlkäferzucht

Es ist einfach, Mehlkäfer zu halten. Dabei kann man die Tiere genau beobachten und ihre Entwicklung verfolgen.

Haltung von Mehlkäfern

Material
Mehlkäferlarven, Gefäß (z. B. Marmeladenglas), Gaze oder Stofftuch, Schnur, Haferflocken, Karotte

Durchführung
Fülle eine Schicht Haferflocken und nur ein kleines Karottenstück in ein Gefäß. Gib dann einige Mehlkäferlarven dazu und verschließe das Gefäß mit Gaze. Stelle das Gefäß an einen dunklen Ort bei Zimmertemperatur. Kontrolliere und beobachte die Tiere möglichst jeden Tag.

1 Haltung von Mehlkäferlarven (Gaze, Mehlwurm, Karotte, Haferflocken)

AUFGABEN >>

1. Erstelle ein Protokoll, in dem möglichst viele Beobachtungen festgehalten werden.

2. Zähle täglich die Anzahl der unterschiedlichen Entwicklungsstadien. Stelle die Ergebnisse in einem Diagramm dar.

3. Stelle die Entwicklung der Mehlkäfer dar. Zeichne dazu die Entwicklungsstadien.

Beobachtung von Larvenstadien

Material
Mehlkäferlarven, Glasschale, Lupe oder Stereolupe

Durchführung
Untersuche eine Mehlkäferlarve mit Lupe oder Stereolupe. Versuche möglichst viele Körpermerkmale zu erkennen.

AUFGABEN >>

4. Erstelle eine beschriftete Zeichnung der Mehlkäferlarve.

5. Nenne Merkmale, die eine Zuordnung zu den Insekten ermöglichen.

Beobachtung von Puppenstadien

Material
Mehlkäferpuppe, Glasschale, Lupe

Durchführung
Lege eine Puppe aus der Mehlkäferzucht in eine Glasschale und untersuche sie mit der Lupe.

AUFGABEN >>

6. Erstelle eine beschriftete Zeichnung der Puppe von der Bauchseite.

7. Untersuche vorsichtig, ob sich die Puppe bewegen kann.

8. Nenne Organe, die bei der Puppe zu erkennen sind, aber bei der Larve nicht vorkommen.

Wirbellose Tiere

4.2 Spinnentiere
Die Kreuzspinne

1 Garten-Kreuzspinne

Im Garten hat eine *Spinne* ein Netz gebaut und sitzt nun mit dem Kopf nach unten in der Mitte. Es ist ein Weibchen der *Garten-Kreuzspinne*. Sie ist eine der größten und schönsten einheimischen Spinnen.

Merkmale der Spinnen
Spinnen haben zwar wie Insekten ein Außenskelett mit Gliederbeinen, ihr Körper ist jedoch in zwei Abschnitte gegliedert. Kopf und Brust sind zu einem *Vorderkörper* verwachsen. Am Vorderkörper sind von außen acht Beine, acht kleine *Punktaugen* und zwei kräftige *Kieferzangen* erkennbar. Die Kieferzangen enden in spitzen *Giftklauen*. Neben den Kieferzangen sitzen zwei beinähnliche Kiefertaster.

Der größte Teil des Nervensystems befindet sich im Vorderkörper. Der *Hinterkörper* ist deutlich größer als der Vorderkörper. Auf seiner Unterseite befinden sich die Spinnwarzen, aus denen die Spinnseide austritt. An der Luft entsteht daraus ein feiner Faden. Im Hinterkörper pumpt ein Röhrenherz Blut durch den Körper. Spinnen haben wie die Insekten einen *offenen Blutkreislauf*. Die Atmung erfolgt über *Fächertracheen* auf der Unterseite. Neben den Fächertracheen hat die Garten-Kreuzspinne Röhrentracheen, die wie bei Insekten innere Organe mit Sauerstoff versorgen. Weitere Organe im Hinterkörper sind Darm, Geschlechtsorgane und Ausscheidungsorgane.

Ernährung
Die Garten-Kreuzspinne wartet in ihrem Netz, bis sich eine Fliege oder ein anderes Beutetier darin verfängt. Mit ihren Beinen kann sie Erschütterungen registrieren, die das zappelnde Insekt auslöst. Schnell nähert sich die Spinne der Beute, betäubt sie mit einem Biss und spinnt sie mit Spinnfäden ein. Danach gibt sie Verdauungssäfte in das Beutetier ab, die es von innen auflösen. Später kann die Spinne das Beutetier aussaugen. Die Verdauung findet also außerhalb des Körpers der Spinne statt.

Netzbau
Bei der Garten-Kreuzspinne bauen nur Weibchen ein Radnetz aus Spinnseide (Abb. 3). Dazu bildet die Spinne zunächst einen langen Faden, der vom Wind an

kammförmige Klaue

Vorderkörper — Hinterkörper

Augen
Giftdrüse
Kiefertaster
Kieferklaue
Magen

Nervensystem (Bauchmark)
Röhrenherz
Fächertrachee
Röhrentrachee

Spinndrüsen
Ausscheidungsorgane
Darm
Mitteldarmdrüse
Eierstöcke

2 Körperbau der Spinne

Netzbau
v2f2be

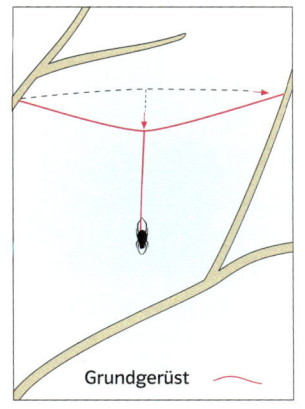

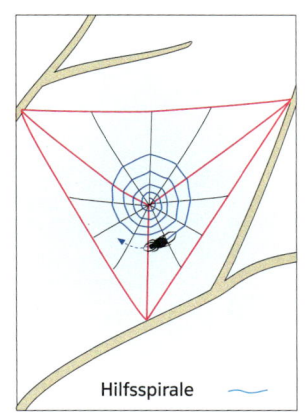

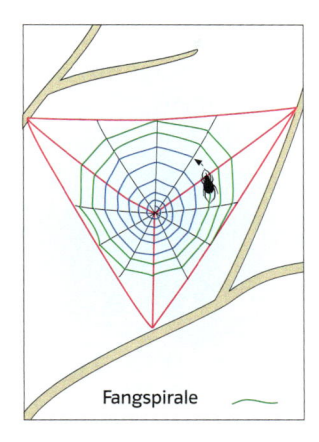

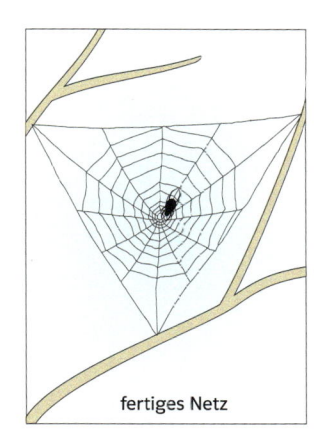

| Grundgerüst | Hilfsspirale | Fangspirale | fertiges Netz |

3 Eine Garten-Kreuzspinne baut ihr Netz

einen benachbarten Ast geweht wird und dort haften bleibt. Anschließend baut die Spinne ein *Grundgerüst* aus stabilen Spinnfäden. Danach baut sie eine *Hilfsspirale*. Diese frisst die Spinne später von außen nach innen auf und ersetzt sie durch eine *Fangspirale*. Die Fangfäden sind mit winzigen Tropfen eines klebrigen Sekrets versehen, dessen Klebkraft nach einigen Tagen nachlässt. Die Kreuzspinne erneuert dann ihr Fangnetz, indem sie das alte Netz auffrisst und neue Fangfäden spinnt. An den Enden der Spinnenbeine befinden sich kammartige, gekrümmte Klauen (Abb. 2). Mit diesen Kammklauen kann der Spinnfaden fein verwoben und bearbeitet werden.

Fortpflanzung

Im Sommer befestigt ein Männchen einen Faden am Netz des Weibchens und zupft daran in einem typischen Rhythmus. So macht es das Weibchen auf sich aufmerksam. Zeigt das Weibchen Paarungsbereitschaft, überträgt das Männchen mit den Kiefertastern ein Spermienpaket in die Spermientaschen des Weibchens. Aus diesem Vorrat kann das Weibchen viele Eier befruchten, die es in einen *Kokon* einspinnt (Abb. 4).

4 Spinnenkokon

AUFGABEN >>

○ **1** Vergleiche die Baupläne von Spinnen und Insekten.

◐ **2** Beschreibe anhand von Abb. 3 den Netzbau einer Garten-Kreuzspinne.

● **3** Erkläre, wie das Männchen bei der Paarung verhindert, dass es vom Weibchen mit Beute verwechselt wird.

Wirbellose Tiere

Spinnentiere

Skorpione, Milben und Weberknechte sind eng mit den Webspinnen verwandt. Sie werden zur Gruppe der *Spinnentiere* zusammengefasst.

Webspinne

Nicht alle Spinnen bauen wie die Kreuzspinne ein Netz. Springspinnen wie die oben abgebildete Zebraspinne jagen ihre Beute und Krabbenspinnen lauern unter Blüten auf blütenbesuchende Insekten. Doch alle diese Spinnen haben Spinndrüsen, mit denen sie Spinnenseide produzieren können. Damit weben sie beispielsweise einen Kokon für die Eier. Sie werden daher als *Webspinnen* bezeichnet.

Weberknecht

Weberknechte werden oft mit Webspinnen verwechselt. Allerdings sind Vorder- und Hinterkörper verwachsen. Manche Arten haben sehr lange Beine. Bei Gefahr können sie ein Bein abwerfen. Wenn ein Vogel einen Weberknecht fressen will, ist das vorteilhaft.

Skorpion

Skorpione kommen bei uns nicht vor. Sie haben kräftige Zangen, mit denen sie ihre Beute festhalten. Bei Bedarf setzen sie ihren Giftstachel am Ende des Hinterleibs ein.

Milbe

Milben sind sehr kleine Spinnentiere. Viele leben als Parasiten auf und in Tieren. In Gärten und Wäldern kommt die Zecke häufig vor. Die Hausstaubmilbe, die in Teppichböden vorkommt, ist eigentlich harmlos. Aber manche Menschen sind gegen ihre Ausscheidungen allergisch.

AUFGABEN >>

○ 1 Nenne gemeinsame Merkmale aller Spinnentiere.

● 2 Spinnentiere werden oft mit den Insekten verwechselt. Beschreibe Unterschiede.

Material
Zecken

Im Sommer können Zecken wie der Holzbock sehr lästig sein. Hunde und Katzen werden immer wieder von den kleinen Blutsaugern befallen und manchmal auch wir Menschen. Zecken ernähren sich ausschließlich von Blut. Beim Saugen können sie Krankheitserreger übertragen.

Lebenszyklus einer Zecke

Holzböcke leben vor allem in Wäldern und Gebüschen und entwickeln sich über mehrere Stadien zu geschlechtsreifen Zecken. Jedes Stadium benötigt eine Blutmahlzeit und überwintert dann. Die Häutung zum nächsten Stadium erfolgt meist im Frühjahr.

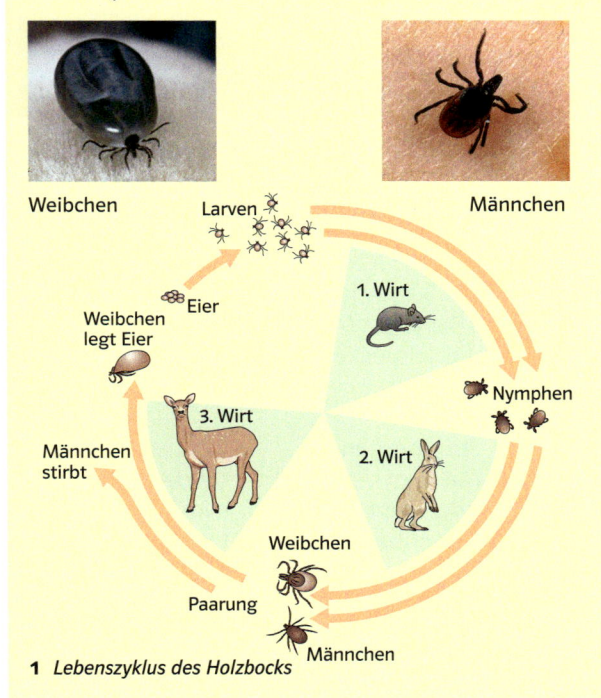

1 Lebenszyklus des Holzbocks

AUFGABEN >>

- **1** Beschreibe den Lebenszyklus des Holzbocks.
- **2** Erkläre, warum jedes Stadium eine Blutmahlzeit benötigt.
- **3** Erkläre das verstärkte Auftreten von Zeckenbissen im Frühsommer.

Zeckenstadien

In einem Waldstück wurden alle Zecken gesammelt und nach Entwicklungsstadien sortiert. Es wurden 929 Tiere gezählt.

	Larven	Nymphen	Imagines
Anzahl	657	234	38

AUFGABEN >>

- **4** Stelle die Häufigkeiten der Zeckenstadien in einem geeigneten Diagramm dar.
- **5** Erkläre die unterschiedlichen Häufigkeiten der Zeckenstadien.

Mundwerkzeuge

Die Mundwerkzeuge der Zecke sind auf das Blutsaugen spezialisiert. Die Kiefertaster haben Tast- und Riechsinn. Die Kieferzangen sind seitlich mit scharfen Zähnen besetzt und können unabhängig voneinander vor und zurück bewegt werden. Darunter liegt eine harte und spitze Zunge mit Widerhaken.

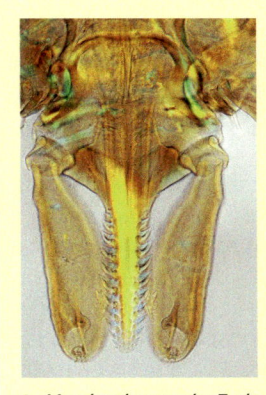

2 Mundwerkzeuge der Zecke

AUFGABE >>

- **6** Erkläre, inwiefern die Mundwerkzeuge der Zecke zum Blutsaugen geeignet sind.

4.3 Schnecken
Die Weinbergschnecke — ein Weichtier

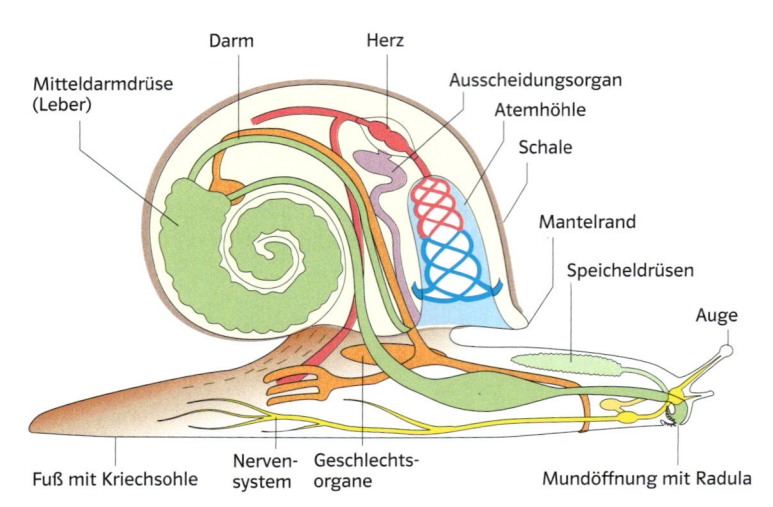

1 Körperbau einer Schnecke

2 Weinbergschnecke

Weinbergschnecken bestehen aus einem Gehäuse und einem Weichkörper. Sie haben weder ein Außen- noch ein Innenskelett. Deshalb gehören Weinbergschnecken zu der Gruppe der Weichtiere.

Fortbewegung
Unter dem Gehäuse ist bei einer Weinbergschnecke ein kräftiger Fuß erkennbar, der als Kriechsohle dient. Der Fuß wird dadurch stabil, dass sich die Haut straff um die Flüssigkeit im Inneren spannt. Schnecken haben ein *Hydroskelett* (Wasserskelett). Lässt man eine Schnecke über eine Glasscheibe kriechen, kann man von unten beobachten, wie sie sich fortbewegt. Dabei sind Querlinien zu erkennen, die wellenartig von hinten nach vorn wandern. Mit jeder Welle wird der Fuß an einer Stelle angehoben und ein kleines Stück weiter vorn wieder abgesetzt. Die Sohle hat dadurch ständig an vielen Stellen Kontakt mit dem Untergrund. Wenn eine Schnecke über spitze Gegenstände kriecht, wird die Sohle an scharfkantigen Stellen nicht abgesetzt. Dadurch werden Verletzungen vermieden. Das Kriechen wird durch einen Schleimfilm erleichtert, der vorne am Fuß abgegeben wird. Hinter der Schnecke ist daher eine Schleimspur erkennbar. Mit dem Schleim schafft sich die Schnecke ihren eigenen Untergrund und haftet besser auf glatten Oberflächen.

Sinnesorgane
Am Kopf der Weinbergschnecke sind oben zwei lange und unten zwei kurze Fühler erkennbar (Abb. 2). Während die Weinbergschnecke kriecht, tastet sie mit den unteren Fühlern den Untergrund ab. An den Enden der oberen Fühler befinden sich kleine Augen. Es sind sehr einfach gebaute Augen, mit denen die Weinbergschnecke nur Helligkeitsunterschiede und grobe Umrisse erkennen kann.

Ernährung
Weinbergschnecken ernähren sich von Blättern und anderen Pflanzenteilen. Ihre Zunge *(Radula)* ist mit winzigen Zähnen aus hartem Chitin besetzt. Damit raspelt sie wie mit einer Feile Pflanzenteile ab. Die Ausscheidung von Kot erfolgt über eine kleine Öffnung am Gehäuserand.

3 Weinbergschnecken bei der Paarung **4** Eiablage **5** Junge Weinbergschnecken

Atmung und Blutkreislauf

Am Gehäuserand befindet sich eine kleine Öffnung, durch die Luft in die Atemhöhle gelangt (Abb. 1). Die Wand dieses Hohlraums ist feucht und mit vielen feinen Blutgefäßen durchzogen. Hier kann Sauerstoff aus der Luft ins Blut gelangen. Gleichzeitig wird Kohlenstoffdioxid aus dem Blut an die Luft abgegeben. Das Blut wird vom Herzen oberhalb der Atemhöhle in den Körper gepumpt. Die Blutgefäße enden offen im Körper und das Blut strömt frei um die Organe. Schnecken haben einen *offenen Blutkreislauf*.

Fortpflanzung

Weinbergschnecken sind *Zwitter*, jedes Tier hat männliche und weibliche Geschlechtsorgane. Bei der Paarung bringen die Partner ihre Fußsohlen dicht aneinander und tauschen gegenseitig Spermien aus. Jedes Tier speichert die Spermien des Partners in einer Spermientasche und befruchtet damit die eigenen Eizellen. Nach einem Monat werden bis zu 60 Eier in ein Erdloch abgelegt. Nach zwei Wochen schlüpfen kleine Weinbergschnecken mit Gehäuse. Sie müssen sich selbst ausgraben. Bei der anschließenden Entwicklung wächst nicht nur die Schnecke, sondern auch das Gehäuse. Dazu werden am Gehäuserand Kalk und andere Stoffe abgegeben.

[▶ Fortpflanzung und Entwicklung]

Überwinterung

Im Herbst graben sich Weinbergschnecken im lockeren Boden ein, ziehen sich in ihr Gehäuse zurück und verschließen es mit einem Kalkdeckel. Den Winter überdauern die Tiere in *Kältestarre*. Ihre Körpertemperatur ist dabei auf die Umgebungstemperatur abgesenkt.

AUFGABEN >>

● 1 Verwende ein Blatt Papier als Modell für die Kriechsohle und erkläre damit die Fortbewegung einer Schnecke.

● 2 Weichtiere haben ein Hydroskelett. Erkläre, was damit gemeint ist, indem du eine Luftmatratze als Vergleich heranziehst.

Wirbellose Tiere

Praktikum
Schnecken

Die Beobachtung von lebenden Tieren erfordert viel Achtsamkeit. Wenn die Schnecke zu trocken wird, solltest du sie mit wenigen Wassertropfen befeuchten.

Fortbewegung

Material
Gehäuseschnecken (z. B. Hainbänderschnecken), Glasplatte, Lineal, Stoppuhr

Durchführung
Lass die Schnecke über eine Glasplatte kriechen. Dabei kannst du die Bewegungen des Fußes genau beobachten. Anschließend kannst du ein Schneckenrennen durchführen. Dazu benötigst du eine saubere, glatte Unterlage.

AUFGABEN >>

1. Beobachte möglichst genau den Fuß der Schnecke von der Seite und von unten, während sie sich fortbewegt. Protokolliere deine Beobachtungen.

2. Führe mit mehreren Schnecken ein Schneckenrennen durch. Berechne und vergleiche die Geschwindigkeiten der Schnecken.

Geruchssinn

Material
Schnecke, Glasplatte, Apfelstück

Durchführung
Setze die Schnecke auf eine saubere Glasplatte. Ziehe mit einem Apfelstück eine „Apfelsaft-Spur" vor der Schnecke her. Beobachte das Verhalten der Schnecke.

AUFGABEN >>

3. Beobachte das Öffnen und Schließen der Atemöffnung.

4. Protokolliere das Verhalten der Schnecke.

Ernährung

Material
Schnecke, Becherglas, Apfelstück

Durchführung
Setze die Schnecke in ein Becherglas und füttere sie mit einem Apfelstück. Nur wenn sie Ruhe hat und sich sicher fühlt, wird sie auch anfangen zu fressen. Halte dann dein Ohr über das Becherglas und achte auf Geräusche.

AUFGABEN >>

5. Beurteile, ob das beobachtete Verhalten auf einen Geruchssinn schließen lässt.

6. Beschreibe die Geräusche, die beim Fressen auftreten.

Material
Schnecken bestimmen

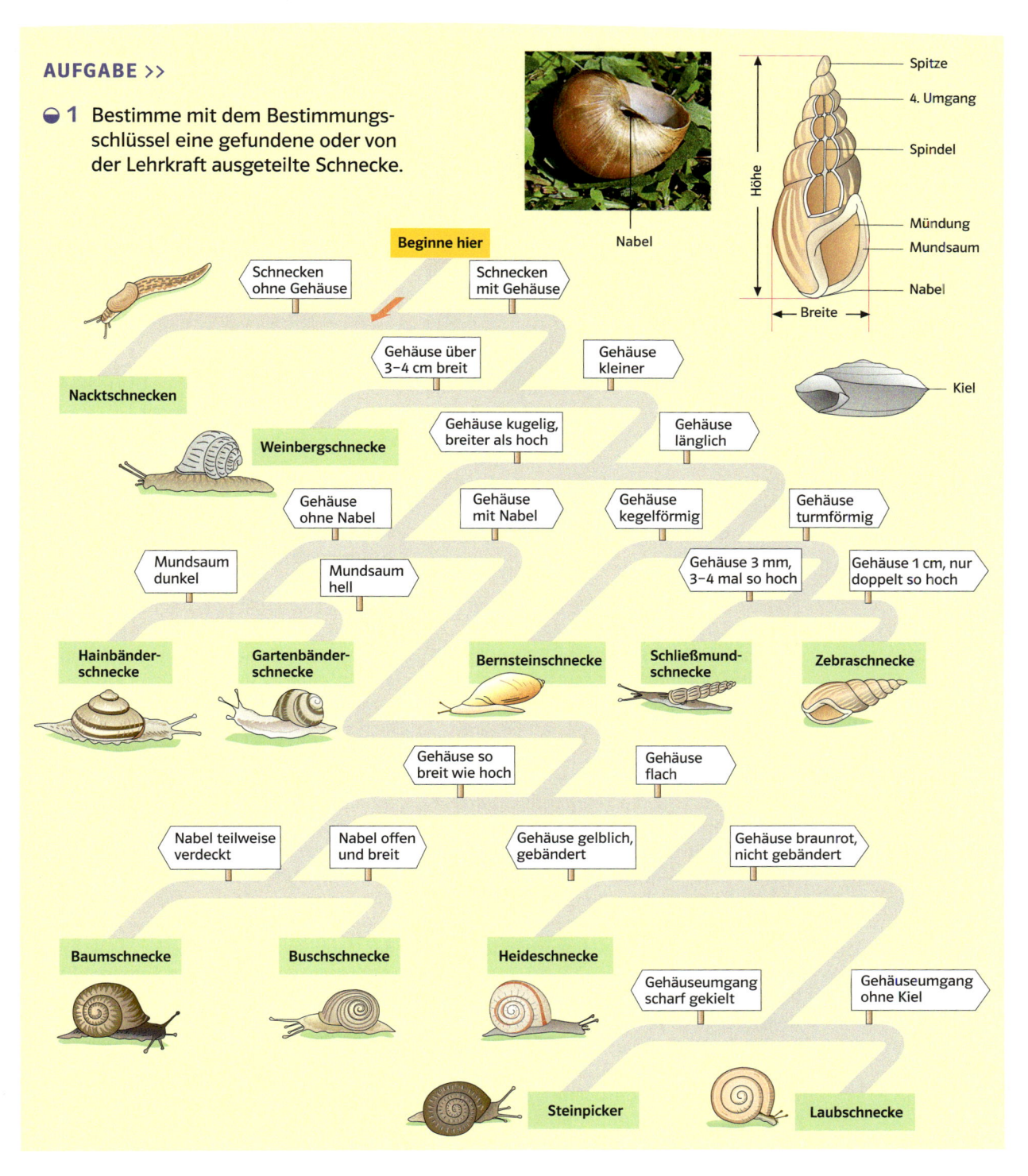

AUFGABE >>

● 1 Bestimme mit dem Bestimmungsschlüssel eine gefundene oder von der Lehrkraft ausgeteilte Schnecke.

Beginne hier

- Schnecken ohne Gehäuse
- Schnecken mit Gehäuse
  - Gehäuse über 3–4 cm breit → **Weinbergschnecke**
  - Gehäuse kleiner
    - Gehäuse kugelig, breiter als hoch
      - Gehäuse ohne Nabel
        - Mundsaum dunkel → **Hainbänderschnecke**
        - Mundsaum hell → **Gartenbänderschnecke**
      - Gehäuse mit Nabel → **Bernsteinschnecke**
        - Gehäuse so breit wie hoch
          - Nabel teilweise verdeckt → **Baumschnecke**
          - Nabel offen und breit → **Buschschnecke**
        - Gehäuse flach
          - Gehäuse gelblich, gebändert → **Heideschnecke**
            - Gehäuseumgang scharf gekielt → **Steinpicker**
          - Gehäuse braunrot, nicht gebändert
            - Gehäuseumgang ohne Kiel → **Laubschnecke**
    - Gehäuse länglich
      - Gehäuse kegelförmig
        - Gehäuse 3 mm, 3–4 mal so hoch → **Schließmundschnecke**
      - Gehäuse turmförmig
        - Gehäuse 1 cm, nur doppelt so hoch → **Zebraschnecke**

Nacktschnecken

Beschriftungen am Gehäuse: Spitze, 4. Umgang, Spindel, Mündung, Mundsaum, Nabel, Höhe, Breite, Kiel

Wirbellose Tiere **177**

4.4 Weitere Wirbellose
Lebensweise der Regenwürmer

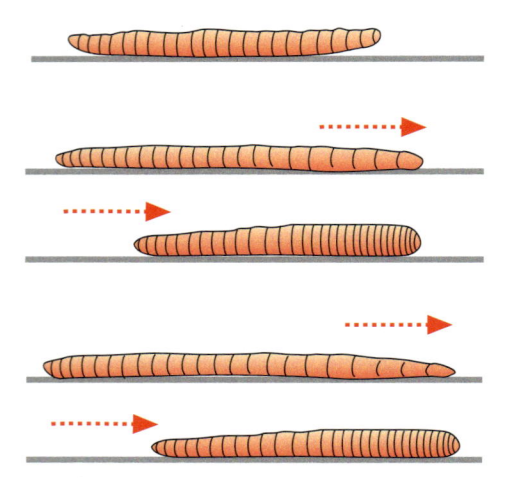

🌐 Regenwurm sd4k7y

1 Regenwurm

2 Fortbewegung eines Regenwurms

Gräbt man im Garten Erde um, findet man häufig Regenwürmer. Auf der Hand regt und windet ein Regenwurm sich heftig.

Körperbau
Während sich die Oberseite des *Regenwurms* glatt und weich anfühlt, ist die Unterseite durch Borsten leicht rau. Die gesamte Oberfläche ist feucht. Regenwürmer trocknen leicht aus, daher kommen sie nur nach starkem Regen an die Erdoberfläche. Sie sind Feuchtlufttiere wie die Amphibien. Der Körper ist in viele ringförmige Abschnitte, die Segmente, unterteilt. Diese Gliederung findet sich auch bei anderen Würmern. Sie werden als *Ringelwürmer* zusammengefasst. Ein Kopf ist nicht erkennbar. An einer Stelle im vorderen Drittel sind mehrere Segmente etwas dicker. Ein Skelett ist nicht vorhanden.

Fortbewegung
Unter der Haut befinden sich zwei Muskelschichten, die mit der Haut zu einem *Hautmuskelschlauch* verwachsen sind. Der Hautmuskelschlauch umspannt den mit Flüssigkeit gefüllten Körper. Er wird dabei stabil wie ein wassergefüllter Schlauch oder Luftballon. Regenwürmer haben wie die Weichtiere ein *Hydroskelett*. Wenn sich die äußere *Ringmuskelschicht* zusammenzieht, wird der Wurm an dieser Stelle dünner und länger. Unter der Ringmuskelschicht (Abb. 3) liegt die *Längsmuskelschicht*. Wenn die Längsmuskeln sich zusammenziehen, wird der Wurm an dieser Stelle dicker und kürzer. Durch das abwechselnde Zusammenziehen der Muskeln von Ring- und Längsmuskelschicht bewegt sich der Wurm vorwärts (Abb. 2).

Innere Organe
Regenwürmer haben einen *geschlossenen Blutkreislauf*. Statt eines großen Herzens treiben mehrere kleine Seitenherzen das Blut an. An den Segmentgrenzen durchdringen Blutgefäße die Querwände. Auch der Darm verläuft längs über die Segmentgrenzen hinweg. Pro Segment hat der Wurm zwei einfache Ausscheidungsorgane. Auf der Bauchseite verlaufen zwei dicke Nervenstränge, die in jedem Segment Verdickungen und Querverbindungen aufweisen. Der Regenwurm ist in Segmente mit jeweils ähnlichem Aufbau gegliedert.

Fortpflanzung

Regenwürmer sind Zwitter. Das bedeutet, dass sie sowohl Eizellen als auch Spermienzellen bilden können. Bei der Paarung legen sich zwei Regenwürmer so nebeneinander, dass die Vorderenden sich überlappen. Anschließend sondern sie einen Schleim ab, der die beiden Vorderenden verbindet. Nun gibt jeder Wurm am Vorderende Spermien ab, die über spezielle Rinnen in Spermientaschen beim anderen Wurm wandern. Bei der Eiablage bildet sich im Bereich des Gürtels eine ringförmige Schleimhülle. Diese streift der Wurm über das Vorderende ab und legt dabei einige Eier hinein, die mit Spermien aus den Spermientaschen befruchtet werden. Der Schleim härtet an der Luft zu einem schützenden Kokon aus. Nach wenigen Wochen schlüpfen die jungen Regenwürmer.

Ökologische Bedeutung

Regenwürmer fressen verrottendes Pflanzenmaterial und Erde mit darin enthaltenen Einzellern, Bakterien und Pilzen. Die Nährstoffe darin nutzen sie als Nahrung. In der Nacht ziehen Regenwürmer auch Blätter in ihre Gänge, die dort in der feuchten Umgebung schneller verrotten und damit als Nahrung dienen können. Unverdauliches Material wird wieder ausgeschieden. Der Kot der Regenwürmer enthält viele Mineralstoffe. Er ist eine wichtige Grundlage für guten Humus und damit für das Pflanzenwachstum. Beim Fressen graben die Regenwürmer lange Gänge durch die Erde. Diese Gänge sorgen für eine bessere Durchlüftung des Bodens und lassen Regenwasser leichter eindringen. Indem Regenwürmer Erde in tieferen Bodenschichten fressen und an der Oberfläche ausscheiden, sorgen sie für eine Durchmischung des Bodens. Auf einem Hektar einer Wiese leben so viele Regenwürmer, dass sie in einem Jahr einige Tausend Kilogramm Erde an die Oberfläche bringen.

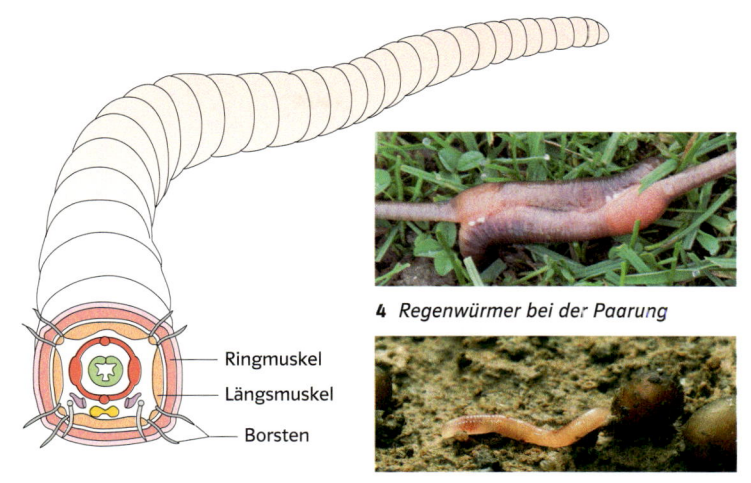

3 *Querschnitt vom Regenwurm*

4 *Regenwürmer bei der Paarung*

5 *Regenwurm schlüpfend*

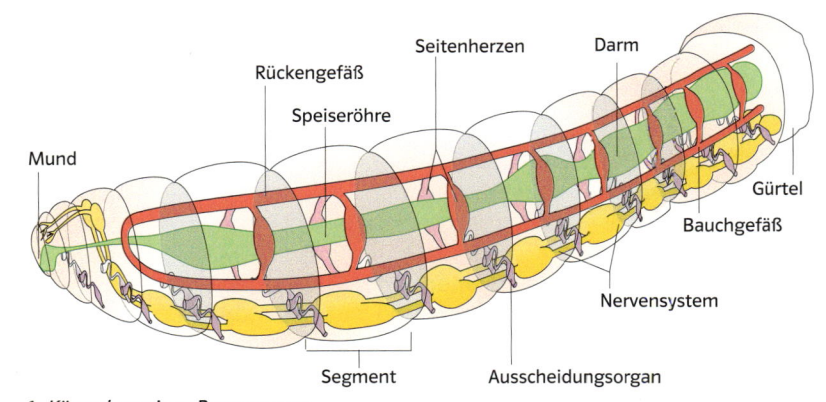

6 *Körperbau eines Regenwurms*

Weizen	ohne Regenwürmer	mit Regenwürmern
Halmgewicht	7,1 g	10,5 g
Ähre	60 Körner	110 Körner

7 *Einfluss von Regenwürmern auf die Ernte*

AUFGABEN >>

1 Beschreibe die Angepasstheiten des Regenwurms an ein Leben im Boden.

2 Beschreibe anhand von Abb. 2 die Fortbewegung.

3 In einem Experiment wurde untersucht, welchen Einfluss Regenwürmer auf die Ernte haben. Beschreibe die Versuchsergebnisse (Abb. 7) und erkläre die Unterschiede.

Wirbellose Tiere

Praktikum
Regenwurm

An lebenden Regenwürmern können viele interessante Beobachtungen gemacht werden. Wichtig ist, dass man sie dabei stets leicht feucht hält und sehr vorsichtig behandelt.

Fortbewegung

Material
Papier, Lupe, Regenwurm

1 Untersuchung der Fortbewegung

Durchführung
- Rolle das Papier zu einer Röhre. Lege einen Regenwurm in die Röhre und halte dein Ohr an eine Öffnung. Achte aufmerksam auf Geräusche.
- Befühle nun die Unterseite des Regenwurms, indem du vorwärts und rückwärts über seine Haut streichst. Untersuche den Regenwurm mit der Lupe und versuche Strukturen zu erkennen, die für die Geräusche bei der Bewegung verantwortlich sein könnten.
- Beobachte möglichst genau, wie sich der Regenwurm fortbewegt.

AUFGABEN >>

1 Beschreibe die Geräusche, die auftreten, wenn sich der Regenwurm auf Papier bewegt.

2 Erkläre die Entstehung der Geräusche anhand deiner Kenntnisse von Körperbau und Art der Fortbewegung des Regenwurms.

Lichtsinn

Material
Glasrohr (ca. 8 mm Durchmesser), Tageslichtprojektor, Papier

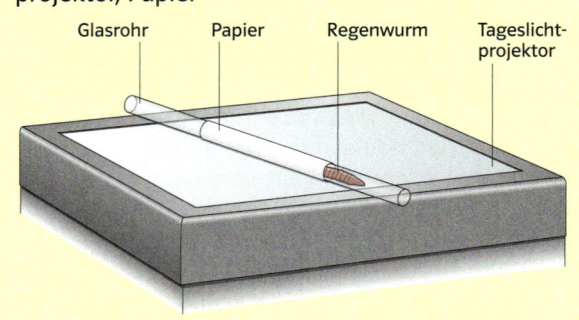

Glasrohr | Papier | Regenwurm | Tageslichtprojektor

2 Experiment zur Lichtempfindlichkeit

Durchführung
- Stecke einen Regenwurm in eine Glasröhre und und wickle ein Blatt Papier darum (Abb. 2). Lege ihn nun auf eine Lichtquelle, z. B. Tageslichtprojektor.
- Verschiebe die Papierrolle so, dass einmal das Vorderende und einmal das Hinterende beleuchtet wird.

AUFGABEN >>

3 Beschreibe das Verhalten des Regenwurms.

4 Erkläre, was sich aus den Beobachtungen über die Lichtempfindlichkeit des Regenwurms folgern lässt.

5 Plane ein weiteres Experiment, mit dem du untersuchen kannst, ob der Regenwurm in der Mitte lichtempfindlich ist.

Material
Ringelwürmer

Außer dem Regenwurm gibt es noch viele weitere Ringelwürmer. Man findet Ringelwürmer im Meer, im Boden, in Flüssen und in Teichen.

Medizinischer Blutegel

1 Blutegel

Der Medizinische Blutegel wird bis zu 15 cm lang. Er kann 30 Jahre alt werden. Er lebt meist in Teichen, kann sich aber auch an Land aufhalten. Blutegel saugen sich an einem Wirt fest, schneiden mit ihren drei messerscharfen Kiefern eine Wunde in die Haut und saugen Blut. In der Medizin wurde der Blutegel früher zur Blutentnahme verwendet.

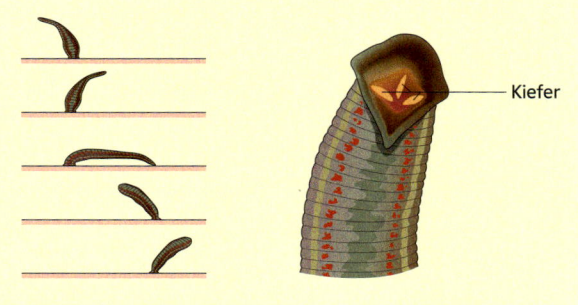

2 Medizinischer Blutegel: Fortbewegung und Mund

AUFGABEN >>

○ 1 Beschreibe mit Abb. 2 die Fortbewegung des Blutegels.

○ 2 Beschreibe, wie der spezielle Bau der Mundregion mit der Lebensweise des Blutegels zusammenhängt.

Schlammröhrenwurm

Schlammröhrenwürmer werden 8 cm lang und leben in sauerstoffarmen Gewässern. Das Vorderende steckt in einer Röhre im Schlamm. Mit schlängelnden Bewegungen des Hinterleibs wirbeln sie abgestorbene Reste von Lebewesen in ihre Röhren und ernähren sich davon. Die Sauerstoffaufnahme erfolgt über den Enddarm. Die rote Färbung kommt daher, dass das Blut der Tiere wie unser Blut einen Farbstoff enthält, der Sauerstoff transportieren kann.

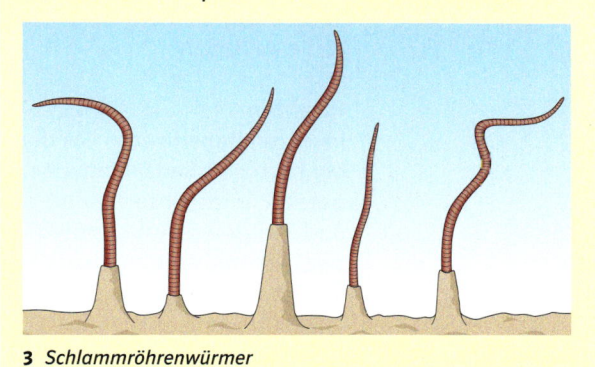

3 Schlammröhrenwürmer

AUFGABE >>

○ 3 Beschreibe, wie Schlammröhrenwürmer an ihren Lebensraum angepasst sind.

Das kannst du jetzt

1 Die Honigbiene — ein Insekt

Zu den Wirbellosen werden sehr unterschiedliche Tiergruppen gezählt. Deren gemeinsames Merkmal ist, keine Wirbelsäule zu haben.

Insekten
Insekten haben sechs Gliederbeine und ein hartes Außenskelett, das in drei Körperabschnitte unterteilt ist: Kopf, Brust und Hinterleib. Am Kopf befinden sich zwei Komplexaugen, zwei Fühler und Mundwerkzeuge. Die Brust trägt meistens vier Flügel und enthält die Flugmuskulatur. Im Hinterleib sind verschiedene innere Organe zu finden. Insekten haben einen offenen Blutkreislauf. Atemgase werden über das Tracheensystem transportiert.

Die Gelenke der Insekten werden durch Muskeln im Inneren bewegt, die nach dem Gegenspielerprinzip arbeiten. Auch bei der Flugmuskulatur lassen sich Heber und Senker unterscheiden. Bei manchen Insekten setzt die Flugmuskulatur direkt an den Flügeln an, bei anderen indirekt am Rückenschild.

Die Gliederbeine der Insekten sind an die Lebensweise angepasst, wie z. B. das Sprungbein der Heuschrecken oder das Sammelbein der Bienen. Auch die Mundwerkzeuge der Insekten sind auf vielfältige Weise an verschiedene Formen der Nahrungsaufnahme angepasst.

Insekten entwickeln sich über mehrere Larvenstadien. Bei manchen Insektenordnungen entsteht das erwachsene Insekt aus dem letzten Larvenstadium, bei anderen Insektenordnungen gibt es noch ein Puppenstadium. Nur die erwachsenen Tiere sind geschlechtsreif.

Spinnen
Spinnen zählen wie die Insekten zu den Gliederfüßern. Allerdings ist ihr Körper in zwei Abschnitte unterteilt und sie haben acht Gliederbeine. Zu den Spinnentieren gehören z. B. Webspinnen, Skorpione, Zecken und Milben.

Schnecken
Schnecken haben kein Skelett aus harten Strukturen, sondern ein Hydroskelett. Sie haben einen offenen Blutkreislauf. Weinbergschnecken sind Zwitter. Im Winter fallen sie in Kältestarre.

Ringelwürmer
Regenwürmer verbessern den Boden, indem sie Gänge graben und Reste von Lebewesen verdauen. Ihr Körper ist in viele Segmente unterteilt. Die Fortbewegung erfolgt über das Zusammenspiel von Längs- und Ringmuskulatur.

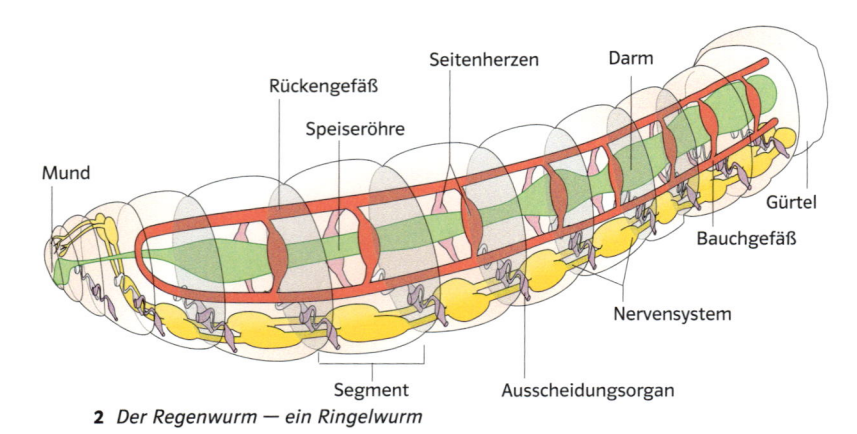

2 Der Regenwurm — ein Ringelwurm

TESTE DICH SELBST

Funktion von Insektenbeinen
Die Maulwurfsgrille ist ein Insekt, das im Boden Gänge gräbt wie ein Maulwurf. Die Vorderbeine sind an diese Lebensweise besonders angepasst.

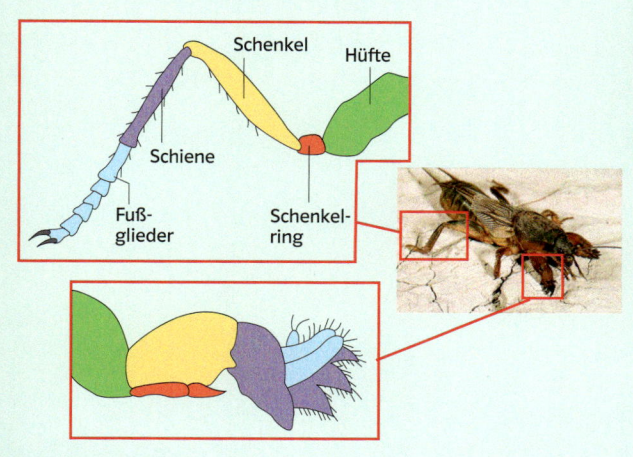

1 *Insektenbeine*

○ **1** Beschreibe die besondere Abwandlung des Vorderbeins der Maulwurfsgrille (Abb. 1).

◐ **2** Erläutere die unterschiedliche Funktion der abgebildeten Beine der Maulwurfsgrille.

Ein Bienenvolk im Jahresverlauf

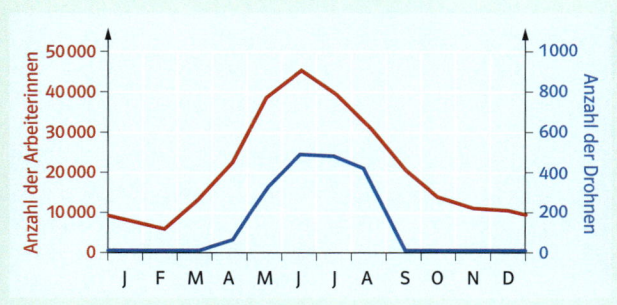

2 *Zusammensetzung des Bienenvolks*

Abb. 2 zeigt die Anzahl von Arbeiterinnen und Drohnen im Verlauf eines Jahres in einem Bienenvolk.

◐ **3** Erkläre die im Diagramm dargestellte Veränderung des Bienenvolks im Jahresverlauf.

Insekten und Spinnen

3 *Kreuzspinne und Ölkäfer*

Spinnen sind keine Insekten. Dennoch werden sie häufig mit diesen verwechselt. Beide Tiergruppen sind zwar Gliederfüßer, sie können aber an einfachen Merkmalen leicht unterschieden werden.

○ **4** Stelle Gemeinsamkeiten und Unterschiede von Insekten und Spinnen in einer Tabelle zusammen. Berücksichtige dabei Skelett, Gliedmaßen, Körpergliederung, Augen, Fühler, Mundwerkzeuge, Herz, Atmungsorgane, Nervensystem, Flügel und Spinndrüsen.

Heideschnecken
Die meisten Landschnecken leben in feuchten Lebensräumen. Heideschnecken leben jedoch in trockenen Gebieten. Über die Mittagszeit findet man sie an der Spitze von Pflanzen in ihrem Gehäuse.

4 *Heideschnecke am Mittag*

◐ **5** Erkläre, warum die meisten Schneckenarten in feuchten Lebensräumen zu finden sind.

● **6** Erkläre das Verhalten der Heideschnecken.

Wirbellose Tiere **183**

5 Blütenpflanzen

Die Blüten der Blütenpflanzen werden durch Wind oder Tiere bestäubt. Danach entwickeln sich Früchte mit Samen. Früchte dienen der Verbreitung von Samen. Im Samen ist bereits die neue Pflanze enthalten. Wir Menschen ernähren uns von Pflanzen. Über die Jahrhunderte wurden viele Sorten gezüchtet.

Das lernst du in diesem Kapitel

>> Blütenpflanzen bestehen aus verschiedenen Organen, die unterschiedliche Funktionen haben.

>> Aus Blüten entwickeln sich nach der Bestäubung Früchte, die der Verbreitung dienen.

>> Früchte bzw. Samen werden durch Wind, Tiere oder die Pflanze selbst verbreitet.

>> Der Samen enthält eine neue Pflanze, die auskeimen und wachsen kann.

>> Pflanzen überwintern auf unterschiedliche Weise.

>> Blüten sind in ihrer Form und Farbe an ihre Bestäubung angepasst.

>> Menschen nutzen Pflanzen als Nahrungsmittel, Gewürze und für andere Zwecke.

>> Wichtige Nutzpflanzen wurden über Jahrtausende gezüchtet.

5.1 Bau und Funktion einer Blütenpflanze
Der Ackersenf — eine typische Blütenpflanze

Blatt
Im unteren Teil des Sprosses entspringen grüne Blätter. Sie können Nährstoffe bilden und dadurch die Pflanze ernähren. Dazu benötigen sie unter anderem Wasser. Die Blüten im oberen Sprossabschnitt bestehen aus besonderen Blättern. Sie dienen der Fortpflanzung. Aus den Blüten entstehen Früchte, die Samen enthalten.

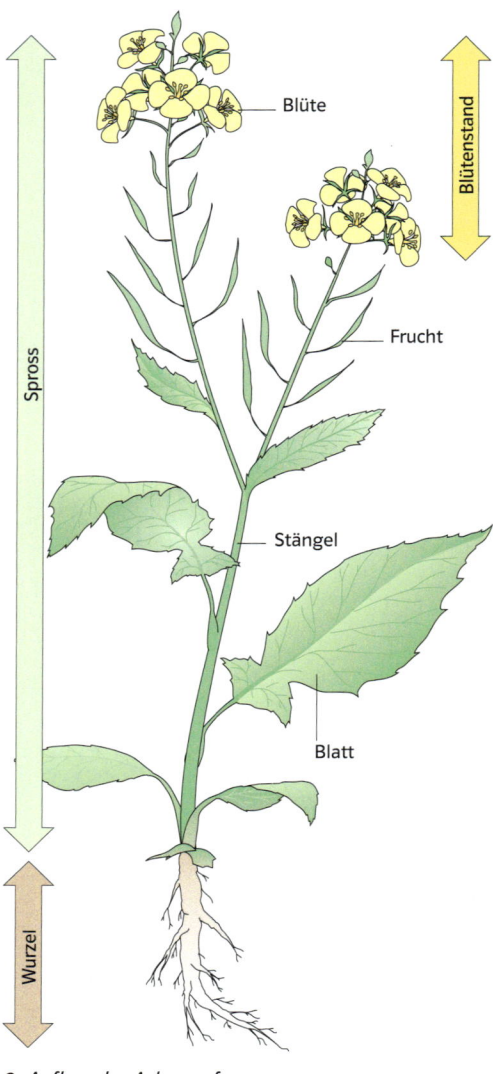

Der Ackersenf fällt durch gelbe Blüten auf und wird über einen halben Meter hoch. Wie jede Pflanze muss er dem Wind standhalten, sich ernähren und sich fortpflanzen. Auch Pflanzen haben wie Tiere Organe, die spezielle Aufgaben erfüllen.

1 *Ackersenf*

Organe einer Pflanze
Wir unterscheiden drei Pflanzenorgane: *Wurzel*, *Stängel* und *Blatt*. Blüten bestehen aus umgewandelten Blättern. Den gesamten oberirdischen Teil der Pflanze nennt man auch *Spross*. Der Sprossabschnitt mit den Blüten heißt Blütenstand.

Wurzel
Die Wurzel verankert die Pflanze im Boden und gibt ihr Halt. Sie ist weit verzweigt und endet in sehr feinen Wurzelspitzen. Über die Wurzel werden Wasser und *Mineralstoffe (Mineralsalze)* aus dem Boden aufgenommen.

Stängel
Der Stängel ist sehr kräftig und verleiht dem Spross Stabilität. Im Stängel sind feine Röhren, durch die Stoffe transportiert werden. Wasser und Mineralstoffe werden zum Beispiel von der Wurzel zu den Blättern geleitet.

2 *Aufbau des Ackersenfs*

METHODE >>

Legebild einer Blüte herstellen

Ein Legebild dokumentiert die Anordnung der Blütenblätter. Dann werden diese wie in der Blüte auf Kreise geklebt.

Material
Blüte von Ackersenf, Lupe, Pinzette, Zirkel, Papier, Klebefolie (6 cm x 6 cm), Folienstift

Durchführung
- Zeichne mit dem Zirkel auf ein Blatt Papier vier Kreise, die alle den gleichen Mittelpunkt und jeweils einen Zentimeter Abstand haben.
- Lege die Klebefolie mit der Klebeseite nach oben über die Kreise.
- Zupfe die Kelchblätter ab und klebe sie am äußeren Kreis entlang auf die Folie.
- Verteile die Kronblätter auf den zweiten Kreis.
- Klebe die zwei kürzeren Staubblätter auf den dritten Kreis, die restlichen vier auf den innersten Kreis und den Stempel in die Mitte.
- Drehe die Folie um und klebe sie auf die Kreise.
- Beschrifte die Blütenteile mit einem Folienstift.

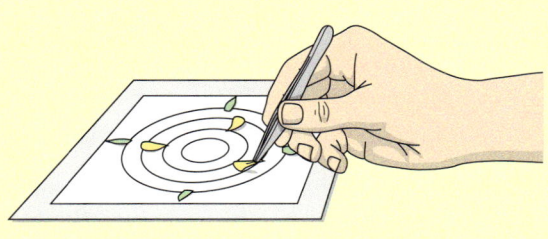

Herstellen eines Legebilds

Aufbau einer Blüte

Untersuchst du eine einzelne *Blüte* des Ackersenfs genauer, kannst du erkennen, dass sie aus verschiedenen Teilen besteht. Ganz außen sind vier grüne *Kelchblätter* zu finden. Weiter innen stehen vier gelbe *Kronblätter*. Dabei stehen die Kronblätter immer zwischen zwei Kelchblättern, also „auf Lücke". Innerhalb der Kronblätter stehen sechs gelbe *Staubblätter*, die an winzige Wattestäbchen erinnern. Die Staubblätter enthalten den *Pollen*, der wie gelber Staub aussieht und daher auch Blütenstaub genannt wird. Im Zentrum der Blüte befindet sich der grüne *Stempel*. Er besteht aus drei Abschnitten: *Fruchtknoten*, *Griffel* und *Narbe*. Der verdickte Fruchtknoten enthält die Samenanlagen, aus denen später die *Samen* entstehen. Beim Ackersenf entsteht aus dem Fruchtknoten eine längliche *Frucht*, die Schote genannt wird. Wenn die Samen reif sind, öffnet sie sich und entlässt die Samen. In den Samen ist die neue Pflanze als Keimling enthalten.

[▶ Struktur und Funktion]

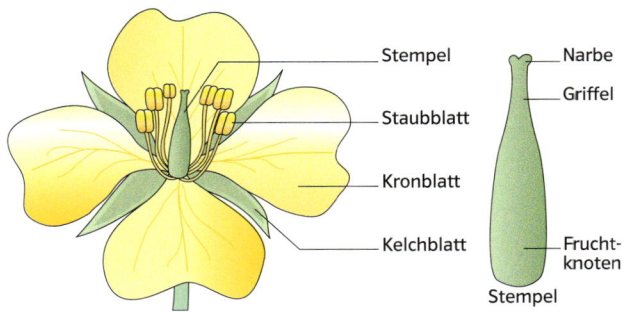

3 Blüte des Ackersenfs

AUFGABEN >>

○ 1 Ordne in einer Tabelle den Pflanzenorganen jeweils ihre Funktionen zu.

◐ 2 Organe arbeiten zusammen. Beschreibe dies am Beispiel des Wassertransports durch die Pflanze.

● 3 Stelle eine Vermutung über die Funktion der gelben Kronblätter in der Blüte an.

Fotosynthese
96p9vb

Das Blatt

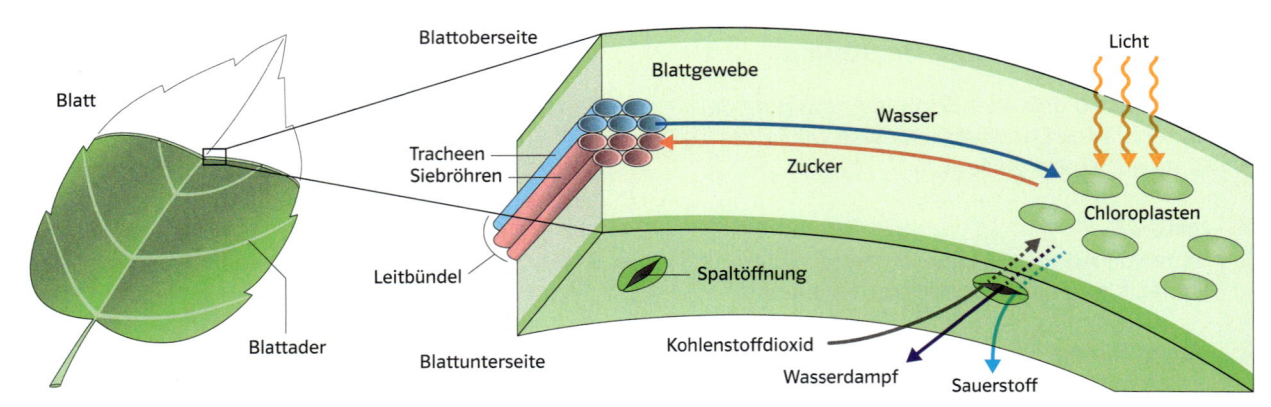

1 Aufbau und Funktion des Laubblatts (Schema)

Grüne Blätter sind so gebaut, dass sie Nährstoffe produzieren können. Sie dienen der Ernährung der Pflanze.

Aufbau eines Laubblatts
Die Blattfläche eines Laubblatts ist von verzweigten *Blattadern* durchzogen (Abb. 1). Diese enthalten Röhren, durch die Stoffe transportiert werden: *Tracheen* und *Siebröhren*. Die Blattunterseite weist längliche Löcher auf, die sogenannten *Spaltöffnungen*.

Transpiration
Durch die Spaltöffnungen verdunstet Wasser als unsichtbarer Wasserdampf. Die Abgabe von Wasserdampf nennt man *Transpiration*. Wenn Wasser über die Blätter verdunstet, wirkt das auf die Tracheen im Blatt so, wie wenn du an einem Trinkhalm saugst: Wasser wird über die Tracheen nachgeliefert. Die Tracheen in den Blattadern sind wiederum mit den Tracheen im Stängel und in der Wurzel verbunden. So wird durch die Transpiration Wasser aus dem Boden über Wurzel und Stängel in die Blätter transportiert.

Fotosynthese
In ihren grünen Blättern können Pflanzen Nährstoffe wie Traubenzucker oder Stärke selbst bilden (Abb. 1). Dazu ist Wasser, Kohlenstoffdioxid und Licht notwendig. Kohlenstoffdioxid gelangt über die Spaltöffnungen in das Blatt. Licht dringt durch die obere Blattschicht hindurch. Die Bildung von Nährstoffen mithilfe von Licht heißt *Fotosynthese*. Dabei wird Sauerstoff gebildet, der über die Spaltöffnungen abgegeben wird. Die Fotosynthese findet in kleinen grünen Körperchen im Blatt statt, den *Chloroplasten*. Dabei bildet die Pflanze verschiedene Zucker und Stärke. Zucker kann über die Siebröhren zu anderen Pflanzenorganen transportiert werden. Ein Teil der Nährstoffe dient zur Energiegewinnung und ein anderer Teil als Baustoff.

[▶ Struktur und Funktion]

AUFGABEN >>

○ **1** Beschreibe die Funktionen des Laubblatts für die Pflanze.

◐ **2** Bei Wassermangel schließt die Pflanze ihre Spaltöffnungen. Erkläre den Vorteil für die Pflanze.

● **3** Erkläre, warum Blätter als Nahrung für Pflanzenfresser geeignet sind.

Material
Versuche mit Blättern

Transpiration

Bei einer Topfpflanze (z. B. Fleißiges Lieschen) wird die Erde im Topf mit Wasser gegossen. Anschließend wird eine Plastiktüte über die Pflanze gestülpt und am Stängel zugebunden. Allmählich beschlägt die Tüte von innen mit winzigen Wassertröpfchen.

1 Pflanze zu Beginn

2 Pflanze nach einer Stunde

AUFGABEN >>

- 1 Erkläre, weshalb die Tüte von innen beschlägt.
- 2 In einem anderen Versuch wird eine Tüte über eine Pflanze gestülpt, die schon lange nicht mehr gegossen wurde. Beschreibe das zu erwartende Versuchsergebnis und begründe deine Vermutung.

Stärkebildung

Stärke kann mit Iod-Kaliumiodid-Lösung nachgewiesen werden. Die hellbraune Lösung verfärbt sich violett, wenn sie mit Stärke in Kontakt kommt. In einem Experiment wurden Laubblätter auf Stärke untersucht. Dabei wurden Blätter verwendet, die nicht überall grün sind.

3 Unbehandeltes Blatt

4 Mit Iod-Kaliumiodid-Lösung behandeltes Blatt

AUFGABEN >>

- 3 Beschreibe das Versuchsergebnis.
- 4 Erkläre die unterschiedliche Stärkekonzentration in den Blättern.

Blütenpflanzen

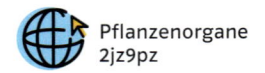

Der Stängel

In Blättern produzierte Nährstoffe werden von allen Pflanzenteilen als Energielieferanten benötigt. Beispielsweise werden im Stängel Zucker und andere Nährstoffe von den Blättern zur Wurzel transportiert. Gleichzeitig fließen im Stängel Wasser und darin gelöste Mineralstoffe von der Wurzel zu den Blättern. Wie können im Stängel Stoffe gleichzeitig in entgegengesetzte Richtungen transportiert werden?

den *Tracheen* werden Wasser und Mineralstoffe nach oben zu den Blättern und Blüten geleitet. Wichtige Mineralstoffe sind Nitrat und Phosphat. Gleichzeitig fließen in den *Siebröhren* Wasser und Nährstoffe. Die meisten Pflanzen transportieren dabei gelösten Zucker als Nährstoff.

Stabilität
Neben dem Transport von Stoffen sorgt der Stängel auch für Stabilität. Obwohl er relativ dünn ist, muss er doch Wind und Regen standhalten. Der Stängel ist etwas biegsam, lässt sich aber nicht leicht umknicken. Dies wird dadurch erreicht, dass der Randbereich des Stängels durch die Leitbündel stabilisiert wird.

Oft enthalten die Leitbündel außer Tracheen und Siebröhren sogar noch spezielles Festigungsgewebe zur Verstärkung. So wirkt der ganze Stängel wie ein großes „Rohr" mit einem stabilen Rand aus Leitbündeln. Je steifer der Rand ist, desto schwieriger lässt sich der Stängel umbiegen.

[▶ Struktur und Funktion]

1 *Stängel des Ackersenfs (Querschnitt)*

Stängelquerschnitt
Im Querschnitt eines Stängels erkennt man dunkle Stellen. Genauere Untersuchungen mit dem Mikroskop zeigen, dass es sich dabei um ein Bündel von Röhren handelt, die sogenannten *Leitbündel*. Bei den meisten Pflanzen sind die Leitbündel kreisförmig am Rand entlang angeordnet und sehr stabil.

Transport
In den Leitbündeln lassen sich zwei Typen von Röhren unterscheiden, in denen Wasser mit gelösten Stoffen wie in einem Trinkhalm transportiert werden kann. In

AUFGABEN >>

○ **1** Nenne die wichtigsten Funktionen des Stängels.

◐ **2** Erläutere, wie im Stängel der gleichzeitige Transport von unterschiedlichen Stoffen in zwei Richtungen möglich ist.

● **3** Erkläre, wie die besondere Struktur und Anordnung der Leitbündel den Stängel stabil macht.

Praktikum
Der Stängel — Wassertransport und Stabilität

Der Stängel transportiert verschiedene Stoffe und verleiht der Pflanze Stabilität.

Transport

Material
Frisch geschnittene Pflanze (z. B. Wiesenschaumkraut oder Fleißiges Lieschen), Becherglas oder Erlenmeyerkolben, Wasser, blaue Tinte

Durchführung
Gib in ein Becherglas etwas Wasser und färbe es mit einigen Tropfen Tinte an. Stelle danach frisch abgeschnittene Stängel in das gefärbte Wasser. Beobachte alle 10 Minuten, wie weit das Wasser gekommen ist, und protokolliere deine Ergebnisse.

1 Fleißiges Lieschen in gefärbtem Wasser

AUFGABEN >>

1. Benenne die Struktur, die bei diesem Experiment im Stängel blau gefärbt wird.
2. Bestimme die Leitungsgeschwindigkeit des Wassers.
3. Erläutere Faktoren, die die Leitungsgeschwindigkeit beeinflussen könnten.

Stabilität

Material
Zehn Trinkhalme, Gummiringe, zwei Holzklötze oder Bücher

Durchführung
a) Lege zwei Holzklötze so auf den Tisch, dass die Trinkhalme wie bei einer Brücke darübergelegt werden können.
b) Lege nun fünf Trinkhalme nebeneinander über die Holzklötze.
c) Verbinde die anderen fünf Trinkhalme mit Gummiringen zu einem Röhrenbündel und lege auch dieses über die Holzklötze.

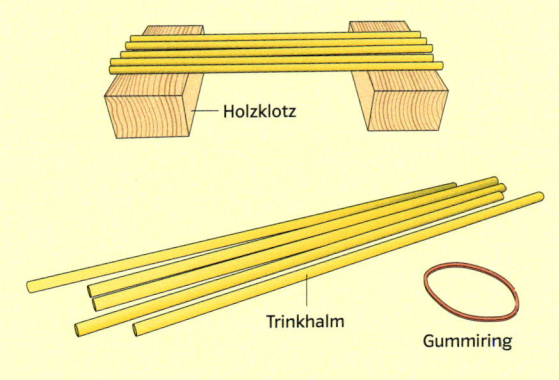

2 Brücken aus Trinkhalmen

AUFGABEN >>

4. Vergleiche die Stabilität der beiden „Brücken" durch Fingerdruck oder das Auflegen von Gewichten. Protokolliere deine Ergebnisse.
5. Erläutere, warum dieses Experiment zeigt, dass der Stängel im Wind stabil ist.

Wassertransport
rh4dm2

Die Wurzel

1 *Umgestürzter Baum mit Wurzelballen*

Aufnahme von Stoffen

Mit einer Lupe erkennst du kurz vor den Wurzelspitzen feine *Wurzelhaare*, die quer abstehen. Über die Wurzelhaare nimmt die Pflanze Wasser und wichtige Mineralstoffe aus dem Boden auf. Eine Wurzel mit vielen feinen Wurzelhaaren bietet eine größere Oberfläche als eine einzelne Wurzel (Abb. 3). Je größer die Oberfläche ist, desto besser können Stoffe aufgenommen werden.

[► Struktur und Funktion]

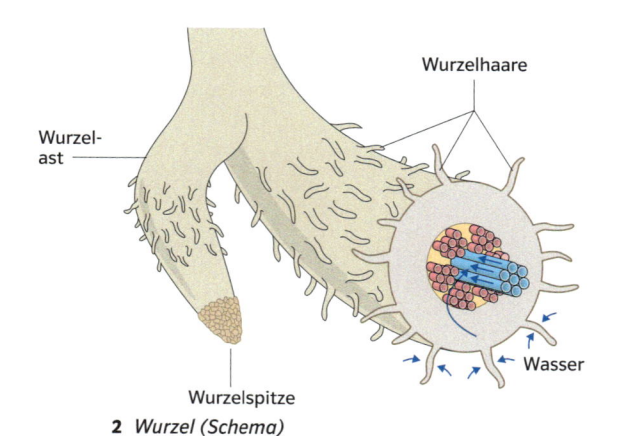

2 *Wurzel (Schema)*

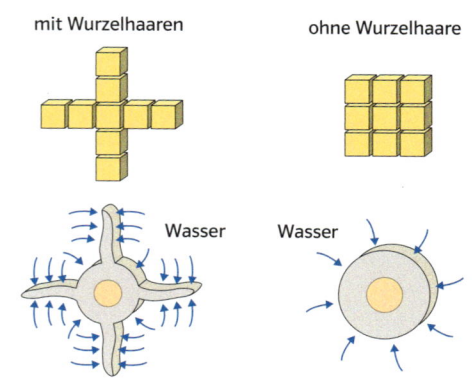

3 *Modell zur Oberflächenvergrößerung*

Bestimmt hast du schon einmal im Wald bei einem umgestürzten Baum die Wurzeln gesehen. Meist hängt noch ein Teil des Bodens daran. Hier kannst du wichtige Funktionen der Wurzel erkennen: die Verankerung der Pflanze und der enge Kontakt zum Boden, der die Aufnahme von Stoffen aus der Erde ermöglicht.

Verankerung der Pflanze

Der Stängel einer Pflanze geht im Boden in die Wurzel über. Diese besteht zunächst aus kräftigen Wurzelästen, die der Pflanze Halt geben. Die Wurzel verzweigt sich im Boden zu immer dünneren Wurzelästen.

AUFGABEN >>

○ **1** Erkläre, warum Pflanzen nach dem Umpflanzen besser anwachsen, wenn ein möglichst großer Wurzelballen ausgestochen wird.

● **2** Bestimme für die zwei Körper in Abb. 3 jeweils die Oberfläche in Anzahl von Quadraten. Begründe damit den Vorteil von Wurzelhaaren für die Wasseraufnahme in die Wurzel.

Praktikum
Untersuchung der Wurzel

Wurzeln von Kresse

Material
Becherglas, Objektträger, Filterpapier, Kressesamen, Wasser, Petrischale

Durchführung
Wickle ein Filterpapier um einen Objektträger und stelle ihn schräg in ein Becherglas. Fülle nun so viel Wasser in das Becherglas, dass der untere Rand des Papiers im Wasser liegt. Das Papier saugt Wasser nach oben, wobei die Feuchtigkeit mit zunehmender Höhe abnimmt.

Nun wird das Papier auf unterschiedlicher Höhe mit Kressesamen belegt. Decke das Gefäß mit einer Petrischale ab. Nach wenigen Tagen keimen die Samen und bilden Keimlinge mit Wurzeln.

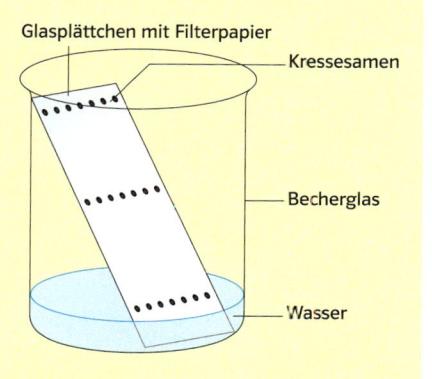

AUFGABEN >>

1 Beschreibe das unterschiedliche Aussehen der Keimlinge.

2 Erkläre die Unterschiede.

Untersuchung mit der Stereolupe

Eine Stereolupe ermöglicht ein räumliches Bild von kleinen Objekten und bis zu 40-fache Vergrößerungen. Damit ist es möglich Wurzelhaare zu erkennen.

Material
Stereolupe, Petrischale, Pinzette, Keimlinge von Kresse

Durchführung
Informiere dich auf Seite 12 über den Umgang mit der Stereolupe. Lege ein paar Keimlinge in eine Petrischale und stelle sie auf den Objekttisch der Stereolupe. Beleuchte die Keimlinge mit Licht schräg von oben.
Stelle den Abstand der beiden Okulare so ein, dass du mit beiden Augen gleichzeitig hindurchsehen kannst. Drehe nun langsam an den Stellrädern, bis das Bild scharf ist.

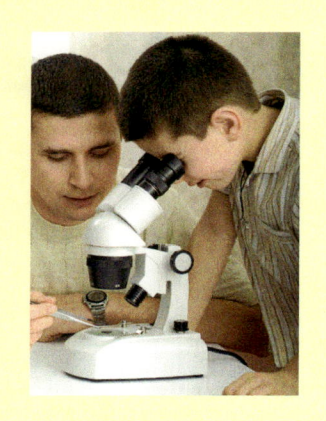

AUFGABE >>

3 Erstelle eine beschriftete Zeichnung einer Wurzelspitze mit Wurzelhaaren.

Quellung und Keimung bei der Gartenbohne

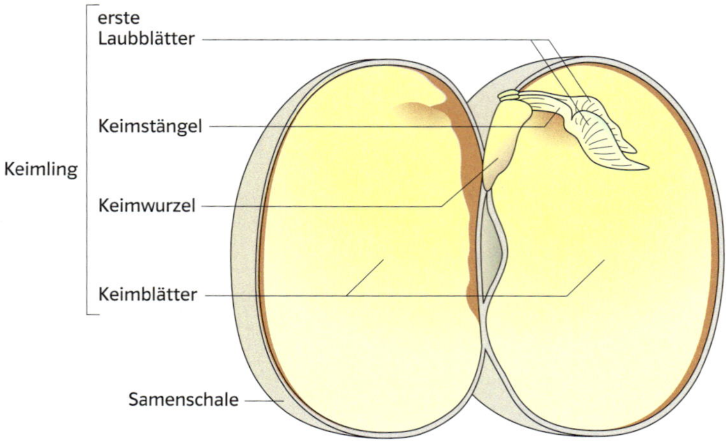

Bildbeschriftungen:
- erste Laubblätter
- Keimstängel
- Keimling
- Keimwurzel
- Keimblätter
- Samenschale

1 Aufbau eines Bohnensamens

Steckt man Bohnensamen in feuchte Erde, entwickeln sich daraus bald neue Pflanzen. Wie ist das möglich?

2 Bohnensamen in der Schote

Trockener und gequollener Bohnensamen

Quellung der Bohnen

Im getrockneten Zustand ist ein Bohnensamen sehr lange haltbar und unempfindlich gegen Kälte. Der Samen befindet sich in *Samenruhe*. Kommt er jedoch mit feuchter Erde in Kontakt, saugt er wie ein Blatt Papier Wasser auf und quillt dabei etwa zur doppelten Größe auf (Abb. Randspalte). Diesen Vorgang nennt man *Quellung*. Die Samenruhe ist dadurch beendet.

Keimung

Nach der Quellung wird der *Keimling* (= Embryo), der sich bereits im Bohnensamen befindet, größer und durchbricht die Samenschale. Zuerst kommt die *Keimwurzel* hervor. Sie verlängert sich nach unten und bildet immer mehr Nebenwurzeln, die an ihren Spitzen feine Wurzelhaare haben. So wird der Keimling mit Wasser und darin gelösten Mineralstoffen aus dem Boden versorgt. Gleichzeitig wächst der *Keimstängel* nach oben und zieht schließlich den Bohnensamen aus der lockeren Erde. Der Bohnensamen ist in zwei Teile gespalten.

Jede Hälfte besteht zum größten Teil aus einem dicken Keimblatt, das Nährstoffe enthält. Das Wachstum von Keimwurzel und Keimstängel ist dadurch möglich, dass Nährstoffe abgebaut werden. Solange das Wachstum noch durch gespeicherte Nährstoffe im Samen erfolgt, spricht man von *Keimung*.

[▶ Fortpflanzung und Entwicklung]

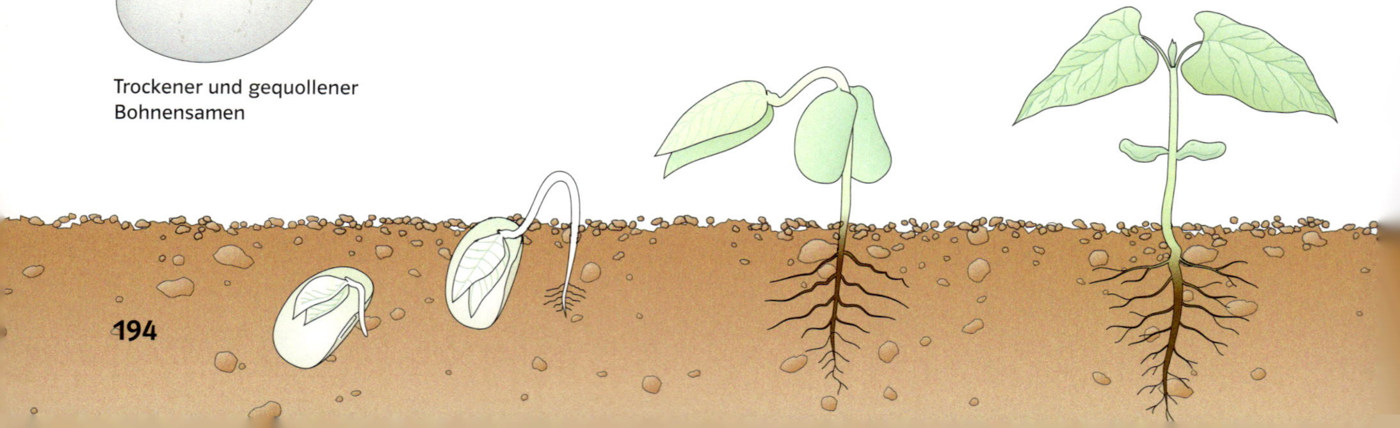

Wachstum

Sobald die Gartenbohne ihre ersten grünen Laubblätter in das Licht erhebt, kann sie ihre Nährstoffe durch Fotosynthese selbst herstellen. Die junge Gartenbohne bildet weitere grüne Blätter und wächst immer schneller.

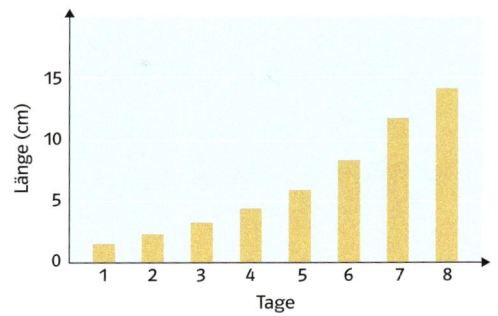

Gartenbohne
yg97be

3 Wachstum einer Bohnenpflanze

AUFGABEN >>

○ 1 Beschreibe ein Experiment, mit dem du die Wasseraufnahme von Samen bei der Quellung untersuchen kannst.

◐ 2 Früher wurden Felsen mit trockenen Bohnensamen und Wasser gesprengt. Beschreibe, wie die Arbeiter dabei vorgegangen sein könnten.

◐ 3 Beschreibe das in Abb. 3 dargestellte Wachstum einer Bohnenpflanze. Die Messungen wurden gestartet, nachdem die ersten Blätter aus dem Boden kamen.

● 4 Bohnen enthalten viele Nährstoffe und sind daher für unsere Ernährung wertvoll. Erkläre die Funktion des hohen Nährstoffgehalts von Bohnen für die Pflanze.

Blütenpflanzen **195**

Praktikum
Keimung und Wachstum

Keimungsbedingungen der Bohne

Material
Petrischalen, Erde, Wasser, Bohnensamen, Alufolie, Watte

Bohnen keimen im Garten, wenn Erde, Wasser, Licht, Luft und Wärme vorhanden sind. Doch es ist gut möglich, dass manche dieser Faktoren für die Keimung gar nicht notwendig sind. Mit Experimenten lässt sich erforschen, was ein Samen für die Keimung wirklich braucht.

Planung
Ein Experiment beginnt mit einer Forscherfrage, die untersucht werden soll. Beispielsweise: „Was braucht ein Bohnensamen, um zu keimen"?

Vor dem Experiment suchen Forscher nach möglichen Antworten auf diese Frage. Sie formulieren Vermutungen (Hypothesen). In unserem Beispiel müssen wir mögliche Faktoren finden, die für die Keimung notwendig sind. Man könnte etwa vermuten, dass Erde notwendig ist.

AUFGABEN >>

1 Beschreibe den Unterschied zwischen Forscherfrage und Vermutung.

2 Formuliere Vermutungen zu weiteren Faktoren, die für die Keimung notwendig sein könnten.

Durchführung
Ein Experiment besteht aus mehreren Ansätzen. Um sicher zu sein, dass keine Voraussetzung für das Keimen vergessen wurde, wird ein *Kontrollexperiment* geplant. Indem wir dem Bohnensamen alle Faktoren anbieten, müssten die Bohnensamen dort gut keimen.

Faktor	Kontrolle	Ansatz 1	Ansatz 2
Erde	+	−	+
?	+	+	−
?	+	+	+

Nun werden weitere Versuchsansätze geplant. Jeder Faktor wird geprüft, indem wir ihn weglassen und schauen, ob die Bohnensamen dennoch keimen. In Ansatz 1 lassen wir die Erde weg und ersetzen sie durch Holzspäne. Alle anderen Faktoren bleiben gleich wie im Kontrollexperiment.

AUFGABEN >>

3 Erkläre, warum in jedem Versuchsansatz immer nur ein Faktor anders als im Kontrollexperiment sein darf.

4 Plane das Kontrollexperiment für die Keimungsversuche.

5 Plane zu jedem vermuteten Faktor einen Versuchsansatz, mit dem geprüft werden kann, ob der Faktor überhaupt notwendig ist.

6 Führe die Experimente durch und erstelle ein Protokoll.

Auswertung

Nach der Durchführung der Experimente kann jede Vermutung geprüft werden, indem der jeweilige Versuchsansatz mit dem Kontrollexperiment verglichen wird. Dabei sind die Ansätze interessant, bei denen die Samen nicht gekeimt sind. Denn in diesem Fall ist klar, dass der fehlende Faktor notwendig gewesen wäre. Wenn wir beispielsweise prüfen wollen, ob Erde notwendig ist, müssen wir den Versuchsansatz ohne Erde mit dem Kontrollansatz vergleichen. Falls in dem Ansatz ohne Erde die Keimung nicht erfolgreich war, können wir davon ausgehen, dass Erde notwendig ist. Falls aber die Bohnensamen in beiden Ansätzen gekeimt sind, ist Erde gar nicht notwendig. Unsere Vermutung war dann falsch.

Messung des Wachstums

Material
Junge Bohnenpflanze, wasserfester Stift, Lineal

Eine junge Bohnenpflanze kann sehr schnell wachsen. Der Stängel wird täglich länger. Eine Frage ist dabei, wo die Verlängerung stattfindet. Es gibt drei Vermutungen:
a) Der Stängel wächst nur an der Spitze.
b) Der Stängel dehnt sich auf seiner ganzen Länge aus.
c) Beide Prozesse finden gleichzeitig statt.

Durchführung
Um dies zu klären, wird ein Bohnenstängel mit Strichen in 5 mm Abstand markiert. Nach einigen Tagen wird geprüft, ob die Abschnitte länger geworden sind.

AUFGABEN >>

7 Erkläre, warum unsere Vermutung falsch ist, wenn die Bohnensamen ohne Erde keimen.

8 Prüfe anhand deiner Versuchsergebnisse alle weiteren Vermutungen.

9 Peter hat Bohnensamen mit Erde, Wasser, Licht, Dünger, Wärme und sogar Musik versorgt. Die Samen keimen prächtig. Daraus folgert er, dass Musik für die Keimung nötig ist. Hat er Recht?

AUFGABEN >>

10 Führe das Experiment durch und protokolliere deine Beobachtungen.

11 Stelle die Versuchsergebnisse in einem Säulendiagramm dar, das den Zuwachs von jedem Abschnitt mit einer Säule beschreibt.

12 Beurteile aufgrund deiner Versuchsergebnisse, welche oben genannte Vermutung für das Wachstum zutrifft.

Von der Kirschblüte zur Kirsche

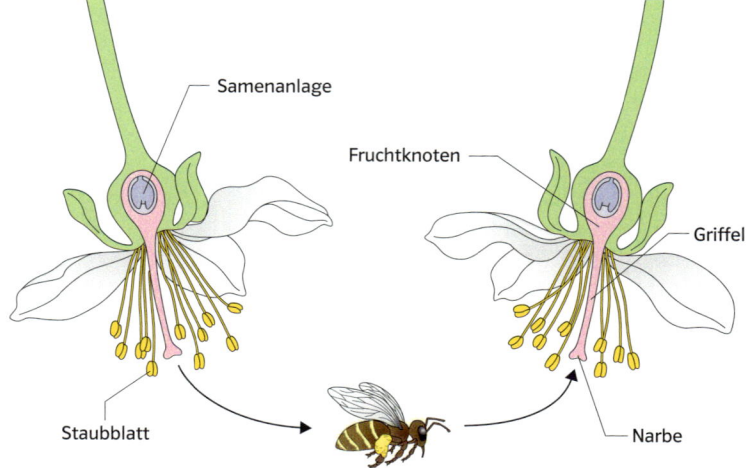

1 *Bestäubung von Kirschblüten*

Im Frühjahr lässt sich an sonnigen Tagen unter blühenden Kirschbäumen ein deutliches Summen vernehmen. Honigbienen fliegen von Blüte zu Blüte.

Blütenbesuch
Beim Blütenbesuch strecken die Honigbienen ihre Rüssel tief in die Kirschblüten und saugen Nektar. *Nektar* ist eine zuckerhaltige Flüssigkeit, die am Grund der Kronblätter abgegeben wird. Er dient den Bienen als energiereiche Nahrung. Gleichzeitig werden sie mit gelbem *Pollen* eingestäubt. Dieser wird von reifen Staubblättern der Kirschblüte abgegeben. Pollen enthält viel Eiweiß und ist ein gutes Futter für die Larven der Honigbienen.

Bestäubung der Kirschblüte
Nach dem Besuch einer Kirschblüte fliegt die Honigbiene meist zur nächsten Kirschblüte. Beim nächsten Blütenbesuch gelangen Pollenkörner, die an der Biene hängen, auf die Narbe der zweiten Blüte. Die Übertragung von Pollen auf die Narbe nennt man *Bestäubung*.

Befruchtung
Anschließend wächst aus dem Pollenkorn ein langer Schlauch durch den Griffel in das Innere des Fruchtknotens. Dort befindet sich die Samenanlage mit der Eizelle. Durch den Pollenschlauch gelangen „männliche" Geschlechtszellen zur Samenanlage. Eine verschmilzt dort mit der „weiblichen" Eizelle. Diesen Vorgang nennt man *Befruchtung*. Die befruchtete Eizelle enthält also Erbmaterial der weiblichen Eizelle und der männlichen Geschlechtszelle. Aus ihr kann sich ein neuer Kirschbaum entwickeln. Die Befruchtung stellt eine *geschlechtliche Fortpflanzung* dar.
[▶ Fortpflanzung und Entwicklung]

Fremdbestäubung
Wird eine Kirschblüte mit Pollen von einem anderen Kirschbaum bestäubt, spricht man von *Fremdbestäubung*. Dabei entstehen Nachkommen, die Merkmale beider Kirschbäume haben. Diese Neukombination von Merkmalen ist ein wichtiger Effekt der geschlechtlichen Fortpflanzung.

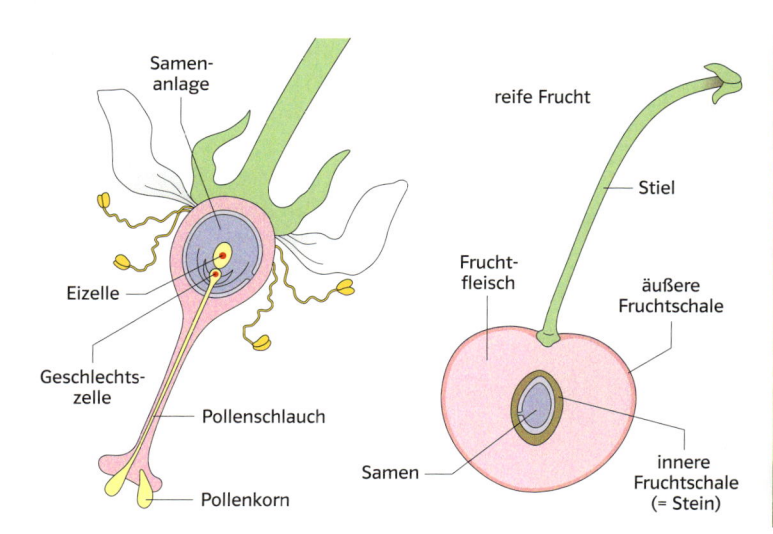

2 Befruchtung und Fruchtbildung bei der Kirsche

Fruchtbildung

Nach der Befruchtung wächst im Inneren des Fruchtknotens der Samen heran. Er enthält die junge Pflanze, die sich aus der befruchteten Eizelle entwickelt hat. Der Samen ist umgeben vom Stein (= Kirschkern), dem roten Fruchtfleisch und der äußeren Fruchtschale (Abb. 2). Diese drei Schichten sind aus der Wand des Fruchtknotens entstanden.

Das zunächst grüne Fruchtfleisch der Kirsche nimmt nach der Befruchtung viel Wasser auf und lagert Zucker ein. Es wird rot, wenn der Samen reif ist. Vögel fressen gerne Kirschen und scheiden die Kerne mit dem Kot wieder aus. So werden die Kerne über weite Strecken verbreitet. Später keimt der Samen aus, durchdringt den Kern und wächst zu einem neuen Kirschbaum heran.

3 Amsel frisst eine Kirsche

AUFGABEN >>

○ 1 Beschreibe die Vorteile, die sich beim Blütenbesuch für die Honigbiene und für die Pflanze ergeben.

◐ 2 Definiere die Begriffe Bestäubung und Befruchtung.

● 3 Nenne Beispiele für geschlechtliche Fortpflanzung bei Wirbeltieren und jeweils den Ort der Befruchtung.

● 4 Erläutere, wie durch gezielte Fremdbestäubung neue Kirschsorten gezüchtet werden können.

Blütenpflanzen **199**

Blüten und Früchte

1 Kirschen schmecken lecker

Kirschen sind süß. Sicher kennst du noch viele weitere Früchte, die lecker schmecken. Warum bilden manche Pflanzen so schmackhafte Früchte?

Süße Früchte

Als *Frucht* bezeichnet man das, was nach der Befruchtung aus der Blüte entsteht. In der Natur dienen Früchte der Verbreitung von Samen. Kirschen werden in der Natur dadurch verbreitet, dass sie von Tieren gefressen werden. Die Tiere fressen Früchte gern, da diese viele Nährstoffe enthalten. Oft sind Früchte reich an Zucker und dadurch süß. Diese Früchte schmecken auch uns Menschen gut. Dabei können sehr unterschiedliche Teile der Frucht nährstoffreich sein. Mal essen wir die ganze Frucht und mal nur einen Teil davon.

Weintraube

Weintrauben bestehen aus einem saftigen und süßen Fruchtfleisch, das in der Mitte einige Samen enthält. Beim Kauen kann es unangenehm sein, wenn man auf die Samen beißt. Das saftige Fruchtfleisch ist aus dem *Fruchtknoten* entstanden und umschließt die Samen. Früchte, bei denen aus dem ganzen Fruchtknoten ein saftiges Fruchtfleisch gebildet wird, nennt man *Beeren*. Weintrauben heißen daher auch Weinbeeren.

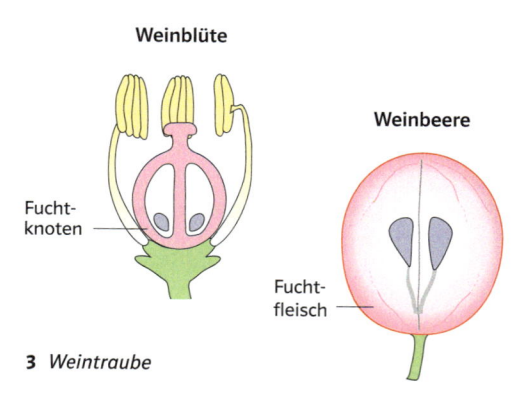

Blüte

Eizelle
Samenanlage
Fruchtknoten
Blütenachse
Stiel

Frucht

Keimling
Samen

2 Aufbau einer Frucht (Schema)

Weinblüte

Weinbeere

Fuchtknoten

Fuchtfleisch

3 Weintraube

Apfel

Beim Apfel liegen die Samen in einem Kerngehäuse in der Mitte der Frucht. Das Kerngehäuse entsteht aus mehreren Fruchtknoten. Der Apfel ist eine *Kernfrucht*. Das schmackhafte Fruchtfleisch um das Kerngehäuse herum wird nicht vom Fruchtknoten gebildet, sondern von der *Blütenachse*. Diese liegt zwischen Stiel und Fruchtknoten und umschließt schon bei der Blüte die Fruchtknoten.

200

Apfelblüte

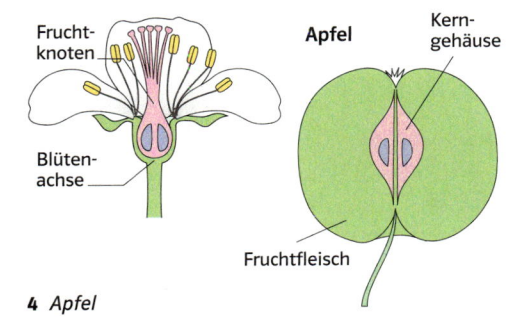

Bildbeschriftungen: Fruchtknoten, Blütenachse

Apfel

Bildbeschriftungen: Kerngehäuse, Fruchtfleisch

4 *Apfel*

Erdbeere

Auch bei der Erdbeere entwickelt sich aus der Blütenachse ein schmackhaftes Fruchtfleisch. Im Gegensatz zum Apfel umschließt es allerdings nicht die Fruchtknoten, sondern wölbt sich zur typischen Form einer Erdbeere auf. Aus den vielen kleinen Fruchtknoten, die auf der Blütenachse sitzen, werden einzelne winzige Früchte. Sie bestehen jeweils aus einer harten Schale, die einen Samen umgibt. Jedes kleine hellbraune Gebilde ist also eine einzelne Frucht der Erdbeere. Die Erdbeere ist eine *Sammelfrucht*.

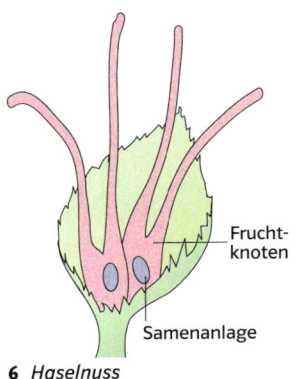

Haselnuss

Wie bei der Erdbeere entsteht auch bei der Haselnuss aus dem Fruchtknoten eine harte Schale, die den Samen enthält. Nur ist bei der Haselnuss diese Schale deutlich größer und zur Reifezeit stark verholzt. Wenn aus dem Fruchtknoten eine harte Schale entsteht, nennt man die Frucht eine *Nussfrucht*. Die Nussschale umgibt den Samen der Haselnuss.

Haselnussblüte

Bildbeschriftungen: Fruchtknoten, Samenanlage

Haselnuss

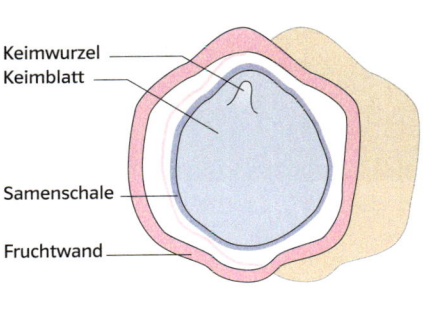

Bildbeschriftungen: Keimwurzel, Keimblatt, Samenschale, Fruchtwand

6 *Haselnuss*

Erdbeerblüte

Bildbeschriftungen: Fruchtknoten, Blütenachse

Erdbeere

Bildbeschriftungen: Frucht, Fruchtfleisch

5 *Erdbeere*

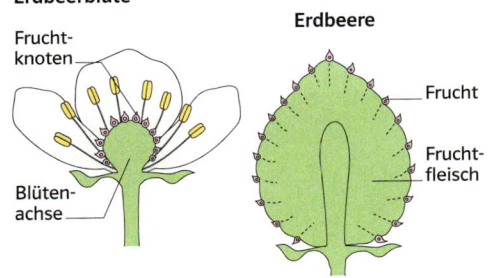

AUFGABEN >>

○ **1** Definiere die Begriffe Samen und Frucht.

◐ **2** Beschreibe bei den abgebildeten Früchten jeweils, welchen Teil der Frucht wir essen.

◐ **3** Eichhörnchen fressen die Samen der Haselnüsse. Erläutere, wie sie dennoch zur Verbreitung von Haselnüssen beitragen.

● **4** Erkläre, warum viele Früchte, die durch Tiere verbreitet werden, auffallend gefärbt sind.

Blütenpflanzen

5.2 Lebensraum Wald
Laubbaum und Nadelbaum

1 Laubwald

Das Aussehen eines Waldes hängt stark von den Baumarten ab, die darin wachsen. Man unterscheidet *Laubwälder* und *Nadelwälder*.

Laubwald
Als Laubwald werden alle Wälder bezeichnet, die zum größten Teil aus *Laubbäumen* bestehen. Das sind Bäume mit großen, flachen Blättern. Hierzu zählen Bäume wie Rotbuche, Eiche oder Ahorn. Ein lichter Laubwald mit Bäumen, Sträuchern, Kräutern, Moosen und Pilzen ist Lebensraum für viele Lebewesen.

Die Rotbuche
Die häufigste Baumart in unseren Laubwäldern ist die *Rotbuche*. Sie hat einen glatten Stamm und rötliches Holz. Die Blätter sind eiförmig und haben einen glatten Rand (Abb. 3). Die Laubblätter einer großen Buche können zusammen eine Fläche von 600 m² haben. Das entspricht der Fläche eines Fußballfeldes. Durch die große Blattfläche kann ein Laubbaum im Sommer durch Fotosynthese große Mengen an Nährstoffen bilden. Ein Teil wird in Form von Stärke gespeichert. Über die große Blattoberfläche verdunstet aber auch viel Wasser.

Im Herbst verfärben sich die Blätter der Buche orangebraun und fallen ab. Ohne Blätter kann der Baum keine Fotosynthese mehr betreiben. Gleichzeitig nimmt er aber fast kein Wasser mehr auf. Dies ist im Winter vorteilhaft, wenn das Wasser im Boden gefroren ist. Im Herbst fallen auch die Früchte herab. Die *Bucheckern* sind nährstoffreich und werden gerne von Wildschweinen und anderen Tieren gefressen (Abb. 2).

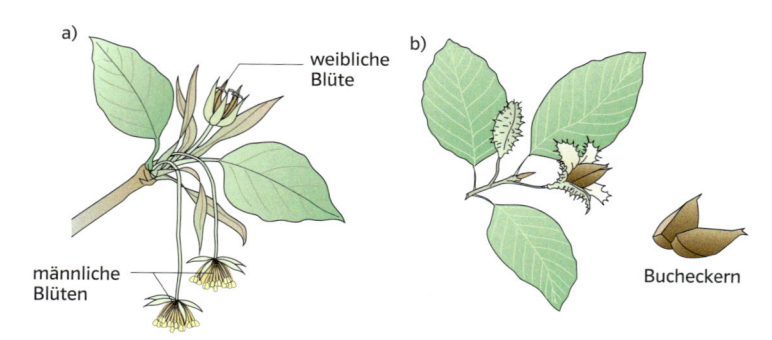

2 Zweig einer Rotbuche a) mit Blüten, b) mit Bucheckern

3 Blätter einer Rotbuche

4 Nadelwald

Zweig einer Waldkiefer

Waldkiefer

Nadelbäume erkennt man an ihren nadelförmigen Blättern, die sich von den flachen Blättern der Laubbäume deutlich unterscheiden. Ein häufiger Nadelbaum in unseren Wäldern ist die *Waldkiefer*. Ihre Nadeln sind lang und spitz. Die Nadeln bleiben auch im Winter an den Ästen. Da sie nur eine geringe Oberfläche haben und von einer dicken Wachsschicht umgeben sind, geben sie nur wenig Wasser ab. Dies ist im Winter vorteilhaft. Nadelbäume müssen nach dem Winter nicht erst neue Blätter bilden.

Wie viele andere Nadelbäume bildet auch die Waldkiefer Zapfen mit Samen aus. Die Samen liegen zwischen den holzigen Stiften der *Zapfen* und fallen heraus. Sie sind mit einem flügelartigen Anhang ausgestattet und werden durch den Wind verbreitet.

Nadelwälder mit Fichten, Tannen und Kiefern sind unter natürlichen Bedingungen vor allem im Gebirge zu finden. Dort sind die Winter sehr lang. Zudem fließt an Berghängen das Wasser ab und der Boden trocknet schnell aus. Laubbäume können dann oft nicht mehr wachsen.

AUFGABEN >>

1. Beschreibe das unterschiedliche Aussehen von Laub- und Nadelwäldern im Jahresverlauf.
2. Im Winter kann die Rotbuche keine Fotosynthese betreiben und keine Nährstoffe produzieren. Erkläre, warum sie dennoch nicht zugrunde geht.
3. Erkläre, warum die Waldkiefer im Winter überlebt, obwohl sie ihre Nadeln nicht abwirft.
4. Erkläre, warum im Gebirge Nadelwälder häufiger sind.

Blütenpflanzen

Praktikum
Eine Blättersammlung anlegen

Eine Sammlung von Pflanzen oder Blättern ist gut geeignet, um die Arten kennenzulernen. Zudem ist solch ein Herbarium schön anzuschauen. Man kann es aus getrockneten Pflanzen anlegen oder am Computer erstellen. In der Wissenschaft dienen Herbarien teilweise als wichtige Forschungsgrundlage.

Herbarium

Sammeln von Pflanzen
Bevor du eine Pflanze für ein *Herbarium* pflückst, solltest du Datum, Fundort und Standort notieren. Am besten bestimmst du die Pflanze gleich beim Sammeln. Nach dem Pressen sind oft wichtige Merkmale nicht mehr gut erkennbar. Geschützte Pflanzen dürfen nicht gesammelt werden.

Pressen
Für ein Herbarium müssen die Pflanzen gut getrocknet sein, sonst würden sie schimmeln. Am besten legst du die Pflanzen zwischen Zeitungspapier und legst schwere Bücher darauf. Feuchtes Papier muss täglich gewechselt werden, bis die Pflanze trocken ist.

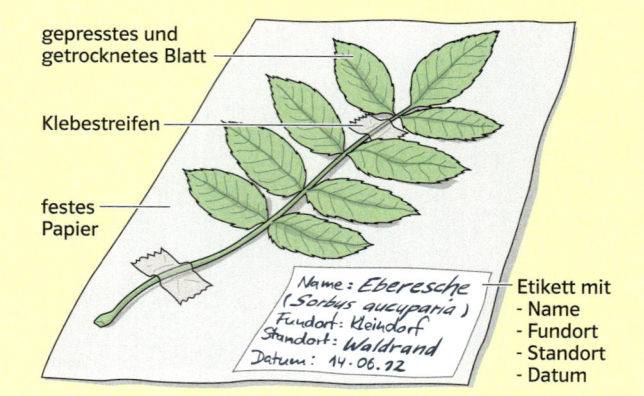

Auf dem Etikett werden Name, Fundort, Standort und Datum notiert. Der Fundort ist die geografische Lage (z. B. Kleindorf, Burgstadt). Der Standort beschreibt die Art der Umgebung (z. B. Bachufer, Wald, Wiese).

Digitales Herbarium

Mit einem Scanner kann man gefundene Pflanzen auch digital dokumentieren und ihr Bild in einem Computer speichern. Dazu wird die Pflanze nach der Bestimmung auf einen Scanner gelegt und in Farbe eingescannt. Am besten legst du gleich einen Zettel mit den Funddaten mit auf den Scanner. So können diese Daten später dem Bild sicher zugeordnet werden. Oder du fügst die eingescannten Bilder in eine Textdatei ein und schreibst zu jedem Bild die Funddaten dazu. Ein digitales Herbarium ist zwar nicht so anschaulich wie die getrockneten Pflanzen, dafür kann es aber nicht schimmeln.

1 *Gescanntes Gänseblümchen*

Laubblätter erkennen

Die Abbildung zeigt einen Bestimmungsschlüssel für die wichtigsten einheimischen Laubbäume in unseren Wäldern. Entscheide dich immer für einen der beiden Wege. Dann kannst du die Blätter A – K der wichtigsten Waldbäume bestimmen.

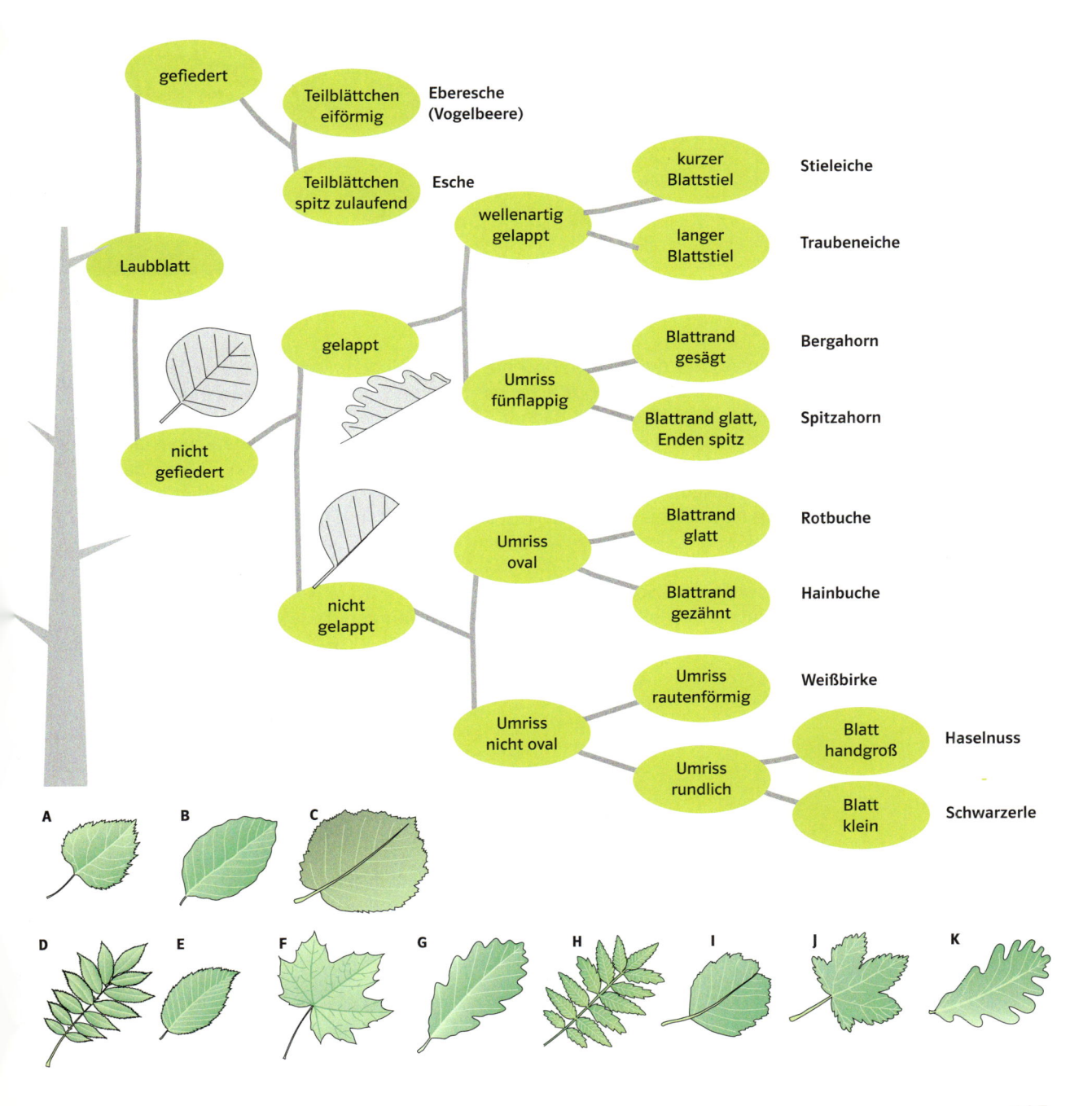

Bäume bestimmen
kn32ea

Laubblatt
- gefiedert
  - Teilblättchen eiförmig → Eberesche (Vogelbeere)
  - Teilblättchen spitz zulaufend → Esche
- nicht gefiedert
  - gelappt
    - wellenartig gelappt
      - kurzer Blattstiel → Stieleiche
      - langer Blattstiel → Traubeneiche
    - Umriss fünflappig
      - Blattrand gesägt → Bergahorn
      - Blattrand glatt, Enden spitz → Spitzahorn
  - nicht gelappt
    - Umriss oval
      - Blattrand glatt → Rotbuche
      - Blattrand gezähnt → Hainbuche
    - Umriss nicht oval
      - Umriss rautenförmig → Weißbirke
      - Umriss rundlich
        - Blatt handgroß → Haselnuss
        - Blatt klein → Schwarzerle

A B C
D E F G H I J K

Blütenpflanzen **205**

Frühblüher haben Nährstoffspeicher

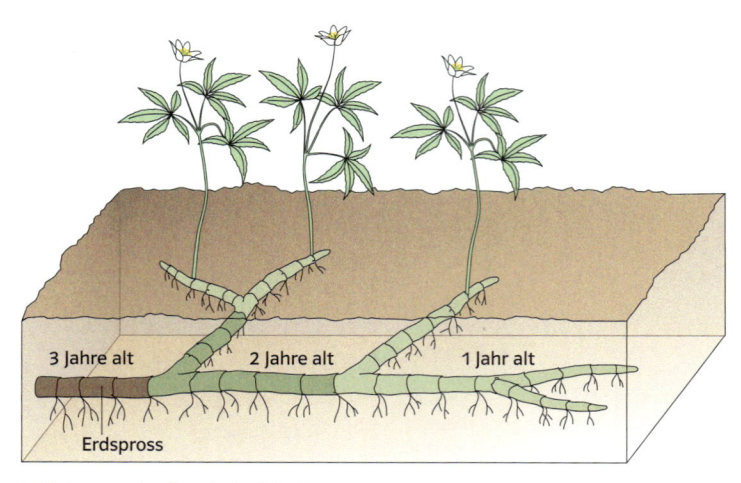

1 Erdspross des Buschwindröschens

2 Buschwindröschen blühen im März

Ende März findest du in vielen Buchenwäldern ganze Teppiche von *Buschwindröschen* (Abb. 2). Während die Bäume darüber ihre ersten Laubblätter bilden, haben diese Blumen schon längst Blätter und Blüten ausgebildet. Wie können sie kurz nach dem Winter so schnell wachsen und blühen?

Frühblüher haben Speicherorgane
Das besonders schnelle Austreiben und Wachsen der Frühblüher ist nur möglich, weil diese in besonderen Organen sehr viele Nährstoffe gespeichert haben. In grünen Blättern werden Nährstoffe mithilfe von Licht gebildet. Wenn eine Pflanze im Frühjahr aber keine Blätter hat, ist das Wachstum nur aufgrund von gespeicherten Nährstoffen aus dem Vorjahr möglich. Normalerweise wird Stärke in unterirdischen Organen gespeichert. Diese Nährstoffe werden im Frühjahr abgebaut, während die Pflanze wächst.

[▶ Variabilität und Angepasstheit]

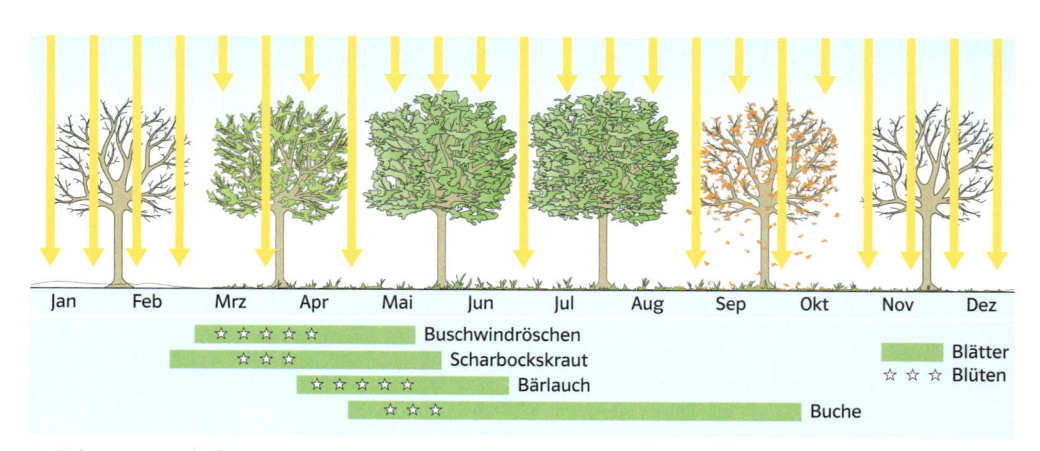

3 Lichtmenge und Pflanzen im Laubwald

Schneeglöckchen
c3s2er

4 Wald-Veilchen   **5** Scharbockskraut   **6** Bärlauch

Erdspross

Gräbt man ein Buschwindröschen aus, entdeckt man im Waldboden waagrechte *Ausläufer*, aus denen nach oben Stängel und nach unten dünne Wurzeln entspringen (Abb. 1). Auch beim *Wald-Veilchen* (Abb. 4) finden sich solche Ausläufer.

Da an diesen Ausläufern winzige Blättchen sitzen, gehören diese nicht zur Wurzel, sondern zum Spross. In diesen *Erdsprossen* wird Stärke gespeichert. Im Frühjahr wird Stärke aus dem Erdspross abgebaut und damit das schnelle Wachstum ermöglicht. Erst die ausgewachsene Pflanze bildet durch Fotosynthese mehr Stärke, als sie zum Leben braucht. Der Nährstoffspeicher wird dann wieder aufgefüllt.

Wurzelknollen

Auch das *Scharbockskraut* (Abb. 5) blüht schon sehr früh. Es wächst an feuchten Stellen an Bachufern. Bei dieser Pflanze sind Teile der Wurzel verdickt und dienen als Nährstoffspeicher. Man spricht von *Wurzelknollen*.

Zwiebel

Ein weiterer Frühblüher im Buchenwald ist der *Bärlauch*. Er hat einen rundlichen Blütenstand aus kleinen weißen Blättern und verströmt einen knoblauchähnlichen Geruch. Er har verdickte Blätter, die Nährstoffe speichern können. Seine Blätter entspringen unter der Erdoberfläche und bilden eine schlanke *Zwiebel*.

[▶ Variabilität und Angepasstheit]

AUFGABEN >>

○ 1 Erkläre, warum Buschwindröschen im Wald oft dicht an dicht wachsen.

◐ 2 Erläutere anhand von Abb. 3 die Angepassheit von Frühblühern an die Lichtmenge im Buchenwald.

● 3 Stelle eine Vermutung an, warum viele Speicherorgane der Frühblüher Stoffe enthalten, die für Tiere giftig sind.

● 4 Beschreibe, wie man nachweisen könnte, ob die genannten Speicherorgane Stärke enthalten.

Blütenpflanzen

5.3 Lebensraum Wiese
Vielfalt auf einer Wiese

1 Blumenreiche Wiese

Eine Wiese wird einmal oder mehrmals im Jahr gemäht, sonst würden dort Büsche und Sträucher wachsen. Nach jedem Mähen verändert sich das Aussehen der Wiese. Doch wie schaffen es die Wiesenpflanzen überhaupt, das Mähen zu überleben?

Frühjahr
Auf einer Wiese überleben nur solche Pflanzen, die an das mehrfache Mähen angepasst sind. Im Frühjahr überwiegen die gelben Blüten von *Löwenzahn* und *Hahnenfuß*. Diese Blumen bilden schon vor dem ersten Mähen *(Mahd)* Früchte mit reifen Samen (Abb. 3). Aus diesen Samen können im nächsten Jahr neue Pflanzen auskeimen. Der Löwenzahn ist in besonderer Weise an das Mähen angepasst. Seine Blätter befinden sich dicht am Boden in einer Rosette. So überstehen die Blätter das Mähen beinahe unbeschadet.

Sommer
Im Sommer erscheint die Wiese weiß. Es blühen Wiesenkerbel, Wiesen-Bärenklau und andere *Doldengewächse* mit vielen kleinen weißen Blüten. Diese Blumen haben die erste Mahd nur mit einigen Blättern überlebt und bilden erst im Sommer ihre Blüten und Früchte aus. Ihre Entwicklung findet zwischen der ersten und zweiten Mahd statt.

Daneben bilden im Sommer die meisten Gräser, wie zum Beispiel Glatthafer und Knäuelgras, Blütenstände mit unscheinbaren Blüten. Alle Gräser haben den Vorteil, dass die Blätter am Grund wachsen. Nach einer Mahd wachsen die abgeschnittenen Blätter einfach weiter. Dadurch können Gräser sogar regelmäßiges Mähen überleben. Sie kommen dann zwar nicht mehr zum Blühen, bilden aber viele Blätter. Es entsteht ein Rasen.

Herbst
Nach der zweiten Mahd ist die Wiese grün, weil kaum mehr Blumen blühen. Es wachsen nur noch die Blätter von Gräsern und einigen Kräutern. Stark gedüngte Wiesen werden wegen des starken Wuchses noch ein weiteres Mal gemäht.

Vielfalt auf der Wiese
Wiesen können sehr unterschiedlich aussehen. Die Zusammensetzung der Arten, die auf einer Wiese vorkommen, hängt davon ab, wie oft gemäht wird. Je häufiger gemäht wird, desto weniger Blumen können überleben, weil sie nicht mehr zur Samenbildung kommen. Eine stark gedüngte Wiese wird häufig gemäht, weil die Pflanzen darauf sehr schnell wachsen. Auf solchen *Fettwiesen* wachsen wenige Blumen, da nur wenige Arten das häufige Mähen vertragen. Meist findet man dann schnellwüchsige Gräser.

[▶ Variabilität und Angepasstheit]

Besonders blumenreiche Wiesen bilden sich dann aus, wenn nur einmal im Jahr im Juli gemäht wird. Das ist aber nur bei Wiesen der Fall, die nicht gedüngt sind und so wenig Mineralstoffe enthalten. Solche Wiesen nennt man *Magerwiesen*. Eine Wiese mit vielen verschiedenen Blumen bietet auch vielen Insekten Nahrung. Der Insektenreichtum lockt wiederum viele Spinnen und Vögel an, die Insekten fangen. Deshalb sind blumenreiche Wiesen, die selten gemäht werden, wichtige und schützenswerte Lebensräume.

Weiden

Wird das Grünland nicht mit Maschinen gemäht, sondern durch Kühe oder Schafe beweidet, spricht man von einer *Weide*. Die Artenzusammensetzung einer Weide unterscheidet sich von der einer Wiese. Das liegt daran, dass in diesem Fall solche Pflanzen im Vorteil sind, die Trittschäden durch Hufe und Verbiss gut vertragen. Auf einer Weide findet man neben Gräsern verstärkt Pflanzen mit Stacheln (z. B. Disteln) oder ungenießbare Pflanzen (z. B. Sauerampfer), da diese vom Vieh gemieden werden.

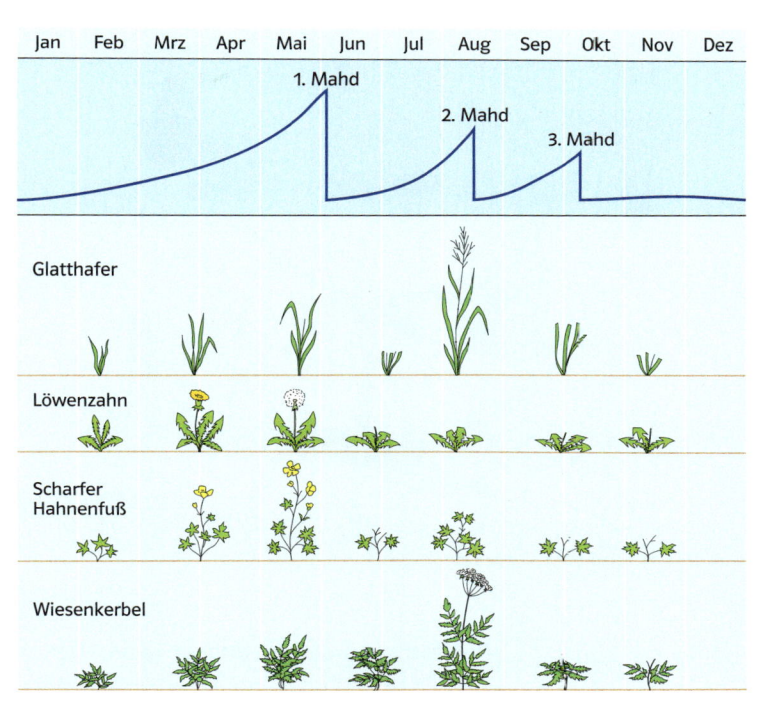

3 *Wiesenpflanzen sind an das Mähen angepasst*

	Fettwiese	Magerwiese
Ernte (Gras) t/ha	12	4
Anzahl der Arten	12	35

4 *Vergleich Fett- und Magerwiese*

2 *Viehweide*

AUFGABEN >>

1 Beschreibe anhand von Abb. 3 unterschiedliche Angepasstheiten von Wiesenpflanzen an das Mähen.

2 Erläutere die in Abb. 4 dargestellten Unterschiede zwischen Fett- und Magerwiesen.

3 Erkläre, warum eine Vielfalt an Pflanzenarten auch eine Vielfalt an Tierarten zur Folge hat.

Die Rote Lichtnelke — eine Falterblume

1 Blüte und Frucht der Roten Lichtnelke

2 Rote Lichtnelke

Auf manchen Wiesen und an Gebüschen wächst die Rote Lichtnelke. Diese Pflanze hat mehrere Blüten mit pinkroten Kronblättern, die meist von Tagfaltern besucht werden.

Merkmale der Nelkengewächse
Die *Rote Lichtnelke* gehört zur Familie der *Nelkengewächse*. Bei der Roten Lichtnelke und vielen anderen Nelkengewächsen sind die fünf Kelchblätter zu einer engen Röhre verwachsen. Die fünf Kronblätter stehen einzeln in dieser *Blütenröhre* und sind außerhalb des Kelchs kreisförmig ausgebreitet. Die Blüten der Nelkengewächse enthalten zehn Staubblätter oder einen Fruchtknoten mit fünf Narben.

Die gemeinsamen Merkmale der Nelkengewächse sind nicht zufällig. Alle Nelkengewächse stammen von einem Vorfahren ab, der diese Merkmale schon besaß. Zu den Nelkengewächsen gehört neben der Roten Lichtnelke auch die Kuckucks-Lichtnelke.
[► Stammesgeschichte und Verwandtschaft]

Bestäubung durch Tagfalter
Bei der Roten Lichtnelke hat jede Pflanze entweder nur Blüten mit Staubblättern oder nur Blüten mit Fruchtknoten. Ihre Blütenröhre ist so eng, dass nur Tagfalter mit ihren langen Saugrüsseln an den Nektar gelangen. Wenn nur bestimmte Insekten die Blüten besuchen, ist es wahrscheinlicher, dass die Blüte mit Pollen der gleichen Art bestäubt wird. Nach der Bestäubung entsteht aus dem Fruchtknoten eine trockene Kapsel, die oben aufplatzt und die reifen Samen entlässt.

AUFGABEN >>

○ **1** Beschreibe anhand von Abb. 1 die Entwicklung der Roten Lichtnelke von der Blüte bis zur Frucht.

◐ **2** Erkläre, wie die Rote Lichtnelke an die Bestäubung durch Schmetterlinge angepasst ist.

Der Wiesensalbei — eine Hummelblume

1 Wiesensalbei

2 Klappmechanismus beim Wiesensalbei

Auf Wiesen in warmen Lagen ist der *Wiesensalbei* mit seinen vielen lila Blüten nicht zu übersehen. Die Blüten werden wegen ihrer auffallenden Form Lippenblüten genannt.

Merkmale der Lippenblütengewächse

Die Kelch- und Kronblätter der *Lippenblütengewächse* sind jeweils zu einer Röhre verwachsen. Die Kronblätter öffnen sich außerhalb der Röhre in eine typische Ober- und Unterlippe, die der Pflanzenfamilie der Lippenblütengewächse ihren Namen gab. Lippenblüten werden oft von Hummeln bestäubt. Diese landen auf der Unterlippe und stecken dann ihren Kopf mit dem Saugrüssel in die Blütenröhre, um am Grund der Blüte Nektar zu saugen.

Bestäubung durch Hummeln

Bei der Salbeiblüte sind die vier Staubblätter mit einem Gelenk ausgestattet. Steckt eine Hummel den Kopf in die Blütenröhre, klappen die Staubblätter nach unten und geben etwas Pollen auf den Hinterleib des Insekts (Abb. 2). Beim Besuch der nächsten Blüte wird ein Teil des Pollens an der Narbe abgestreift. So wird dafür gesorgt, dass jede Blüte mit Pollen anderer Blüten bestäubt wird. Dieser Klappmechanismus funktioniert nur dann, wenn das Insekt kräftig genug ist. Auch die Größe muss passen, damit der Pollen auf den Hinterleib trifft. Wiesensalbei und Hummeln stehen in enger Beziehung zueinander.

[▶ Wechselwirkungen]

AUFGABEN >>

○ 1 Nenne die wichtigsten Merkmale der Lippenblütengewächse.

◐ 2 Beschreibe mithilfe von Abb. 2 den Klappmechanismus der Salbeiblüte.

● 3 Zeichne zwei Salbeiblüten und dazwischen eine Hummel. Trage dann mit Pfeilen den Weg des Pollens bei der Bestäubung ein.

Der Wiesen-Bärenklau — beliebt bei Fliegen

1 Wiesen-Bärenklau

Im Sommer fallen auf Wiesen große Pflanzen mit weißen „Schirmen" auf. Ein häufiges Beispiel ist der *Wiesen-Bärenklau*. Er hat einen dicken Stängel mit kräftigen Blättern.

Merkmale der Doldengewächse

Bei den weißen „Schirmen" handelt es sich um Blütenstände, die aus vielen kleinen, weißen Blüten bestehen. Dabei entspringen mehrere Blütenstiele aus einer Stelle am Stängel. Diese Art der Verzweigung heißt *Dolde*. Pflanzen aus der Pflanzenfamilie der *Doldengewächse* haben solche Blütenstände. Dies ist ein Kennzeichen ihrer stammesgeschichtlichen Verwandtschaft. Die kleinen Blüten der Doldengewächse haben fünf kaum erkennbare Kelchblätter, fünf Blütenkronblätter, fünf Staubblätter und einen Stempel mit zwei Narben.

Bestäubung durch Fliegen

Obwohl die Einzelblüten sehr klein sind, sind die Dolden schon von weitem erkennbar und locken Insekten an. Besonders oft sind Schwebfliegen anzutreffen. Sie erinnern durch ihr schwarz-gelbes Streifenmuster an Wespen, sind jedoch völlig harmlos. Fliegen haben kurze Saugrüssel. So sind sie auf Blüten angewiesen, deren Nektar leicht erreichbar ist. Dadurch, dass viele kleine Blüten dicht nebeneinander stehen, können sich Fliegen gut auf der Dolde bewegen. Sie übertragen aber den Pollen nur von einer Pflanze auf die nächste. Denn bevor sich die Narben entwickeln, reifen die Staubblätter heran und geben ihren Pollen ab. So wird eine Selbstbestäubung verhindert.

[▶ Fortpflanzung und Entwicklung]

2 Blüten und Früchte der Doldengewächse

AUFGABEN >>

○ 1 Beschreibe mithilfe von Abb. 2 Unterschiede zwischen Mittel- und Randblüte vom Wiesen-Bärenklau.

● 2 Stelle eine Vermutung an, welche Funktion die Randblüten haben.

Der Löwenzahn — eine Bienenblume

1 Löwenzahn

2 Blüten und Früchte der Korbblütengewächse

Im Frühsommer ist auf vielen Wiesen der *Löwenzahn* nicht zu übersehen. Seinen Namen hat er von den stark gezähnten Blättern (Abb. 2).

Merkmale der Korbblütengewächse

Der große gelbe Blütenstand des Löwenzahns ist keine Blüte, sondern er besteht aus vielen kleinen Einzelblüten, die auf einem tellerartigen Körbchen stehen. Jede Einzelblüte besteht aus fünf gelben Kronblättern, die im unteren Teil eine Blütenröhre und im oberen Teil eine flache Zunge bilden. Der Kelch besteht aus feinen Borsten und wird *Pappus* genannt. Er bildet bei der Frucht den „Fallschirm". So können die Früchte durch den Wind verbreitet werden. Außer dem Löwenzahn gibt es noch weitere Pflanzen mit winzigen Blüten, die in einem Korb stehen. Sie werden zur Familie der *Korbblütengewächse* zusammengefasst. Manche haben wie der Löwenzahn nur *Zungenblüten*, andere haben wie die Margerite in der Mitte des Körbchens *Röhrenblüten* ohne Zunge.

Bestäubung durch Bienen

Die kleinen Blüten der Korbblütengewächse bilden so enge Röhren, dass nur Insekten mit besonders feinen und langen Mundwerkzeugen an den Nektar gelangen. Vor allem Bienen sind dazu in der Lage und sammeln gerne auf Korbblütengewächsen Nektar. Dabei werden sie gleichzeitig dicht mit Pollen eingestäubt, den sie an den Hinterbeinen sammeln. Wenn eine Biene mehrere Pflanzen besucht, gelangt leicht Pollen von einer Blüte auf die Narbe einer anderen Blüte, die dadurch bestäubt wird. Bei vielen Korbblütengewächsen werden die Staubblätter reif, bevor sich die Narbe öffnet.

AUFGABEN >>

○ 1 Beschreibe mithilfe von Abb. 2 die Entwicklung des Löwenzahns von der Blüte bis zur „Pusteblume".

◐ 2 Begründe, warum Korbblütengewächse vor allem von Bienen besucht werden.

Die Gräser werden durch den Wind bestäubt

1 Glatthafer

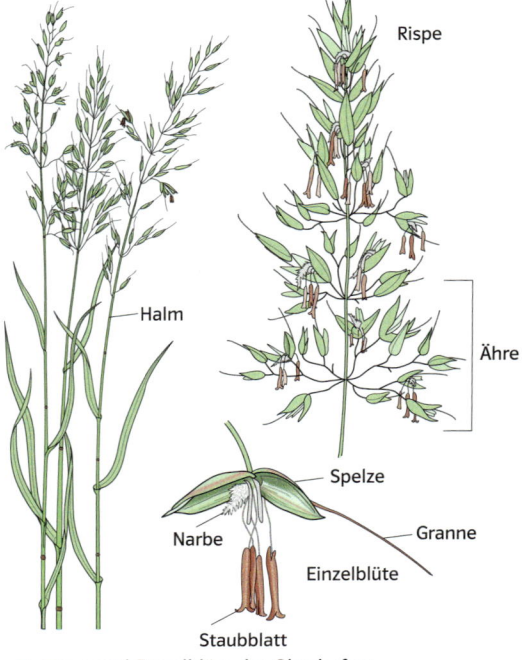

2 Rispe und Einzelblüte des Glatthafers

Eine Wiese besteht zu einem großen Teil aus Süßgräsern. Diese Gräser schmecken zwar nicht süß, aber das Vieh frisst sie gerne. Auf den ersten Blick fallen bei einem Gras nur die langen grünen Blätter auf. Die Blüten sind sehr klein und unscheinbar.

Merkmale der Süßgräser
Süßgräser erkennt man an den langen runden *Stängeln (Halmen)*, die innen hohl sind und in regelmäßigen Abständen Knoten aufweisen. Knoten sind verdickte Stellen, aus denen die Blätter entspringen. Die Blätter sind sehr flach und schmal. Die Blüten befinden sich am Ende des Halms. Ein typisches Süßgras unserer Wiesen ist der *Glatthafer*. Der Blütenstand besteht beim Glatthafer aus verzweigten Ästen, die am Ende ein *Ährchen* tragen. Jedes Ährchen enthält zwei Blüten. Anstatt farbiger Kronblätter haben die Blüten der Gräser nur braungrüne *Spelzen*.

Bestäubung durch den Wind
Die unauffälligen Blüten der Gräser sind nicht geeignet Insekten anzulocken. Zwischen den Spelzen hängen die Staubblätter heraus und geben Pollen ab. Die Pollenkörner werden dann durch den Wind verbreitet. Manche Pollenkörner werden schließlich auf die klebrigen Narben von anderen Blüten geweht. Diesen Vorgang nennt man *Windbestäubung*.

[▶ Fortpflanzung und Entwicklung]

AUFGABEN >>

○ **1** Die Narben der Grasblüten sind sehr stark gefiedert und klebrig. Erkläre den Vorteil für die Pflanze.

● **2** Erläutere, warum Süßgräser keine auffallenden Blüten haben.

Material
Eigenschaften von Gräsern

Bauweise eines Grashalms

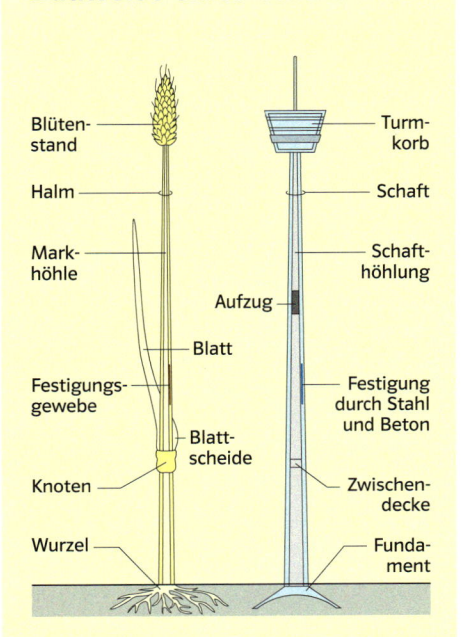

Beschriftungen Grashalm: Blütenstand, Halm, Markhöhle, Festigungsgewebe, Knoten, Wurzel, Blatt, Blattscheide

Beschriftungen Fernsehturm: Turmkorb, Schaft, Schafthöhlung, Aufzug, Festigung durch Stahl und Beton, Zwischendecke, Fundament

Ein Grashalm ist sehr schlank und doch stabil. Der Vergleich mit einem Fernsehturm zeigt, warum dies so ist. Es liegt an seiner besonderen Bauweise. Ein Fernsehturm ist ganz ähnlich aufgebaut.

AUFGABEN >>

○ 1 Vergleiche anhand der Abbildung den Aufbau eines Grashalms und eines Fernsehturms. Notiere in einer Tabelle Gemeinsamkeiten und Unterschiede.

● 2 Im Getreideanbau werden Sorten mit großen Ähren und kurzen Halmen bevorzugt. Erläutere die Vorteile.

Ein Gras hält was aus

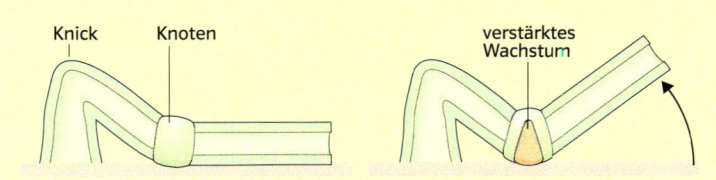

Knick — Knoten — verstärktes Wachstum

Gräser sind sehr robust und widerstandsfähig. Wenn sie umgeknickt werden, können sie sich wieder aufrichten.

AUFGABE >>

○ 3 Beschreibe anhand der Grafik das Aufrichten des Grashalms.

Achtung: Pollenflug

Pollenflugkalender mit Pflanzen: Hasel, Erle, Pappel, Weide, Esche, Hainbuche, Birke, Buche, Eiche, Kiefer, Gräser, Spitzwegerich, Brennnessel, Beifuß (Monate Dez–Nov)

Legende: Hauptblüte, Vor- und Nachblüte, mögliches Vorkommen

Pollenflugkalender

Manche Menschen reagieren allergisch auf bestimmte Pollen in der Luft. Ihre Nase läuft und die Augen tränen, sie haben Heuschnupfen. Mit Pollenflugvorhersagen im Radio oder einem Pollenflugkalender können sie sich darauf vorbereiten und längere Aufenthalte im Freien vermeiden.

AUFGABE >>

● 4 Die Pflanzenarten im Pollenflugkalender werden durch den Wind bestäubt und nicht durch Insekten. Erkläre.

Blütenpflanzen

5.4 Nutzpflanzen
Gräser ernähren die Welt

Die wichtigsten Grundnahrungsmittel weltweit sind Reis, Weizen, Mais, Hirse, Roggen, Hafer, Gerste und die Kartoffel. Außer der Kartoffel zählen all diese Nutzpflanzen zu den Süßgräsern. Sie werden als *Getreide* zusammengefasst. Getreidekörner enthalten viel Stärke und andere Nährstoffe, die den jungen Keimling ernähren. Getreide lässt sich in getrocknetem Zustand gut transportieren und lange lagern.

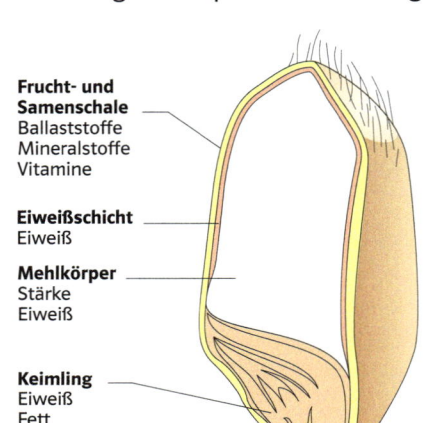

Frucht- und Samenschale
Ballaststoffe
Mineralstoffe
Vitamine

Eiweißschicht
Eiweiß

Mehlkörper
Stärke
Eiweiß

Keimling
Eiweiß
Fett
Vitamine

1 *Weizenkorn*

Weizen

Weizen benötigt ein gemäßigtes Klima. Zu viel Hitze oder Kälte verträgt er nicht. Weizen wird vor allem in Europa, den USA, Russland, Indien und China angebaut. Die Körner werden meist zu Mehl vermahlen. Daraus lassen sich Brot, Kuchen und andere Backwaren herstellen.

Aufbau eines Getreidekorns
Ein *Weizenkorn* besteht aus Keimling und *Mehlkörper*, die von Frucht- und Samenschale umgeben sind (Abb. 1). Der Mehlkörper enthält Stärke und andere Nährstoffe. Sie dienen dem Keimling als Nahrung, bis er die ersten Blätter ausbildet und durch Fotosynthese selbst Nährstoffe bilden kann.

Mais

Mais ist ein sehr kräftiges Gras, das über 3 m hoch werden kann. Mais stammt aus Mittelamerika. Heute wird er in ganz Amerika, Europa, China und anderen Ländern angebaut. Mais kann als Gemüse oder Popcorn gegessen werden. Meist wird er aber als Viehfutter verwendet. In Deutschland wird immer mehr Mais für Biogasanlagen zur Energiegewinnung angepflanzt.

AUFGABEN >>

● 1 Erläutere, warum weltweit nicht nur Weizen als Grundnahrungsmittel angebaut wird.

● 2 Erläutere, warum Getreide ein ideales Grundnahrungsmittel ist.

● 3 „Wer Rindfleisch isst, ernährt sich indirekt auch von Gras". Erläutere diese Aussage.

Nachwachsende Rohstoffe
w8h6dq

Reis

Reis ist ein Gras, das viel Wärme und Wasser benötigt. In China, Indien, Japan und anderen Ländern Südostasiens ist Reis das wichtigste Nahrungsmittel. Oft wird er in großen Pfannen mit viel Gemüse zubereitet.

Hirse

Hirse wird in Asien und Afrika angebaut und verwendet. Sie wächst auch auf mineralstoffarmen Böden und ist unempfindlich gegen Hitze. Die kleinen Körner werden ähnlich wie Reis gekocht oder zu schmackhaften Fladen gebacken.

EXTRA >>

Unsere Getreidesorten

Seit über 10 000 Jahren bauen Menschen Getreide an. Heute gibt es viele verschiedene Getreidesorten. Diese sind dadurch entstanden, dass die Menschen für die Aussaat immer Körner mit erwünschten Eigenschaften auswählten. Die häufigsten Getreidesorten in Deutschland sind Weizen, Roggen, Gerste und Hafer.

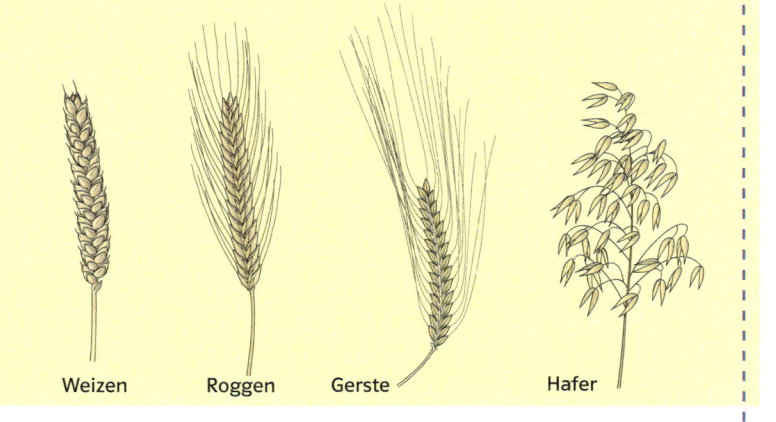

Weizen — Roggen — Gerste — Hafer

AUFGABEN >>

1 Beschreibe die Merkmale von Weizen, Roggen, Gerste und Hafer.

2 Informiere dich in einer Bäckerei, welche Getreidesorten zum Brotbacken verwendet werden.

Blütenpflanzen

Obstsorten sind oft Rosengewächse

1 Obst ist gesund und lecker

Als die Menschen sesshaft wurden, bauten sie gezielt Nahrungspflanzen an und ernteten deren Früchte. Süß schmeckende, saftige Früchte werden als *Obst* bezeichnet. Sie werden roh gegessen. Viele unserer Obstarten zählen zur Pflanzenfamilie der *Rosengewächse*: Kirsche, Zwetschge, Apfel, Birne, Pfirsich, Brombeere und Erdbeere. Offensichtlich haben viele Vertreter dieser Familie schmackhafte Früchte. Wie lässt sich dies erklären?

Ähnlichkeit durch Verwandtschaft
Zunächst gehören all die Pflanzen zu den Rosengewächsen, die ähnliche Blüten wie die Rose haben. Biologen achten darüber hinaus noch auf weitere Merkmale bei Stängel und Blättern. Doch verwandte Arten einer Familie gleichen sich nicht nur in äußeren Merkmalen, sondern haben auch ähnliche Inhaltsstoffe. Bei diesen Arten werden bei der Fruchtbildung Zucker und Aromastoffe gebildet und in die Frucht eingelagert. Ähnlichkeiten zwischen verwandten Arten lassen sich dadurch erklären, dass der gemeinsame Vorfahr auch schon diese Eigenschaften hatte.

[▶ Stammesgeschichte und Verwandtschaft]

Vielfalt an Obstsorten
Eine wichtige Art aus der Familie der Rosengewächse ist der Apfelbaum. Heute gibt es über Tausend Apfelsorten mit unterschiedlichen Eigenschaften. Manche Sorten bilden besonders schöne Äpfel, die als Tafeläpfel frisch gegessen werden. Bestimmte Äpfel schmecken leicht säuerlich und sind zum Kuchenbacken gut geeignet. Andere haben dicke Schalen und lassen sich besonders lange lagern.

Vermehrung von Obstsorten
Um eine edle Apfelsorte zu vermehren, wird ein Zweig der edlen Sorte auf einen frisch abgeschnittenen jungen Apfelbaum gesteckt. Diesen Vorgang nennt man *Pfropfen*. Zweig und Unterlage wachsen dann zusammen. Schließlich wächst aus dieser Verbindung ein Baum heran, der Äpfel der edlen Sorte tragen wird.

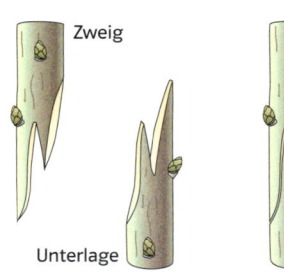

2 Vermehrung von Obstsorten

AUFGABEN >>

○ **1** Erkläre, warum viele Obstsorten zu den Rosengewächsen gehören.

● **2** Erkläre, warum Zweig und Unterlage beim Pfropfen frisch angeschnitten sein und genau aufeinanderpassen müssen.

EXTRA >>

Streuobstwiese

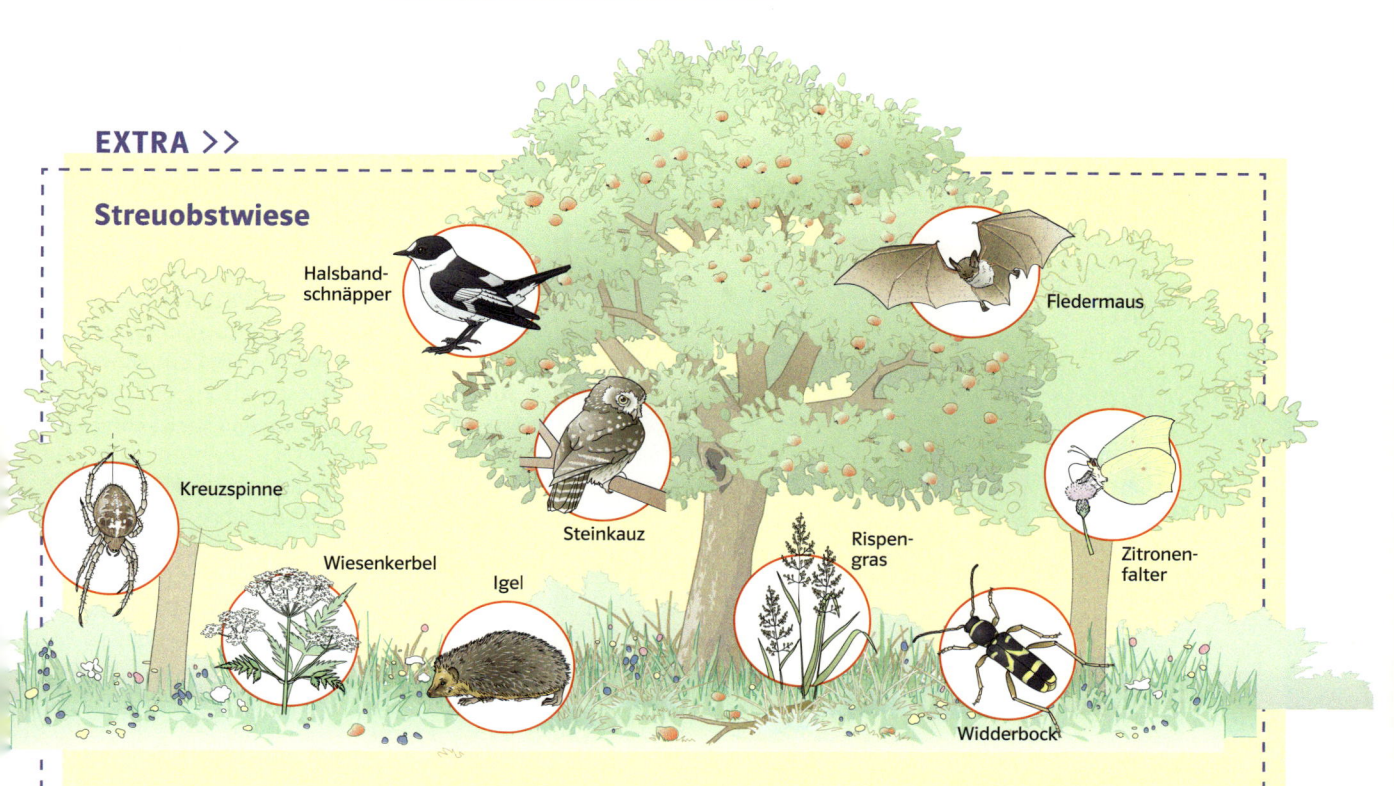

Halsbandschnäpper, Fledermaus, Kreuzspinne, Steinkauz, Wiesenkerbel, Igel, Rispengras, Zitronenfalter, Widderbock

Streuobstwiesen sind Wiesen, auf denen verstreut einige größere Obstbäume unterschiedlichen Alters und unterschiedlicher Arten stehen. Auf solch einer Wiese lässt sich nicht nur Gras und Heu ernten, sondern auch Obst.

Wertvolle Kulturlandschaft

Streuobstwiesen beherbergen über 5000 Pflanzen- und Tierarten und viele alte Obstsorten. Diese Vielfalt ist möglich, weil blumenreiche Wiesen und alte Bäume unterschiedliche Nahrungs-, Nist- und Versteckmöglichkeiten bieten. Eine Streuobstwiese wird normalerweise zweimal im Jahr gemäht und nicht gedüngt. Die verschiedenen Blüten bieten vielen Insekten Nahrung, die wiederum von Vögeln oder Fledermäusen gejagt werden.

Gefährdung und Schutz

Streuobstwiesen sind in der heutigen Landwirtschaft nicht mehr lohnenswert. Die Bäume behindern den Maschineneinsatz und mit dem Obst lässt sich kaum Geld verdienen. In einigen Gemeinden wird aus den Äpfeln Saft hergestellt und verkauft. Heute werden viele Streuobstwiesen nicht mehr richtig gepflegt. Die Wiese muss jedes Jahr gemäht werden und die Obstbäume sollten regelmäßig geschnitten werden. Ab und zu müssen auch neue Bäume gepflanzt werden. In Zukunft wird es wichtig sein, dass es Menschen gibt, die sich um Streuobstwiesen kümmern und dadurch alte Obstsorten und viele Tier- und Pflanzenarten vor dem Aussterben bewahren.

AUFGABEN >>

1 Erkläre den Artenreichtum auf Streuobstwiesen.

2 Erläutere, warum Streuobstwiesen ohne Pflege verloren gehen und schlage Maßnahmen vor, die helfen könnten Streuobstwiesen zu erhalten.

Viele Gewürzpflanzen sind Doldengewächse

1 Fenchelknolle und Blüten

Für diesen Geruch sind stark riechende Öle verantwortlich, die vor allem in Früchten und Blättern enthalten sind. Diese aromatischen Inhaltsstoffe sind typisch für die jeweilige Art. Sie sind ein Hinweis für deren Verwandtschaft.
[▶ Stammesgeschichte und Verwandtschaft]

In der Natur dienen diese stark riechenden Substanzen der Abschreckung von Fressfeinden und dem Abtöten von schädlichen Bakterien. Natürlich sind nicht alle Doldengewächse als Gewürzpflanze geeignet. Manche Arten sind sogar sehr giftig.

Fenchel kann in der Küche vielseitig verwendet werden. Die Früchte dienen als Gewürz, die Blätter werden als Küchenkraut verwendet und die Fenchelknolle (Abb. 1) ist als Gemüse beliebt. Fenchel ist ein *Doldengewächs*. Diese Familie enthält auffallend viele Gewürzpflanzen. Beliebt sind Kümmel, Petersilie, Dill, Sellerie und Liebstöckel.

Eigenschaften der Doldengewächse
Zerreibt man Früchte oder Blätter von Doldengewächsen zwischen den Fingern, entwickelt sich oft ein intensiver Geruch.

Verwendung
Bei Kümmel und Fenchel werden die Früchte als Gewürz verwendet. Sie werden getrocknet und weisen dann deutliche Längsrillen auf, die für die Früchte der Doldengewächse typisch sind. Die Blätter von Petersilie, Kerbel, Dill und Liebstöckel lassen sich frisch oder getrocknet zum Würzen einsetzen. Von Sellerie werden Stängel und Knollen gegessen.

Pfeffer   *Koriander*

Anis   *Chili*

2 Gewürze

AUFGABEN >>

● **1** Erkläre, warum die Familie der Doldengewächse viele Gewürzpflanzen und Küchenkräuter enthält.

● **2** Abb. 2 zeigt mehrere Gewürze aus dem fernen Osten. Gib an, welche davon zu den Doldengewächsen gehören.

○ **3** Kümmel und Fenchel entfalten einen besonders intensiven Geruch, wenn sie in einer Reibschale frisch zerrieben werden. Erkläre diese Beobachtung.

Lippenblütengewächse auf der Pizza

1 Pizza mit Kräutern

Auf eine gute Pizza gehören Tomaten, Käse und viele aromatische Kräuter. Eine richtige italienische Pizza wird mit Basilikum, Oregano, Thymian und Rosmarin bestreut. Alle diese Kräuter gehören zur Familie der *Lippenblütengewächse*.

Verwendung
Basilikum, Oregano, Thymian und Rosmarin sind als Küchenkräuter geeignet, weil sie essbar sind und einen intensiven Geruch aufweisen. Insbesondere in der italienischen Küche werden viele Gerichte mit diesen Kräutern verfeinert, da sie aus dem Mittelmeergebiet stammen und dort prächtig wachsen. Im Handel werden getrocknete Blätter oder frische Pflanzen angeboten.

Doch Lippenblütengewächse finden wir nicht nur auf der Pizza. Mit Blättern von Salbei, Pfefferminze und Melisse lässt sich Kräutertee zubereiten. Und selbst im Bad sorgen Lippenblütengewächse für ein gutes Aroma. Lavendel und Rosmarin verleihen Seifen und Schaumbädern einen feinen Duft. Offensichtlich gibt es unter den Lippenblütengewächsen viele Arten, die sehr wohlriechend sind.

Inhaltsstoffe von Lippenblütlern
Für den typischen Geruch von Lippenblütengewächsen sind stark riechende Öle verantwortlich. Diese kommen in den Blättern und Blüten vor. In der Natur dienen sie der Abschreckung von Fressfeinden.
[▶ Struktur und Funktion]

EXTRA >>

Lavendelöl
In Südfrankreich gibt es große Lavendelfelder. Aus den Blütenständen kann Lavendelöl gewonnen werden. Dazu werden die Blüten zerkleinert und mit Wasserdampf erhitzt. Mit dem Lavendelöl können Seifen oder Badezusätze aromatisiert werden.

AUFGABE >>

Erkläre, warum die Blüten für die Gewinnung von Lavendelöl zerkleinert und erhitzt werden müssen.

AUFGABEN >>

○ 1 Erkläre, warum auf der Pizza viele Kräuter aus der Familie der Lippenblütengewächse zu finden sind.

◐ 2 Ordne die im Text genannten Lippenblütengewächse nach deren Verwendung.

● 3 Erläutere die abschreckende Wirkung von stark riechenden Substanzen auf Fressfeinde.

Blütenpflanzen **221**

Die Kartoffel

Die Kartoffel ist eine der wichtigsten Nahrungspflanzen der Welt. Jährlich werden über 300 Millionen Tonnen geerntet. Was macht die Kartoffel zu einer so wichtigen Nutzpflanze?

Verwendung
Kartoffeln lassen sich sehr unterschiedlich zubereiten. Sie werden als Pellkartoffeln, Kartoffelbrei, Pommes frites, Bratkartoffeln und Kartoffelsalat gegessen. Nur roh können sie nicht verzehrt werden, denn sie enthalten ein Gift, das erst durch Hitze zerstört wird. Kartoffelknollen enthalten viel Stärke und Vitamin C. Aber nicht alle Kartoffeln werden gegessen. Aus Kartoffelstärke lässt sich auch Folie und Verpackungsmaterial herstellen.

Die Kartoffelknolle
Kartoffelknollen sind Verdickungen von unterirdischen Sprossen, also *Sprossknollen*. Das erkennt man an den sogenannten „Augen". Darin sitzen kleine Knospen, wie man sie auch an Sprossen finden kann. In der Erde können aus diesen Augenknospen neue Triebe wachsen.

Kartoffelknollen dienen der Pflanze als Stärkespeicher und zur Vermehrung. Steckt man eine Knolle *(Mutterknolle)* in die Erde, wachsen weiße Triebe hervor. Diese werden von der Stärke in der Knolle ernährt, bis sie über der Erde erste grüne Blätter bilden. Dort wird durch Fotosynthese neue Stärke gebildet. Nun kann die junge Kartoffelpflanze eigene Stärke produzieren und *Tochterknollen* bilden.

1 *Kartoffelpflanze*

EXTRA >>

Züchtung verschiedener Kartoffelsorten

Es gibt heute über 5000 Kartoffelsorten mit unterschiedlichen Eigenschaften. Wie sind diese Sorten entstanden? Und wie können sie erhalten werden?

In den grünen Früchten der Kartoffelpflanze sind Samen enthalten. Diese entstehen nach der Befruchtung von Eizellen mit Keimzellen aus dem Pollenschlauch. Man spricht von geschlechtlicher Fortpflanzung. Aus jedem Samen kann eine neue Kartoffelpflanze hervorgehen, die Eigenschaften von beiden Elternpflanzen hat. Dies nutzt man bei der *Züchtung* von neuen Kartoffelsorten. Zwei Pflanzen werden gekreuzt, d. h. Pollen der einen Pflanze wird auf die Narben der anderen Pflanze gebracht. Durch die Kreuzung von zwei Pflanzen, die jeweils eine erwünschte Eigenschaft haben, können Nachkommen entstehen, auf die beide Eigenschaften gleichzeitig zutreffen.

Die so gewonnene neue Kartoffelsorte wird vermehrt und erhalten, indem ihre Knollen angepflanzt werden. Steckt man eine Knolle in die Erde, treibt sie aus und bildet eine neue Kartoffelpflanze. Man spricht von ungeschlechtlicher Fortpflanzung, da keine Befruchtung stattgefunden hat. Die neue Pflanze hat dabei die gleichen Eigenschaften wie die Mutterpflanze.

Grata

Clivia

Desiree

AUFGABEN >>

1 Erläutere, wie man aus Kartoffelsorte A mit großen, blassen Knollen und Kartoffelsorte B mit kleinen, gelben Knollen eine neue Sorte C mit großen, gelben Knollen züchtet.

2 Erläutere, wie man die neue Kartoffelsorte C vermehren kann.

Anbau

Im Frühjahr werden Kartoffelknollen in den Boden gesteckt. Aus einer Mutterknolle wächst ein Kraut mit kräftigen Blättern und lilafarbenen oder weißen Blüten. Eine Kartoffelpflanze kann über 50 Tochterknollen bilden. Damit ist sie eine ergiebige Nahrungspflanze. Im Herbst werden die Kartoffeln geerntet und dunkel gelagert. Am Licht werden sie grün und ungenießbar. Ein Teil der Ernte kann im nächsten Jahr wieder zum Anpflanzen von neuen Kartoffeln benutzt werden.
[▶ Fortpflanzung und Entwicklung]

AUFGABEN >>

○ 1 Beschreibe den Unterschied zwischen der Mutterknolle und den anderen Kartoffelknollen an einer Kartoffelpflanze.

◐ 2 Eine große Kartoffel wird halbiert und beide Hälften werden in die Erde gesteckt. Erläutere, ob daraus jeweils eine neue Kartoffelpflanze heranwachsen kann.

● 3 Beim Austrieb der Tochterknollen schrumpft die Mutterknolle. Erkläre diese Beobachtung.

Material
Geschichte und Eigenschaften der Kartoffel

Geschichte der Kartoffel

Im 16. Jahrhundert wurde die Kartoffel aus Südamerika nach Europa gebracht und zunächst wegen der schönen Blüten als Zierpflanze verwendet.

1 Friedrich II. überwacht die Kartoffelernte (Gemälde)

Im 18. Jahrhundert wollte der preußische König FRIEDRICH II. (1712 – 1786) die Bevölkerung dazu bringen Kartoffeln anzubauen. Die Bauern waren aber misstrauisch. Der Legende nach ließ der König Kartoffelfelder anlegen und von Soldaten bewachen. Dadurch sollten die Kartoffeln als wertvoll erscheinen. Die Wachen hatten aber den Auftrag niemanden daran zu hindern, Kartoffeln von den Feldern zu stehlen.

AUFGABEN >>

○ 1 Beschreibe, was auf dem Gemälde dargestellt sein könnte.

● 2 Nenne mögliche Gründe, warum der preußische König den Kartoffelanbau fördern wollte.

Funktion der Kartoffelschale

In einem Experiment wurde eine rohe Kartoffel geschält und so zurechtgeschnitten, dass sie genau gleich schwer war wie eine andere ungeschälte rohe Kartoffel. In den folgenden Tagen wurden beide Kartoffeln bei Zimmertemperatur (20 °C) aufbewahrt und täglich gewogen. Die Messwerte wurden in einer Tabelle notiert.

Tag	geschälte Kartoffel (Masse in Gramm)	ungeschälte Kartoffel (Masse in Gramm)
1	129	129
2	107	128
3	93	128
4	83	127
5	74	127
6	68	126
7	64	126

AUFGABEN >>

○ 3 Stelle die Messwerte in einem Diagramm dar.

● 4 Beschreibe das Versuchsergebnis.

● 5 Erläutere die Funktion der Kartoffelschale.

Praktikum
Untersuchung der Kartoffel

👥 Stärkenachweis

Material
Stärke, Traubenzucker, Puderzucker, Petrischalen, Pipette, Iod-Kaliumiodid-Lösung

Durchführung
Gib auf etwas Stärke, Traubenzucker und Puderzucker mit der Pipette jeweils wenige Tropfen Iod-Kaliumiodid-Lösung.

AUFGABEN >>

1 Vergleiche die Reaktionen.

2 Erkläre, warum das Experiment bestätigt, dass mit Iod-Kaliumiodid-Lösung Stärke nachgewiesen werden kann.

👥 Stärkenachweis in Lebensmitteln

Material
Kartoffelknolle, Apfel, Zwiebel, Zitrone, Brot, Messer, Petrischale, Pipette, Iod-Kaliumiodid-Lösung

Durchführung
Schneide je eine Kartoffelknolle, Zwiebel, Zitrone und einen Apfel in der Mitte durch. Gib mit der Pipette einige Tropfen der Iod-Kaliumiodid-Lösung auf die Schnittfläche und beobachte.

AUFGABE >>

3 Erläutere das Versuchsergebnis, indem du begründest, welche untersuchten Gemüse- und Obstsorten Stärke enthalten.

👥 Nachweis von Vitamin C

Material
Kartoffel, Apfel, Zitrone, Messer, Knoblauchpresse, Zitronenpresse, Trichter, Filter, Bechergläser, Vitamin-C-Teststäbchen

Durchführung
Zerkleinere eine halbe Kartoffel und presse diese mit der Knoblauchpresse aus. Filtriere den Presssaft in ein Becherglas. Miss nun den Vitamin-C-Gehalt der Flüssigkeit mit Teststäbchen. Beachte dabei die Anleitung auf der Packung. Miss auch den Vitamin-C-Gehalt von Zwiebeln, Zitronen und Äpfeln.

AUFGABEN >>

4 Vergleiche den Vitamin-C-Gehalt der getesteten Lebensmittel.

5 Halte den Teststreifen an eine gekochte Kartoffel und vergleiche deren Vitamin-C-Gehalt mit dem der rohen Kartoffel.

Blütenpflanzen

Kohlsorten

Kohl ist bei uns in Deutschland ein beliebtes Gemüse. Er wird jedoch weltweit angebaut. Nach der Tomate ist Kohl das zweithäufigste Gemüse der Welt. Es gibt unterschiedliche Kohlsorten. Wie sind alle diese Sorten entstanden?

Wildform des Kohls

Unsere Kohlsorten stammen von einer Wildform ab, die in der Mittelmeerregion wächst. Dieser *Wildkohl* gehört wie Rettich, Meerrettich, Senf und Radieschen zur Pflanzenfamilie der Kreuzblütengewächse. Alle Kreuzblütengewächse enthalten stark riechende Öle. Manche davon sind für den typischen Kohlgeruch verantwortlich.

1 *Wildkohl*

Züchtung von Kohlsorten

Die heutigen Kohlsorten sind das Ergebnis jahrhundertelanger *Züchtung*. Die Menschen, die Kohl anbauten, erkannten, dass die Pflanzen eines Feldes nicht alle gleich waren. Für die nächste Saat wählten sie Samen von Pflanzen mit besonders erwünschten Merkmalen aus. Die Nachkommen hatten dann vermehrt diese Eigenschaften. Indem beispielsweise immer wieder Pflanzen mit besonders dicken und schmackhaften Blättern für die Zucht ausgewählt wurden, entstand über die Jahrhunderte aus der Wildform unser heutiger Weißkohl. Weißkohl und Wildkohl gehören immer noch zur gleichen Art. Weißkohl ist nur eine Variante von Kohl. Bei Pflanzen nennt man solche Varianten *Sorten*, bei Tieren spricht man von Rassen.

[▶ Variabilität und Angepasstheit]

Grünkohl

Von allen heutigen Kohlsorten hat der *Grünkohl* noch am meisten Ähnlichkeit mit dem Wildkohl. Er hat lediglich stark verdickte Blätter, die als Gemüse gekocht werden. Grünkohl wird vor allem in Norddeutschland gern gegessen. Er ist wie alle Kohlsorten reich an Vitamin C.

EXTRA >>

Geschichte des Kohls

Schon vor mehreren Tausend Jahren wurde Kohl am Mittelmeer und auf Helgoland angepflanzt. Im Mittelalter wurde der Kohl in ganz Deutschland angebaut. Vor allem im Winter war der Kohl das wichtigste Gemüse. Ohne ihn hätte es in strengen Wintern mehr Hungersnöte gegeben, denn Kohl war preiswert und konnte lange gelagert werden. Insbesondere arme Leute hatten im Winter fast nur Kohl zum Essen. Kohl wird daher manchmal als „Arme-Leute-Essen" angesehen.

Für die Seefahrer erlangte Sauerkraut aus Weißkohl große Bedeutung. Sauerkraut ist lange haltbar und enthält viel Vitamin C. Auf langen Seefahrten bestand die Gefahr, an Skorbut zu erkranken. Das ist eine lebensgefährliche Krankheit, die durch Mangel an Vitamin C ausgelöst wird.

AUFGABE >>

Erkläre, warum Kohl früher ein lebenswichtiges Gemüse war.

AUFGABEN >>

○ 1 Gib für die Kohlsorten in Abb. 2 jeweils an, welcher Teil der Pflanze gegessen wird.

◐ 2 Beschreibe, wie aus dem Wildkohl der Blumenkohl gezüchtet wurde.

● 3 Vergleiche die Züchtung von Kohlsorten mit der Züchtung von Hunderassen.

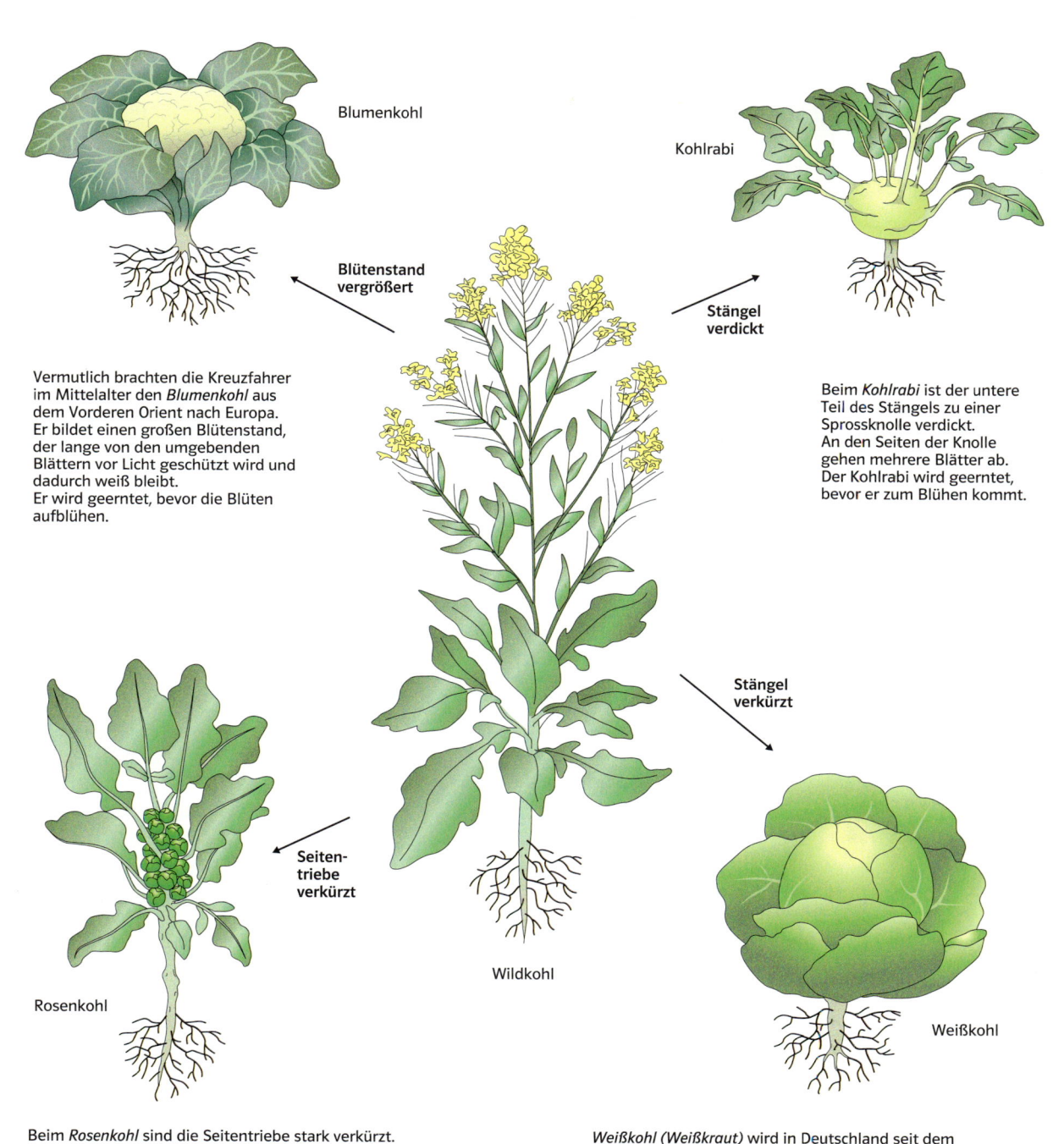

Blumenkohl

Blütenstand vergrößert

Vermutlich brachten die Kreuzfahrer im Mittelalter den *Blumenkohl* aus dem Vorderen Orient nach Europa. Er bildet einen großen Blütenstand, der lange von den umgebenden Blättern vor Licht geschützt wird und dadurch weiß bleibt.
Er wird geerntet, bevor die Blüten aufblühen.

Kohlrabi

Stängel verdickt

Beim *Kohlrabi* ist der untere Teil des Stängels zu einer Sprossknolle verdickt. An den Seiten der Knolle gehen mehrere Blätter ab. Der Kohlrabi wird geerntet, bevor er zum Blühen kommt.

Wildkohl

Seitentriebe verkürzt

Stängel verkürzt

Rosenkohl

Beim *Rosenkohl* sind die Seitentriebe stark verkürzt. Die Blätter bilden dadurch kugelförmige Röschen, die seitlich am Stängel sitzen. Rosenkohl wird von September bis Dezember geerntet.

Weißkohl

Weißkohl (Weißkraut) wird in Deutschland seit dem 12. Jahrhundert angebaut und meist zu Sauerkraut verarbeitet. Er hat große Blätter und einen sehr kurzen Stängel. Die Blätter liegen dadurch dicht aufeinander und bilden den hellgrünen Kohlkopf. Die inneren Blätter sind weiß.

2 *Kohlsorten*

5.5 Wir vergleichen Pflanzen
Verbreitung von Früchten und Samen

Samenverbreitung
5kc97m

1 Pusteblume

Bestimmt hast du schon mal die reifen Früchte des *Löwenzahns* (Pusteblume) angepustet und beobachtet, wie die fallschirmartigen Früchte fliegen.

Flugfrüchte
In der Natur werden die Früchte des Löwenzahns vom Wind weggeblasen und können mehrere Kilometer weit fliegen. So kann sich Löwenzahn über weite Strecken verbreiten.

Streufrüchte
Klatschmohn bildet eine Kapsel mit kleinen Öffnungen am oberen Rand. Darin befinden sich reife Mohnsamen. Diese werden ausgestreut, sobald ein Tier oder der Wind am Stängel vorbeistreicht.

Schleuderfrüchte
Das *Springkraut* hat längliche Früchte, deren Wände im reifen Zustand austrocknen und unter Spannung stehen. Schon eine kleine Berührung führt dazu, dass die Frucht aufplatzt und die darin enthaltenen Samen meterweit wegschleudert.

Klettenfrüchte
Kletten-Labkraut (Klebkraut) hat unzählige kleine Haken, sodass die Pflanze leicht an Kleidung hängen bleibt. Insbesondere die kugeligen Früchte haften gut an Kleidung oder am Fell von Tieren. So können die Früchte mithilfe der Tiere weite Strecken zurücklegen.

Lockfrüchte
Rote *Vogelbeeren* sind auffallende Früchte, die von Vögeln gefressen werden. Die unverdaulichen Samen werden später mit dem Kot wieder ausgeschieden. Dadurch werden die Samen durch Vögel verbreitet.

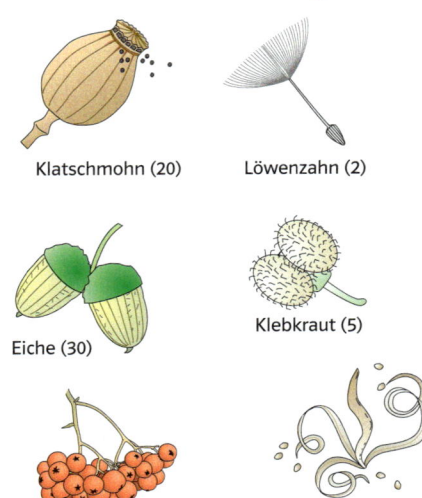

Klatschmohn (20)   Löwenzahn (2)

Eiche (30)   Klebkraut (5)

Vogelbeere (5)   Springkraut (40)

2 Verschiedene Früchte (Länge in mm)

AUFGABEN >>

○ **1** Man kann zwischen Selbst-, Wind- und Tierverbreitung unterscheiden. Ordne die Früchte in Abb. 2 diesen Ausbreitungsformen zu.

○ **2** Das Springkraut wird auch „Rühr-mich-nicht-an" genannt. Begründe.

⊖ **3** Erkläre den Vorteil für die Pflanze, wenn ihre Früchte möglichst weit verbreitet werden.

Praktikum
Flugfrüchte

👥 Flugversuche

Viele Pflanzen bilden Früchte, die vom Wind verbreitet werden. Dabei gibt es unterschiedliche Flugtypen.

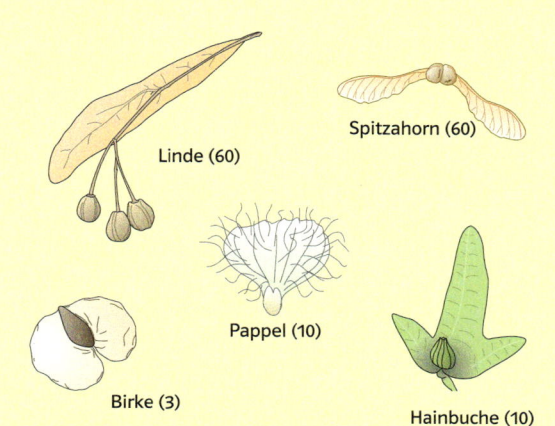

1 Verschiedene Flugfrüchte (Länge in mm)
- Linde (60)
- Spitzahorn (60)
- Pappel (10)
- Birke (3)
- Hainbuche (10)

Material
Verschiedene Flugfrüchte (z. B. von Spitzahorn, Hainbuche, Linde, Birke, Esche, Löwenzahn, Pappel), Stoppuhr, Meterstab

Lass verschiedene Flugfrüchte aus der gleichen Höhe fallen. Achte aber darauf, dass du dabei nicht stürzen kannst.

AUFGABEN >>

1 Notiere die Höhe, aus der die Flugfrüchte starten.

2 Miss mehrmals die Zeit, die eine Frucht bis zur Landung auf dem Boden benötigt. Berechne den Durchschnittswert und notiere ihn in einer Tabelle (Abb. 2).

3 Beschreibe jeweils die Flugweise (z. B. propellerartig) der Früchte.

👥 Flugfrüchte beschreiben

Material
Verschiedene Flugfrüchte (z. B. von Spitzahorn, Hainbuche, Linde, Birke, Esche, Löwenzahn, Pappel), Feinwaage, Lupe oder Stereolupe, Millimeterpapier, Bleistift

Praktikum mit Flugfrüchten		Name:		
Höhe beim Start:		Datum:		
Frucht	Masse	Flugzeit	Flugweise	Tragfläche
Spitzahorn	..... g			

2 Protokoll mit Tabelle

AUFGABEN >>

4 Untersuche eine Frucht mit der Lupe und erstelle eine Zeichnung.

5 Bestimme auf der Waage die Masse der Frucht. Bei sehr leichten Früchten kannst du mehrere Früchte gleichzeitig auflegen und den Messwert durch die Anzahl teilen.

6 Bestimme die Fläche der „Tragfläche", indem du die Umrisse der Frucht auf Millimeterpapier überträgst und dann die Kästchen zählst.

7 Tauscht euch in der Klasse über die verschiedenen Früchte aus und sammelt die gemessenen Werte in einer Tabelle (Abb. 2). Formuliere eine Vermutung, wie die Flugzeit von Masse und Tragfläche abhängt.

8 Baue aus Papier ein Modell einer Flugfrucht. Verändere die Masse durch das Anstecken von Büroklammern. Untersuche damit deine Vermutung aus Aufgabe 7.

Blütenpflanzen

Wie Pflanzen überwintern

1 Ein Baum im Winter

Der Winter stellt die Natur vor verschiedene Herausforderungen. Die Temperaturen sinken, der Boden gefriert und Stürme sind häufiger. Bäume und Sträucher überstehen diese Zeit auf andere Weise als Kräuter.

Holzgewächse

Wie die Rotbuche verlieren im Herbst viele Laubbäume und Sträucher ihre Blätter. Die Äste und Zweige der Holzpflanzen sind dann zwar ungeschützt der Witterung ausgesetzt, aber da sie verholzt sind und wenig Wasser enthalten, überstehen sie selbst starken Frost. Im Winter ist es vorteilhaft, dass im Baum kein Wassertransport stattfindet. Bei gefrorenem Boden kann kein Wasser über die Wurzeln nachfließen.

Mehrjährige Kräuter

Bei Kräutern wie dem Löwenzahn liegen die Blätter dicht am Boden in einer Blattrosette. Im Herbst gehen zwar die meisten Blätter zugrunde, aber sie schützen im Winter die empfindlichen Knospen am Grund vor Frost. Zusätzlich schützt die darüber liegende Schneedecke. So können diese Kräuter den Winter überdauern und mehrere Jahre alt werden. Deshalb nennt man sie mehrjährige Kräuter. Viele speichern Nährstoffe in unterirdischen Speicherorganen wie Zwiebeln, verdickten Wurzeln oder Erdsprossen.

Einjährige Kräuter

Im Gegensatz zu den mehrjährigen Kräutern stirbt bei einjährigen Kräutern wie dem Klatschmohn die alte Pflanze ab. Nur die unempfindlichen Samen überwintern. Der Keimling im Samen wächst im nächsten Frühjahr zu einer neuen Pflanze heran.

■ stirbt im Herbst ab
■ überlebt den Winter

Rotbuche — Löwenzahn — Tulpe — Klatschmohn

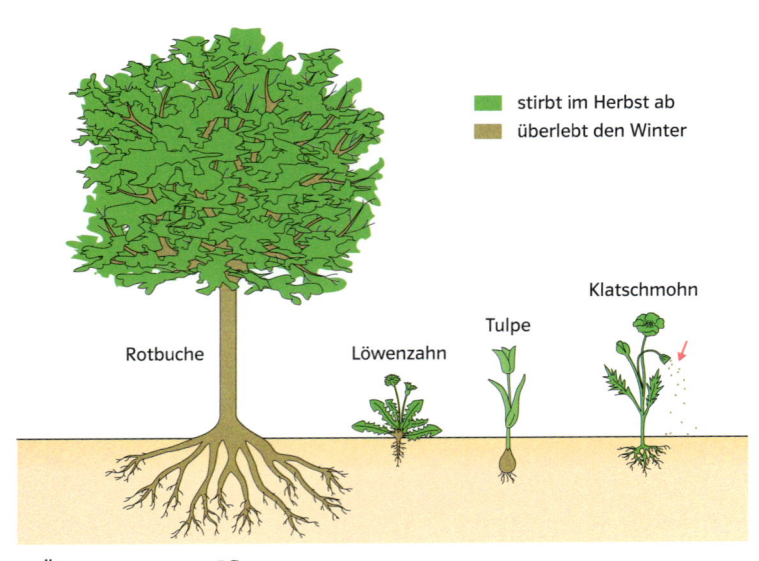

2 Überwinterung von Pflanzen

AUFGABEN >>

1 Beschreibe die wichtigsten Probleme für Pflanzen im Winter.

2 Überlege dir für jede Art der Überwinterung einen passenden Namen.

Material
Überwinterung bei Pflanzen

Wiesensalbei

Der Wiesensalbei fällt in einer Sommerwiese schnell durch seine Größe und die lila Blütenstände auf. Die Pflanze ist mehrjährig und bildet erst im zweiten Jahr Blüten. Im ersten Jahr ist der Wiesensalbei deutlich kleiner und hat nur wenige Blätter.

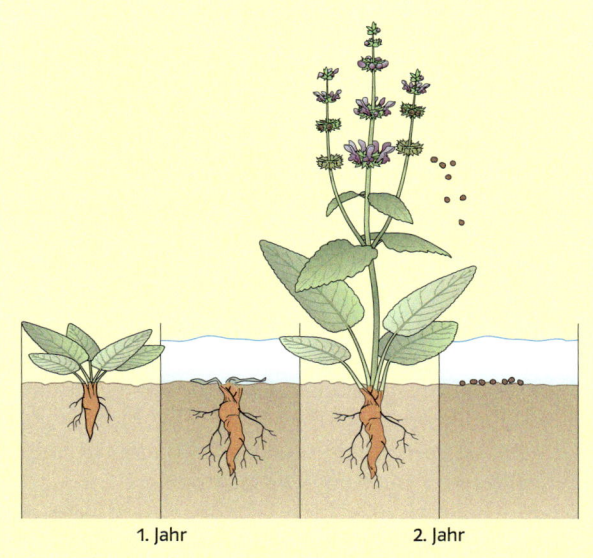

1 Entwicklung des Wiesensalbeis

AUFGABEN >>

1. Beschreibe die Form der Überwinterung im ersten und im zweiten Jahr.

2. Erkläre, warum der Wiesensalbei im zweiten Jahr schneller wachsen kann und deutlich größer wird als im ersten Jahr.

3. Erkläre, warum der Wiesensalbei auf häufig gemähten Wiesen nicht vorkommt.

Laubfall und Knospen

Im Herbst verfärben sich die Blätter der Laubbäume und fallen schließlich ab. Die Abbruchstelle wird dabei vom Baum mit Kork verschlossen. Kork ist wasserundurchlässig und schützt die Oberfläche von Ästen und Zweigen. Gleichzeitig werden schon im Herbst die Seitenknospen mit den Blattanlagen für das nächste Jahr gebildet. Diese sind unter trockenen Schuppen geschützt, die mit Harz wasserdicht verklebt sind.

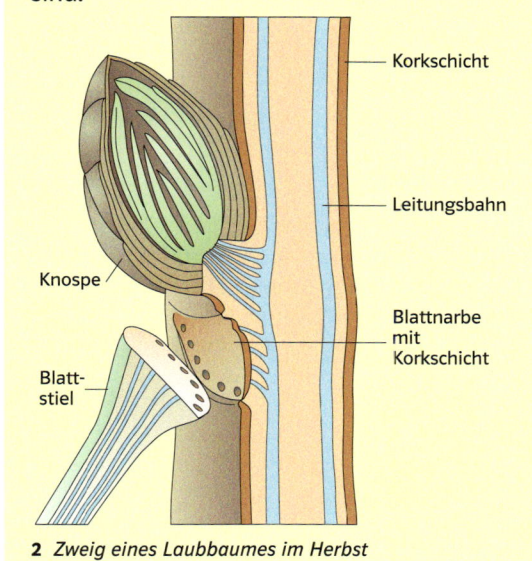

2 Zweig eines Laubbaumes im Herbst

AUFGABEN >>

4. Erläutere die Funktion der Korkschicht in der Blattnarbe.

5. Erläutere die Funktion der Schuppen um die Seitenknospe.

Vergleich von Pflanzenfamilien

Allein in Deutschland gibt es mehrere Tausend Pflanzenarten. Diese Vielfalt lässt sich ordnen, indem ähnliche Pflanzen zu Familien zusammengefasst werden. Die Ähnlichkeit beruht auf Verwandtschaft. Arten einer Familie stammen von einem gemeinsamen Vorfahren ab.

Familie: Kreuzblütengewächse

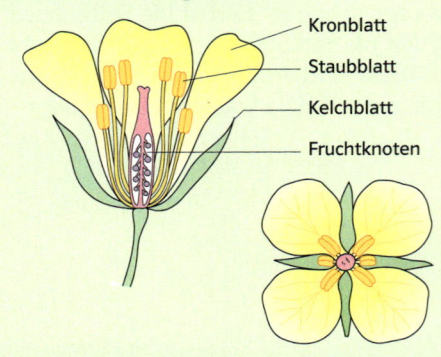

- Kronblatt
- Staubblatt
- Kelchblatt
- Fruchtknoten

Kreuzblütengewächse haben vier Kelchblätter und vier Kronblätter, die wie ein Kreuz angeordnet sind, sowie zwei kurze und vier lange Staubblätter. Aus dem Stempel entstehen oft lange Schoten. Die Familie umfasst viele Nutzpflanzen: Raps, Rettich, Radieschen, Senf und alle Kohlsorten.

Familie: Nelkengewächse

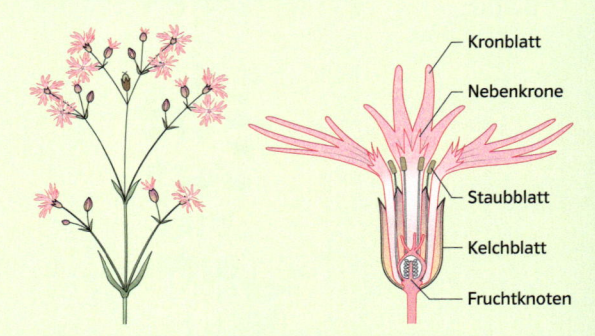

- Kronblatt
- Nebenkrone
- Staubblatt
- Kelchblatt
- Fruchtknoten

Nelkengewächse sind am besten am Spross zu erkennen, der gegabelt verzweigt ist. In der Mitte jeder Gabelung befindet sich eine Blüte mit fünf Kelchblättern, fünf Kronblättern und fünf bis zehn Staubblättern. Auf vielen Wiesen findest du Rote Lichtnelken und Kuckucks-Lichtnelken.

Familie: Rosengewächse

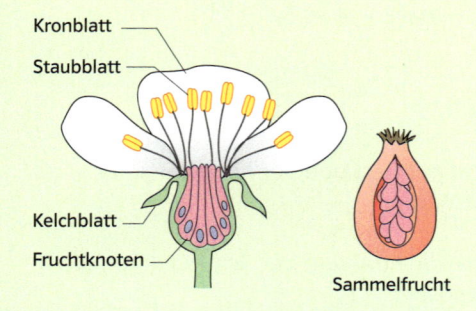

- Kronblatt
- Staubblatt
- Kelchblatt
- Fruchtknoten
- Sammelfrucht

Die Blüten der Rosengewächse haben oft fünf Kelchblätter, fünf Kronblätter und viele Staubblätter. Die Früchte können sehr unterschiedlich aussehen. Kirsche, Apfel, Erdbeere und viele andere Obstsorten gehören zu den Rosengewächsen.

Familie: Lippenblütengewächse

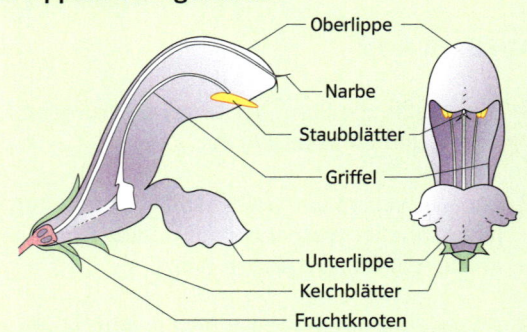

- Oberlippe
- Narbe
- Staubblätter
- Griffel
- Unterlippe
- Kelchblätter
- Fruchtknoten

Zu den Lippenblütengewächsen zählen viele Gewürzpflanzen: Salbei, Thymian, Basilikum, Oregano, Pfefferminze. Das liegt daran, dass viele Lippenblütengewächse gut riechende Öle enthalten. Die Blüten haben eine verwachsene Blütenröhre, die sich in Oberlippe und Unterlippe auftrennt. Sie werden oft von Hummeln bestäubt.

Familie: Korbblütengewächse

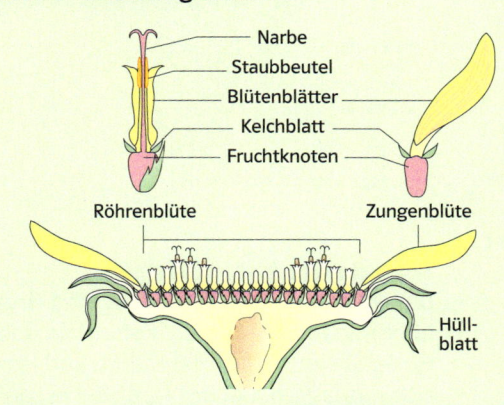

Narbe, Staubbeutel, Blütenblätter, Kelchblatt, Fruchtknoten

Röhrenblüte — Zungenblüte — Hüllblatt

Die Blütenstände der Korbblütengewächse bilden einen Korb mit vielen kleinen Einzelblüten. Diese werden oft von Bienen bestäubt. Die Familie umfasst viele Arten, z B. Löwenzahn, Sonnenblume und Gänseblümchen.

Familie: Doldengewächse

Mittelblüte — Randblüte

Doldengewächse sind leicht an ihrem Blütenstand zu erkennen, der aus einer schirmartige Dolde mit vielen kleinen Blüten besteht. Meist werden sie von Fliegen besucht. Viele Doldengewächse enthalten stark riechende Öle und dienen als Gewürze: Kümmel, Fenchel, Dill, Kerbel, Petersilie.

Biologisches Prinzip >>

Stammesgeschichte und Verwandtschaft

Über Jahrmillionen haben sich Pflanzen verändert. Man vermutet, dass die Blüten aller Blütenpflanzen ursprünglich viele einzelne Kronblätter und Staubblätter hatten. Später traten daneben Pflanzen mit Blüten auf, die weniger Kronblätter und Staubblätter haben. Danach kamen Pflanzen hinzu, deren Blüten Kronröhren haben. Die verschiedenen Pflanzengruppen haben jeweils einen gemeinsamen Vorfahren, der die jeweiligen Eigenschaften schon besaß. Je jünger der gemeinsame Vorfahr ist, desto näher sind die Arten miteinander verwandt. Pflanzen mit einer Kronröhre sind danach sehr nahe miteinander verwandt. Jede Gruppe von miteinander verwandten Lebewesen hat einen gemeinsamen Vorfahren. Darin besteht das biologische Prinzip von „Stammesgeschichte und Verwandtschaft".

AUFGABEN >>

○ 1 Ordne die Arten auf den Fotos der jeweiligen Pflanzenfamilie zu.

◐ 2 Die Blüten von Korbblütengewächsen unterscheiden sich deutlich von denen der Kreuzblütengewächse. Beschreibe die wichtigsten Unterschiede.

● 3 Erstelle einen Bestimmungsschlüssel für die hier beschriebenen Pflanzenfamilien.

Das kannst du jetzt

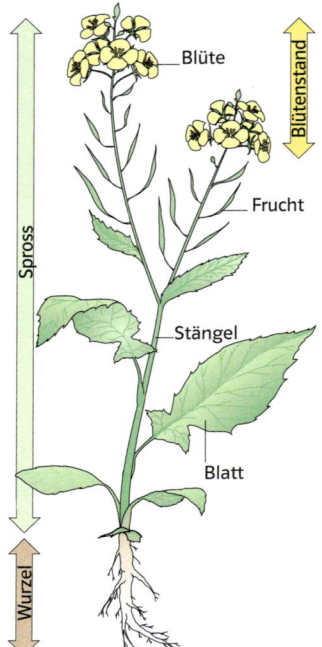

Blütenpflanzen bestehen aus Wurzel, Stängel und Blättern. Diese Pflanzenorgane arbeiten eng zusammen. Grüne Blätter bilden durch Fotosynthese Nährstoffe. Der Stängel dient dem Transport von Stoffen und verleiht dem Spross Stabilität. Die Wurzel nimmt Wasser und Mineralstoffe aus dem Boden auf und gibt der Pflanze Halt.

Blüten werden vor allem durch Bienen, Hummeln, Fliegen oder den Wind bestäubt. Blüten locken die Tiere durch Pollen und Nektar an. Enge Blütenröhren lassen nur Insekten mit langen Rüsseln an den Nektar gelangen. So sind Blüte und Insekt an die Bestäubung angepasst.

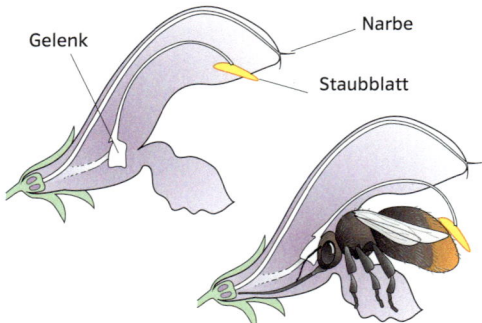

Aufbau der Pflanze

1 Bestäubung beim Wiesensalbei

Frucht- und Samenschale
Ballaststoffe
Mineralstoffe
Vitamine

Eiweißschicht
Eiweiß

Mehlkörper
Stärke
Eiweiß

Keimling
Eiweiß
Fett
Vitamine

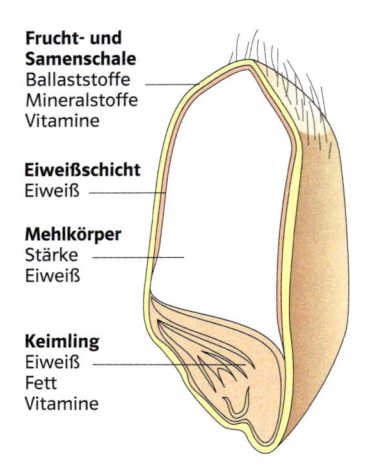

2 Aufbau eines Weizenkorns

Nutzpflanzen
Die Früchte einiger Süßgräser sind Grundnahrungsmittel: Weizen, Reis, Mais und Hirse. Sie enthalten viel Stärke und lassen sich gut lagern. Bei der Kartoffel essen wir keine Früchte, sondern Sprossknollen.

Viele Obstarten gehören zur Pflanzenfamilie der Rosengewächse, viele Küchenkräuter zu den Lippenblütengewächsen und viele Gewürzpflanzen zu den Doldengewächsen. Arten einer Familie sind miteinander verwandt. Dies zeigt sich in ähnlichen Merkmalen und Eigenschaften. Nutzpflanzen werden gezüchtet. Über Jahrhunderte sind dabei viele verschiedene Sorten entstanden.

Fortpflanzung
Nach Bestäubung und Befruchtung entsteht aus einem Teil der Blüte eine Frucht. Früchte dienen der Verbreitung von Samen. Manche Früchte verstreuen selbst die Samen, andere werden durch den Wind oder durch Tiere verbreitet.

Samen entstehen in Fruchtknoten nach der Befruchtung. Sie enthalten den Keimling und Nährstoffe. Während der Keimung ernährt sich der Keimling von den Nährstoffen im Samen.

Überwinterung
Der Winter stellt Pflanzen durch Frost und Wassermangel vor besondere Probleme. Laubbäume werfen im Herbst ihre Blätter ab. Nadelbäume haben unempfindliche Nadelblätter. Bei mehrjährigen Kräutern sterben im Winter die meisten Pflanzenteile ab. Sie überwintern dicht über oder im Boden. Frühblüher speichern Nährstoffe in unterirdischen Organen und können daher im Frühjahr schnell wachsen und bald blühen. Bei einjährigen Pflanzen überwintern die Samen.

TESTE DICH SELBST

Transpiration

Ein Forscher hat vier Messzylinder gleich hoch mit Wasser gefüllt und jeweils eine dünne Schicht Öl darauf gegeben. Anschließend wurden Zweige mit unterschiedlich vielen Blättern hineingestellt. Nach ein paar Tagen zeigt sich das dargestellte Ergebnis.

- 1 Formuliere die Forscherfrage, die mit diesem Experiment untersucht wurde.
- 2 Erkläre das dargestellte Ergebnis des Experiments.

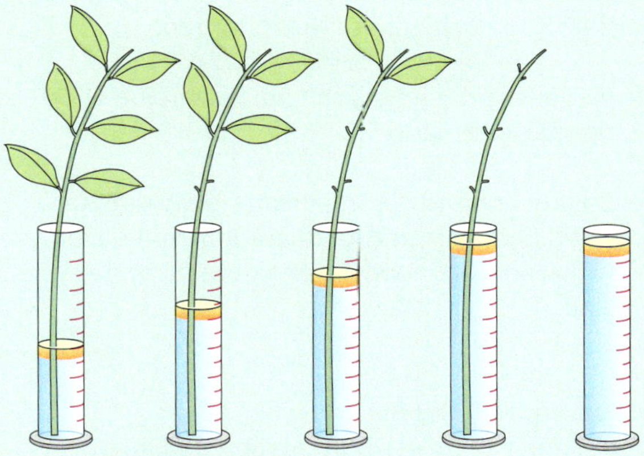

2 *Ergebnis nach einigen Tagen*

Pflanzen im Jahresverlauf

Im Garten gehören Schneeglöckchen zu den ersten Blumen. Oft blühen sie schon, während noch Schnee liegt.

- 3 Beschreibe die Entwicklung des Schneeglöckchens im Jahresverlauf.
- 4 Erkläre, warum Schneeglöckchen im Frühjahr so schnell wachsen können.
- 5 Schneeglöckchen können sich durch Samen vermehren, die ein Anhängsel haben, das von Ameisen gern gefressen wird. Andererseits können sie sich auch über Brutzwiebeln vermehren. Beschreibe diese beiden Möglichkeiten der Fortpflanzung.

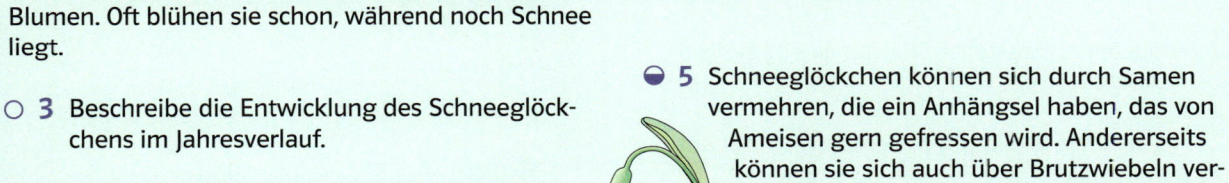

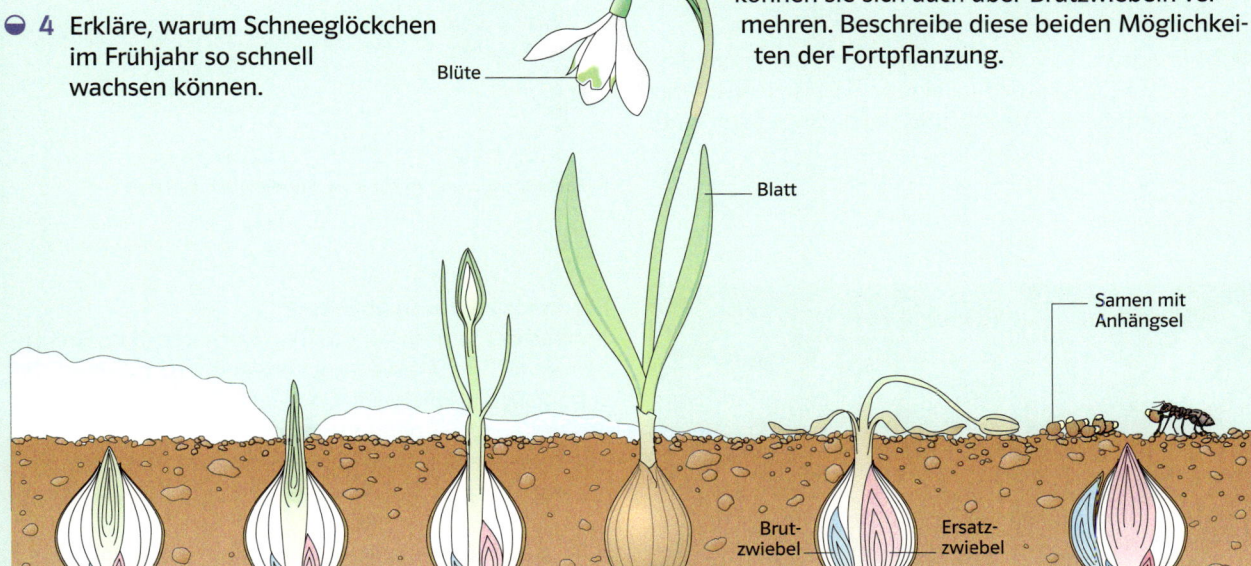

Blüte — Blatt — Samen mit Anhängsel — Brutzwiebel — Ersatzzwiebel

Herbst/Winter — Januar — Februar — März — spätes Frühjahr — Sommer/Herbst

1 *Schneeglöckchen im Jahresverlauf*

Blütenpflanzen **235**

TESTE DICH SELBST

Nutzpflanzen
Die nebenstehende Tabelle zeigt die wichtigsten Inhaltsstoffe verschiedener Nutzpflanzen.

- 6 Vergleiche die Angaben und beschreibe wichtige Unterschiede.

- 7 Erkläre anhand der Inhaltsstoffe, warum Kartoffel und Weizen Grundnahrungsmittel sind, während Gurke und Zitrone dazu nicht geeignet sind.

100 g von:	Wasser	Kohlenhydrate (z. B. Stärke)	Eiweiß	Fett	Vitamin C
Kartoffel	80 g	15 g	2 g	0,1 g	0,017 g
Weizen	14 g	70 g	12 g	2,0 g	0 g
Gurke	95 g	3,5 g	0,6 g	0,1 g	0,003 g
Zitrone	90 g	10 g	1 g	0,6 g	0,051 g

5 Inhaltsstoffe verschiedener Nutzpflanzen

Bestäubung von Blüten
Die Abbildung zeigt vier Blütentypen und ihre Bestäuber.

- 8 Ordne die dargestellten Blüten einer Pflanzenfamilie zu.

- 9 Nenne jeweils mindestens einen Vertreter aus den Familien.

- 10 Erläutere, inwiefern verschiedene Blüten an die Bestäubung durch Insekten und Insekten an das Sammeln von Nektar und Pollen angepasst sind.

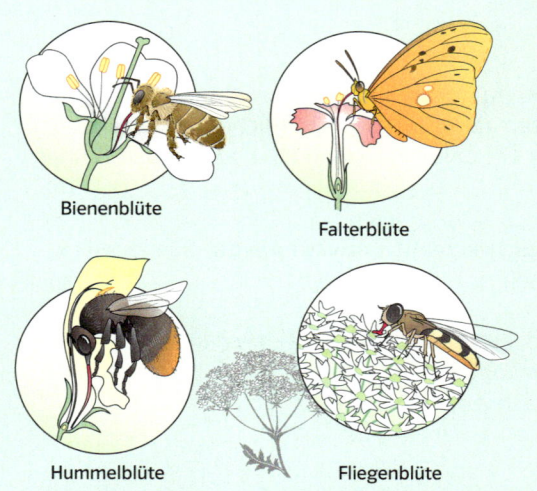

Bienenblüte   Falterblüte
Hummelblüte   Fliegenblüte

6 Bestäubung unterschiedlicher Blüten durch Insekten

3 Taubnessel   4 Brennnessel

Brennnessel und Taubnessel
Anhand der Namen könnte man vermuten, dass Brennnessel und Taubnessel eng verwandt sind. Ihre Blätter sehen auch ähnlich aus. Doch solche Blätter gibt es bei sehr verschiedenen Pflanzen. Sie sind daher kein gutes Merkmal für die Verwandtschaft. Blüten zeigen die stammesgeschichtliche Verwandtschaft sicherer an.

- 11 Beschreibe die Merkmale, die darauf hinweisen, dass Brennnessel und Taubnessel nicht näher miteinander verwandt sind.

- 12 Benenne die Pflanzenfamilie, zu der die Taubnessel gehört.

Blattläuse

Blattläuse ernähren sich von Pflanzen, indem sie mit ihrem Rüssel an Blattstielen oder Blütenstielen Pflanzensäfte saugen. Daraus gewinnen sie die Nährstoffe, die sie zum Leben brauchen. Genaue Untersuchungen ergaben, dass sie dabei nicht die Tracheen, sondern die Siebröhren anzapfen.

● 13 Erkläre die Bedeutung dieses Verhaltens für die Blattläuse.

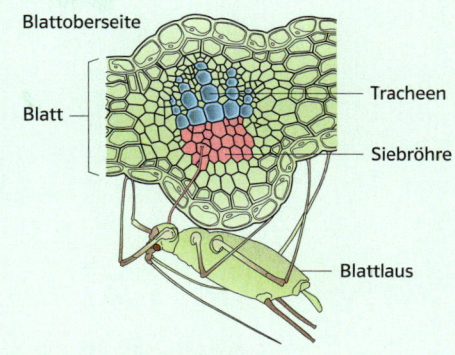

7 Blattlaus steckt Rüssel in Siebröhre

Wassergehalt von Pflanzenteilen

Den Wassergehalt von Pflanzenteilen misst man, indem man erst mit einer Waage die Masse von frischem Gewebe bestimmt, dann die Teile trocknet und wieder die Masse bestimmt. Der Massenunterschied entspricht dem Wassergehalt. Das Diagramm gibt den Wassergehalt verschiedener Pflanzenteile an. Je geringer der Wassergehalt, desto trockener ist das Gewebe.

● 14 Begründe, warum der Massenunterschied von frischem und trockenem Gewebe dem Wassergehalt entspricht.

● 15 Stelle eine Vermutung an, wie Wassergehalt und Unempfindlichkeit gegen Frost zusammenhängen.

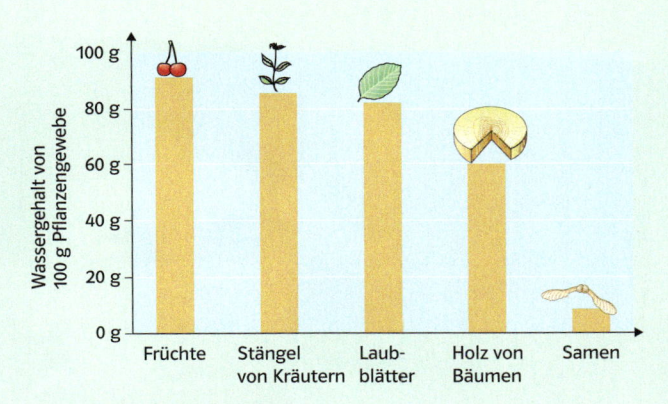

8 Wassergehalt verschiedener Pflanzenteile

Einheimische Wiesenpflanzen

Die Fotos zeigen einige Blütenpflanzen, die häufig auf einheimischen Wiesen zu finden sind.

● 16 Nenne jeweils den Namen der Pflanze, die zugehörige Pflanzenfamilie und die Art der Bestäubung.

Blütenpflanzen

6 Sexualität des Menschen

In der Entwicklung vom Mädchen zur Frau und vom Jungen zum Mann werden Unterschiede in den Körpermerkmalen sichtbar. Du wirst geschlechtsreif und könntest nun ein Kind bekommen.

Jede geschlechtliche Vereinigung kann zu einer Befruchtung und damit zu einer Schwangerschaft führen. Eltern müssen nicht nur für sich, sondern auch für ihr Kind Verantwortung übernehmen.

Das lernst du in diesem Kapitel

>> Die Pubertät ist eine aufregende Zeit, in der sich dein Körper verändert.

>> Die Hygiene des Intimbereichs ist wichtig für die Gesundheit.

>> Beim Geschlechtsverkehr von Mann und Frau kann durch Befruchtung ein neues Leben entstehen.

>> Innerhalb von etwa zehn Monaten wächst ein Kind im Mutterleib heran und wird geboren.

>> Verhütungsmittel schützen vor einer ungewollten Schwangerschaft.

6.1 Eine Zeit der Veränderung
Gefühle fahren Achterbahn

1 Felix und seine Freunde

2 Felix und sein Vater

Nach der Schule hat Felix mit seinen Freunden noch lange Musik gehört und gequatscht. Das ist immer sehr lustig und die Zeit vergeht viel zu schnell. Gut gelaunt kommt Felix nach Hause. Nur wenige Minuten später knallt er wütend seine Zimmertür zu. Wieder mal gab es Zoff mit den Eltern!

Zeit der Veränderungen
In letzter Zeit wollen seine Eltern Felix einfach nicht verstehen. So jedenfalls würden es vielleicht ihn und andere Jugendliche beschreiben. Aber woran liegt es, dass Felix sich von seinen Eltern hin und wieder nicht verstanden fühlt?

Etwa ab dem zehnten Lebensjahr spielen sich im Leben von Jungen und Mädchen wichtige Veränderungen ab. Sie wachsen in wenigen Jahren zu jungen Männern und Frauen heran. Neben den körperlichen Veränderungen spielen dabei auch die Gefühle eine besondere Rolle. Diese Zeit, die etwa bis zum 18. Lebensjahr dauert, nennt man *Pubertät*. Sie ist ein besonderer Lebensabschnitt für die Jugendlichen und ihre Eltern — ereignisreich und spannend.

Was ist das Besondere an mir?
Felix merkt in den letzten Monaten selbst, dass sich sein Verhalten verändert. Er fühlt sich manchmal verunsichert und achtet sehr darauf, wie seine Klassenkameraden auf ihn reagieren. Gleichzeitig beobachtet auch er sie genau. Seine Freunde und er tragen alle ähnliche Kleidung und Schuhe. Aber Felix fragt sich auch, was das Besondere an ihm ist. Gibt es etwas, das nur er kann und mag, was ihn von seinen Freunden unterscheidet?

So wie Felix suchen viele Jugendliche in der Pubertät nach Gemeinsamkeiten mit ihren Freunden und gleichzeitig nach Unterschieden zu ihnen. Man möchte dazugehören, aber auch etwas Besonderes sein. Mehr als in jedem anderen Lebensabschnitt wird in der Pubertät die eigene *Identität*, das heißt das, was einen ausmacht, gesucht.

Wenn Eltern schwierig werden

In der Pubertät möchte Felix mehr ausprobieren und zunehmend eigene Entscheidungen treffen. Andererseits wollen ihn seine Eltern vor Fehlern bewahren. Dadurch kommt es manchmal zu unterschiedlichen Meinungen. Mit der Zeit werden die Jugendlichen mit ihren Entscheidungen sicherer und auch die Meinungsverschiedenheiten mit den Eltern lassen nach.

Die Freunde

Jugendliche verbringen meistens viel Zeit mit Gleichaltrigen. Dies ist für die eigene Entwicklung sehr wichtig. Sie haben die gleichen Interessen, hören die gleiche Musik, tragen ähnliche Kleidung und haben manchmal die gleichen Probleme — mit sich selbst und ihren Eltern.

Mädchen und Jungen finden sich im Laufe der Pubertät gegenseitig immer interessanter. In dieser Zeit verlieben sich viele Jugendliche zum ersten Mal und möchten mit der Freundin oder dem Freund viel Zeit verbringen.

Typisch! Typisch?

Viele haben eine genaue Vorstellung davon, was typisch für Jungen und Mädchen ist. Die Gründe dafür sind meistens vielfältig: In der Clique ist es cool, das Gleiche zu machen und das Fernsehen zeigt den Jugendlichen angeblich typisches Verhalten. Jungen und Mädchen, die diesen Vorstellungen nicht entsprechen, haben es manchmal schwer. Solche Vorurteile müssen hinterfragt werden.

Die meisten Freunde von Felix spielen Fußball in einem Verein. Felix hat festgestellt, dass ihm Reiten viel mehr Spaß macht. Auch wenn Jungen und Mädchen unterschiedlich sind, sollten alle die Hobbys betreiben dürfen, die sie interessieren.

3 *Jugendliche bei ihren Hobbys*

AUFGABEN >>

1 Nenne Gründe, weshalb die Pubertät für dich eine spannende und aufregende Zeit ist.

2 Stellt in einer Gruppe in einem Rollenspiel eine Streitsituation eines Jugendlichen mit seinen Eltern nach. Erläutere die „Reaktionen" aus der Sicht des Jugendlichen bzw. der Eltern.

3 Erläutere, mit welchen Problemen Jungen und Mädchen eventuell zu kämpfen haben, die einem nach Vorurteilen untypischen Hobby nachgehen.

Aus Jungen werden Männer

In der Pubertät entwickeln sich Jungen zu Männern. Dabei erfährt der Körper viele Veränderungen. Obwohl alle Jungen die gleiche Entwicklung durchlaufen, kann der zeitliche Beginn dabei ganz unterschiedlich sein.

Der Körper verändert sich
Bei der Geburt wird das Geschlecht eines Kindes anhand äußerer Geschlechtsmerkmale bestimmt: Jungen haben einen Penis und einen Hodensack. Dies sind Geschlechtsmerkmale, die zur Fortpflanzung notwendig sind. Man nennt sie *primäre Geschlechtsmerkmale*. In der Pubertät kommen weitere Körpermerkmale hinzu, die als männliche erkannt werden. Dazu gehören zum Beispiel die Entwicklung einer tieferen Stimme im Stimmbruch, die Scham- und Achselbehaarung und der Bartwuchs. Man spricht von *sekundären Geschlechtsmerkmalen*. Die Figur von Jungen verändert sich auch: Schultern werden breit, Hüften bleiben schmal.

Der Körper verändert sich durch Botenstoffe im Blut, die in der Pubertät verstärkt im Körper wirken. Man nennt diese Botenstoffe *Hormone*. Der Beginn der verstärkten Hormonbildung und damit auch der körperlichen Veränderungen ist oft sehr unterschiedlich. Die Hoden beispielsweise können mit neun Jahren zu wachsen beginnen oder mit 16 Jahren, beides ist ganz normal (Abb. 1).

Die männlichen Geschlechtsorgane
Von außen sind nur Teile der männlichen Geschlechtsorgane zu sehen, der *Penis* und der *Hodensack*. Der Hodensack enthält *Hoden* und *Nebenhoden*. In den Hoden entstehen bei einem erwachsenen Mann täglich mehrere Millionen männliche Geschlechtszellen, die *Spermien* (Abb. 3). Sie dienen der Fortpflanzung.

Die Spermienproduktion beginnt in den Hoden. Die Spermien werden in den Nebenhoden gespeichert. Von hier führt jeweils ein *Spermienleiter* zur *Prostata*. Aus der Prostata und aus weiteren Drüsen

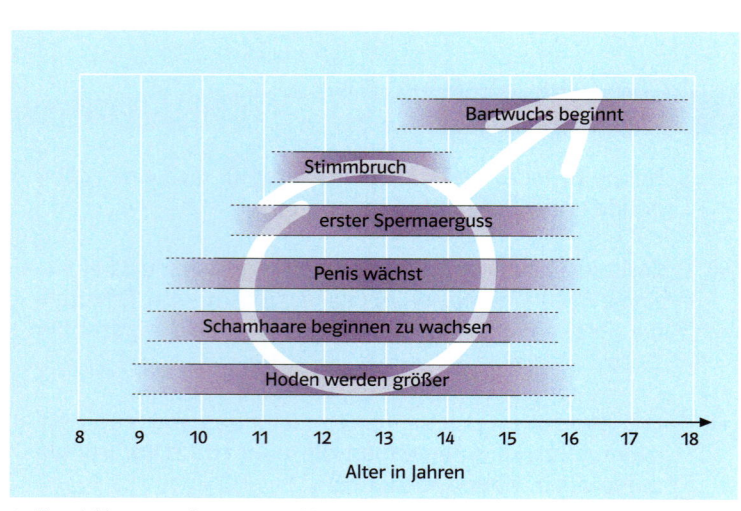

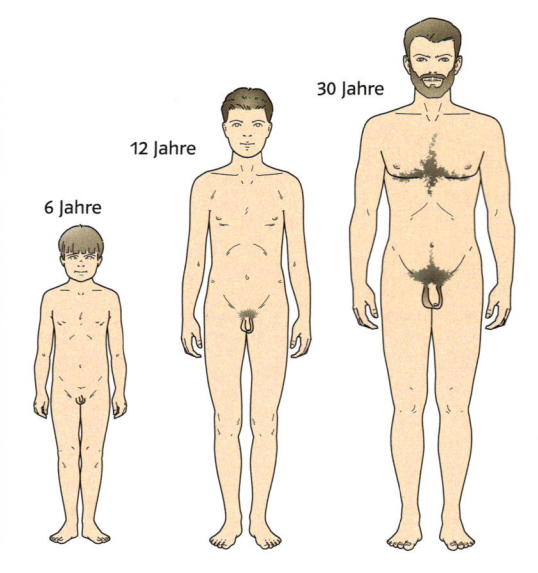

1 *Entwicklung vom Jungen zum Mann*

Männliche Geschlechtsorgane
d4936i

2 Männliche Geschlechtsorgane

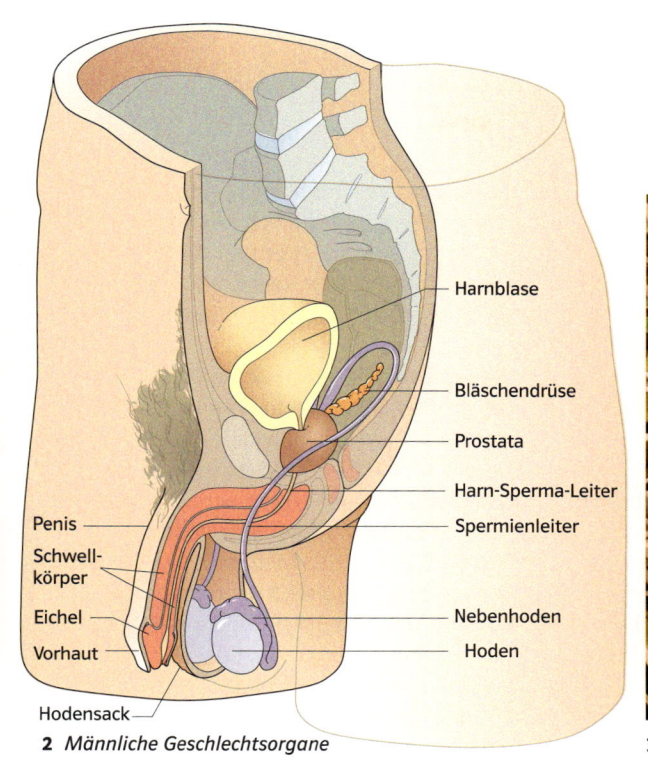

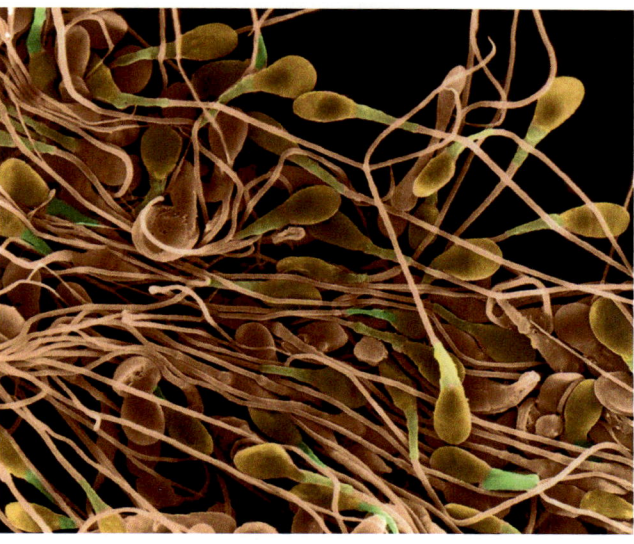

3 Spermien unter dem Mikroskop (ca. 1000-fach vergrößert)

wird eine Flüssigkeit abgegeben, die der Bewegung der Spermien dient. Die Flüssigkeit aus der Prostata und die Spermien bilden das *Sperma*.

Bei einem *Spermaerguss* gelangt Sperma durch den Harn-Sperma-Leiter nach außen. Dieser Vorgang wird auch als *Ejakulation* bezeichnet. Bereits vor der Ejakulation sind die Schwellkörper mit Blut gefüllt und der Penis ist steif. Der erste Spermaerguss findet in der Pubertät oft unbewusst im Schlaf statt.

Behutsame Berührungen des Penis empfinden die meisten Jungen und Männer als sehr angenehm und lustvoll. Den Höhepunkt der Lust nennt man *Orgasmus*, er ist mit einem Spermaerguss verbunden.

Die beginnende Bildung der Spermien in der Pubertät ist ein Zeichen dafür, dass der Körper geschlechtsreif ist. Man kann nun ein Kind zeugen und Vater werden!

[▶ Fortpflanzung und Entwicklung]

Hygiene ist wichtig

Bei der täglichen Körperpflege darf der Intimbereich nicht vergessen werden. Zwischen der Vorhaut und der *Eichel* des Penis befinden sich viele Drüsen, die Fette und andere Stoffe abgeben. Zur Reinigung wird die Vorhaut zurückgezogen und die Eichel und der Penis mit warmem Wasser gewaschen. So werden die abgesonderten Stoffe und vorhandene Bakterien entfernt, bevor Entzündungen entstehen können.

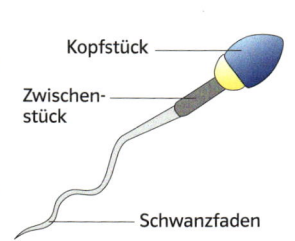

AUFGABEN >>

○ **1** Beschreibe die körperlichen Veränderungen bei der Entwicklung zum Mann in Abb. 1.

◐ **2** Gib jeweils an, ob es sich in Abb. 1 um primäre oder sekundäre Geschlechtsmerkmale handelt.

● **3** Stelle den Weg der Spermien von der Produktion bis zum Spermaerguss in einem Verlaufsschema dar.

Sexualität des Menschen

Aus Mädchen werden Frauen

Mädchen entwickeln sich innerhalb weniger Jahre zu Frauen. Der Beginn der Pubertät ist jedoch individuell unterschiedlich. Zum Beispiel beginnt bei einigen Mädchen die Brust schon mit neun Jahren zu wachsen. Bei anderen Mädchen ist mit 13 Jahren oder später noch keine Veränderung sichtbar. Beides ist völlig normal.

Die Entwicklung zur Frau
Von den *primären Geschlechtsmerkmalen*, die direkt zur Fortpflanzung notwendig sind, kann man bei Mädchen und Frauen nur die äußeren Schamlippen sehen. Scheide, Gebärmutter und Eierstöcke mit Eizellen sind im Körper verborgen. Diese Geschlechtsmerkmale sind bereits bei der Geburt vorhanden und wachsen mit dem Körper mit. Während der Pubertät bilden sich weitere Geschlechtsmerkmale aus. Zu diesen *sekundären Geschlechtsmerkmalen* gehören die Brüste und die Behaarung im Scham- und Achselbereich. Die Figur eines Mädchens wird mit der Pubertät runder. Die Hüften werden breiter und die Taille deutlicher erkennbar.

Der Körper verändert sich durch Botenstoffe *(Hormone)* im Blut, die in der Pubertät verstärkt im Körper wirken. Der Beginn dieser körperlichen Veränderungen ist oft sehr unterschiedlich (Abb. 1).

Die weiblichen Geschlechtsorgane
Die *großen Schamlippen* bedecken die *kleinen Schamlippen* und den *Kitzler*. Diese Bereiche sind bei Berührungen besonders empfindlich. Werden die Schamlippen und der Kitzler behutsam gestreichelt, empfinden die meisten Mädchen und Frauen das als sehr angenehm und lustvoll. Den Höhepunkt der Lust nennt man *Orgasmus*.

Zwischen den Schamlippen befinden sich der Ausgang der Harnröhre, die von der Harnblase kommt, und der Scheideneingang. Die *Scheide* führt zur *Gebärmutter*. Auf jeder Seite führt vom *Eierstock*, in dem sich die *Eizellen* befinden, ein *Eileiter* in die Gebärmutter (Abb. 2). Schon bei der Geburt eines Mädchens befinden sich in den beiden Eierstöcken etwa 400 000 unreife Eizellen.

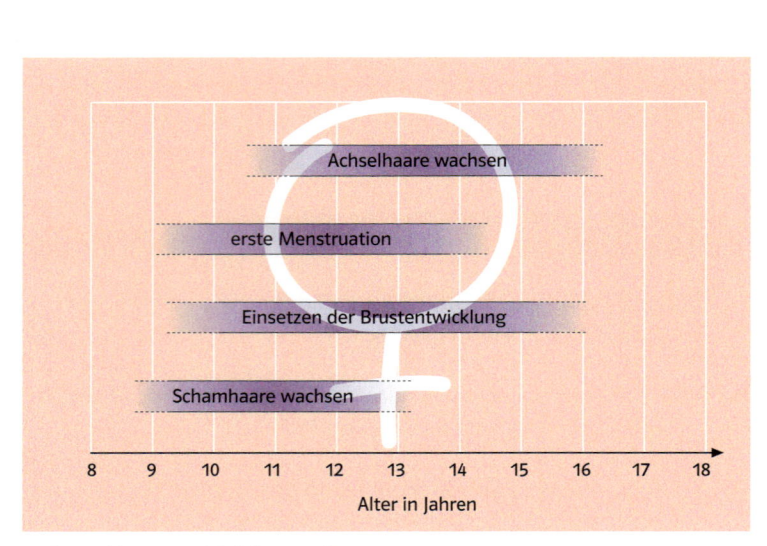

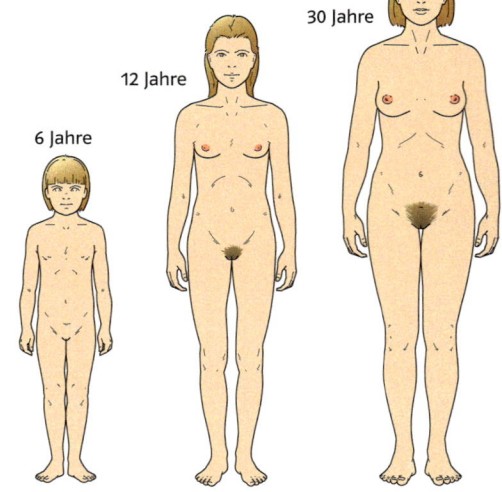

1 *Entwicklung vom Mädchen zur Frau*

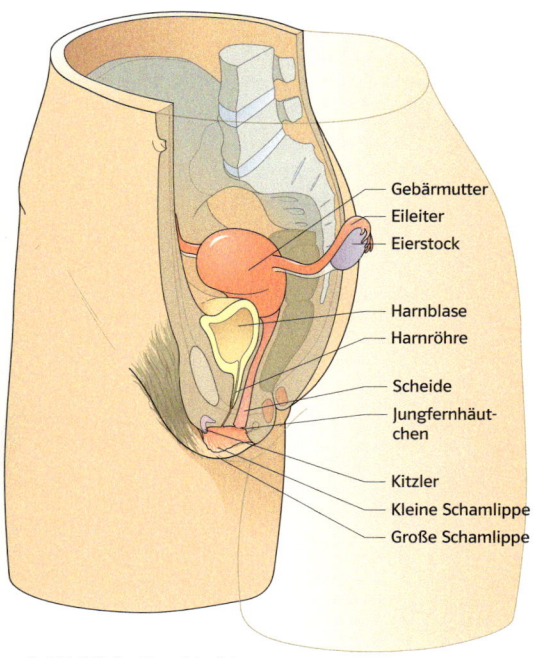

2 Weibliche Geschlechtsorgane

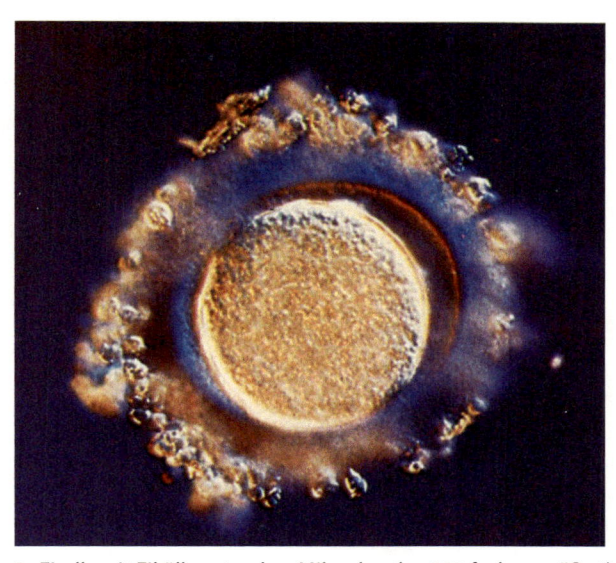

Labels: Gebärmutter, Eileiter, Eierstock, Harnblase, Harnröhre, Scheide, Jungfernhäutchen, Kitzler, Kleine Schamlippe, Große Schamlippe

3 Eizelle mit Eihülle unter dem Mikroskop (ca. 300-fach vergrößert)

Erst in der Pubertät reift pro Monat eine Eizelle heran. Das sind nur etwa 500 Eizellen im gesamten Leben einer Frau. Wird eine Eizelle durch ein Spermium befruchtet, entsteht ein neues Leben. Wird die reife Eizelle nicht befruchtet, setzt die *Menstruation*, das bedeutet die monatliche Regelblutung, ein. Dabei wird die Gebärmutterschleimhaut abgestoßen. Mit Beginn der ersten Menstruation ist ein Mädchen geschlechtsreif und kann schwanger werden!

[► Fortpflanzung und Entwicklung]

Jungfernhäutchen

Der Scheideneingang kann mit einem dünnen Häutchen verschlossen sein, dem *Jungfernhäutchen*. Es schützt vor dem Eindringen von Schmutz und Krankheitserregern. Manchmal wird ein intaktes Jungfernhäutchen als Zeichen dafür gesehen, dass eine Frau noch *Jungfrau* ist, also noch keinen Geschlechtsverkehr mit einem Mann hatte. Das Jungfernhäutchen kann aber auch schon beim Sport reißen.

Viele Mädchen merken gar nichts davon, da das Reißen des Jungfernhäutchens nicht immer weh tut oder blutet.

Hygiene ist wichtig

Die Scheidenwände sind von einer Schleimhaut bedeckt. Sie tötet Krankheitserreger ab. Der Schleim macht sich manchmal als sogenannter Ausfluss bemerkbar. Schamlippen sollten regelmäßig mit warmem Wasser gewaschen werden.

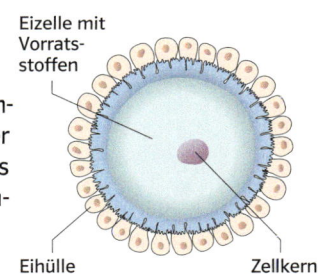

Labels: Eizelle mit Vorratsstoffen, Eihülle, Zellkern

AUFGABEN >>

1 Beschreibe die körperlichen Veränderungen bei der Entwicklung zur Frau in Abb.1.

2 Gib jeweils an, ob es sich in Abb.1 um primäre oder sekundäre Geschlechtsmerkmale handelt.

3 Erstelle eine Tabelle mit zwei Spalten. Trage links in die Tabelle die weiblichen Geschlechtsorgane aus dem Text ein und rechts die Funktion des jeweiligen Organs.

Der Menstruationszyklus

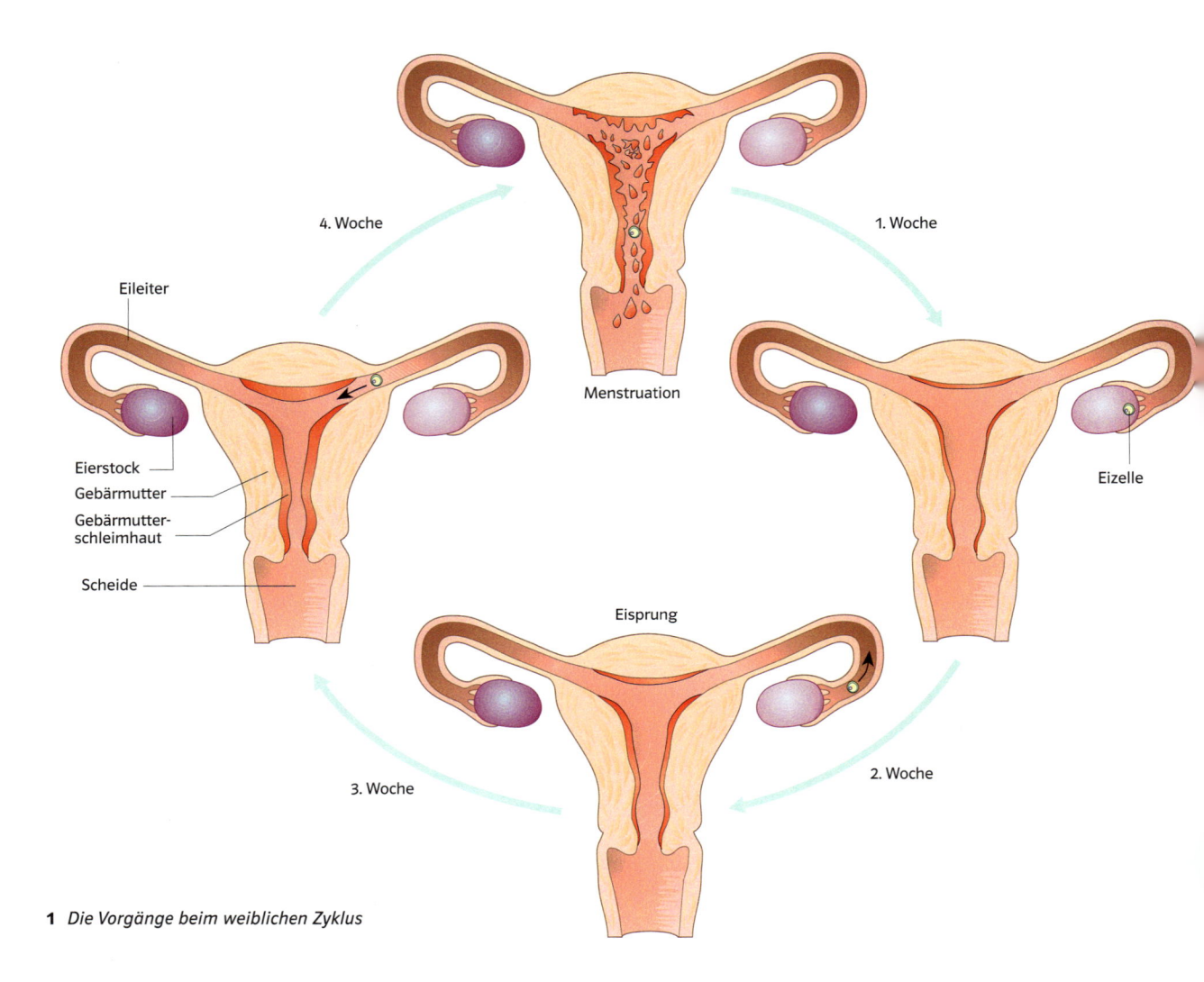

1 *Die Vorgänge beim weiblichen Zyklus*

Inzwischen hat sich Jule daran gewöhnt, alle vier Wochen ihre *Menstruationsblutung* zu bekommen. In den nächsten Tagen müsste es wieder so weit sein. Sie prüft schon mal, ob sie noch genug Binden und Tampons hat. Aber wieso kommt es eigentlich zu dieser Blutung?

Der weibliche Zyklus
Im Eierstock einer geschlechtsreifen Frau reift pro Monat eine Eizelle heran. Beim sogenannten *Eisprung* gelangt die reife Eizelle vom Eierstock in den Eileiter. Hier könnte sie nun von einer Spermienzelle befruchtet werden. Gleichzeitig wird die Schleimhaut der Gebärmutter dick und gut durchblutet. So wäre die Versorgung einer befruchteten Eizelle, eines *Keims*, möglich. Die Eizelle wandert im Eileiter weiter bis in die Gebärmutter.

Findet keine Befruchtung statt, löst sich die verdickte Gebärmutterschleimhaut ab und wird durch Blutungen über die Scheide

Mein Menstruationskalender

Monat	1 2 3 4 5 6 7 8 9 10 11 12 13 14 15 16 17 18 19 20 21 22 23 24 25 26 27 28 29 30 31
Januar	◐●●◐　　　　　　　　　　　　　　　　　　　　　　　　　　　　　　◐
Februar	◐●◐◐　　　　　　　　　　　　　　　　　　　　　　　　　◐
März	●●◐◐　　　　　　　　　　　　　　　　　　　　　　◐ ● ● ◐
April	◐　　　　　　　　　　　　　　　　　　　　◐ ◐ ◐ ◐ ◐
Mai	◐ ◐ ● ◐ ◐
Juni	◐ ● ● ◐ ◐
Juli	◐ ◐ ● ◐ ◐
August	
September	
Oktober	
November	
Dezember	

starke Blutung ●   mittlere Blutung ◐   leichte Blutung ◯

2 Beispiel für einen Menstruationskalender

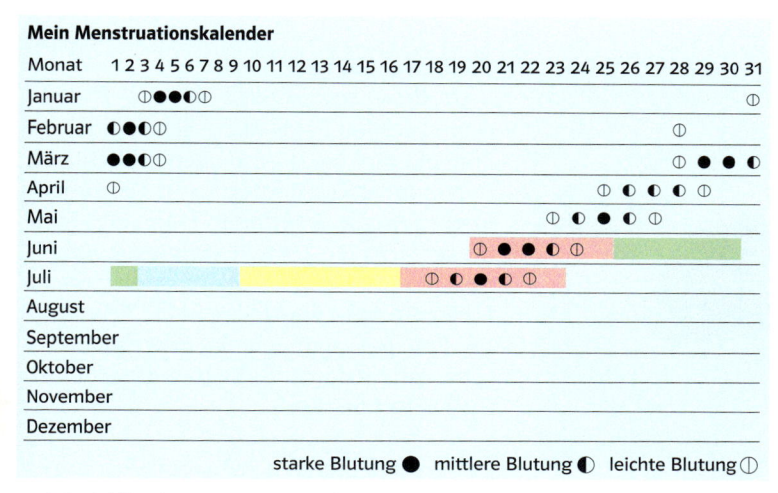

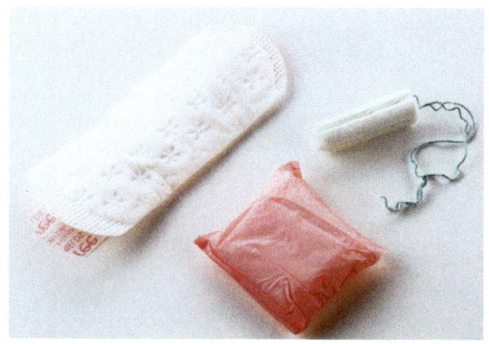

3 Binden und Tampon

Menstruationszyklus
bp5c5e

abgegeben (Abb. 1). Die Blutmenge ist dabei relativ gering. Sie liegt etwa zwischen 50 und 150 Milliliter Blut, das entspricht etwa einem halben Glas voll.

Der Menstruationskalender

Die Menstruationsblutung dauert etwa fünf Tage. Sie läuft regelmäßig einmal im Monat ab und wird deshalb auch *Monatsblutung*, *Regel* oder *Periode* genannt. Bei jungen Mädchen ist die Menstruationsblutung oft noch unregelmäßig. Jule führt seit der ersten Menstruationsblutung einen *Menstruationskalender* (Abb. 2). So hat sie auf übersichtliche Weise beobachtet, dass ihre Menstruationsblutung schon nach wenigen Monaten regelmäßiger geworden ist.

Jule hat in Absprache mit ihrer Mutter das Einsetzen ihrer Menstruationsblutung für ihren ersten Besuch bei der Frauenärztin, einer Gynäkologin, genutzt. Der Ärztin hat sich viel Zeit genommen und mit Jule über den weiblichen Zyklus und die Hygiene während der Menstruationsblutung gesprochen. Weil Jule jetzt geschlechtsreif ist, hat die Ärztin auch über Verhütung gesprochen.

Hygiene während der Menstruation

Während der Menstruation muss auf gründliche Hygiene geachtet werden. Binden werden in den Slip eingeklebt und fangen die Blutungen am Scheidenausgang auf. Tampons werden in die Scheide eingeführt und saugen das Blut auf. Jedes Mädchen kann durch Ausprobieren selbst entscheiden, womit es sich am wohlsten fühlt.

Mit Tampons ist auch Schwimmen während der Menstruation problemlos möglich. So gelangt kein Blut in das Wasser. Manchmal fühlen sich Mädchen während der Menstruation unwohl oder haben Schmerzen.

AUFGABEN >>

○ **1** Nenne die Ursache einer Menstruationsblutung.

◐ **2** Ordne die farbig unterlegten Phasen in Abb. 2 jeweils einem Bild in Abb. 1 zu. Begründe deine Zuordnung schriftlich.

● **3** Nenne Ursachen für das Ausbleiben einer Menstruation.

Sexualität des Menschen **247**

Ein Kind entsteht

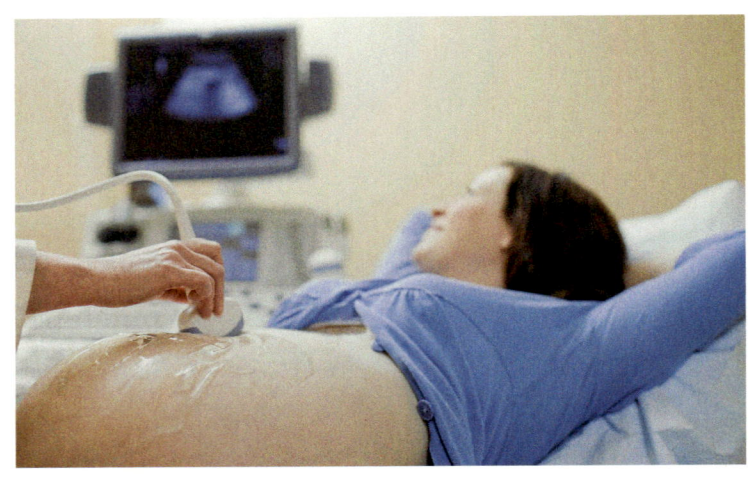

1 Bei der Vorsorgeuntersuchung

Die Befruchtung

Beim *Geschlechtsverkehr* führt der Mann seinen steifen Penis in die Scheide der Frau ein. Man sagt dazu auch, sie schlafen miteinander. Die Bewegungen des Penis in der Scheide empfinden Mann und Frau als sehr lustvoll. Dann kommt es meist zum Spermaerguss, wodurch mehrere Millionen Spermienzellen in die Scheide der Frau gelangen. Die Spermienzellen schwimmen durch die Gebärmutter bis in die Eileiter der Frau.

Hat wenige Stunden zuvor ein Eisprung stattgefunden (Abb. 2) (A), kann eine Spermienzelle auf die Eizelle treffen und in sie eindringen (B). Diesen Vorgang nennt man *Befruchtung*. Dabei schafft es nur eines der Millionen Spermien, in die Eizelle einzudringen. Die befruchtete Eizelle gelangt durch den Eileiter in die Gebärmutter und teilt sich dabei mehrmals (C, D). Es entsteht ein mehrzelliger *Keim* (E), der sich in der Gebärmutterschleimhaut

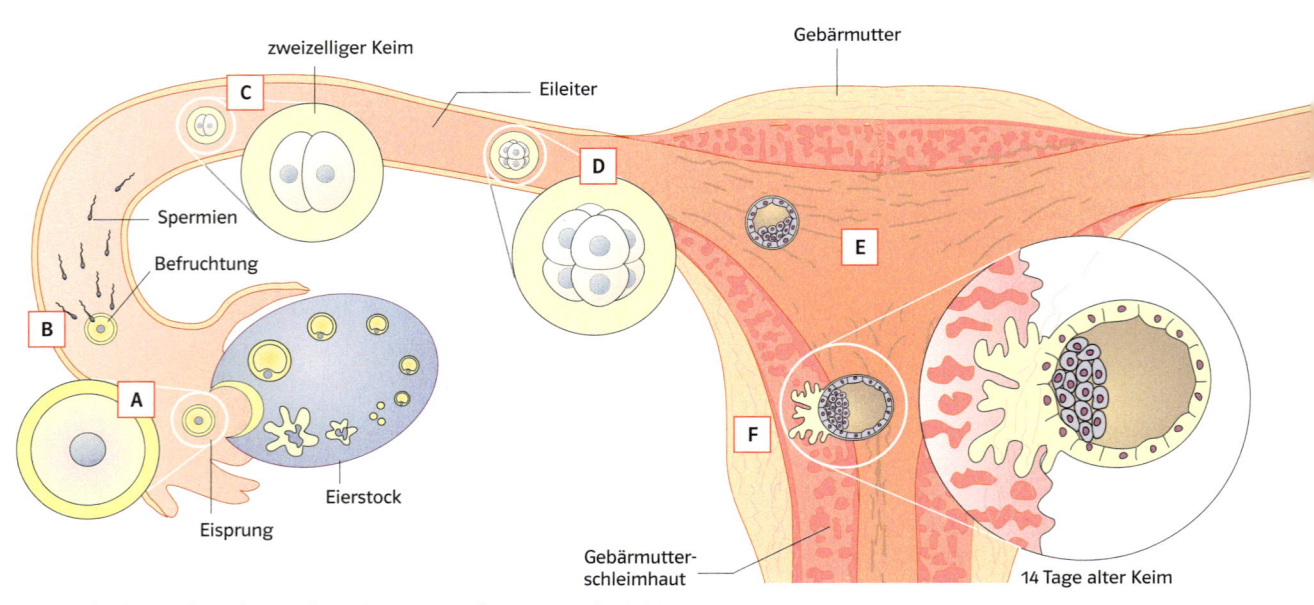

Ist eine Frau schwanger, wächst innerhalb von etwa zehn Monaten ein Kind im Mutterleib heran und wird geboren. Dieses Kind ist aus einer Eizelle seiner Mutter und einer Spermienzelle seines Vaters entstanden.

2 Befruchtung der reifen Eizelle und Einnistung des Keims in die Gebärmutter

248

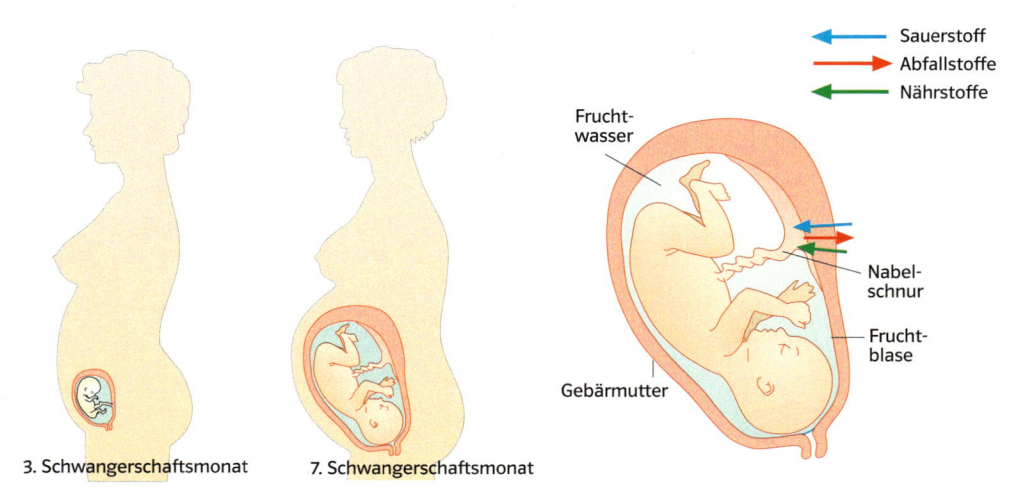

3. Schwangerschaftsmonat **7. Schwangerschaftsmonat**

3 *Entwicklung vom Embryo zum Fetus*

Sauerstoff
Abfallstoffe
Nährstoffe

Fruchtwasser
Nabelschnur
Fruchtblase
Gebärmutter

einnistet (F). Sie versorgt den Keim. Ab der dritten Schwangerschaftswoche wird der Keim *Embryo* genannt.

Vom Embryo zum Fetus

Dort, wo der Keim mit der Gebärmutterschleimhaut verwächst, entsteht die *Plazenta*. Sie ernährt den Keim. Mithilfe der Plazenta und der *Nabelschnur* werden Stoffe zwischen der Schwangeren und dem Embryo bzw. Fetus ausgetauscht (Abb. 3). Der Embryo ist von einer flüssigkeitsgefüllten Hülle geschützt, der *Fruchtblase* mit dem *Fruchtwasser*. Der Embryo wächst schnell. Bereits im dritten Monat sind die inneren Organe entwickelt. Arme und Beine sowie Augen, Nase, Mund und Ohren entwickeln sich. Ab jetzt nennt man den Embryo *Fetus*. Nach insgesamt zehn Monaten ist die Entwicklung des Fetus abgeschlossen, er ist außerhalb des Mutterleibs ohne medizinische Hilfe gut lebensfähig. Die Geburt steht nun kurz bevor.

[► Fortpflanzung und Entwicklung]

Verantwortung für das Kind

Die Gesundheit von Mutter und Kind werden während der Schwangerschaft bei Vorsorgeuntersuchungen regelmäßig geprüft (Abb. 1).

Mit Ultraschalluntersuchungen kann die Entwicklung des Embryo und des Fetus verfolgt werden. Im 5. Monat ist das Geschlecht gut erkennbar. Auf Wunsch können sich werdende Eltern mitteilen lassen, ob ihr zukünftiges Kind ein Junge oder ein Mädchen wird. Um den Fetus zu schützen, darf eine Schwangere nicht rauchen und keinen Alkohol trinken. Die Einnahme von Medikamenten muss mit dem Arzt abgesprochen werden. Nur so werden gesundheitliche Schäden für den Embryo oder den Fetus vermieden.

Gefäß Plastiktüte Ei Wasser
Modellversuch mit Ei

AUFGABEN >>

○ 1 Beschreibe den Stoffaustausch über die Plazenta in Abb. 3. Erläutere, weshalb eine Frau während der Schwangerschaft nicht rauchen darf.

● 2 a) Erkläre die Funktion der Fruchtblase und des Fruchtwassers anhand des Modellversuchs oben. Baue das Modell wie in der Abbildung in der Randspalte auf. Schüttle das Becherglas und beobachte das Ei.

b) Welche Teile des Modells aus Aufgabe 2a entsprechen dem Fetus, dem Fruchtwasser, der Fruchtblase und der Gebärmutterwand? Ordne die Teile des Modellversuchs zu.

Sexualität des Menschen

Die Geburt

1 Mutter mit Neugeborenem

Nach etwa zehn Monaten Schwangerschaft steht die Geburt bevor. Die Schwangere bemerkt ein Ziehen im Bauch, das immer stärker wird. Das sind die *Wehen*.

Ein Kind wird geboren
Im Krankenhaus findet die Geburt im sogenannten Kreißsaal statt. Die Wehen der Schwangeren kommen immer häufiger und werden stärker. Dabei ziehen sich die Muskeln der Gebärmutter jedes Mal zusammen und schieben das Kind in Richtung Scheidenausgang. Die Wehen sind für die Mutter anstrengend und schmerzhaft. Der *Gebärmuttermund* und die Scheide werden während der Geburt sehr weit gedehnt. Die Fruchtblase, die den Fetus geschützt hat, platzt und das Fruchtwasser läuft aus. In der *Austreibungsphase* wird das Kind, meistens mit dem Kopf voran, nach außen gepresst. Die Mutter hilft durch Anspannen ihres Bauches mit. Wenn der Kopf des Kindes als dickste Stelle des Körpers draußen ist, rutscht der Rest leicht nach. Die Mutter und das Neugeborene sind nur noch durch die Nabelschnur verbunden. Die Nabelschnur wird durchgetrennt und damit das Kind abgenabelt. Das tut weder dem Kind noch der Mutter weh. Das Kind beginnt sofort zu atmen. Kurz danach wird die Plazenta mit einer Wehe als *Nachgeburt* ausgestoßen.

Das Neugeborene
Für das Neugeborene ist der Körperkontakt zu seiner Mutter sehr wichtig. Deshalb wird es der Mutter sofort in den Arm gelegt. Durch den engen Körperkontakt entwickelt sich eine Bindung zwischen Mutter und Neugeborenem. Das Neugeborene nimmt den Herzschlag und die bekannte Stimme wahr und fühlt sich geborgen.

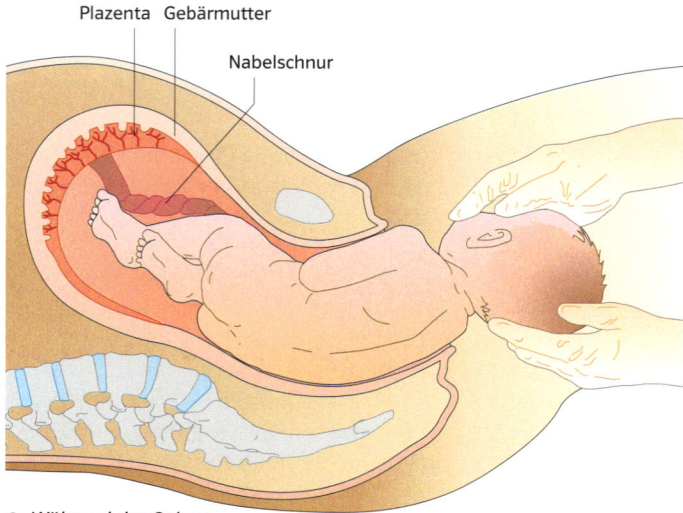

2 Während der Geburt

AUFGABEN >>

- 1 Beschreibe, woran die werdende Mutter erkennt, dass die Geburt beginnt.
- 2 Erkundige dich bei deinen Eltern nach deiner Geburt. Im Mutterpass erfährst du, wie groß und schwer du bei deiner Geburt warst.

Die Entwicklung des Kindes

Ein Kind im ersten Lebensjahr nennt man *Säugling* oder *Baby*. Ein Säugling zeigt einige angeborene Verhaltensweisen. Er kann saugen, schreien und sich festklammern. Ansonsten ist der Säugling jedoch vollkommen auf seine Eltern angewiesen, die ihn tragen, füttern, baden und streicheln. Enger Körperkontakt ist besonders wichtig, damit der Säugling eine Bindung zu seinen Eltern aufbauen kann. Er erkennt seine Eltern schnell und lässt sich durch Tragen nah am Körper meist beruhigen.

Nach einem Jahr wiegt das *Kleinkind* etwa dreimal so viel wie bei seiner Geburt. Es lernt nun Laufen und die ersten Worte sprechen. Ein Kleinkind beschäftigt sich zunehmend mit seiner Umwelt. Dazu gehört auch das Spielen mit anderen Kindern. Mit etwa drei Jahren gehen die meisten Kinder in den Kindergarten. Hier werden spielerisch Interessen gefördert, Bewegungsabläufe geübt und der Wortschatz erweitert.

Mit sechs Jahren wird ein Kind meistens eingeschult. *Schulkinder* lernen Lesen, Schreiben und Rechnen. Sie knüpfen neue Freundschaften in ihrer Klasse und entwickeln bereits besondere Interessen, denen sie als Hobby nachgehen.

Jugendliche verbringen meist viel Zeit mit ihren Freunden. In der Pubertät werden die Jugendlichen immer selbstständiger und treffen immer mehr eigene Entscheidungen. Bald sind sie junge Erwachsene.

Im Vergleich zu den nachfolgenden Jahrzehnten verläuft die Entwicklung vom Säugling bis zum Jugendlichen sehr schnell. Gerade weil Kinder in den ersten Jahren so viel lernen, ist die Eltern-Kind-Beziehung besonders wichtig. Durch eine liebevolle Zuwendung und Betreuung sowie das spielerische Fördern durch

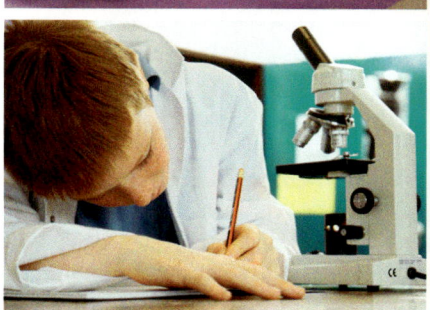

1 *Säugling, Kleinkind, Schulkind, Jugendliche*

Anregungen der Eltern kann sich ein Kind gesund entwickeln.

[▶ Fortpflanzung und Entwicklung]

AUFGABEN >>

1. Erkläre, weshalb ein Säugling sehr auf die Fürsorge seiner Eltern angewiesen ist.

2. Beschreibe, weshalb die Eltern-Kind-Beziehung für die Entwicklung des Kindes wichtig ist.

3. Befrage deine Eltern zu dir als Säugling und Kleinkind. Was waren zum Beispiel deine ersten Worte, wann konntest du krabbeln und laufen? Stelle deine Entwicklung in der Klasse vor.

Verhütung

1 Pärchen sucht Körperkontakt

2 Antibabypille und Kondome

Umarmen und Küssen reichen Lilli und Tom nicht mehr. Wenn sie allein und zärtlich zueinander sind, merken sie, dass sie erregt sind und Lust haben miteinander zu schlafen. Sie möchten aber auch noch kein Kind haben, dafür sind sie zu jung. Die geeigneten und am häufigsten verwendeten Verhütungsmittel sind das *Kondom* und die *Pille*.

Das Kondom
Das einzige Verhütungsmittel für den Mann ist das Kondom. Es ist eine dünne Haut aus Latex, die über den steifen Penis gerollt wird. An der Spitze des Kondoms befindet sich ein kleiner Hohlraum, der das Sperma beim Spermaerguss auffängt. So gelangen keine Spermien in die Scheide der Frau. Richtig angewendet verhindern Kondome nicht nur eine Schwangerschaft, sondern schützen auch vor Krankheiten, die beim Geschlechtsverkehr übertragen werden können. Kondome dürfen nur einmal benutzt werden. Man kann sie im Supermarkt, in Apotheken und Drogerien kaufen.

Die Pille
Die Antibabypille schützt zuverlässig vor einer Schwangerschaft, wenn sie von der Frau regelmäßig eingenommen wird. Sie enthält Hormone, die den Eisprung verhindern. So befindet sich keine reife Eizelle im Eileiter und eine Befruchtung kann nicht stattfinden. Die Antibabypille wird von Frauenärzten verschrieben und ist nur mit einem Rezept in der Apotheke erhältlich. Sie ist die sicherste Methode, eine Schwangerschaft zu verhindern, schützt aber nicht vor Geschlechtskrankheiten.

AUFGABEN >>

1 Nenne jeweils Vor- und Nachteile der Verhütungsmittel Kondom und Pille.

2 Informiere dich über die Benutzung eines Kondoms. Erläutere, worauf bei der Aufbewahrung von Kondomen zu achten ist.

Dein Körper gehört dir!

Gestern hatte Jule ihr neues Outfit an, ein Kleid mit Stiefeln. Dafür hat sie in der Klasse von mehreren Freundinnen Komplimente bekommen. Sogar Lars hat gesagt, dass sie toll aussieht. Da hat sich Jule sehr geschmeichelt gefühlt. Als ihr auf dem Weg nach Hause ein Fremder hinterher gepfiffen hat, fand sie das aber nicht gut.

„Nein" sagen ist wichtig!
Nur du bestimmst über deinen Körper und entscheidest, wer dir ein Kompliment machen darf, ob und welchen körperlichen Kontakt du zulässt (Abb. 1). Das gilt nicht nur für Fremde, sondern auch für Bekannte und Verwandte. Wenn dich jemand gegen deinen Willen anfasst oder zu etwas zwingen will, was du nicht magst, dann sag laut und nachdrücklich „NEIN!".

- Mir ein Pflaster aufkleben
- Mich umarmen
- Mich im Auto mitnehmen
- Mich lange anstarren
- Mich an die Hand nehmen
- Mich knuddeln
- Mich mit Streicheln trösten
- Mich kitzeln
- Mir ein Kompliment zu meinem Aussehen machen
- Mich ausschimpfen

1 Dein Körper gehört dir!

2 Kleidung zeigt Wirkung

Vertraue dabei auf dein Gefühl. Wenn du ein schlechtes Gefühl hast, erzähle jemandem davon, dem du vertraust.

Kleidung hat Wirkung auf andere
So wie Jule darf jeder anziehen, was ihm gefällt und worin er sich wohl fühlt. Kürzere und engere Kleidung gibt niemandem das Recht, dich zu beleidigen oder zu belästigen. Man sollte aber bedenken, dass Kleidung eine bestimmte Wirkung hat. Das, was man selbst in seiner Kleidung sieht, kann etwas anderes sein als das, was andere darin sehen.

AUFGABEN >>

1. Beschreibe, wie sich das Mädchen in dem Kleid in Abb. 2 selbst fühlen könnte und wie es darin auf andere wirkt.
2. Entscheide für jeden Punkt in Abb. 1, bei welcher Person du das zulassen würdest. Mögliche Personen sind Eltern, Geschwister, Onkel und Tante, ein Freund oder eine Freundin, der Sportlehrer oder die Sportlehrerin, ...

Sexualität des Menschen

Das kannst du jetzt

Entwicklung zu Mann und Frau
In der Pubertät entwickeln sich Jungen zu Männern und Mädchen zu Frauen. Der Beginn der körperlichen Veränderungen ist bei jedem Menschen unterschiedlich.

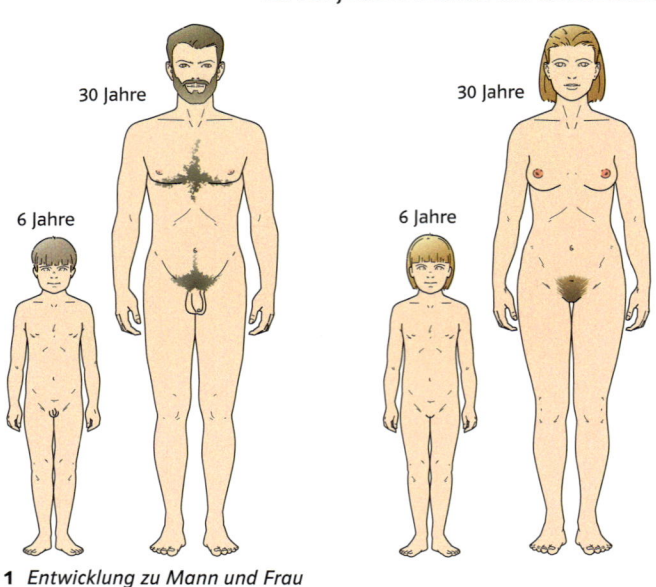

1 *Entwicklung zu Mann und Frau*

Die männlichen primären Geschlechtsorgane sind Penis und Hoden, die weiblichen primären Geschlechtsorgane sind Schamlippen, Scheide, Gebärmutter und Eierstöcke. Während der Pubertät bilden sich sekundäre Geschlechtsmerkmale aus.

Jungen und Mädchen sind geschlechtsreif, wenn sie reife Spermien bzw. Eizellen bilden. Bei Jungen wird die Geschlechtsreife durch den ersten Spermaerguss angezeigt, bei Mädchen durch die erste Menstruation.

Der Menstruationszyklus
Frauen haben alle vier Wochen Menstruationsblutungen. Die Blutung dauert etwa fünf Tage. Dabei löst sich die verdickte Gebärmutterschleimhaut ab und wird über die Scheide abgegeben. In den folgenden Wochen baut sich die Gebärmutterschleimhaut wieder auf. Eine reife Eizelle gelangt durch einen Eisprung vom Eierstock in den Eileiter. Hier könnte sie befruchtet werden.

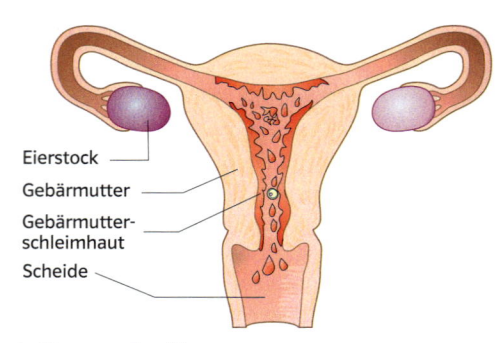

2 *Menstruationsblutung*

Ein Kind entsteht
Befindet sich eine reife Eizelle im Eileiter, kann eine Spermienzelle in sie eindringen. Diesen Vorgang nennt man Befruchtung.

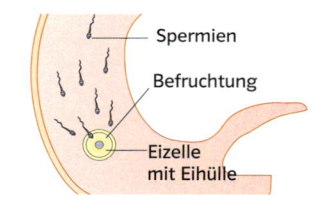

3 *Befruchtung*

Der Keim nistet sich in der Gebärmutter ein. Aus dem Keim entwickelt sich in der Fruchtblase ein Embryo. Ab dem dritten Schwangerschaftsmonat spricht man von einem Fetus. Nach etwa zehn Monaten wird ein Kind geboren.

Verhütungsmittel
Die Antibabypille wird jeden Tag von der Frau eingenommen. Hormone in der Pille verhindern den Eisprung und so zuverlässig eine ungewollte Schwangerschaft. Kondome schützen zusätzlich auch vor Krankheiten, die beim Geschlechtsverkehr übertragen werden können. Kondome haben ein Ablaufdatum, danach ist der Schutz vor einer Schwangerschaft und Krankheiten nicht mehr sicher.

TESTE DICH SELBST

Körpergröße von Jugendlichen
Das Diagramm (Abb. 1) zeigt Mittelwerte der Körpergrößen von Jungen und Mädchen.

○ **1** Beschreibe das Diagramm in einigen Sätzen.

● **2** Ida ist mit ihren 12 Jahren größer als die meisten Jungen in ihrer Klasse. Stelle Vermutungen zur weiteren Entwicklung der Körpergröße von Ida und den Jungen in ihrer Klasse an.

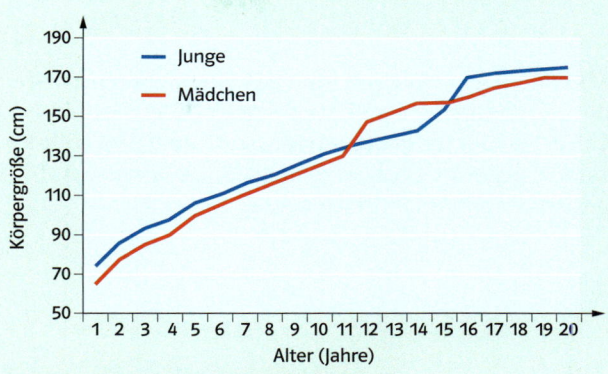

Spermienzelle und Eizelle
Die Geschlechtszellen der Frau bzw. des Mannes sind ganz unterschiedlich aufgebaut (Abb. 2).

Eizelle	Spermienzelle
im Vergleich zur Spermienzelle sehr groß	im Vergleich zur Eizelle winzig
kann sich nicht selbst bewegen	bewegt sich schnell vorwärts
enthält viele Vorratsstoffe	enthält fast keine Vorratsstoffe
...	...

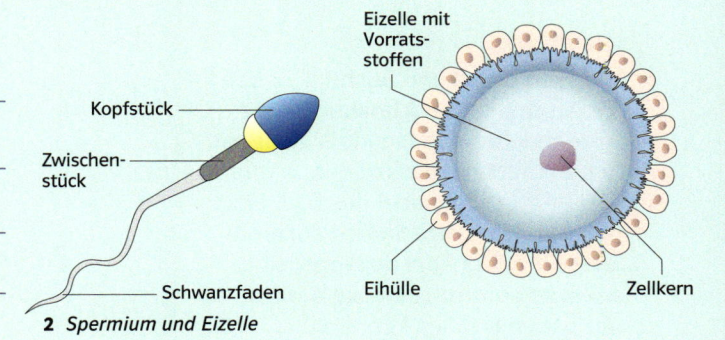

1 Körpergrößen von Jungen und Mädchen

2 Spermium und Eizelle

○ **3** Beschreibe den Aufbau einer Spermienzelle und einer Eizelle.

● **4** Erläutere anhand der Tabelle, dass Spermienzelle und Eizelle durch ihre Struktur gut an ihre Funktion angepasst sind.

Entstehung von Zwillingen
Manchmal wird in der Schwangerschaft festgestellt, dass die werdende Mutter zwei Kinder erwartet. Zwillinge können unterschiedlich entstehen.

○ **5** Benenne die in der Abbildung gezeigten Teile (I – V).

○ **6** Beschreibe mithilfe von Abb. 3 die Entstehung von ein- und zweieiigen Zwillingen.

● **7** Erläutere, warum man von „eineiigen" bzw. von „zweieiigen" Zwillingen spricht.

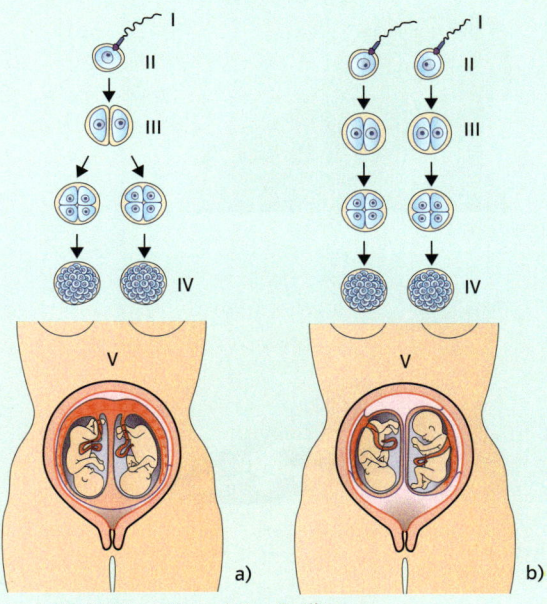

3 a) Eineiige und b) zweieiige Zwillinge

Sexualität des Menschen

Biologisches Prinzip
Struktur und Funktion

Mit einem Messer kann man gut Fleisch durchschneiden, aber ganz schlecht Suppe essen. Dafür ist ein Löffel viel besser geeignet. Messer, Gabel und Löffel sind so geformt, dass sie jeweils für bestimmte Aufgaben besonders hilfreich sind.

Auch viele Organe der Lebewesen sind so gebaut, dass sie spezielle Funktionen erfüllen können. Es ist ein allgemeines Prinzip, dass Struktur und Funktion zusammenhängen.

Schnäbel
Mäusebussard und Buchfink haben unterschiedliche Schnäbel. Der Hakenschnabel ist besonders geeignet, um Beutetiere zu zerreißen, während der kräftige Schnabel des Buchfinks ideal ist, um harte Samen aufzubrechen. Die Schnäbel der Vögel sind stets so geformt, dass sie bestimmte Aufgaben erfüllen können.

Mäusebussard

Buchfink

Kiemenblättchen
Die vielen Kiemenblättchen bieten eine große Oberfläche, über die Gase ausgetauscht werden. Je größer die Oberfläche, desto besser können Stoffe ausgetauscht werden. Man spricht auch vom Prinzip der Oberflächenvergrößerung.

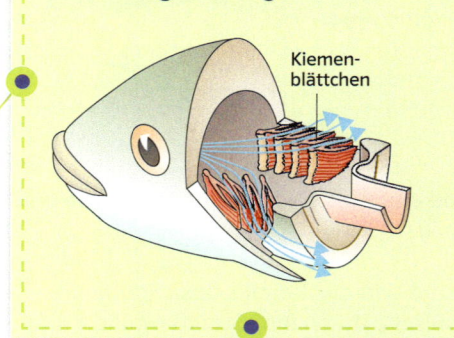

Kiemenblättchen

Muskeln

An jedem Flügel der Libelle setzen zwei Muskeln an. Wenn sich der innere Muskel zusammenzieht, wird der Flügel angehoben. Zieht sich der äußere Muskel zusammen, wird er gesenkt. Die Muskeln arbeiten gegensätzlich. Man spricht vom Gegenspielerprinzip.

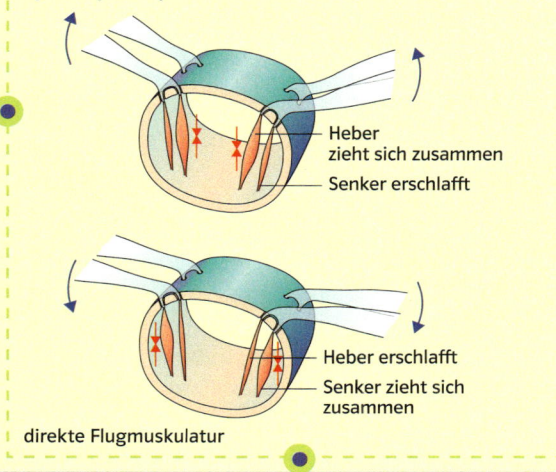

Heber zieht sich zusammen
Senker erschlafft

Heber erschlafft
Senker zieht sich zusammen

direkte Flugmuskulatur

Flugfrüchte

Die Früchte des Löwenzahns werden durch den Wind über weite Strecken transportiert. Die Struktur der Früchte erinnert an einen Fallschirm. Die feinen Haare bilden einen leichten Schirm, der die Sinkgeschwindigkeit der Frucht herabsetzt.

Dornen

Einige Pflanzen tragen an ihren Ästen harte und spitze Seitentriebe, die Dornen genannt werden. Die nadelartige Form der Dornen führt dazu, dass Tiere, die solche Pflanzen fressen wollen, schmerzhaft gestochen werden. Dornen dienen der Abwehr von Fressfeinden.

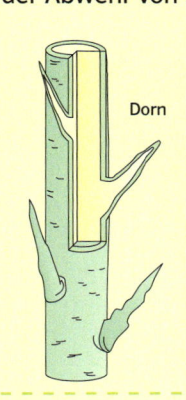

Dorn

AUFGABEN >>

1 Erläutere bei den hier beschriebenen Beispielen jeweils den Zusammenhang von Struktur und Funktion.

2 Beschreibe ein weiteres Beispiel für Oberflächenvergrößerung.

3 Nicht nur Pflanzen wehren sich durch spitze Dornen oder Stacheln. Beschreibe ein Beispiel aus der Gruppe der Säugetiere.

Biologisches Prinzip

Biologisches Prinzip
Wechselwirkungen

Wenn du beim Bäcker ein Brötchen kaufst, findet eine Wechselwirkung statt. Du bekommst ein Brötchen und der Bäcker erhält sein Geld. Immer wenn Lebewesen zusammenleben, stehen sie in Wechselwirkung miteinander.

Beispielsweise ernähren sich viele Tiere von anderen Lebewesen und sind davon abhängig, dass sich die Beutetiere ausreichend vermehren. Sie werden oft auch selbst von Fressfeinden gejagt. Organismen haben also eine wechselseitige Wirkung aufeinander.

Bestäubung
Beim Blütenbesuch sammelt die Honigbiene Nektar und Pollen. Gleichzeitig wird die Blüte bestäubt. Insekt und Pflanze sind also wechselseitig voneinander abhängig.

Pferd
Das Pferd ist schon seit Jahrhunderten ein Nutztier des Menschen. Der Mensch nutzt dabei die Zugkraft und die Schnelligkeit der Pferde. Der Pferdebesitzer versorgt seine Pferde mit Futter und bringt sie im Stall unter. So besteht eine wechselseitige Beziehung zwischen Pferd und Mensch.

Samenverbreitung durch Ameisen

Die Samen von Veilchen haben ein zuckerhaltiges Anhängsel. Sie werden mitsamt der Anhängsel von Ameisen zur Ernährung der Brut eingesammelt und in den Ameisenhaufen gebracht. Einige der Samen gehen unterwegs verloren und keimen. So werden die Samen durch Ameisen verbreitet.

Ameise sammelt Veilchensamen

Blühende Veilchen

Samenverbreitung durch Vögel

Eichelhäher ernähren sich im Sommer vor allem von Insektenlarven und im Herbst und Winter von Eicheln und anderen Waldfrüchten. Vor dem Winter legen Eichelhäher Vorräte mit Eicheln an, indem sie Eicheln im Boden vergraben. Einige davon finden sie nicht mehr. So tragen die Eichelhäher zur Verbreitung von Eichen bei.

AUFGABEN >>

1 Erläutere an den beschriebenen Beispielen die Wechselwirkungen zwischen Lebewesen.

2 Beschreibe ein Beispiel für eine Wechselwirkung, bei der beide Lebewesen einen Vorteil haben.

3 Beschreibe ein Beispiel für eine Wechselwirkung, bei der nur ein Lebewesen einen Vorteil hat.

Biologisches Prinzip

Biologisches Prinzip
Variabilität und Angepasstheit

Fahrräder können sehr unterschiedlich aussehen. Beispielsweise gibt es sehr unterschiedliche Mountainbikes. Jedoch sind sie immer sehr stabil gebaut und haben dicke Reifen. Rennräder dagegen werden möglichst leicht gebaut und mit dünnen Reifen ausgestattet. Mountainbike und Rennrad sind für unterschiedliche Zwecke gedacht.

Auch Individuen einer Art können sehr unterschiedlich aussehen. Die Verschiedenheit innerhalb einer Art bezeichnet man als Variabilität. Doch die Vertreter einer Art zeigen meistens auch immer große Ähnlichkeiten. Sie sind an die gleiche Lebensweise angepasst. Zwischen Arten findet man oft deutliche Unterschiede. Diese lassen unterschiedliche Angepasstheiten erkennen.

Schweinerassen

Wenn eine Sau mehrere Junge bekommt, zeigt sich oft schon eine gewisse Variabilität der einzelnen Nachkommen. Noch deutlicher sind die Unterschiede zwischen verschiedenen Schweinerassen. Sie machen die große Variabilität innerhalb der Art deutlich.

Schwäbisch-Hällisches Schwein

Wollschwein

Sorten

Aus dem Wildkohl wurden über Jahrhunderte mehrere Kohlsorten gezüchtet, die sehr unterschiedlich aussehen. Darin zeigt sich die große Variabilität innerhalb einer Art. Für die Weiterzüchtung wurden immer die Pflanzen gekreuzt, die erwünschte Eigenschaften hatten.

Blumenkohl

Kohlrabi

Stockente

Sowohl die Schnäbel als auch die Beine verschiedener Vögel unterscheiden sich. Stockenten haben breite Schnäbel und Schwimmhäute zwischen den Zehen. Ein Mäusebussard hat scharfe Krallen und einen Hakenschnabel. Jede Art ist mit ihrem Körperbau an ihre Lebensweise angepasst.

Seihschnabel

Leben im Boden

Tiere, die im Boden leben, haben oft einen sehr langgestreckten Körper. Damit können sie sich gut durch Gänge bewegen. Beispiele sind Regenwurm und Maulwurf. Es gibt sogar eine Grille, die im Boden lebt. Da sie einem Maulwurf ähnelt, heißt sie Maulwurfsgrille.

Fliegende Fische

Es gibt Fische, die mit hoher Geschwindigkeit aus dem Wasser springen und bis zu 400 Meter weit durch die Luft segeln können. Sie haben Flossen, die an Tragflächen erinnern. Sie werden beim Gleitflug ausgestreckt.

AUFGABEN >>

1 Beschreibe, wie beim Züchten von Tierrassen oder Pflanzensorten die Variabilität innerhalb einer Art ausgenutzt wird.

2 Erkläre, wie Stockente und Maulwurfsgrille an ihren Lebensraum und ihre Lebensweise angepasst sind.

3 Erläutere, wie Fliegende Fische sowohl ans Schwimmen als auch ans Fliegen angepasst sind.

Biologisches Prinzip

Biologisches Prinzip
Fortpflanzung und Entwicklung

Unter Fortpflanzung versteht man die Erzeugung von Nachkommen. Nachkommen können dadurch entstehen, dass eine Eizelle durch ein Spermium befruchtet wird. Man spricht dann von geschlechtlicher Fortpflanzung. Die Erzeugung von Nachkommen ist aber auch ungeschlechtlich möglich. Beispielsweise können manche Pflanzen durch Stecklinge vermehrt werden, indem abgetrennte Blätter oder Zweige in die Erde gesteckt werden.

Unter Entwicklung versteht man den Lebenslauf eines Lebewesens von seiner Entstehung an bis zum Sterben. Bei der geschlechtlichen Fortpflanzung entwickeln sich die Nachkommen aus befruchteten Eizellen. Bei der ungeschlechtlichen Fortpflanzung entsteht aus einem Teil eines Lebewesens ein neues Lebewesen.

Mann und Frau
Menschen pflanzen sich geschlechtlich fort. Durch die Befruchtung einer Eizelle durch ein Spermium entsteht ein neuer Mensch. Die Entwicklung findet zunächst im Mutterleib statt. Dabei ist der Embryo noch über die Nabelschnur mit der Mutter verbunden. Nach der Geburt wird ein Kind immer selbstständiger, bis der Mensch irgendwann erwachsen ist.

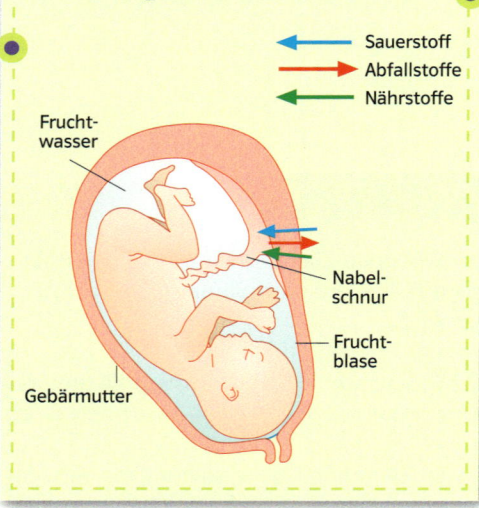

← Sauerstoff
→ Abfallstoffe
← Nährstoffe

Fruchtwasser
Nabelschnur
Fruchtblase
Gebärmutter

Kartoffel
Steckt man eine Kartoffelknolle in die Erde, kann daraus eine neue Kartoffelpflanze wachsen. Kartoffeln lassen sich also durch Knollen fortpflanzen. Da dabei keine Befruchtung stattfindet, spricht man von ungeschlechtlicher Fortpflanzung.

Ameisen

Ameisen pflanzen sich sowohl geschlechtlich als auch ungeschlechtlich fort. Königinnen werden durch männliche Ameisen begattet. Danach kann eine Königin befruchtete oder unbefruchtete Eier legen. Aus den befruchteten Eiern entwickeln sich Weibchen, also Königinnen oder Arbeiterinnen. Aus unbefruchteten Eiern entstehen Männchen.

Amphibien

Eier von Amphibien werden als Laich abgelegt und im Wasser befruchtet. Aus befruchteten Eizellen entwickeln sich Larven, die zunächst im Wasser leben. Allmählich entwickeln sich die Larven zu erwachsenen Tieren. Bei vielen Amphibien verlassen die erwachsenen Tiere das Wasser und leben an Land.

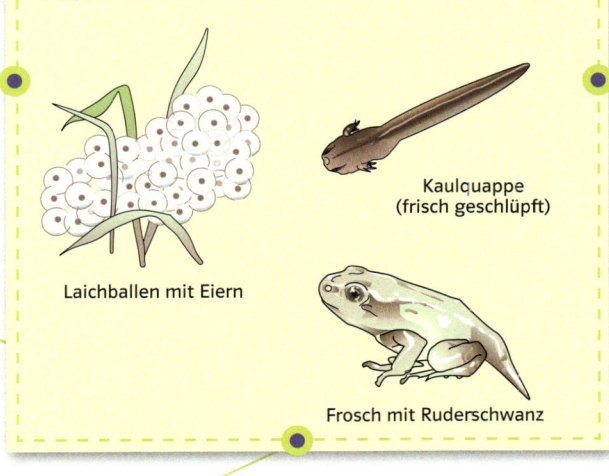

Laichballen mit Eiern

Kaulquappe (frisch geschlüpft)

Frosch mit Ruderschwanz

Hühnerei

Aus einem befruchteten Hühnerei kann sich ein Küken entwickeln. Für die Entwicklung sind Nährstoffe notwendig, die in Eigelb und Eiweiß enthalten sind. Schließlich schlüpft das Küken aus dem Ei, indem es mit dem Schnabel die Eischale aufbricht.

AUFGABEN >>

1 Beschreibe an den hier dargestellten Beispielen den Unterschied zwischen Fortpflanzung und Entwicklung

2 Erkläre am Beispiel der Kartoffel den Unterschied zwischen geschlechtlicher und ungeschlechtlicher Fortpflanzung.

3 Erläutere, warum Hühnereier und Samen Nährstoffe enthalten.

Biologisches Prinzip
Stammesgeschichte und Verwandtschaft

Die stammesgeschichtliche Verwandtschaft ist mit der Verwandtschaft in einer Familie vergleichbar. Alle heutigen Arten stammen von früheren Arten ab. Alle Arten, die denselben letzten Vorfahren gemeinsam haben, sind gleich nah miteinander verwandt.

Je später der letzte gemeinsame Vorfahr einer Gruppe lebte, desto näher sind die Arten dieser Gruppe miteinander verwandt Nah verwandte Arten haben oft viele gemeinsame Merkmale und Eigenschaften. Aufgrund von gemeinsamen Merkmalen lassen sich verwandte Arten in Gruppen ordnen.

Huftiere
Schwein und Rind sind Paarhufer. Das Pferd ist ein Unpaarhufer. Schwein und Rind haben einen späteren gemeinsamen Vorfahren als Pferd und Rind. Schwein und Rind sind also näher verwandt als Rind und Pferd, die nur einen früheren Huftiervorfahren gemeinsam haben. Wie nah zwei Gruppen von Lebewesen verwandt sind, gibt also immer der letzte gemeinsame Vorfahr an.

Pferdehuf Kuhhuf Eselhuf

Hunderassen
Der Wolf ist die Stammart des Haushundes. Vermutlich begannen Menschen vor einigen Tausend Jahren Wölfe als Haustiere zu halten. Über Jahrhunderte wurden daraus viele verschiedene Hunderassen gezüchtet. Alle heutigen Hunderassen stammen vom Wolf ab.

Wölfe Pudel

Pflanzenfamilien
Pflanzen einer Pflanzenfamilie haben gemeinsame Merkmale und ähnliche Eigenschaften. Dies lässt sich dadurch erklären, dass sie einen gemeinsamen Vorfahren haben und eng miteinander verwandt sind.

Sonnenblume Gänseblümchen

Vom Wasser ans Land ...

Innerhalb der Wirbeltiere gibt es eine Entwicklung vom Wasser ans Land. Die ältesten Wirbeltiere lebten wie Fische im Wasser. Später entstanden Amphibien, die sich noch im Wasser entwickeln. Erst unter den Reptilien, Vögeln und Säugetieren gibt es Tiere, die vollständig an Land leben.

Ichthyostega

Dinosaurier

Dinosaurier lebten bis vor etwa 60 Millionen Jahren. Damals waren diese Reptilien die vorherrschende Tiergruppe an Land. Aus einem Teil der Dinosaurier gingen die heutigen Vögel hervor. Reptilien und Vögel gehen also auf einen gemeinsamen Vorfahren zurück und müssten eigentlich zu einer gemeinsamen Gruppe gezählt werden.

Triceratops

... und wieder zurück

Wale und Delfine sind Säugetiere, deren Vorfahren an Land lebten. Sie sind später wieder ins Wasser zurückgekehrt. Über viele Generationen haben sich deren Extremitäten allmählich zu Flossen umgebildet.

AUFGABEN >>

1 Vergleiche nähere und entferntere stammesgeschichtliche Verwandtschaft mit der Verwandtschaft in der Familie, indem du die letzten gemeinsamen Vorfahren beachtest. Man spricht bei Pflanzen und Tieren auch von Schwesterarten und Schwestergruppen. Erläutere, was damit gemeint ist.

2 Erkläre, warum die Aufteilung von Reptilien und Vögeln in verschiedene Gruppen stammesgeschichtlich nicht sinnvoll ist.

3 Erläutere, inwiefern ein Züchter künstlich eine Stammesgeschichte erzeugt.

Biologisches Prinzip

Biologisches Prinzip
Information und Kommunikation

Eine SMS besteht aus einer Folge von Zeichen. Damit dies eine Information darstellt, muss jemand die Zeichen auch verstehen. Ein wechselseitiger Austausch von Informationen ist eine Kommunikation.

Lebewesen nehmen Informationen aus der Umwelt auf und reagieren darauf. Viele Organismen können sich mit Artgenossen über bestimmte Signale verständigen. Signale können Töne, Färbungen, Körperhaltungen oder auch Duftstoffe sein.

Auge
Mit ihren Augen nehmen Tiere und Menschen Licht aus der Umgebung auf und erhalten dadurch Informationen über die Umwelt. Alle Organismen nehmen Reize aus der Umwelt auf. Reizbarkeit ist ein Kennzeichen der Lebewesen.

Katzenaugen

Insektenaugen

Fledermäuse
Fledermäuse stoßen hohe Töne aus, die von Gegenständen in der Umgebung reflektiert werden. Aus dem Echo erhalten sie Informationen über ihre Umwelt. Sie nutzen diese Echoortung zur Orientierung und zum Auffinden ihrer Beute.

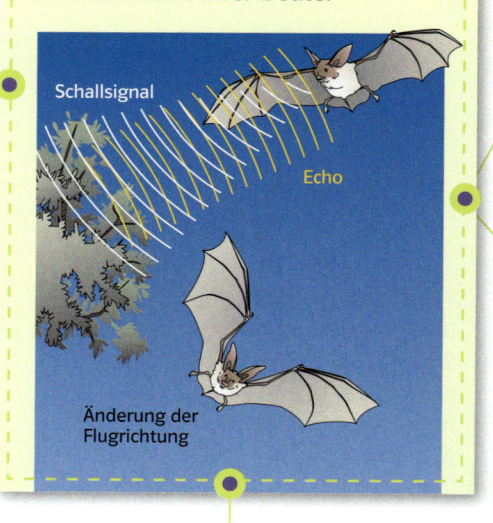

Schallsignal
Echo
Änderung der Flugrichtung

Wolf

Wölfe leben im Rudel. Durch Mimik und Körperhaltung können sich die Tiere verständigen. Besonders die gemeinsame Jagd im Rudel erfordert eine Verständigung zwischen den Tieren.

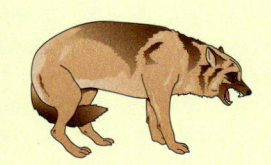

Imponieren   Angst, Rückzug

Blüten

Blüten, die durch Insekten bestäubt werden, sind oft auffallend gefärbt und duften intensiv. Dadurch werden Schmetterlinge oder andere Bestäubungsinsekten angelockt. Durch den Wind bestäubte Blüten sind dagegen oft unscheinbar.

Vogelgesang

Die Gesänge der Vögel erfreuen viele Menschen. Für die Artgenossen jedoch enthält der Vogelgesang Informationen. Er dient der Reviermarkierung und der Anlockung von Weibchen. Beispielsweise können zwei Amselmännchen durch den wechselseitigen Gesang ihre Reviere abgrenzen.

AUFGABEN >>

1. Erläutere an den beschriebenen Beispielen jeweils, worin die Information besteht, und ob Kommunikation stattfindet.

2. Beschreibe verschiedene Beispiele für Reviermarkierung im Tierreich.

3. Erläutere, inwiefern zwischen Menschen und Tieren Kommunikation möglich ist.

Biologisches Prinzip

Lösungen „Teste dich selbst"

Säugetiere (Seite 81—83)

Züchtung von Schweinen

1 Die Unterschiede bei den Ferkeln einer Sau nutzt der Schweinezüchter aus. Aus der großen Anzahl der Ferkel wählt er das Ferkel aus, das seinem Zuchtziel am meisten entspricht. Dieses Ferkel lässt er heranwachsen und züchtet mit ihm weiter. Die Variabilität ist also die Voraussetzung dafür, dass bei der Züchtung besonders geeignete Tiere ausgewählt werden können.

2 Von den Nachkommen von Wildschweinen wurden diejenigen Tiere ausgewählt, die eher langgestreckt und wenig behaart waren. Diese Tiere hat man miteinander verpaart. Über eine längere Zeit, in der immer wieder die geeignetsten Tiere miteinander verpaart wurden, entstanden so Schweine, die den heutigen Schweinen immer ähnlicher sahen, und schließlich das heutige Hausschwein.

Schafe sind Weidetiere

3 Im Schafsgebiss sind die verhältnismäßig breiten Backenzähne mit vielen Höckern im Ober- und Unterkiefer zu erkennen. Außerdem hat das Schafsgebiss im Unterkiefer Schneidezähne. Diese fehlen im Oberkiefer. Eckzähne sind nicht erkennbar.

4 Die pflanzliche Nahrung der Schafe ist hart und schwer verdaulich. Die Backenzähne ermöglichen es, diese Nahrung zu zermahlen und damit zu einem verdaulichen Brei umzuwandeln. Die Schneidezähne des Unterkiefers können gegen den Oberkiefer gedrückt werden, so schafft es das Schaf, kurze Gräser abzureißen.

Vorfahren unserer Nutztiere

5 Das Pferdebein mündet wie das Eselbein in einen einzelnen Huf. Pferde und Esel sind also Unpaarhufer. Das Kuhbein endet in einem doppelten Huf, Kühe sind also Paarhufer.

6 Anhand der Abbildung wird deutlich, dass die Ähnlichkeit von Eselhuf und Pferdehuf untereinander größer ist als die von Pferdehuf und Kuhhuf. Gleiches gilt für Eselhuf und Kuhhuf. Diese Ähnlichkeit im Aussehen ergibt sich durch einen gemeinsamen Vorfahren. Daher ist die Aussage richtig. Aus dem gemeinsamen Vorfahren entstanden sowohl Esel als auch Pferde, nicht aber die Kuh.

Haus- und Spitzmaus

7 Beim Nagen an Gegenständen wird der hintere und weiche Teil der Nagezähne abgerieben, dadurch entsteht am vorderen harten Teil eine scharfe Kante. Diese Kante erlaubt auch das Aufbrechen von Schränken und Dosen.

8 Hausmäuse leben in der Nähe der Menschen. Hier finden sie auch im Winter ausreichend Nahrung. Außerdem ist es in den Häusern und Wohnungen wärmer, sodass die Tiere nicht in Gefahr sind zu erfrieren.

9 a) Die Spitzmaus hat keine Nagezähne wie die Hausmaus. Sie gehört deshalb nicht zu den Mäusen.
b) Man erkennt beim Gebiss einer Spitzmaus viele kleine scharfe und spitze Zähne. Das Gebiss ist dem Insektenfressergebiss von Maulwurf und Igel sehr ähnlich.
c) Vermutlich ist die Spitzmaus mit diesen Tieren verwandt.

Der Sternmull

10 Das Tier lebt vermutlich im Boden, wie der Maulwurf. Merkmale: walzenförmiger Körper, kurzes Fell, Grabschaufeln an den Vorderbeinen, sternförmiges Tastsinnesorgan.

11 Tiere, die unter der Erde leben, z. B. Würmer, Asseln, Schnecken, kleine Amphibien und Kriechtiere. Es werden vor allem Geruchs- und Tastsinn eingesetzt. Die Augen werden unter der Erde vermutlich eine geringe Rolle spielen.

Der Asiatische Elefant — ein Zootier

12 Rücken: Asiatischer Elefant nach oben gewölbt, Steppenelefant sattelartig; Weibchen ohne Stoßzähne beim Asiatischen Elefanten, beim Steppenelefanten Weibchen mit Stoßzähnen; Ohren: Asiatischer Elefant klein, Steppenelefant groß

13 Sie haben die Körpertemperatur am Tag und bei Nacht gemessen.

14 Der Backenzahn ist sehr groß und hat eine breite Fläche mit einer höckerigen Oberfläche. Diese Struktur befähigt ihn dazu, harte pflanzliche Nahrung zu zermahlen. Es handelt sich um einen Mahlzahn.

15 Der Fennek lebt in der Wüste, wo Hitze aber auch Wassermangel große Probleme darstellen. Bei der Abkühlung des Körpers durch Schwitzen oder Hecheln würde das Tier viel Wasser verlieren. Vermutlich dienen die Ohren — ähnlich wie beim Steppenelefanten — als Kühlsegel zur Abkühlung des Körpers. Außerdem kann er mit den Ohren gut hören und so bei der Jagd nach Insekten und anderen Kleintieren kleinste Geräusche der Beutetiere wahrnehmen.

Vögel (Seite 113)

Eigenschaften von Federn

1 In Versuch a wird deutlich, dass Federn wasserabweisend sind. Aus Versuch b geht hervor, dass Federn relativ luftundurchlässig sind.

2 Dass Federn wasserabweisend sind, hat gleich mehrere Vorteile. Vögel wie Enten, die den Lebensraum See nutzen, werden praktisch nicht nass und können ohne auszukühlen lange auf dem Wasser bleiben. Perlt das Wasser von den Federn ab, saugen sich diese nicht mit Wasser voll. Dadurch würde das Gewicht eines Vogels steigen. Die wasserabweisende Eigenschaft ist also auch eine Angepasstheit an das Fliegen. Die Luftundurchlässigkeit zeigt die gute Isoliereigenschaft der Federn, ist aber auch eine wichtige Vorraussetzung für das Fliegen (siehe Aufgabe 4).

Stellung der Federn

3 Beim Abwärtsschlagen liegen die Federn breit und geschlossen nebeneinander, beim Aufwärtsschlagen sind sie hingegen gekippt, sodass Lücken zwischen Federn entstehen.

4 Durch die geschlossene Federstellung beim Abwärtsschlagen gelangt keine Luft zwischen den Federn hindurch. Der Vögel drückt sich gegen die Luft nach oben. Beim Aufwärtsschlagen der Flügel sind die Federn schräg gestellt, sodass Luft zwischen ihnen hindurch gelangt. Der Vögel kann sich so nicht nach unten drücken.

Zugrouten der Störche

5 Störche fliegen im Wesentlichen auf drei Routen zwischen Europa und Afrika hin und her. Eine Flugroute führt über Spanien und das westliche Afrika, eine zweite über Italien und das zentrale Afrika und die dritte Route über die Türkei, die arabische Halbinsel und das östliche Afrika.

6 Nur über dem Land entstehen warme Aufwinde, über dem Meer jedoch nicht. Diese Aufwinde sind notwendig für den Segelflug. Dieser verbraucht wesentlich weniger Energie als beispielsweise der Ruderflug. Trotz einer längeren Strecke über Land, statt der direkten Strecke über das Mittelmeer, sparen Störche durch den Segelflug Energie ein. Dies ist beim ohnehin Kräfte verbrauchenden Vogelzug wichtig.

Lösungen „Teste dich selbst"

Vom Wasser ans Land (Seite 147)

Entwicklung des Teichmolchs

1 Der lange Schwanz des Teichmolchs und der Rücken haben bei der Wassertracht einen Flossensaum. Dadurch hat der Ruderschwanz eine größere Fläche. Mit ihr kann mehr Wasser verdrängt werden, wenn sich der Ruderschwanz nach links und rechts bewegt. So kann der Teichmolch seine Bewegungen im Wasser gut steuern und schneller schwimmen.

2 Aus einem Ei schlüpft eine Teichmolchlarve. Sie hat Außenkiemen. Während sich nach einiger Zeit die Vorder- und Hinterbeine entwickeln, bilden sich die Außenkiemen zurück und sind schließlich ganz verschwunden. Der Teichmolch ist nun voll ausgewachsen und lebt an Land. Zur Eiablage kehrt er in den Teich zurück. Im Wasser legt der Teichmolch seine Eier ab. Auch die Kaulquappen des Wasserfrosches atmen mit äußeren Kiemen. Bei Teichmolchlarven sind diese aber stärker ausgebildet und als Büschel sichtbar. Nach der Ausbildung der Vorder- und Hinterbeine bildet sich bei der Kaulquappe bzw. dem jungen Frosch der Schwanz vollständig zurück, beim Teichmolch nicht. Teichmolchlarven sehen den erwachsenen Tieren deshalb bereits ähnlicher.

Wirbeltierklassen

3 Der Wal ist kein Fisch, sondern ein Säugetier. Ein Wal atmet über Lungen, pflanzt sich durch innere Befruchtung fort und gebärt lebende Junge, die er säugt. Die Bezeichnung Walfisch ist daher irreführend.

4 Schildkröten atmen mit Lungen, haben eine schuppige Hornhaut, legen Eier und sind wechselwarm. Dies sind die Merkmale der Wirbeltierklasse der Reptilien. Die Schildkröte gehört zu den Reptilien.
Schnabeltiere legen Eier. Das ist ein Merkmal der Vögel und Reptilien. Das Fell und das Säugen der Jungen sind wiederum Merkmale der Säugetiere. Da diese überwiegen, zählt man das Schnabeltier zu den Säugetieren.

5 Reptilien:
- sind wechselwarm
- legen weichschalige Eier
- trockene, luftundurchlässige Haut mit verhornten Schuppen
- müssen sich zum Wachsen häuten

6 Vorteile: Die Eier sind vor Räubern geschützt. Die Mutterschlange kann die Körpertemperatur regulieren, was vermutlich die Entwicklung im Ei beschleunigt. Da Jungschlangen fast sofort beweglich sind, können sie vor Gefahren fliehen.
Nachteile: Das Muttertier ist nicht so beweglich und hat einen höheren Energiebedarf.

Wirbellose Tiere (Seite 183)

Funktion von Insektenbeinen

1 Beim Vorderbein der Maulwurfsgrille sind Schenkel und Schiene schaufelartig verbreitert. Die Kante weist sehr harte Zacken auf, die an die Zähne einer Baggerschaufel erinnern.

2 Die Vorderbeine der Maulwurfsgrille dienen zum Graben im Boden. Mit den kräftigen Zacken kann Erde abgegraben werden und mit den schaufelartigen Beinen nach hinten geschoben werden. Die Hinterbeine der Maulwurfsgrille bestehen aus schmalen röhrenförmigen Gliedern und sind als Laufbeine ausgebildet.

Ein Bienenvolk im Jahresverlauf

3 Die Anzahl der Arbeiterinnen sinkt im Winter unter 10 000 Individuen und steigt im Frühjahr auf über 40 000 Tiere an. Dies erklärt sich durch die Legetätigkeit der Königin. Diese beginnt im Februar mit der Eiablage und steigert ihre Legeleistung bis zum Sommer kontinuierlich. Eine Königin kann an einem Tag über Tausend Eier legen. Solange mehr Arbeiterinnen schlüpfen als gleichzeitig sterben, steigt die Volksstärke an. Im Spätsommer und Herbst reduziert die Königin ihre Legeleistung und daher nimmt die Zahl der Arbeiterinnen allmählich ab.
Im Herbst und Winter sind im Bienenvolk keine Drohnen. Die Königin beginnt im Frühjahr mit der Drohnenbrut. Dadurch steigt die Drohnenzahl im Volk bis zum Juli auf etwa 500 Individuen. Im August werden die Drohnen getötet oder aus dem Stock gejagt.

Insekten und Spinnen

4 siehe Tabelle

	Insekten	Spinnen
Skelett	Außenskelett	Außenskelett
Gliedmaßen	Gliederbeine	Gliederbeine
Körpergliederung	Kopf, Brust, Hinterleib	Vorder-, Hinterkörper
Augen	Komplexaugen	Punktaugen (Linsenaugen)
Fühler	ein Paar	keine
Mundwerkzeuge	äußere MWZ	äußere MWZ
Herz	Röhrenherz	Röhrenherz
Atmungsorgane	(Röhren-)Tracheen	Fächer- und Röhrentracheen
Nervensystem	Bauchmark	Bauchmark
Flügel	bis zu 4	keine
Spinndrüsen	keine	bei Webspinnen

Heideschnecken

5 In trockenen Lebensräumen verlieren Schnecken über ihre feuchte Haut viel Wasser und trocknen leicht aus. Wie der Regenwurm sind Schnecken typische Feuchtlufttiere. Bei Trockenheit verstecken sich viele Schnecken an feuchten Stellen.

6 In der Heide steigt bei Sonnenschein die Temperatur am Boden sehr stark an. Daher ist es vorteilhaft, wenn die Heideschnecken auf Pflanzen klettern. Dort verstecken sich die Tiere in ihrem Gehäuse, um die Verdunstung von Wasser zu verringern.

Lösungen zu „Teste dich selbst"

Blütenpflanzen (Seite 235—237)

Transpiration
1 Forscherfrage: Wie hängt der Wasserverbrauch einer Pflanze von der Anzahl der Blätter ab?

2 Durch die Ölschicht kann aus den Messzylindern kein Wasser verdunsten. Die Wasserabnahme ist dadurch zu erklären, dass Wasser über den Stängel in die Blätter gelangte und über die Spaltöffnungen abgegeben wurde. Je mehr Blätter der Zweig hatte, desto mehr Wasser ist verdunstet.

Pflanzen im Jahresverlauf
3 Beim Schneeglöckchen überwintert nur die Zwiebel. Im Januar wachsen aus der Zwiebel erste Blätter nach oben und können eine dünne Schneeschicht durchbrechen. Bis zum März entwickeln sich Blätter und Blüten. Nach der Blüte gehen die oberirdischen Teile der Pflanze zugrunde und in der Zwiebel entwickelt sich die Ersatzzwiebel. Nebenbei kann eine Brutzwiebel gebildet werden. Aus beiden Zwiebeln kann im nächsten Frühjahr ein neues Schneeglöckchen wachsen.

4 In der unterirdischen Zwiebel sind Nährstoffe gespeichert. Diese werden im Frühjahr abgebaut. Die dabei frei werdende Energie steht für Lebensprozesse zur Verfügung und ermöglicht das schnelle Wachstum.

5 Ameisen tragen gerne Samen des Schneeglöckchens in ihren Bau, da diese Samen ein Anhängsel mit Nährstoffen haben. Teilweise fressen Ameisen das Anhängsel schon unterwegs und lassen den Samen liegen. So tragen sie zur Ausbreitung der Samen bei. Darüber hinaus kann sich ein Schneeglöckchen auch über Brutzwiebeln ungeschlechtlich vermehren. Diese Art der Vermehrung ist dafür verantwortlich, dass die Schneeglöckchen oft dichte Horste bilden.

Nutzpflanzen
6 Kartoffel, Gurke und Zitrone bestehen zum größten Teil aus Wasser, während Weizen nur 14 % Wasser enthält. Weizen enthält besonders viel Stärke (70 %) und Eiweiß (12 %). Auch die Kartoffel enthält noch einen beachtlichen Teil Kohlenhydrate (15 %). Allerdings finden sich in Gurke und Zitrone kaum Kohlenhydrate, Eiweiße oder Fette.

7 Nur Pflanzen, die energiereiche Nährstoffe wie Stärke in größeren Mengen enthalten, sind als Grundnahrungsmittel geeignet. Bei Weizen und Kartoffel kommt hinzu, dass diese Nahrungsmittel gut lagerfähig sind.

Bestäubung von Blüten
8 Bienenblüte: Rosengewächse;
Falterblüte: Nelkengewächse;
Hummelblüte: Lippenblütengewächse;
Fliegenblüte: Doldengewächse

9 Rosengewächse:
Kirsche, Apfel, Birne
Nelkengewächse:
Rote Lichtnelke, Kuckucks-Lichtnelke
Lippenblütengewächse:
Wiesensalbei, Weiße Taubnessel
Doldengewächse:
Wiesen-Bärenklau, Wilde Möhre

10 Die Blütenröhren zum Beispiel mancher Nelkengewächse sind so eng, dass nur Insekten mit langen Rüsseln an den Nektar gelangen können. Der Körperbau der Insekten ist ebenfalls an die Blüten angepasst. Manche Hummeln haben lange Rüssel, mit denen sie den Nektar bequem aus den Blüten saugen können. Andere Insekten kommen nicht heran. Die Hummel kann also sichergehen, dass für sie immer noch etwas Nektar übrig bleibt, wenn sie bestimmte Blüten anfliegt. Diese Blüten werden nur durch Hummeln bestäubt.

Brennnessel und Taubnessel
11 Brennnessel und Taubnessel sind nicht nah miteinander verwandt, weil ihre Blüten sehr unterschiedlich aussehen.

12 Lippenblütengewächse

Blattläuse
13 In den Siebröhren werden in Wasser gelöste Zucker und andere Nährstoffe transportiert. Durch die Aufnahme von Siebröhrensaft kann sich eine Blattlaus mit Nährstoffen versorgen. In den Tracheen werden nur Wasser und darin gelöste Mineralstoffe transportiert.

Wassergehalt von Pflanzenteilen
14 Beim Trocknen verdunstet das in der Pflanze enthaltene Wasser. Übrig bleibt die trockene Pflanzenmasse. Der Massenunterschied entspricht der Masse des verdunsteten Wassers.

15 Je mehr Wasser ein Pflanzengewebe enthält, desto höher ist die Gefahr, dass sich bei Frost Eiskristalle bilden, die die Zellen schädigen.

Einheimische Wiesenpflanzen
16 1 Wiesensalbei — Lippenblütengewächse — Bestäubung durch Hummeln;
2 Wiesen-Bärenklau — Doldengewächse — Bestäubung durch Fliegen;
3 Glatthafer — Süßgräser — Windbestäubung

Sexualität des Menschen (Seite 279)

Körpergrößen von Jugendlichen

1 Zwischen 1 und 10 Jahren durchlaufen Jungen und Mädchen ein ähnliches Wachstum, wobei die durchschnittliche Körpergröße der Jungen etwa 10 cm über der der Mädchen liegt. Dies ändert sich im Alter von etwa 12 bis 16 Jahren. Mädchen wachsen ab 12 Jahren deutlich schneller, sodass sie in diesem Alter häufig größer sind als Jungen. Ab 14 Jahren übersteigt das Wachstum der Jungen das der Mädchen, sie sind ab 16 Jahren im Schnitt wieder größer als die Mädchen.

2 Ida hat vermutlich bereits eine starke Wachstumsphase hinter sich, die Jungen in ihrer Klasse noch nicht. Nach den Werten im Kurvendiagramm holen die Jungen in Idas Klasse in den nächsten Jahren vermutlich auf, da sie dann einen Wachstumsschub haben, Ida wahrscheinlich nicht mehr.

Spermienzelle und Eizelle

3 Die Spermienzelle hat eine längliche Form mit einem Kopfstück, einem Zwischenstück und einem langen Schwanzfaden. Die Eizelle ist rundlich mit einer Eihülle und Vorratsstoffen in der Eihülle sowie einem Zellkern.

4 Die Spermienzelle ist sehr klein und hat nur wenige Nährstoffe. Aufgrund ihrer geringen Größe und des länglichen Aufbaus kann sich die Spermienzelle sehr schnell fortbewegen. So gelangt die Spermienzelle so schnell wie möglich zur Eizelle, die dann befruchtet werden kann.
Die Eizelle beinhaltet sehr viele Vorratsstoffe und ist groß. Nach der Befruchtung durch eine Spermienzelle kann sie so den Keim ernähren.
Die Strukturen von Spermienzelle und Eizelle hängen direkt mit ihrer Funktion zusammen.

Entstehung von Zwillingen

5 I Spermium
II Eizelle
III zweizelliger Keim
IV mehrzelliger Keim
V zwei Feten mit gemeinsamer Plazenta (links) ; zwei Feten mit zwei Plazentas

6 Eineiig: Eine Eizelle wird von einer Spermienzelle befruchtet, die sich einmal teilt. Diese trennt sich in zwei Zellen mit dem gleichen Erbmaterial, aus denen sich jeweils ein Embryo entwickelt. Es entstehen eineiige Zwillinge.
Zweieiig: Zeitgleich werden zwei Eizellen von je einer Spermienzelle befruchtet. Aus diesen entwickeln sich zwei Embryos. Man spricht von zweieiigen Zwillingen.

7 Eineiige Zwillinge entstehen aus einer befruchteten Eizelle, während sich zweieiige Zwillinge aus zwei getrennt befruchteten Eizellen entwickeln.

Glossar

Amphibien
Diese Wirbeltierklasse, zu der Frösche und Molche gehören, zeichnet sich durch eine nackte, drüsige Haut aus. Die Tiere sind mit wenigen Ausnahmen eierlegend. Amphibien machen im Verlauf ihres Heranwachsens einen starken Gestaltwandel (Metamorphose) durch. Die Larvenstadien bewohnen das Wasser, erwachsene Tiere verlassen zum Teil das Wasser.

Angepasstheit
Eigenschaft eines Lebewesens, die sein Überleben in einer bestimmten Umwelt fördert

Art
Zu einer Art gehören Lebewesen, die in allen wesentlichen Merkmalen übereinstimmen und sich untereinander fortpflanzen können.

Atmung
Austausch der Gase Sauerstoff und Kohlenstoffdioxid bei Pflanzen, Tieren und Menschen. Die Atmung erfolgt über die Körperoberfläche bzw. durch Atmungsorgane, wie z. B. Lungen oder Kiemen.

Ausläufer
Ausladende Sprossachse, die oft nur kleine Blätter hat und der ungeschlechtlichen Vermehrung dient, z. B. bei Erdbeeren.

Baustoffwechsel
Aufbau zell- oder körpereigener Stoffe aus aufgenommenen oder vorher hergestellten Nährstoffen (vgl. *Betriebsstoffwechsel*).

Befruchtung
Darunter versteht man die Verschmelzung von väterlicher und mütterlicher Geschlechtszelle. Als Ergebnis dieses Vorgangs entsteht die befruchtete Eizelle, die sich zu einem Embryo entwickelt (s. *Embryo*).

Bestäubung
Übertragung von Pollen auf die Narbe oder auf die Samenanlage.

Betriebsstoffwechsel
Abbau energiereicher Substanzen in Zellen zur Energiebereitstellung (vgl. *Baustoffwechsel*).

Biologie
Sie ist die Lehre und Wissenschaft vom Leben und den Lebewesen. Sie befasst sich mit der Gestalt, dem Aufbau, der Funktion, dem Verhalten, dem Vorkommen und der Verbreitung sowie der Entwicklung von Lebewesen.

Blut
Die Bestandteile des Blutes sind die *Roten* und die *Weißen Blutzellen* sowie *Blutplättchen* und das flüssige *Blutplasma*. Blut dient dem Transport von Sauerstoff und Kohlenstoffdioxid, Nährstoffen, Mineralstoffen, Vitaminen und Wärme.

Blüte
Die Blüte ist das Fortpflanzungsorgan der Samenpflanzen. Meist besteht sie aus Kelch-, Kron-, Staub- und Fruchtblättern mit Samenanlage, die sich am gestauchten oberen Ende der Sprossachse befinden.

Blutkreislauf (geschlossener)
System von Blutgefäßen, durch die das vom Herzen gepumpte Blut in alle Organe und wieder zurück zum Herzen geleitet wird

Brutpflege
Das ist eine Form der Jungenaufzucht, bei der sich mindestens ein Elternteil auch nach der Geburt um die Jungtiere kümmert, z. B. sie füttert und schützt.

Chloroplast
Bestandteil der Pflanzenzelle, in dem die *Fotosynthese* abläuft.

Eizelle
Bezeichnung für die weibliche Geschlechtszelle.

Embryo
Darunter versteht man den sich aus einer befruchteten Eizelle entwickelnden Organismus bei Pflanze, Tier und Mensch. Der *pflanzliche Embryo* verbleibt bis zu seiner Weiterentwicklung im Samen. Der *tierische Embryo* befindet sich in Eihüllen, Eischalen oder im mütterlichen Organismus.

Energie
Energie beschreibt die Fähigkeit eines Körpers, Arbeit zu verrichten. Sie wird in Joule (J) angegeben. Eine Energieform kann in eine andere Energieform umgewandelt, aber nicht verbraucht werden. In Lebewesen wird chemische Energie z. B. in Muskelarbeit umgewandelt. Bei der Fotosynthese wird Lichtenergie in Form chemischer Energie gespeichert. Bei jeder Energieumwandlung wird auch Wärmeenergie frei.

Entwicklung
Dies ist die gerichtete, oft in Etappen vollzogene Veränderung eines Lebewesens im Laufe seines Lebens. Während sich eine Pflanze nach der Samenkeimung zur Keimpflanze, dann zur Jungpflanze und schließlich zur blühenden und Samen bildenden Pflanze entwickelt, durchläuft der Mensch vier große Entwicklungsabschnitte: die Embryonalentwicklung, die Jugendentwicklung, die Geschlechtsreife und das Alter.

Fetus
Der menschliche Embryo ab der neunten Schwangerschaftswoche wird *Fetus* genannt.

Fortpflanzung
Grundfunktion des Lebens, bei der von einem einzelnen Lebewesen oder einem Elternpaar neue Lebewesen gebildet werden. Man unterscheidet *geschlechtliche*, von Keimzellen ausgehende, und *ungeschlechtliche*, von Körperzellen ausgehende, *Fortpflanzung*.

Fossilien
Erhalten gebliebene Reste oder Spuren von Lebewesen früherer Erdzeitalter, die häufig versteinert oder in Bernstein eingeschlossen sind.

Fotosynthese
In den grünen Blättern der Pflanzen findet die *Fotosynthese* statt. Dabei wird die Energie des Lichts mithilfe der Chloroplasten genutzt. Dabei wird aus *Wasser* und *Kohlenstoffdioxid* *Traubenzucker* aufgebaut. *Sauerstoff* wird frei. Die *Energie* des *Lichts* wird als chemische Energie im Traubenzucker gespeichert. Aus ihm kann von der Pflanze der Speicherstoff *Stärke* hergestellt werden.

Frühblüher
Krautige Pflanzen mit unterirdischen Speicherorganen, die im zeitigen Frühjahr, meist noch vor dem Laubaustrieb der Bäume, blühen.

Frucht
Sie entsteht nach der Befruchtung vor allem aus dem Fruchtknoten. Sie enthält die Samen und dient meist zu deren Verbreitung.

Gasaustausch
Übergang des Sauerstoffes aus der Außenluft ins Blut und von Kohlenstoffdioxid vom Blut in die Außenluft. Der Gasaustausch erfolgt beim Menschen weitgehend in den Lungenbläschen.

Gegenspielerprinzip
Es beschreibt in ihrem Sinn und ihrer Wirkung entgegengesetzte Funktionen, die sich bei gleichzeitigem Ablauf auch aufheben können. Bei der Arbeit der Muskulatur sorgt z. B. ein Muskel dafür, dass der Arm gestreckt wird, sein *Gegenspieler* bewirkt die Beugung des Armes.

Gelenk
Enden von zwei Knochen und der Spalt zwischen ihnen, durch den die Knochen gegeneinander beweglich sind.

Geschlechtsorgane
Man unterscheidet innere und äußere Geschlechtsorgane und die *Keimdrüsen*. Die Keimdrüsen der Frau sowie aller weiblichen Tiere sind die Eierstöcke. Der Mann bzw. die männlichen Tiere haben *Hoden*.

Gewicht
Die Gewichtskraft gibt an, wie schwer ein Körper ist, d. h. wie stark er von einem anderen Körper (z. B. der Erde) angezogen wird. Einheit: Newton. Ein Mensch hat z. B. auf dem Mond ein geringeres *Gewicht* (vgl. *Masse*) als auf der Erde.

gleichwarm
Vögel und Säugetiere sind in der Lage, ihre Körperkerntemperatur unabhängig von Schwankungen der Umgebungstemperatur auf einem gleichbleibenden Wert zu halten. Deshalb werden sie als *gleichwarme Tiere* bezeichnet.

Insekt
Die *Insekten* bilden mit über einer Million verschiedener Arten die zahlenmäßig größte Gruppe im Tierreich. Alle Insekten haben den gleichen Grundaufbau: gegliederter Körper, bestehend aus Kopf, Brust und Hinterleib; drei Paar Beine mit gegliederten Füßen und zwei Paar Fühler.

Kältestarre
Wechselwarme Tiere überleben den kalten Winter bewegungslos und ohne Nahrungsaufnahme. Bei steigender Temperatur wird die *Kältestarre* aufgehoben.

Kapillare
Auch Haarröhrchen genannt; Röhrchen mit sehr kleinem Innendurchmesser. Die kleinsten Blutgefäße sind *Kapillaren*.

Keimung
Beim Vorgang der Keimung platzt der Samen auf und eine neue Jungpflanze, der *Keimling*, wächst daraus hervor. Zur Keimung benötigen Samen *Wasser*, *Wärme* und *Sauerstoff*. Der Keimling ernährt sich zunächst von den Nährstoffen in den *Keimblättern*.

Keimzelle
Eizelle und Spermium sind die Keimzellen. Sie werden auch als *Geschlechtszellen* bezeichnet. Die Eizellen werden in den weiblichen Geschlechtsorganen gebildet, die Spermien entstehen in den männlichen Geschlechtsorganen.

Kiemen
Sie sind die Atmungsorgane vieler Wassertiere, wie z. B. Fische und Kaulquappen. An ihnen vollzieht sich der Gasaustausch zwischen den im Wasser gelösten Gasen und dem Blut der Tiere.

Larve
Larven sind frühe Entwicklungsstadien von Tieren vor der *Metamorphose*. Sie weichen in Gestalt, Größe und Lebensweise vom erwachsenen Tier deutlich ab, z. B. Kaulquappen der Froschlurche und Raupen der Schmetterlinge.

Glossar

lebendgebärend
Geschieht die Entwicklung von Jungtieren im Mutterleib so lange, bis das Neugeborene sich selbstständig fortbewegen kann, spricht man von lebendgebärender Vermehrung. Man findet sie bei allen Säugetieren aber auch bei einigen Amphibien und Reptilien.

Lebensraum
Natürliches Aufenthaltsgebiet mit allen Bedingungen für das Überleben einer Lebensgemeinschaft bzw. eines Individuums.

Lunge
So nennt man das Atmungsorgan der Luft atmenden Säugetiere, Vögel, Reptilien und Amphibien. Die *Lunge* besteht aus zwei Lungenflügeln.

Masse
Die *Masse* eines Gegenstands gibt an, wieviel von diesem Gegenstand vorhanden ist. Einheit: Gramm. Ein Mensch hat z. B. auf dem Mond die gleiche Masse wie auf der Erde (vgl. *Gewicht*).

Menstruation
Sie tritt bei Frauen ab Erreichen der Geschlechtsreife bis zur Zeit der Wechseljahre auf. Findet keine Befruchtung statt, werden die unbefruchtete Eizelle und die oberste Schicht der Gebärmutterschleimhaut durch die Scheide abgestoßen. Dieser Vorgang wiederholt sich etwa alle 28 Tage. Er ist mit einer Blutung verbunden, die *Menstruation* genannt wird.

Metamorphose
Verwandelt ein Lebewesen während seiner Entwicklung die Gestalt, so ist das eine *Metamorphose*. Bei entsprechenden Tieren schlüpfen aus den befruchteten Eiern Larven. Daraus können sich die den Eltern gleichenden Jungtiere entwickeln.

Mineralstoff
Energiearme Stoffe, die beim Ablauf vieler Körperfunktionen eine wichtige Rolle spielen. Je nach Art sind sie in verschiedenen Nahrungsmitteln enthalten.

Muskeln
Die Knochen werden von den Muskeln bewegt. Diese können sich immer nur zusammenziehen, aber nicht aktiv strecken. Deshalb benötigen sie einen *Gegenspieler*, der sie dehnt (*Beuger* und *Strecker*).

Nährstoffe
Gruppe energiereicher Stoffe, die alle Lebewesen für ihre Lebensfunktionen benötigen. Man unterscheidet *Kohlenhydrate*, *Fette* und *Eiweiße*.

Nestflüchter
So nennt man neugeborene Säugetiere oder frisch geschlüpfte Vögel, die aufgrund ihres fortgeschrittenen Entwicklungsstandes den Ort ihrer Geburt bzw. ihres Schlupfes sofort verlassen können.

Nesthocker
Das sind junge Säugetiere oder Vögel, die bei der Geburt bzw. dem Schlüpfen noch unvollkommen entwickelt sind. Sie werden längere Zeit durch die Eltern betreut.

Organ
Ein aus kleineren Einheiten zusammengesetzter Körperteil eines Lebewesens, das entsprechend seines Baus spezielle Funktionen ausführt, z. B. Laubblatt, Lunge.

Pubertät
Der Zeitraum nach der Kindheit, in dem die geschlechtliche Reifung (Fortpflanzungsreife) des Jugendlichen erreicht wird. Während der *Pubertät* treten bei Mädchen und Jungen sichtbare Körperveränderungen auf.

Regelung
Aufrechterhalten eines bestimmten Zustandes gegenüber verändernd wirkenden Einflüssen.

Reiz
Eine Veränderung der Umwelt, die in einem Lebewesen eine Erregung auslöst. Ein Reiz kann z. B. durch Licht, Temperatur, Druck oder Stoffe bewirkt werden.

Reizbarkeit
Die Fähigkeit eines Organismus Reize aufnehmen und verarbeiten zu können. Die Reaktion auf einen Reiz äußert sich meist in Bewegung.

Samen
Es ist ein Verbreitungsorgan der Samenpflanzen, das den von einer Hülle geschützten Embryo und Nährstoffe enthält.

Sehne
Ausläufer eines Muskels, der am Knochen angewachsen ist

Sinnesorgane
Als „Antennen" zur Außenwelt dienen unsere Sinnesorgane: *Augen*, *Ohren*, *Nase*, *Zunge* und *Haut*. Sie sind empfindlich für Licht, Schall, Geruchsstoffe, Geschmacksstoffe, Druck und Wärme.

Skelett
Bei Wirbeltieren und Menschen ist das Skelett die Gesamtheit der Knochen des Lebewesens. Gelenke stellen bewegliche Verbindungen zwischen den Knochen dar.

Spermium
Es ist die männliche Fortpflanzungszelle.

Stärke
Stärke ist ein aus Traubenzuckereinheiten aufgebauter Nährstoff.

Steuerung
Im Unterschied zur *Regelung* die Beeinflussung der Richtung oder Intensität von Größen oder Vorgängen.

Stoffwechsel
Zum Stoffwechsel gehören alle Vorgänge, die mit der Aufnahme, Umwandlung und Abgabe von Stoffen durch ein Lebewesen verbunden sind.

Stromlinienform
Die *Stromlinienform* tritt in der Natur häufig bei Organismen auf, die sich mit hoher Geschwindigkeit in der Luft oder im Wasser fortbewegen können. Die Stromlinienform senkt den Luftwiderstand beim Fliegen und vor allem den Wasserwiderstand beim Schwimmen. Dadurch wird der Energiebedarf für die Fortbewegung des Tieres gering gehalten. Eine Stromlinienform haben viele Fische, Wale und Delfine und viele Vögel.

Transpiration
Regulierbare Wasserdampfabgabe durch die Spaltöffnungen der Samenpflanzen.

Verdauung
Die Verdauungsorgane beim Menschen sind *Mund*, *Speiseröhre*, *Magen*, *Dünndarm*, *Dickdarm*, *Enddarm* und *After*. Bei der Verdauung wird die Nahrung durch *Verdauungssäfte* in kleinste Teilchen zerlegt. Diese gelangen durch die Wände des Dünndarms in das Blut.

Vermehrung
Vermehrung ist die Erzeugung von Nachkommen auf geschlechtlichem oder ungeschlechtlichem Wege. Sie gehört zu den charakteristischen Kennzeichen des Lebens. Bei der Vermehrung übersteigt die Anzahl der Nachkommen die der Eltern.

Vitamin
Lebenswichtiger Wirkstoff, der vom menschlichen Körper nicht selbst gebildet werden kann, sondern mit der Nahrung aufgenommen werden muss. Durch einseitige Ernährung kann es zu Mangelerscheinungen oder Erkrankungen kommen. Man unterscheidet wasser- und fettlösliche Vitamine.

wechselwarm
Wechselwarme Tiere sind Tiere, deren Körpertemperatur unmittelbar von der Umgebungstemperatur abhängt (alle Tiere außer Vögel und Säugetiere).

weiblicher Zyklus
Darunter versteht man das regelmäßige Auftreten der Menstruation alle 20 bis 30 Tage.

Winterruhe
Dies ist ein verlängerter Ruheschlaf bei gleichbleibender Körpertemperatur und gleichbleibendem Stoffwechsel (z. B. beim Eichhörnchen).

Winterschlaf
So heißt ein Ruhezustand des Körpers einiger Säugetiere (z. B. des Igels) während der nahrungsarmen Winterzeit, wobei im Gegensatz zur Winterruhe alle Lebensfunktionen und die Körpertemperatur stark herabgesetzt werden.

Wirbellose
So nennt man alle Tiere, die im Gegensatz zu den Wirbeltieren keine Wirbelsäule haben. 90 % aller Tiere gehören zu den *Wirbellosen*. Zu ihnen zählen beispielsweise Ringelwürmer, Insekten und Schnecken.

Wirbeltiere
So bezeichnet man alle Tiere, die eine Wirbelsäule als zentrale Stütze des Körpers haben. *Wirbeltiere* sind alle Fische, Amphibien, Reptilien, Vögel und Säugetiere.

Zelle
Die kleinste Bau- und Funktionseinheit und damit der Grundbaustein aller Lebewesen. Sie hat alle Kennzeichen des Lebens.

Züchtung
Gezielte Fortpflanzung von Lebewesen durch den Menschen. Dabei hat der Mensch ein Züchtungsziel vor Augen (z. B. Kühe, die viel Milch geben sollen, oder Getreide, das einen besonders hohen Ertrag erbringt, usw.).

Zucker
In Wasser lösliche Kohlenhydrate. Sie dienen als schnell wirksame Energiequelle. Stärke wird im Zuge der Verdauung in Traubenzucker zerlegt. Je nach Herkunft unterscheidet man außerdem Fruchtzucker, Malzzucker, Rohrzucker usw.

Zwiebel
Pflanzliches Organsystem, das aus Speicherblättern, einer gestauchten Sprossachse und einer Stängelanlage besteht. Es dient der Pflanze zur Vermehrung und verleiht ihr die Fähigkeit, unter günstigen Entwicklungsbedingungen rasch auszutreiben.

Register

5-Schritt-Lesemethode 22

A
Ackersenf 186
Afterflosse 117
Alexandersittich 99
Allesfresser 51, 52, 66
Allesfressergebiss 51
Alphatier 32
Ambulocetus 79
Amphibien 127, 128, 130, 132, 144
Amphibienschutz 132
Amsel 98
Angepasstheit 97
Antibabypille 252
Apfel 201
Arbeiterin 154
Atemhöhle 175
Auerochse 49
Auftrieb 89, 116
Ausläufer 207
Außenskelett 151, 168
Austernfischer 102
Austreibungsphase 250
Auswertung 14

B
Bache 52
Backenzahn 31, 38, 49, 50, 55, 57, 66
Bakterium 48, 54
Bandscheibe 34
Bärlauch 207
Bartenwal 79
Biologisches Prinzip Fortpflanzung und Entwicklung 120
Biologisches Prinzip Information und Kommunikation 43
Biologisches Prinzip Stammesgeschichte und Verwandtschaft 233
Biologisches Prinzip Struktur und Funktion 67
Biologisches Prinzip Variabilität und Angepasstheit 97
Biologisches Prinzip Wechselwirkungen 57
Bauchflosse 116
Bauchmark, strickleiterförmiges 168
Baummarder 57
Beere 200
Befruchtung 30, 120, 126
Befruchtung, äußere 120, 126, 140
Befruchtung, innere 30, 65, 140
Belemniten 138
Beobachtungsprotokoll 11
Bergahorn 205
Bestäubung 198
Bestimmungsschlüssel 130, 205
Beuger 152
Beutesprung 38
Bewegung 9
Bewertung 25
Biene 198, 213
Bienenschwarm 154
Bienenstaat 154
Biologie 6
Blatt 186
Blattader 188
Blättermagen 49
Blinddarm 54
Blumenkohl 227
Blüte 187
Blutegel 181
Blütenachse 200
Blütenpflanze 186
Blütenröhre 210
Blutkreislauf, geschlossener 168, 178
Blutkreislauf, offener 152, 168, 170, 175
Bodenhaltung 110, 111
Bohnensamen 194
Border Collie 37
Borste 52
Brillenpinguin 77
Brustflosse 116
Brutpflege 40
Brutzelle 158
Buchfink 103
Bulle 46
Buntspecht 94
Bürzeldrüse 97
Buschwindröschen 206

C
Chloroplast 188

D
Dämmerungsjäger 39, 64
Delfin 78
Deutsch Drahthaar 37
Diplodocus 139
Dolde 212
Doldengewächs 208, 212, 220, 233
Dotterkugel 106
Dottersack 120
Drohn 154
Drohnenschlacht 155
Dromedar 75
Durodon 79

E
Eber 50
Eberesche 205
Echoortung 64
Eckzahn 31, 38, 49, 50, 55, 66
Ei, Vogel 106
Ei, Reptil 135
Eichhörnchen 56
Eidechse 134
Eierstock 244
Eileiter 244
Eisbär 74
Eisprung 246
Eiweiß 35
Eizahn 108, 135
Eizelle 30, 244
Ejakulation 243
Elefant 72
Elefant, Afrikanischer 72
Embryo 108, 249
Energiereserve 75
Energieumwandlung 35
Entenvogel 96
Entwicklung 8
Erdbeere 201
Erdkröte 132
Erdspross 206
Esche 205
Experiment 14

F
Fächertracheen 170
Fangbein 160
Fangspirale 171
Fangzahn 38
Feder 86
Feldhase 62
Fell 30
Ferkel 50
Fett 35
Fettwiese 208
Fetus 249
Feuchtlufttier 178
Feuersalamander 130
Finne 78
Fisch 144
Fischchen 166
Fischsaurier 138
Fischtreppe 123
Fledermaus 64
Fleischfresser 66
Fleischfressergebiss 31, 38, 67
Flipper 78
Flosse 76, 78, 116, 117
Fluchttier 54
Flugfrucht 228
Flugmuskulatur, direkte 164
Flugmuskulatur, indirekte 165
Flugmuskulatur Vogel 86
Fluke 78
Fohlen 54
Fortpflanzung 8, 140, 120
Fortpflanzung, geschlechtliche 198
Fortpflanzung, ungeschlechtliche 223
Fotosynthese 188
Freilandhaltung 110, 111
Fremdbestäubung 198
Frischling 52
Froschlurch 130

Frucht 187, 200
Fruchtblase 249
Früchteverbreitung 228
Fruchtfleisch 199
Fruchtknoten 187, 200
Fruchtwasser 249
Frühblüher 206
Fühler 150
Funktionsmodell 16

G

Gartenbohne 194
Garten-Kreuzspinne 170
Gebärmutter 244
Gebärmuttermund 250
Gegenspielerprinzip 152, 164
Gehäuse 174
Gelbbauchunke 130
Gelenk 34
Geschlechtsmerkmal, primäres 242, 244
Geschlechtsmerkmal, sekundäres 242, 244
Geschlechtsverkehr 248
Getreide 216
Gewölle 92, 93
Giftdrüse 137
Giftklaue 170
Glatthafer 208, 214
gleichwarm 30, 68, 78, 77
Gleitflug 91
Gliederbein 150
Gliederfüßer 150
Glucke 108
Golden Retriever 37
Goldfisch 121
Goldhamster 45
GOODALL, JANE 10
Gottesanbeterin 160
Granne 214
Gräte 116
Greifvogel 103
Griffel 187
Großer Abendsegler 64
gründeln 97
Grundgerüst 171
Grünkohl 226
Gürtel 179

H

Hagelschnur 106
Hahn 108
Hahnenfuß 208
Hahnenfuß-Scherenbiene 158
Hainbuche 205
Hakenschnabel 103
Halm 214
Haselnuss 201, 205
Hauer 52
Haussperling 104
Haut 141
Hautatmung 129
Hautflügler 167
Hautmuskelschlauch 178
Häutung 162
Hengst 54
Henne 108
Herbarium 204
Herz 35
Hetzjäger 32
Heupferd 163
Heuschrecke 160, 166
Hilfsspirale 171
Hirse 217
Hochzeitsflug 155
Hoden 242
Hodensack 242
Holzbock 173
Honigbiene 150—157
Honigbiene, Fortpflanzung 155
Honigbiene, Tanzsprache 156
Hormon 242, 244
Horn 86
Huftier 54
Huhn 108
Hühnerei 106
Hühnerhaltung 110
Hummel 211
Hund 42
Hundehaltung 28
Hunderasse 36
Hündin 30
Hydroskelett 174, 178
Hypothese 14

I

Identität 240
Igel 60
Innenskelett 168
Insekt 150, 168, 182
Insekten, Entwicklung 162
Insektenflug 164
Insektenfresser 59, 67
Insektenfressergebiss 59, 60
Insektenvielfalt 166
Iod-Kaliumiodid-Lösung 225

J

Jungfernhäutchen 245

K

Käfer 167
Kalb 46
Kaltblüter 55
Kältestarre 69, 128, 175
Kammmolch 130
Kaninchen 63
Kapillare 35, 118
Karpfen 116
Kartoffel 222, 224
Katze 38, 40, 42
Katzenkralle 41
Kaulquappe 126
Keiler 52
Keim 248
Keimling 194
Keimscheibe 106
Keimstängel 194
Keimung 194
Keimwurzel 194
Kelchblatt 187
Kernbeißer 102
Kernfrucht 200
Kiefertaster 170
Kieferzange 170
Kiemen 118, 126, 142
Kiemen, äußere 126, 142
Kiemen, innere 142
Kiemenblättchen 118
Kiemenbogen 118
Kiemenbüschel 142
Kiemendeckel 118
Kiemenkapillare 118
Kiemenlamelle 142
Kirschblüte 198
Kirsche 198
Kitzler 244
Klammerbein 160
Klatschmohn 228, 230
Kleiner Fuchs 162
Kleingruppenkäfighaltung 110, 111
Klettenfrucht 228
Kletten-Labkraut 228
Kletterfuß 94
Kloake 106
Knäuelgras 208
Knochen 34
Kobel 56
Kohl 226
Kohlenhydrat 35
Kohlenstoffdioxid 118, 126, 188
Kohlrabi 227
Kokon 171, 179
Komplexauge 150
Kondom 252
Königin 154
Kontrollexperiment 196
Kopflaus 160
Korbblütengewächs 213, 233
Körperschleife 35
Kreisdiagramm 21
Kreuzblütengewächs 226, 232
Kreuzotter 137
Kreuzspinne 170
Kronblatt 187
Küken 108
Kulturfolger 61, 63
Kurvendiagramm 20

L

Labmagen 49
Lachs 122
Laich 120, 126, 132
Laichaufstieg 122
Landwirbeltier 136
Langhaarcollie 36
Längsmuskelschicht 178
Larve 126, 129

Register

Laubbaum 202
Laubblatt 188
Laubfrosch 130
Laubwald 202
Lavendel 221
lebendgebärend 31
Lebensraum 202, 208
Legehenne 109
Leitbündel 190
Libelle 164, 166
Lippenblütengewächs 211, 221, 232
Lockfrucht 228
Löwenzahn 208, 213, 228, 230
Luftsack 143
Lunge 78, 127, 128, 136, 142
Lungenbläschen 35
Lungenschleife 35
Lupe 12

M

Magerwiese 209
Mahd 208
Mahlzahn 66
Mais 216
Masthähnchen 109
Mauereidechse 134, 136
Mauersegler 100, 103
Maulwurf 58
Mäusebussard 90, 102
Meerschweinchen 45
Mehlkäfer 169
Mehlkäferzucht 169
Mehlkörper 216
Meißelschnabel 94
Menschenaffe 70
Menstruation 245
Menstruationsblutung 246
Metamorphose 126, 128
Milbe 172
Milchkuh 47
Mind-Map 19
Mineralstoff 186
Mönchsgrasmücke 102
Mundwerkzeuge 151, 161
Muskel 34
Mutterknolle 222
Muttermilch 30

N

Nabelschnur 249
Nachgeburt 250
nachtaktiv 57
Nadelbaum 203
Nadelwald 202
Nagetier 56
Nagezahn 56, 67
Nährstoff 35
Narbe 187
Nebenhoden 242
Nektar 198
Nelkengewächs 210, 232
Nervensystem, zentrales 168
Nestflüchter 62, 109
Nesthocker 40, 56
Netzbau 170
Netzmagen 49
Nisthilfe 159
Nussfrucht 201

O

Obst 218
Orang-Utan 70
Orgasmus 243, 244

P

Paarhufer 49
Pakicetus 79
Pansen 49
Penis 242
Pferd 54
Pflanzenfamilien 232
Pflanzenfresser 48, 54, 66
Pflanzenfressergebiss 55, 66
Pflanzenorgan 186, 188
Pfropfen 218
Pille 252
Plazenta 249
Pollen 187, 198
Prinzip der Oberflächenvergrößerung 35
Prognose 14
Prostata 242
Protokoll 15
Pteranodon 139
Pubertät 240
Puppenstadium 163

Q

Quellung 194

R

Radula 174
Rangordnung 32
Recherchieren 18
Referat 23
Regenwurm 178—180
Reis 217
Reißzahn 31, 38, 67
Reizbarkeit 8
Reptil 134, 136, 145
Revier 32, 98
Rind 46
Ringelnatter 136
Ringelwurm 178, 181, 182
Ringmuskelschicht 178
Robbe 76
Röhrenknochen 86
Röhrentracheen 170
Rosengewächs 218, 232
Rosenkohl 227
Rotbuche 202, 205, 230
Rote Lichtnelke 210
Rotte 52
Rückenflosse 78, 116
Rüde 30
Rudel 28, 32
Ruderflug 91
Ruderschwanz 126
Rundtanz 156
Rüttelflug 90

S

Samen 187
Samenruhe 194
Samenverbreitung 228
Sammelbein 160
Sammelfrucht 201
Sandlaufkäfer 160
Sasse 62
Sau 50
Sauerstoff 118, 126, 188
Säugetiermerkmale 30, 40, 42, 145
Säugling 251
Säulendiagramm 21
Saurier 138
Schäferhund 37
Schalenhaut 106
Schamlippe, große 244
Schamlippe, kleine 244
Scharbockskraut 207
Scheide 244
Schlammröhrenwurm 181
Schlange 136
Schleichjäger 38, 42
Schleuderfrucht 228
Schmetterling 167
Schmetterlingsraupe 162
Schnecke 174—177
Schnecken bestimmen 177
Schneidezahn 31, 38, 49, 50, 55, 57, 66
Schnurrhaare 39
Schuppe 116
Schwänzeltanz 157
Schwanzflosse 78, 117, 121
Schwanzlurch 130
Schwarte 52
Schwarzerle 205
Schwebfliege 165, 212
Schwein 50, 53
Schwimmblase 116
Schwimmfuß 96
Segelflug 91
Segment 178
Sehne 35
Seihschnabel 97
Sichelbein 58
Siebenschläfer 69
Siebröhre 188, 190
Silberkarausche 121
Skelett 31, 38, 40, 59, 116
Skorpion 172
Sorte 226
Spaltöffnung 188
Spelze 214
Sperma 243
Spermaerguss 243
Spermien 242
Spermienleiter 242
Spermientasche 175, 179
Spermienzelle 30
Spinne 182
Spinnenmerkmale 170
Spinnentier 170, 172

280

Spitzahorn 205
Springkraut 228
Spross 186
Sprossknolle 222
Sprungbein 160
Stachelkleid 60
Standvogel 104
Stängel 186, 190
Stärke 189, 225
Stärkenachweis 225
Staubblatt 187
Steckbrief 45
Stegosaurus 139
Steinhummel 158
Stempel 187
Steppenelefant 72
Stereolupe 12
Stieleiche 205
Stier 46
Stocherschnabel 102
Stockente 96, 102
Stoffwechsel 9
Strecker 152
Streufrucht 228
Streuobstwiese 219
Strickleiternerven-system 153
Stromlinienform 76
Strukturmodell 16
Stute 54
Stützschwanz 94
Süßgräser 214

T

Tabelle 20
Teichmolch 128, 130
Tochterknolle 222
Trachee 153, 188, 190
Tracheenatmung 153
Transpiration 188
Traubeneiche 205
Trichterorgan 106
Tyrannosaurus 139

U

Überwinterung 230, 231
Unpaarhufer 54
Urinsekt 166

V

Variabilität 36, 71, 121
Velociraptor 139
Verdauung 48
Verhütung 252
Verlaufsschema 21
Vermutung 14
Verpuppung 162
Verwandlung, unvollständige 163
Verwandlung, vollständige 162
Vogelbeere 228
Vogelflug 86
Vogellunge 143
Vogelmerkmale 144
Vogelzug 100
Vollblüter 55
VON FRISCH, KARL 156

W

Wachstum 8
Wal 78
Waldkauz 92
Waldkiefer 203
Wald-Veilchen 207
Wanderfisch 122
Wanze 166
Warmblüter 55
Wasserfrosch 126
Weberknecht 172
wechselwarm 116, 127, 134, 136
Wehe 250
Weichtier 174
Weide 48, 209
Weinbeere 200
Weinbergschnecke 174
Weißbirke 205
Weißkohl 227
Weißstorch 104
Weizen 216
Weizenkorn 216
Wellensittich 45
Welpe 28, 30
Wiesen-Bärenklau 208, 212
Wiesenkerbel 208
Wiesensalbei 211, 231
Wildbiene 158
Wildbienenschutz 159
Wildkohl 226
Wildschwein 52
Windbestäubung 214
Winteraktivität 68
Winterruhe 57, 68
Winterschlaf 61
Wirbelsäule 17, 34
Wirbeltier 40, 116, 144
Wolf 32, 34
Wollschwein 53
Wurzel 186, 188, 190, 192, 207
Wurzelhaar 192
Wurzelknolle 207

Z

Zahnwal 79
Zapfen 203
Zecke 173
Zitze 30, 40, 51, 65
Züchtung 36, 53, 223
Zucker 188, 200
Zugvogel 104
Zweiflügler 167
Zwiebel 207
Zwitter 175
Zyklus, weiblicher 246

Bildnachweis

U1.1 plainpicture GmbH & Co. KG (Christoph Eberle), Hamburg; **2.1** plainpicture GmbH & Co. KG (Folio Images), Hamburg; **2.2** Corbis (Philip Harvey), Düsseldorf; **3.1** Fotolia.com (Peter Schlauderer), New York; **3.2** Thinkstock (iStockphoto), München; **3.3** plainpicture GmbH & Co. KG (Folio Images/Jakob Lindberg), Hamburg; **3.4** ddp images GmbH (Naturfoto-Online/St. Ernst), Hamburg; **4.1** PantherMedia GmbH (Michael Günzel), München; **4.2** plainpicture GmbH & Co. KG (Briljans/Torbjörn Skogedal), Hamburg; **4.3** Getty Images RF (Radius Images), München; **4.4** plainpicture GmbH & Co. KG (Pictorium), Hamburg; **5.1** Getty Images (Stone/Camille Tokerud), München; **5.2** Fotolia.com (Dalia Drulia), New York; **6.1** Geoatlas, Hendaye; **6.2** iStockphoto (FredFroese), Calgary, Alberta; **6.3** f1 online digitale Bildagentur (David & Micha Sheldon), Frankfurt; **6.4** Getty Images (Workbook Stock/Jake Wyman), München; **7.1** Fotolia.com (Julius Kramer), New York; **7.2** Fotolia.com (Romano72), New York; **7.3** Fotolia.com (Nadine Haase), New York; **7.4**; **7.8** Thinkstock (iStockphoto), München; **7.5** PantherMedia GmbH (Michal Boubin), München; **7.6** Fotolia.com (artjazz), New York; **7.7** plainpicture GmbH & Co. KG (Mira), Hamburg; **8.1** Imago (Arco Images), Berlin; **8.2** Picture-Alliance (Arco Images GmbH/Pfeiffer, J.), Frankfurt; **8.3** Fotolia.com (majtas), New York; **8.4** Getty Images (Photographer's Choice/Georgette Douwma), München; **8.5** Fotolia.com (nightfly84), New York; **8.6** Getty Images (Photo Researchers/Martin Shields), München; **9.1** Peter Widmann, Photodesign, Tutzing; **9.2** Okapia (Sohns), Frankfurt; **9.3** Avenue Images GmbH (OJO/Adam Gault), Hamburg; **9.4** dreamstime.com (Mille19), Brentwood, TN; **9.5** Imago (blickwinkel), Berlin; **9.6** PantherMedia GmbH (S. Munsch), München; **10.1** ddp images GmbH (dapd/Sebastian Willnow), Hamburg; **10.2** Getty Images (Michael Nichols/National Geographic), München; **10.3** VISUM Foto GmbH (Andy Rouse/Photoshot), Hamburg; **12.1** CC-BY-SA-3.0 (Kristian Peters — Fabelfroh), siehe *3; **12.2** Corbis (Dr. Arthur Siegelman/Visuals Unlimited), Düsseldorf; **13.3** Okapia (J. C. Révy/ISM), Frankfurt; **14.1** WILDLIFE Bildagentur GmbH (JUNIORS), Hamburg; **16.1** Mauritius Images (Nikky), Mittenwald; **16.2** iStockphoto (ericsphotography), Calgary, Alberta; **16.3** Klett-Archiv (Alexander Maier), Stuttgart; **17.4**; **17.5** Klett-Archiv (Sarah Galinski), Stuttgart; **18.1** all images direct (Jochen Tack), Deisenhofen; **22.1** shutterstock (PHOTO FUN), New York, NY; **23.1** Klett-Archiv (Hans-Jürgen Seitz), Stuttgart; **24.1** Klett-Archiv (Michael Maiworm), Stuttgart; **26.1** plainpicture GmbH & Co. KG (Folio Images), Hamburg; **26.2** Corbis (Philip Harvey), Düsseldorf; **27.1** plainpicture GmbH & Co. KG (Agripicture), Hamburg; **27.2** iStockphoto (Rickochet), Calgary, Alberta; **28.1** Getty Images (Westend61), München; **28.2** iStockphoto (Ljupco), Calgary, Alberta; **29.3a** Getty Images (E+/iztok noc), München; **29.3b** Thinkstock (Hemera), München; **30.1** WILDLIFE Bildagentur GmbH (Juniors Bildarchiv/Biosphoto/J.-L. Klein & M.-L. Hubert), Hamburg; **31.3** Thinkstock (iStockphoto), München; **32.1** Okapia (Terry Whittaker-FLPA/Imagebroker), Frankfurt; **33.3** Getty Images (Flickr Select/Jeffrey L. Jaquish ZingPix), München; **34.1** Imago (blickwinkel), Berlin; **37.1** Fotolia.com (Jon Turner), New York; **37.2** Imago (imagebroker), Berlin; **37.3** shutterstock (amidala76), New York, NY; **37.4** shutterstock (PHB.cz (Richard Semik)), New York, NY; **38.1** Ullstein Bild GmbH (fotofeeling. com), Berlin; **39.4** Fotolia.com (Sergey Tokarev), New York, NY; **40.1** Fotolia.com (Carola Schubbel), New York; **41.1** Biosphoto (Sébastien Herent), Berlin; **42.1** Alamy Images (Konrad Zelazowski), Abingdon, Oxon; **43.1** shutterstock (Iurii Konoval), New York, NY; **43.2** Ullstein Bild GmbH (imagebroker. net/Konrad Wothe), Berlin; **44.1** Okapia (Michel Gunther/BIOS), Frankfurt; **45.1** Imago (Arco Images), Berlin; **45.2** Corbis (James Hager/Robert Harding World Imagery), Düsseldorf; **45.3** Picture-Alliance (Bildagentur Huber/Maier Robert), Frankfurt; **46.1** Getty Images RF (C. Sherburne/PhotoLink), München; **46.2** Keystone (Jochen Zick), Hamburg; **47.3** VISUM Foto GmbH (Andia), Hamburg; **48.1** YOUR PHOTO TODAY (EAB), Taufkirchen; **49.4** akg-images (Alain Le Toquin), Berlin; **50.1** ddp images GmbH (Sebastian Willnow), Hamburg; **51.3** Imago (Rainer Weisflog), Berlin; **52.1** Mauritius Images (Hans Reinhard), Mittenwald; **53.1** Picture-Alliance (dpa/Norbert Försterling), Frankfurt; **53.2** shutterstock (Botond Horváth), New York, NY; **54.1** Fotolia.com (cauremar), New York; **56.1** Mauritius Images (Alamy/tbkmedia.de), Mittenwald; **56.2** Imago (imagebroker), Berlin; **57.4** Fotolia.com (sduben), New York; **58.1** Getty Images (The Image Bank/Guy Edwardes), München; **60.1** CC-BY-SA-3.0 (Gibe), siehe *3; **61.4** Getty Images (GAP Photos/Fiona Lea), München; **62.1** Okapia (Bernd Lamm), Frankfurt; **62.2** Picture-Alliance (Evolve/Photoshot/Manfred Danegger), Frankfurt; **62.3** Okapia (Harald Lange), Frankfurt; **63.4** Getty Images (Photo Researchers/Scott Camazine), München; **63.5** Corbis (Wim Weenink/Foto Natura/Minden Pictures), Düsseldorf; **64.1** Nill, Dietmar, Mössingen; **66.2** Ullstein Bild GmbH (NTPL), Berlin; **67.3** Corbis (Ragnar Schmuck), Düsseldorf; **67.Rd.** Thinkstock (iStockphoto), München; **68.1** shutterstock (Bruce MacQueen), New York, NY; **68.2** Getty Images (Taxi/Mark Hamblin), München; **69.3** Picture-Alliance (WILDLIFE/S.Muller), Frankfurt; **70.1** Getty Images (Zoonar), München; **71.3** Mauritius Images (Alamy/Aurora Photos/Peter Essick), Mittenwald; **72.1** Thinkstock (iStockphoto), München; **73.1** Picture-Alliance (dpa/Ronald Wittek), Frankfurt; **74.1** shutterstock (Maxim Kulko), New York, NY; **76.1** Corbis (Suzi Eszterhas/Minden Pictures), Düsseldorf; **77.5** Picture-Alliance (WILDLIFE/S.Eszterhas), Frankfurt; **78.1** shutterstock (Sergey Popov V), New York, NY; **78.2** Fotolia.com (Cristina Bernhardsen), New York; **80.1a** PantherMedia GmbH (Wolfgang Dufner), München; **80.1b** Thinkstock (iStockphoto), München; **80.2** iStockphoto (Gannet77), Calgary, Alberta; **82.4** Corbis (Stephen Dalton/Minden Pictures), Düsseldorf; **82.6** Limbrunner, Alfred, Dachau; **83.8** Fotolia.com (wrobel27), New York; **83.9** BigStockPhoto.com (kissesfromholland), Davis, CA; **83.11** Imago (blickwinkel), Berlin; **84.1** Getty Images (age fotostock/Louise Murray), München; **84.2** Fotolia.com (Peter Schlauderer), New York; **85.1** Juniors Bildarchiv (H. Schmidbauer), Hamburg; **85.2** Thinkstock (iStockphoto), München; **88.1** Klett-Archiv, Stuttgart; **90.1** laif (Etienne SIPP/JACANA), Köln; **90.2** Okapia (Mathias Schäf), Frankfurt; **92.2** dreamstime.com (Simon Whitehouse), Brentwood, TN; **93.1** shutterstock (Dr. Morley Read), New York, NY; **94.1** Picture-Alliance (WILDLIFE/R.Hoelzl), Frankfurt; **96.1** shutterstock (Daniel Alvarez), New York, NY; **97.3** Fotolia.com (mowitsch), New York; **98.1** PantherMedia GmbH (Ueli Bögle), München; **98.2** TOPICMedia (N. Schwirtz), Putzbrunn; **99.4** Ullstein Bild GmbH (CARO/Richard Wareham), Berlin; **100.1** Arco Images GmbH (M. Delpho), Lünen; **100.2** Limbrunner, Alfred, Dachau; **101.3** Imago (blickwinkel), Berlin; **102.1a** shutterstock (Rick Wylie), New York, NY; **102.1b** PantherMedia GmbH (Roland Vogel), München; **102.1c** ddp images GmbH, Hamburg; **102.1d** Fotolia.com (FotoWorx), New York; **102.1e** Imago (blickwinkel), Berlin; **103.2** Fotolia.com

(K.-U. Häßler), New York; **104.1** shutterstock (Geanina Bechea), New York, NY; **104.2** Picture-Alliance (Photoshot), Frankfurt; **107.1** Getty Images (Dorling Kindersley/Howard Shooter), München; **108.1** Fotolia.com (marina kuchenbecker), New York; **108.2** Okapia (Harald Lange), Frankfurt; **109.3** KAGFreiland, St. Gallen; **110.1** iStockphoto (Tony Campbell), Calgary, Alberta; **111.1** iStockphoto (matteo-destefano), Calgary, Alberta; **111.2** shutterstock (Enrico Jose), New York, NY; **112.2a** Fotolia.com (FotoWorx), New York; **112.2b** Imago (blickwinkel), Berlin; **113.2** Imago (blickwinkel), Berlin; **114.1** plainpicture GmbH & Co. KG (Bildhuset), Hamburg; **114.2** plainpicture GmbH & Co. KG (Folio Images/Jakob Lindberg), Hamburg; **115.1** ddp images GmbH (Naturfoto-Online/St. Ernst), Hamburg; **115.2** Fotolia.com (Matteo), New York; **116.1** Corbis (Christian GUY/imagebroker), Düsseldorf; **123.1** Okapia (Wet Waders/Alaska Stock), Frankfurt; **123.2** Imago (STL), Berlin; **124.1** Corbis (Natalie Fobes), Düsseldorf; **126.1** Past, Dieter, Hof; **127.2a** Fotolia.com (Martina Berg), New York; **127.2b** Mauritius Images (Alamy/Derek Croucher), Mittenwald; **127.2c** Getty Images (Visuals Unlimited, Inc./Thomas Marent), München; **127.2d** Corbis (Thomas Marent/Minden Pictures), Düsseldorf; **128.1** dreamstime.com (Holger Leyrer), Brentwood, TN; **129.1** CC-BY-SA-3.0 (Piet Spaans, CC BY-SA 2.5), siehe *3; **131.1a** Helga Lade Fotoagentur (Lange), Frankfurt; **131.1b** Fotolia.com (M. R. Swadzba), New York; **131.1c** Mauritius Images (Alamy/FLPA), Mittenwald; **131.1d** Picture-Alliance (Helga Lade/Lange), Frankfurt; **131.1e** Picture-Alliance (WILDLIFE/K.Bogon), Frankfurt; **131.1f** Fotolia.com (Fotografik), New York; **131.1g** Imago (blickwinkel), Berlin; **131.1h** Ullstein Bild GmbH (Cuveland), Berlin; **132.1** Fotolia.com (Gerken & Ernst), New York; **132.2** Fotolia.com (ThKatz), New York; **133.4** Picture-Alliance (WILDLIFE/K.Salchow), Frankfurt; **133.6** Imago (Hubert Jelinek), Berlin; **134.1** Picture-Alliance (Arco Images GmbH/Wermter, C.), Frankfurt; **135.3** Zawadzki, Mike, Hamburg; **136.1** shutterstock (JASON STEEL), New York, NY; **136.2** Getty Images (Peter Arnold/Sylvain Cordier), München; **137.3** Thinkstock (iStockphoto), München; **138.1** Staatliches Museum für Naturkunde, Stuttgart; **138. Rd.** Corbis (John Cancalosi/National Geographic Society), Düsseldorf; **140.1** Imago (blickwinkel), Berlin; **140.2** Fotolia.com (Fotografik), New York; **140.3** Mauritius Images (Manfred Rutz), Mittenwald; **141.1** Imago (imagebroker), Berlin; **141.2** Fotolia.com (Eric Gevaert), New York; **142.1** Picture-Alliance (WILDLIFE/W.Poelzer), Frankfurt; **142.2** Imago (blickwinkel), Berlin; **143.3** Alamy Images (Steve Bloom Images), Abingdon, Oxon; **144.1a** Ullstein Bild GmbH (Winfried Schäfer), Berlin; **144.1b** Thinkstock (iStockphoto), München; **144.1c** Fotolia.com (JGade), New York; **144.1d** Fotolia.com (Frédéric Prochasson), New York; **144.2a** Okapia (Carsten Braun), Frankfurt; **144.2b; 144.3a** Imago (blickwinkel), Berlin; **144.2c** Fotolia.com (Luna Vandoorne), New York; **144.3b** Okapia (Hans Reinhard), Frankfurt; **145.1a** Thinkstock (istockphoto), München; **145.1b** SeaTops (N. Probst), Neumagen-Dhron; **145.1c** Fotolia.com (bierchen), New York; **145.1d** Fotolia.com (Hedrus), New York; **145.2a** Tierbildarchiv Angermayer (Hans Pfletschinger), Holzkirchen; **145.2b** Fotolia.com (Andreas Ryser), New York; **145.2c** Okapia (Ingo Arndt/SAVE), Frankfurt; **146.1** Thinkstock (iStockphoto), München; **146.2** Okapia (Wet Waders/Alaska Stock), Frankfurt; **146.3** Ullstein Bild GmbH (imagebroker.net/Thomas Vinke), Berlin; **147.2** Thinkstock (iStockphoto), München; **147.3** Okapia (Alan Root), Frankfurt; **147.4** PantherMedia GmbH (Daniel Steg), München; **148.1** Mauritius Images (Fritz Rauschenbach), Mittenwald; **148.2** Thinkstock (Hemera), München; **149.1** PantherMedia GmbH (Michael Günzel), München; **149.2** plainpicture GmbH & Co. KG (Briljans/Torbjörn Skogedal), Hamburg; **150.1** Fotolia.com (Patrizia Tilly), New York; **150.3** Mauritius Images (Alamy/John Kimbler/Tom Stack & Associates), Mittenwald; **153.4** Getty Images (Visuals Unlimited/Nigel Cattlin), München; **154.1** Getty Images (E+/Alexandru Magurean), München; **156.1** Okapia (NAS/Scott Camazine), Frankfurt; **158.1** Klett-Archiv (Alexander Maier), Stuttgart; **158.2; 158.3** Westrich, Paul, Kusterdingen; **159.4** Klett-Archiv (Alexander Maier), Stuttgart; **160.1** Imago (blickwinkel), Berlin; **162.2** PantherMedia GmbH (Marek Swadzba), München; **163.4** PantherMedia GmbH (Cosmin Manci), München; **164.1** PantherMedia GmbH (Andreas Lippmann), München; **165.3** Fotolia.com (helphot), New York; **167.1a** PantherMedia GmbH (Ingrid Koch), München; **167.1b** laif (Gilles MARTIN/JACANA), Köln; **167.1c** Ullstein Bild GmbH (imagebroker. net/Digfoto), Berlin; **167.1d** PantherMedia GmbH (Herbert Reimann), München; **168.1a** dreamstime.com (Mike Carlson), Brentwood, TN; **168.1b** shutterstock (alslutsky), New York, NY; **170.1** iStockphoto (Oksana Struk), Calgary, Alberta; **171.4** PantherMedia GmbH (Wolfgang Staib), München; **172.1** Imago (blickwinkel), Berlin; **172.2** Fotolia.com (Bruce MacQueen), New York; **172.3** Biosphoto (Gunther Michel), Berlin; **172.4** FOCUS (Meckes/Ottawa/eye of science), Hamburg; **173.1a** Okapia (James H. Robinson/OSF), Frankfurt; **173.1b** Picture-Alliance (OKAPIA KG/Roland Günter), Frankfurt; **173.2** Corbis (Visuals Unlimited), Düsseldorf; **174.2** PantherMedia GmbH (Ralf Laesecke), München; **175.3** Fotolia.com (ArVis), New York; **175.4; 175.5** Tierbildarchiv Angermayer (Hans Pfletschinger), Holzkirchen; **176.1** Mauritius Images (Arthur Cupak), Mittenwald; **177.1** Klett-Archiv (Isabell Demuth), Stuttgart; **178.1** Keystone (Volkmar Schulz), Hamburg; **179.3** Corbis (R. Chittenden/Frank Lane Picture Agency), Düsseldorf; **179.4** Tierbildarchiv Angermayer (Hans Pfletschinger), Holzkirchen; **181.1** Mauritius Images (Phototake), Mittenwald; **182.1** shutterstock (Daniel Prudek), New York, NY; **183.1** Pott, Dr. Eckart, Stuttgart; **183.3a** shutterstock (fsquared limited), New York, NY; **183.3b** Klett-Archiv (Ulrich Kattmann), Stuttgart; **183.4** Blickwinkel (F. Hecker), Witten; **184.1** PantherMedia GmbH (gresei), München; **184.2** Avenue Images GmbH (DAJ), Hamburg; **185.1** Getty Images RF (Radius Images), München; **185.2** plainpicture GmbH & Co. KG (Pictorium), Hamburg; **186.1a** Imago (Liedle), Berlin; **186.1b** Mauritius Images (imagebroker), Mittenwald; **189.1; 189.2; 189.3; 189.4** Klett-Archiv (Alexander Maier), Stuttgart; **192.1** Thinkstock (iStockphoto), München; **193.1** iStockphoto (Vyacheslav Shramko), Calgary, Alberta; **194.2** Imago (Waldemar Boegel), Berlin; **198.1** Fotolia.com (yellow-hammer), New York; **199.2** Fotolia.com (Roman Ivaschenko), New York; **199.3** Biosphoto (Vernay Pierre), Berlin; **200.1** Fotolia.com (Dron), New York; **202.1** PantherMedia GmbH (Grzegorz Gust), München; **202.3** Imago (blickwinkel/C. Huetter), Berlin; **203.4** iStockphoto (Lisa Valder), Calgary, Alberta; **204.1** Klett-Archiv (Alexander Maier), Stuttgart; **206.2** iStockphoto (Pixelsatwork), Calgary, Alberta; **208.1** Klett-Archiv (Alexander Maier), Stuttgart; **209.2** Thinkstock (iStockphoto), München; **210.2** PantherMedia GmbH (Eberhard Starosczik), München; **211.1** Klett-Archiv (Alexander Maier), Stuttgart; **212.1** Klett-Archiv (Alexander Maier), Stuttgart; **213.1** Fotolia.com (Sigrid Cichocki), New York; **214.1** Biosphoto (FOTOFINDER-2.19255353.jpg), Berlin;

216.1 Okapia (Nigel Cattlin/Holt Studios), Frankfurt; **216.2** Okapia (Christian Grzimek), Frankfurt; **217.3** Okapia (Nigel Cattlin/Holt Studios), Frankfurt; **217.4** shutterstock (Damian Herde), New York, NY; **218.1** Thinkstock (istockphoto), München; **220.1** Fotolia.com (ExQuisine), New York; **220.2a** shutterstock (Gregory Gerber), New York, NY; **220.2b** PantherMedia GmbH (Monkeybusiness Images), München; **220.2c** Fotolia.com (Oliver Rüttimann), New York; **220.2d** PantherMedia GmbH (isuaneye), München; **221.1** Getty Images (Photolibrary/Tom Mcwilliam), München; **221.2** Fotolia.com (Marc LOBJOY), New York; **222.1** Thinkstock (Stockphoto), München; **223.1; 223.2; 223.3** Wirth, Prof. Jürgen, Dreieich; **224.1** BPK, Berlin; **224.2** Klett-Archiv (Alexander Maier), Stuttgart; **226.1** Imago (blickwinkel), Berlin; **228.1** Fotolia.com (Thaut Images), New York; **230.1** iStockphoto (Knaupe), Calgary, Alberta; **233.1** shutterstock (majeczka), New York, NY; **233.2** f1 online digitale Bildagentur (Imagebroker RF/Robert Seitz), Frankfurt; **233.3** shutterstock (iofoto), New York, NY; **233.4** shutterstock (samotrebizan), New York, NY; **233.5; 233.6** Klett-Archiv (Alexander Maier), Stuttgart; **236.3** Picture-Alliance (Arco Images), Frankfurt; **236.4** Fotolia.com (womue), New York; **237.9a** PantherMedia GmbH (Eberhard Starosczik), München; **237.9b** Klett-Archiv (Alexander Maier), Stuttgart; **237.9c** Biosphoto (FOTOFINDER-2.19255353.jpg), Berlin; **238.1** Avenue Images GmbH (Getty Images/Photodisc/Bruce Grenville Matthews), Hamburg; **238.2** plainpicture GmbH & Co. KG (Claudia Rehm), Hamburg; **239.1** Getty Images (Stone/Camille Tokerud), München; **239.2** Fotolia.com (Dalia Drulia), New York; **240.1** shutterstock (Goodluz), New York, NY; **240.2** Avenue Images GmbH (Banana Stock), Hamburg; **241.3a** laif (Bertrand Desprez/Agence VU), Köln; **241.3b** Corbis (Ocean), Düsseldorf; **241.3c** Picture-Alliance (Kati Jurischka), Frankfurt; **241.3d** Corbis (moodboard), Düsseldorf; **243.3** Corbis (Visuals Unlimited), Düsseldorf; **245.3** Scanpix (Lennart Nilsson), Stockholm; **247.3** Getty Images (Dorling Kindersley), München; **248.1** Getty Images (The Image Bank/Photoduo), München; **250.1** Mauritius Images (Mahrholz), Mittenwald; **251.1a** Jahreszeiten Verlag GmbH (Antje Anders für GuU), Hamburg; **251.1b** iStockphoto (Artyom Yefimov), Calgary, Alberta; **251.1c** Getty Images RF (Ableimages), München; **251.1d** f1 online digitale Bildagentur (UpperCut Images B), Frankfurt; **252.1** Getty Images (The Image Bank/Yellow Dog Productions), München; **252.2a** Mauritius Images (Uwe Umstätter), Mittenwald; **252.2b** Fotolia.com (Andreas F.), New York; **253.2** shutterstock (Ariwasabi), New York, NY; **256.1** Fotolia.com (FotoWorx), New York; **256.2** Fotolia.com (K.-U. Häßler), New York; **257.1** Imago (Arco Images), Berlin; **257.2** Fotolia.com (Thaut Images), New York; **258.1** Fotolia.com (Oleksiy Ilyashenko), New York; **258.2** Fotolia.com (Elenathewise), New York; **259.1** shutterstock (gnatuk), New York, NY; **259.2** Coverpicture (Lothar Hinz), Berlin; **259.3** Tierbildarchiv Angermayer (R. Schmidt), Holzkirchen; **260.1** Picture-Alliance (dpa/Norbert Försterling), Frankfurt; **260.2** Tierfoto Giel, Haßfurt; **260.3** f1 online digitale Bildagentur (Imagebroker RM/Christian Hütter), Frankfurt; **260.4** Masterfile Deutschland GmbH (foodanddrinkphotos), Düsseldorf; **261.1** Okapia (Deeble & Stone/OSF), Frankfurt; **261.2** Pott, Dr. Eckart, Stuttgart; **262.1** Corbis (AgStock Images), Düsseldorf; **263.1** Imago (blickwinkel), Berlin; **263.2** Okapia (Harald Lange), Frankfurt; **264.1** ddp images GmbH (Fotofeeling Fotofeeling), Hamburg; **264.2** Okapia (Hermeline/Cogis), Frankfurt; **264.3** Fotolia.com (Oleg Mitiukhin), New York; **264.4** shutterstock (majeczka), New York, NY; **265.1** shutterstock (Sergey Popov V), New York, NY; **266.1** Fotolia.com (Sergey Tokarev), New York; **266.2** Picture-Alliance (Arco Images GmbH/Rauschenbach, F.), Frankfurt; **267.1** Ullstein Bild GmbH (Michael Krabs), Berlin; **267.2** Fotolia.com (Martin N), New York

*3 Lizenzbestimmungen zu CC-BY-SA-3.0 siehe: http://creativecommons.org/licenses/by-sa/3.0/de/

Sollte es in einem Einzelfall nicht gelungen sein, den korrekten Rechteinhaber ausfindig zu machen, so werden berechtigte Ansprüche selbstverständlich im Rahmen der üblichen Regelungen abgegolten.

Gefahren und Experimente im Unterricht

Eine Naturwissenschaft wie Biologie ist ohne Experimente nicht denkbar. Auch in Natura 1 findet sich eine Reihe von Versuchen.

Experimentieren mit Chemikalien ist jedoch nie völlig gefahrlos. Deswegen ist es wichtig, vor jedem Versuch mit dem Lehrer die möglichen Gefahrenquellen zu besprechen. Insbesondere müssen immer wieder die im Labor selbstverständlichen Verhaltensregeln beachtet werden. Die Vorsichtsmaßnahmen richten sich nach der Gefahr durch die jeweils verwendeten Stoffe.

Die geltenden Richtlinien zur Vermeidung von Unfällen beim Experimentieren sind zu beachten.

Da Experimentieren grundsätzlich umsichtig erfolgen muss, wird auf die üblichen Verhaltensregeln und die Regeln für die Sicherheit und den Gesundheitsschutz beim Umgang mit Gefahrstoffen im Unterricht nicht bei jedem Versuch gesondert hingewiesen.

Beim Experimentieren muss immer eine Schutzbrille getragen werden.

Zu gefährlichen Stoffen und Gefahrensymbolen stellen wir Informationen mit dem oben genannten Natura-Code bereit.

Sicherheitshinweis
23w2zu

1. Auflage   1 5 4 3 2 1 | 17 16 15 14 13

Alle Drucke dieser Auflage sind unverändert und können im Unterricht nebeneinander verwendet werden.
Die letzte Zahl bezeichnet das Jahr des Druckes.
Das Werk und seine Teile sind urheberrechtlich geschützt. Jede Nutzung in anderen als den gesetzlich zugelassenen Fällen bedarf der vorherigen schriftlichen Einwilligung des Verlages. Hinweis § 52 a UrhG: Weder das Werk noch seine Teile dürfen ohne eine solche Einwilligung eingescannt und in ein Netzwerk eingestellt werden. Dies gilt auch für Intranets von Schulen und sonstigen Bildungseinrichtungen. Fotomechanische oder andere Wiedergabeverfahren nur mit Genehmigung des Verlages.

© Ernst Klett Verlag GmbH, Stuttgart 2013. Alle Rechte vorbehalten. www.klett.de

Autorinnen und Autoren: Katharina Baack, Claudia Dreher, Alexander Maier, Dr. Hans-Jürgen Seitz
Unter Mitarbeit von: Rüdiger Göbel, Ulrike Marx, Roman Remé

Redaktion: Rolf Strecker
Herstellung: Ingrid Walter

Layoutkonzeption und Gestaltung: KOMA AMOK®, Kunstbüro für Gestaltung, Stuttgart
Umschlaggestaltung: KOMA AMOK®, Kunstbüro für Gestaltung, Stuttgart
Illustrationen: Matthias Balonier, Lützelbach; Angelika Kramer, Stuttgart; Stefan Leuchtenberg, Augsburg; Karin Mall, Berlin; Otto Nehren, Achern; Ingrid Schobel, Illustration und Kartographie, München; Prof. Jürgen Wirth, Visuelle Kommunikation, Dreieich; Nora Wirth, Frankfurt

Reproduktion: Meyle + Müller, Medien-Management, Pforzheim
Druck: Firmengruppe APPL, aprinta druck, Wemding

Printed in Germany
ISBN 978-3-12-049211-5

Die schwersten Tiere

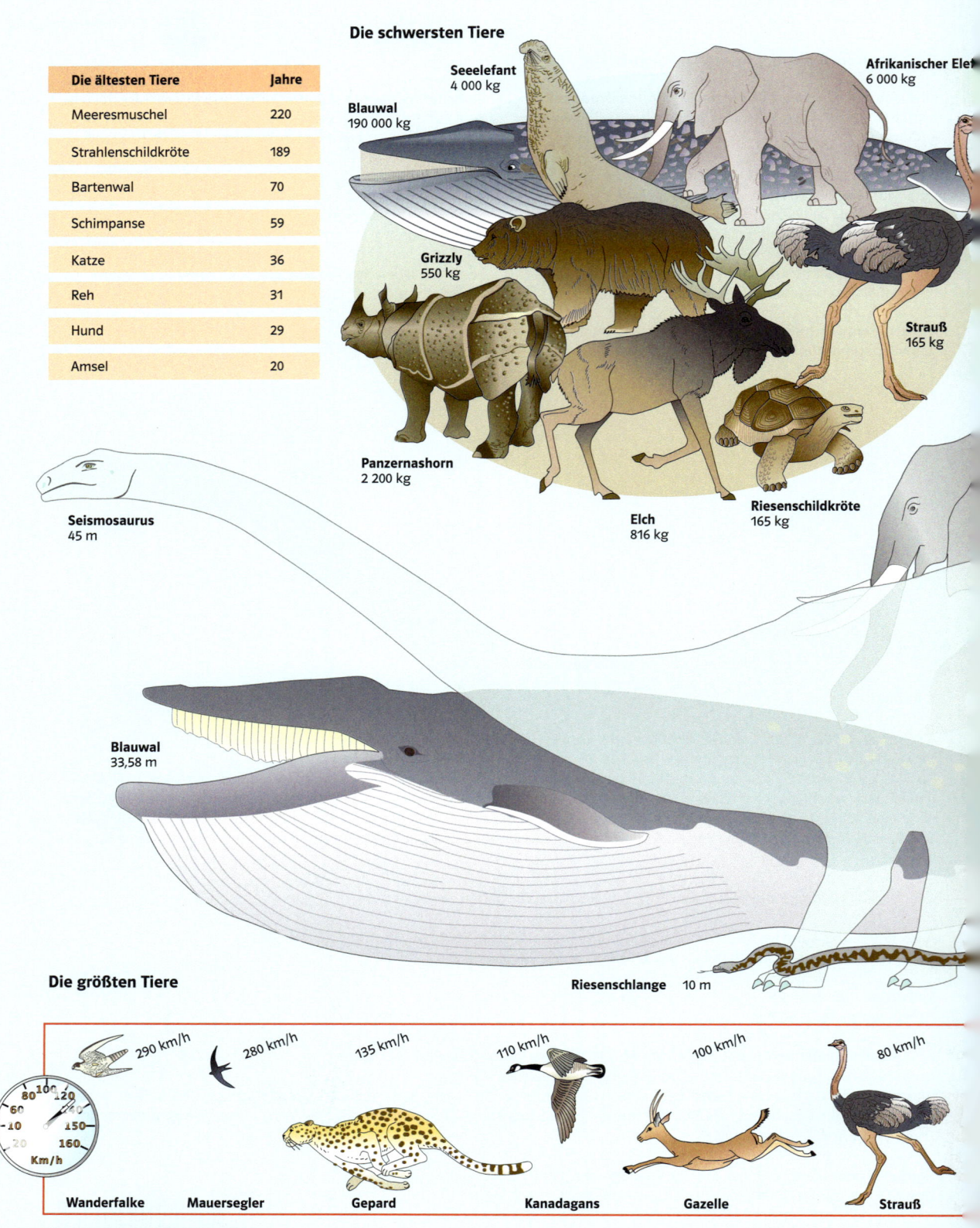

- Seeelefant 4 000 kg
- Blauwal 190 000 kg
- Afrikanischer Elefant 6 000 kg
- Grizzly 550 kg
- Strauß 165 kg
- Panzernashorn 2 200 kg
- Elch 816 kg
- Riesenschildkröte 165 kg

Die ältesten Tiere	Jahre
Meeresmuschel	220
Strahlenschildkröte	189
Bartenwal	70
Schimpanse	59
Katze	36
Reh	31
Hund	29
Amsel	20

Die größten Tiere

- Seismosaurus 45 m
- Blauwal 33,58 m
- Riesenschlange 10 m

Die Geschwindigkeit der Tiere

- Wanderfalke 290 km/h
- Mauersegler 280 km/h
- Gepard 135 km/h
- Kanadagans 110 km/h
- Gazelle 100 km/h
- Strauß 80 km/h

286

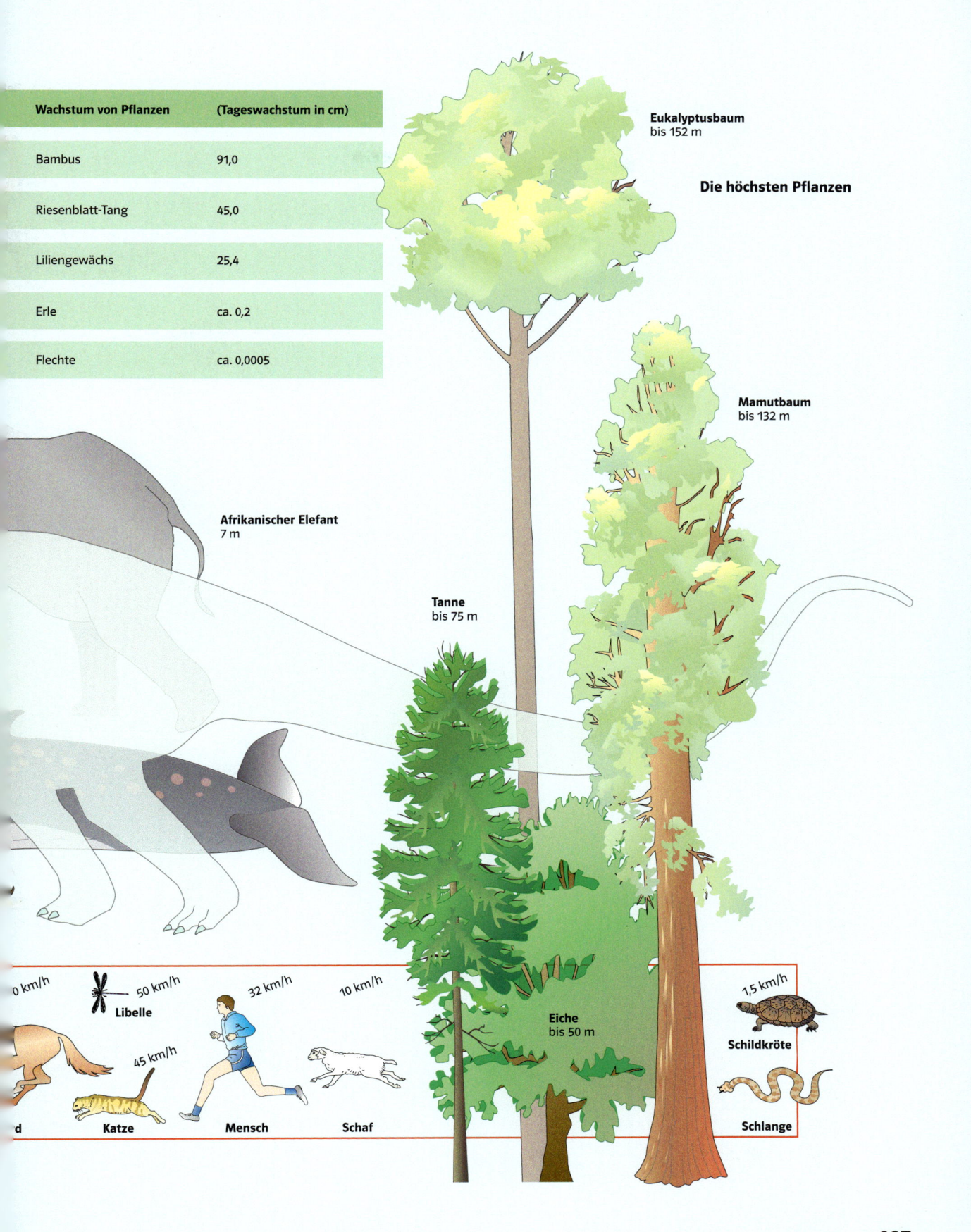

Wachstum von Pflanzen	(Tageswachstum in cm)
Bambus	91,0
Riesenblatt-Tang	45,0
Liliengewächs	25,4
Erle	ca. 0,2
Flechte	ca. 0,0005

Die höchsten Pflanzen

Eukalyptusbaum
bis 152 m

Mamutbaum
bis 132 m

Afrikanischer Elefant
7 m

Tanne
bis 75 m

Eiche
bis 50 m

50 km/h Libelle

45 km/h Katze

32 km/h Mensch

10 km/h Schaf

1,5 km/h Schildkröte

Schlange